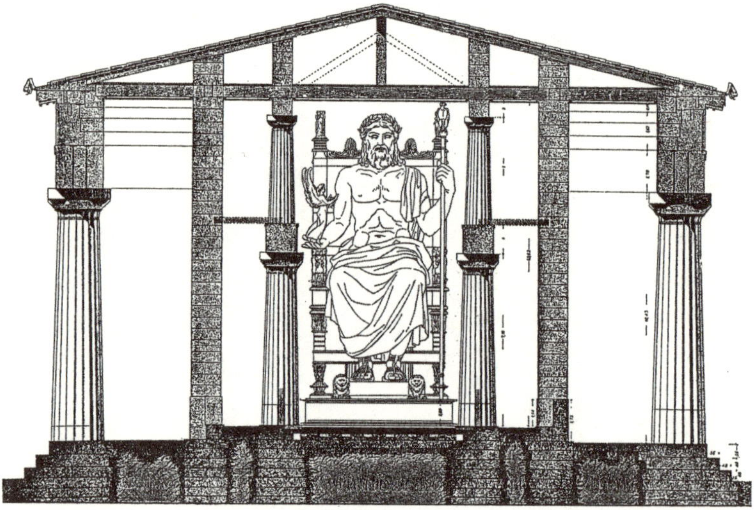

Olympia, Zeustempel. Rekonstruierter Querschnitt mit der Sitzstatue des Zeus (vgl. u. S. 217ff.). Aus: G. Gruben, Die Tempel der Griechen, 4. Auflage 1986, S. 59. Mit freundlicher Genehmigung des Hirmer Verlags, München.

Hans-Josef Klauck / Balbina Bäbler

DION VON PRUSA
OLYMPISCHE REDE

SAPERE

Scripta Antiquitatis Posterioris
ad Ethicam REligionemque pertinentia

Schriften der späteren Antike
zu ethischen und religiösen Fragen

BAND II

Herausgegeben von
Reinhard Feldmeier, Ulrich Berner,
Bernhard Heininger, Rainer Hirsch-Luipold
und Heinz-Günther Nesselrath

DION VON PRUSA

ΟΛΥΜΠΙΚΟΣ
Η ΠΕΡΙ ΤΗΣ ΠΡΩΤΗΣ ΤΟΥ ΘΕΟΥ ΕΝΝΟΙΑΣ

OLYMPISCHE REDE ODER ÜBER DIE ERSTE ERKENNTNIS GOTTES

Eingeleitet, übersetzt und interpretiert von
Hans-Josef Klauck

Mit einem archäologischen Beitrag von
Balbina Bäbler

Wissenschaftliche Buchgesellschaft
Darmstadt

Einbandgestaltung: Neil McBeath, Stuttgart.

Die Deutsche Bibliothek – CIP-Einheitsaufnahme
Ein Titelsatz für diese Publikation ist bei
Der Deutschen Bibliothek erhältlich

2., unveränderte Auflage 2002

Gedruckt auf säurefreiem und alterungsbeständigem Papier
Printed in Germany

Besuchen Sie uns im Internet: www.wbg-darmstadt.de

ISBN 3-534-14947-5

Inhalt

SAPERE ... 7
A. Einleitung ... 9
I. Zu Dions Leben und Werk ... 9
1. Das Leben ... 11
a) Die Anfänge ... 11
b) Das Exil ... 13
c) Die Zeit der Reife ... 15
2. Das Werk ... 18
a) Verlorenes und Versprengtes ... 18
b) Die Reden ... 20
c) Die Textüberlieferung ... 21
II. Die Olympische Rede ... 25
1. Anlass und Datierung ... 25
2. Aufbau ... 27
3. Zur Textgestaltung ... 30

B. Literaturverzeichnis ... 31
I. Textausgaben ... 31
II. Übersetzungen ... 31
III. Hilfsmittel ... 32
IV. Literatur zu Dion ... 32
V. Sonstige abgekürzt zitierte Literatur ... 42

C. Text und Übersetzung ... 44

D. Anmerkungen ... 108

E. Interpretationen ... 160
I. Zur rhetorischen und literarischen Gestalt der Rede ... 160
1. Das Redegenus ... 160
2. Die Prolalia ... 163
3. Die Synkrisis ... 165

4. Die Prosopopoiie 170
5. Die Zitate 176
6. Die Elocutio 179
II. Zu religionsphilosophischen und theologischen Aspekten der Rede 186
1. Die dreigeteilte Theologie 186
a) Inhalt und Herkunft 187
b) Die Rezeption bei Dion 190
2. Gottesbild und Götterbilder 192
a) Das stoische Gottesbild 192
b) Das „Göttliche" in der Olympischen Rede 196
c) Die kultischen Götterbilder 205
3. Der „göttliche" Wohltäter 214

F. Der Zeus von Olympia (*B. Bäbler*) 217
I. Einleitung 217
II. Die Statue des Zeus 219
1. Die Schranken 220
2. Basis, Thron und Fußschemel 221
3. Die Statue 223
4. Die Maße 225
5. Zur „technischen Seite" der Statue 226
6. Datierung 229
III. Rezeption 232
1. Der thronende Gott 232
2. Das exemplum 233
IV. (Späteres) Schicksal der Statue 236

G. Register 239
I. Stellen (in Auswahl) 239
II. Namen und Sachen 243

SAPERE

Griechische und lateinische Texte des späteren Altertums (1.-4. Jh. n. Chr.) standen lange Zeit gegenüber den sogenannten 'klassischen' Epochen (5.-4. Jh. v. Chr. in der griechischen, 1. Jh. v. - 1. Jh. n. Chr. in der lateinischen Literatur) eher im Schatten. Dabei brachten die ersten vier nachchristlichen Jahrhunderte in beiden Sprachen eine Fülle von Werken hervor, die auch heute noch von großem Interesse sind, da sie sich mit philosophischen, ethischen und religiösen Fragen von bleibender Aktualität beschäftigen. Die neue Reihe SAPERE (Scripta Antiquitatis Posterioris ad Ethicam REligionemque pertinentia, 'Schriften der späteren Antike zu ethischen und religiösen Fragen') hat es sich zur Aufgabe gemacht, gerade jene Texte so zu erschließen, dass sie über enge Fachgrenzen hinaus ein interessiertes gebildetes Publikum ansprechen.

SAPERE möchte dabei bewusst an alle Konnotationen des lateinischen *sapere* anknüpfen – nicht nur an die intellektuelle (die Kant in der Übersetzung von *sapere aude*, „Habe Mut, dich deines *eigenen* Verstandes zu bedienen", zum Wahlspruch der Aufklärung gemacht hat), sondern auch an die sinnliche des „Schmeckens": SAPERE möchte Leserinnen und Leser nicht zuletzt auch „auf den Geschmack" der behandelten Texte bringen. Deshalb wird die sorgfältige wissenschaftliche Untersuchung der Texte verbunden mit einer sprachlichen Präsentation, welche die geistesgeschichtliche Relevanz im Blick behält und die antiken Autoren als Gesprächspartner verständlich macht, die auch zu gegenwärtigen Fragestellungen interessante Antworten geben können.

Im Zentrum jedes Bandes steht eine bestimmte Schrift. Einleitend wird deren Autor vorgestellt und in das Werk eingeführt. Der textkritisch geprüfte Originaltext ist mit einer gut lesbaren und zugleich möglichst genauen deutschen Übersetzung sowie mit Anmerkungen versehen. An jedem Band sind entsprechend den Erfordernissen des Textes Fachleute aus verschiedenen Disziplinen – der Theologie, Religionswissenschaft, Philosophie, Geschichte, Archäologie, der älteren und neueren Philologien – beteiligt, die in Form von Essays das Werk aus ihrer jeweiligen Perspektive kommentieren. Vor allem durch diese Form einer interdisziplinären Erschließung unterscheidet sich SAPERE deutlich von herkömmlichen Textausgaben.

A. Einleitung

I. Zu Dions Leben und Werk

„Sophistik, Rhetorik, Philosophie in ihrem Kampf um die Jugendbildung“, so lautet der Untertitel zu Hans von Arnims klassischer Studie über Dion von Prusa von 1898, und so ist auch das lange einleitende Kapitel seines Buches überschrieben[1]. Damit sind die teils strittigen Koordinaten benannt, innerhalb derer sich die Diskussion um Dions Leben und Werk abspielt. Flavius Philostratos, der mit seinen Sophistenbiographien den Begriff der Zweiten Sophistik[2] überhaupt erst erfand, „Sophistik“ dabei aber als Ehrentitel und nicht als Schimpfwort verstanden wissen wollte, hat mit Abstrichen auch Dion als frühen Vertreter zu den Sophisten hinzugerechnet (Vit Soph 1,7). Er bringt allerdings gleich alle drei Größen ins Spiel, wenn er vorab schon Dion in die Gruppe *der* Philosophen einordnet, die wegen ihrer Redegabe in den Ruf von Sophisten geraten seien. Auch moderne Darstellungen der Zweiten Sophistik kommen in der Regel ohne eine Berücksichtigung Dions nicht aus[3]. In gewisser Spannung dazu steht, dass Dion selbst sich verschiedentlich von den Sophisten seiner Zeit, die er mit den sophistischen Gegnern des Sokrates vergleicht, abzusetzen sucht, somit also noch dem früheren, rein pejorativen Verständnis der Sophistik verpflichtet ist. Selbst stilisiert er sich zeitweilig zum Philosophen sokratischer und kynischer Prägung empor, mit So-

---

[1] H. VON ARNIM, Leben und Werke 4-114; er deutet selbst auf S. 97 einen möglichen Zusammenhang an: „Die Behandlung philosophischer Thesen in den Rhetorenschulen ist eine Annäherung an die Sophistik“; zu Dions Person (nach dem Exil) auch 394: „Der sophistische Epideiktiker, der culturfeindliche Bettelphilosoph, der praktische Stadt- und Provincialpolitiker durchdringen sich in ihm ...“; zu den hier angesprochenen Fragen durchgehend jetzt auch J. HAHN, Der Philosoph und die Gesellschaft.

[2] Vgl. G. ANDERSON, Philostratus: Biography and Belles Lettres in the Third Century A.D., London u.a. 1986, bes. 99-102; E.L. BOWIE, The Importance of Sophists, in: YClSt 27 (1982) 29-60; G.R. STANTON, Sophists and Philosophers: Some Problems of Identification, in: AJPh 94 (1973) 350-364.

[3] Vgl. nur G. ANDERSON, The Second Sophistic 216-219; s. auch E.L. BOWIE, Greeks and Their Past in the Second Sophistic, in: PaP 46 (1970) 123-144; B.P. REARDON, Courants littéraires grecs des IIe et IIIe siècles après J.-C. (Annales littéraires de l'Université de Nantes 3), Paris 1971, z.B. 38 u. 133.

krates und Diogenes, daneben auch Herakles, als Rollenmustern[4]. Tatsächlich ist sein Gedankengut in philosophischer Hinsicht im Bereich der kaiserzeitlichen Stoa zu verorten, für die, wenn man von Epiktet absieht, eklektische Neigungen, wie wir sie bei Dion z.T. antreffen, nichts Ungewöhnliches waren. Berühmt geworden ist Dion in seiner Zeit vor allem als glänzender Redner, was ihm nach seinem Tod, vielleicht noch im 2., spätestens im 3. Jh. n.Chr., den Beinamen „Chrysostomos", d.h. „Goldmund", eintrug[5].

Erschwerend kommt hinzu, dass die drei Komponenten Sophistik, Rhetorik und Philosophie teils verschiedenen Phasen im Lebensweg Dions zugewiesen werden. Maßgeblichen Einfluss übte hier der Neuplatoniker und spätere Bischof Synesios von Kyrene im 4./5. Jh. n.Chr. mit seiner Schrift „Dion Chrysostomos oder vom Leben nach seinem Vorbild"[6] aus. Darin stellte er die These auf, Dion habe sich förmlich von der Sophistik zur Philosophie bekehrt, mit allen Konsequenzen für den eigenen Lebenswandel (1,5: „Dion aber war ein glänzender Verfechter erst des einen, dann des anderen Lebensideals. Seine Thesen liegen miteinander im Widerstreit ..."), und entscheidend sei dafür seine Verbannung gewesen, weshalb man bei seinen Reden eigentlich immer hinzusetzen müsse, ob sie vor dem Exil oder nach dem Exil entstanden seien (1,12)[7]. Diese Sicht der Dinge wirkt bei Hans von Arnim noch kräftig nach, wird allerdings in der neueren Forschung zunehmend der Kritik unterzogen[8].

---

[4] Vgl. J. BURCKHARDT, Ueber den Werth des Dio Chrysostomus 99: „In der Regel aber spricht er als Popularphilosoph und dann gerne unter einer der beiden weltbekannten Masken des hellenischen Alterthums: Socrates und Diogenes"; zu Herakles R. HÖISTAD, Cynic Hero and Cynic King, passim.

[5] Vgl. Synesios, Dion 1,2: „wegen der Ausdruckskraft seiner Zunge, welche er, wie man sagt, als goldene hatte" (der früheste Beleg für den Beinamen scheint Menander Rhetor 390,1f. Spengel zu sein). Zu darauf beruhenden, abschätzigen Wortspielen C.U. CRIMI, Dione di Prusa; P. DESIDERI, Dione di Prusa. Un intelletuale greco 189-191.

[6] Dazu K. TREU, Synesios von Kyrene (Textband [danach die Zählung] und Kommentarband); ferner A. BRANCACCI, Rhetorikē Philosophousa 137-197; J.R. ASMUS, Synesius und Dio Chrysostomus.

[7] Instruktiv ist dazu P. DESIDERI, Il *Dione* e la politica di Sinesio, der aufzeigt, dass Synesios die „Bekehrung" Dions als Vorbild für seine eigene Entscheidung, das Bischofsamt zu akzeptieren, brauchte.

[8] Vgl. vor allem J.L. MOLES, The Career and Conversion (vielleicht etwas zu scharf 100: „In any event the ‚conversion' of Dio Chrysostom is a fraud"), und A. MOMIGLIANO, Dion Chrysostomos, der Dion überhaupt sehr negativ

Wir müssen also versuchen, in einer Skizze zu Dions Lebensweg die Implikationen dieser Kontroverse aufzuzeigen und die Akzente richtig zu setzen, ehe wir uns seinem Werk und dessen Überlieferungsgeschichte zuwenden können, um schließlich die Olympische Rede Dions (Or 12), die unser eigentliches Thema darstellt, darin zu verorten.

1. Das Leben

a) Die Anfänge

Der Mann, den wir als Dion von Prusa oder, in latinisierter Schreibweise, als Dio Chrysostomus kennen, hieß mit vollem Namen möglicherweise Titus Flavius Dion Cocceianus[9]. Er kam zwischen 40 und 50 n.Chr. in der Stadt Prusa in Bithynien, im Norden Kleinasiens, als Kind einer begüterten und einflussreichen Familie zur Welt. Sein Vater Pasikrates war Ehrenbürger in der benachbarten Stadt Apameia; seine Mutter besaß über ihren Vater, dem Dion ein freundschaftliches Verhältnis zu einem römischen Kaiser, vermutlich Claudius, attestiert (Or 41,6; 44,5; 46,3f.), von Geburt an das römische Bürgerrecht. Dions Familie zählte folglich zur lokalen Aristokratie der kleinasiatischen Städte, die sich an dem gesellschaftlichen Spiel „Wohltaten gegen Ehrungen" eifrig beteiligte[10]. Dion lässt sich später keine Gelegenheit entgehen, um auf die Leistungen seiner Familie hinzuweisen und darauf, dass sie mit Standbildern, Staatsbegräbnissen, Leichenspielen und im Fall seiner Mutter sogar mit einem Altar, was ihre Heroisierung andeutet, belohnt wurden (Or 44,3f.). Sehr bezeichnend für sein soziales Wertesystem ist auch seine längste Rede (Or 31), in der er den Bewohnern von Rhodos nur den einen, aber schwerwiegenden Vorwurf macht, sie würden die Ehrenstatuen verdienter Männer und

---

einschätzt; ein Vermittlungsversuch, der vor allem auf die Ehrenrettung von Dions Charakter abzielt, bei K. BLOMQVIST, Myth and Moral Message 223-239.

[9] A.N. SHERWIN-WHITE, The Letters of Pliny 676.

[10] Dafür wurde von P. VEYNE, Brot und Spiele, der Begriff „Euergetismus" geprägt, für den Dions Familie und er selbst in seiner letzten Lebensphase ein Paradebeispiel abgeben; zur Kritik Dions am Euergetismus, die ein Stück weit auch Selbstkritik ist, vgl. M.H. QUET, Remarques sur la place de la fête 42-46.

Frauen durch Auswechseln der Namensschilder einfach der Wiederverwendung zuführen[11].

Das römische Bürgerrecht, das Großvater und Mutter besaßen, hat Dion selbst erst als Erwachsener erworben, entweder noch unter Domitian – wovon er, wenn es zutrifft, später begreiflicherweise nichts mehr wissen wollte – oder erst unter Nerva, der den Gentilnamen Cocceius trug, was den durch Plinius den Jüngeren (Ep 10,81,1; 82,2) für Dion bezeugten Namenszusatz Cocceianus erklären könnte. Damit stoßen wir allerdings sofort auf die Frage nach der Verbindung zwischen Dion von Prusa und dem Historiker (Claudius) Cassius Dio (Cocceianus) aus der Stadt Nikaia in Bithynien (um 150-235 n.Chr.). Meist geht man von einem Verwandtschaftsverhältnis aus, das zum Beispiel durch Einheirat der Cassii aus Nikaia in die Familie der Cocceiani aus Prusa über den Vater des Historikers zustande gekommen sein könnte[12], falls man Cassius Dio nicht gar zu einem Enkel von Dion von Prusa erklärt[13]. Vielleicht aber wurde dem Cassius Dio der Beiname Cocceianus überhaupt nur irrtümlich beigelegt infolge einer Verwechslung, die aus der Existenz eines historischen Werks des Dion von Prusa, den *Getika* (s.u.), resultiert[14].

Dion ließ in seiner Heimatstadt bereits Frau und Kind zurück, als er sich Mitte bis Ende der 60-er Jahre nach Rom begab, vermutlich um seine Bildung zu vervollständigen. Eine Art Gipfelkonferenz, die 69/70 zwischen Vespasian, Euphrates, Apollonius von Tyana und Dion in Alexandrien stattgefunden haben soll[15], ist in den Bereich der Legende zu verweisen[16]. Ihr Erfinder, vermutlich Flavius Philostratos selbst, konnte sich dafür auf den Topos

---

[11] Vgl. W.D. BARRY, Aristocrats 85: „It is most fitting and telling that the orator's longest speech is devoted entirely to chastising the Rhodians for recycling honorary statues"; dazu auch G.A. SEECK, Gegenwart und Vergangenheit 121f.; wir kommen in E/II.2c auf Or 31 zurück.

[12] So F. MILLAR, A Study of Cassius Dio, Oxford 1964, 11f.

[13] A. BREITUNG, Das Leben des Dio Chrysostomus 13.

[14] Vgl. A.M. GOWING, Dio's Name; ferner W. AMELING, Cassius Dio und Bithynien, in: Epigraphica Anatolica 4 (1984) 124-126.

[15] So Flavius Philostratos, Vit Ap 5,27-38; vgl. A. BRANCACCI, Rhetorikē Philosophousa 76-86.

[16] So u.a. J.L. MOLES, The Career and Conversion 83; ein kurioser Rettungsversuch bei B. FORTE, Rome and the Romans 239-241; zur Topik von „Philosoph und Herrscher" s. J. HAHN, Der Philosoph und die Gesellschaft 182-191.

des Gesprächs zwischen Herrscher und Philosoph über die beste Staatsform und auf Dions Alexandrinische Rede (Or 32) stützen.

In Rom studierte Dion bei Musonius Rufus, dem Lehrer Epiktets, auf den wahrscheinlich Dions lobende Bemerkung über einen Philosophen, „der als Einziger in strenger Übereinstimmung mit seinen philosophischen Grundsätzen lebte“, in Or 31,122 zu beziehen ist[17]. Eine Schwierigkeit ergibt sich, weil Synesios (in 1,9 u.ö.) Dion zu dieser Zeit eine Rede „Gegen die Philosophen“ abfassen lässt und im gleichen Atemzug ein zweites Pamphlet „An Musonius“ erwähnt, das „gleicher Art“ gewesen sei, also auch eine Attacke beinhaltete. Falls die beiden Invektiven – oder eine Invektive und eine nachgeschobene, an den Lehrer adressierte Begründung – wirklich geschrieben wurden, sind sie als Absetzbewegung Dions zu interpretieren: Der Boden wurde in Rom für Philosophen auch schon unter Vespasian 71 n.Chr. zu heiß, und Dion wollte sich rechtzeitig ins andere Lager schlagen, weshalb er die Vertreibungsaktion publizistisch flankierte. Das lässt seinen Charakter zwar nicht im günstigsten Licht erscheinen, ist aber unter Umständen nachvollziehbar.

b) Das Exil

Genutzt hätte dieses Manöver Dion letztlich wenig, denn unter Domitian musste Dion Mitte der 80er Jahre (frühestens 82, spätestens 88) Rom verlassen und in die Verbannung gehen. Als Grund nennt Dion in seiner autobiographisch wichtigen 13. Rede nicht die allgemeine Vertreibung von Philosophen aus Rom durch den Kaiser (zwischen 85 und 88), sondern die Freundschaft mit einem hoch stehenden Römer, der sich bei Domitian unbeliebt machte und den Tod fand (Or 13,1). Nachdem in der älteren Forschung auch schon Iunius Rufus (von Mommsen) und T. Flavius Clemens genannt wurden, beziehen die meisten neueren Autoren diese Angabe auf T. Flavius Sabinus, einen Schwiegersohn des Titus und Vetter Domitians, den der misstrauische Domitian einer Verschwörung verdächtigte und ca. 82-84 umbringen ließ[18]. Ganz sicher ist das nicht, und neuerdings werden weitere Namen ins Spiel

---

[17] Vgl. C.P. JONES, The Roman World 12.

[18] Nach Sueton, Dom 10,4; vgl. nur H. VON ARNIM, Leben und Werke 228-231; P. DESIDERI, Dione di Prusa. Un intelletuale greco 189-191; Kritik daran bereits bei H. DESSAU, Zum Leben Dios von Prusa 81-83.

gebracht: L. Salvius Otho Cocceianus (!), ein Neffe Othos und Nervas[19], oder M. Arrecinus Clemens, ein Schwager des Titus[20], den Domitian gleichfalls hinrichten ließ, aber später, was auch die Dauer des Exils verkürzen würde. Bleibt man bei der Mehrheitsmeinung, betrug sie mehr als zehn, vielleicht sogar vierzehn Jahre und nicht, was die andere Möglichkeit wäre, nur drei bis vier.

Der Bannstrahl, der Dion traf, hatte die leichtere Form der *relegatio* zur Folge. Dion durfte lediglich Italien mit der Hauptstadt Rom und seine Heimatprovinz mit der Vaterstadt Prusa nicht mehr betreten. Ansonsten stand ihm das ganze römische Reich offen. Nach eigener Angabe (in Or 13,9f.) wandte er sich mit der Frage, was zu tun sei, an das Orakel des Apollon in Delphi, und die wie meist zweideutige Antwort interpretierte er als Aufforderung zu einem unsteten Wanderleben. Ohne die Faktizität beider Angaben grundsätzlich bestreiten zu wollen, ist doch festzuhalten, dass Dion dadurch auch zwei oder drei Gestalten aus seiner mythisch-philosophischen Ahnengalerie aktiviert: durch die Orakelanfrage Sokrates (vgl. Or 13,14-16) und Xenophon, den er in stilistischer Hinsicht besonders schätzte (vgl. Or 18,14-17)[21], und durch das Wanderleben Odysseus, den er in Or 13,10 ausdrücklich zum Vergleich heranzieht[22]. Auch Diogenes als Prototyp eines Kynikers, den Dion in mehreren Reden auftreten lässt (Or 6, Or 8, Or 9, Or 10)[23], ist hier erneut zu nennen, nicht nur weil dieser seinerseits Delphi auf-

---

[19] So H. SIDEBOTTOM, Dio of Prusa and the Flavian Dynasty 447.452f.; vgl. Sueton, Dom 10,3. Diese Alternative wird übrigens schon 1887 bei A. BREITUNG, Das Leben des Dio Chrysostomus 9f., erwogen.

[20] So B.W. JONES, Domitian and the Exile of Dio of Prusa 353f.; vgl. Sueton, Dom 11,1.

[21] Vgl. Platon, Apol 20E-21B; Xenophon, An 3,1,5-7; dazu C.P. JONES, The Roman World 47; K. DÖRING, Exemplum Socratis 83-86; zur Bedeutung Xenophons für Dion J. WEGEHAUPT, De Dione Chrysostomo Xenophontis sectatore.

[22] Vgl. A.J. MALHERBE, Paul and the Popular Philosophers 107-109.

[23] Zu den Diogenes-Reden Dions vgl. u.a. A. BRANCACCI, Le orazioni diogeniane di Dione Crisostomo; DERS., Tradizione cinica; M. CAPONE CIOLLARO, Dione Crisostomo: *Diogene o discorso istmico*; F. JOUAN, Le Diogène de Dion Crysostome; G. KRAPINGER, Dion Chrysostomos; M. SZARMACH, Les discours Diogéniens; zu Dion als „Kyniker" – ohne die nötigen kritischen Vorbehalte – E. WEBER, De Dione Chrysostomo Cynicorum sectatore; D.R. DUDLEY, A History of Cynism 148-158; zuverlässiger P. DESIDERI, Dione di Prusa. Un intellettuale greco 200-219.537-547.

suchte und einen Orakelspruch erhielt[24]. Dion schlüpft in diesen Jahren des Exils überhaupt in die Rolle des kynischen Wanderpredigers, der wie einst Diogenes langes, ungepflegtes Haar und einen Bart trägt, in ein grobes Gewand gehüllt ist, einen Wanderstab bei sich hat und, wo immer er auftritt, den Leuten ins Gewissen redet[25].

Das bleibt die *persona*, die Dion auch nach dem Exil als Redner gerne einnimmt (vgl. Or 13,10f.; 12,15; 72,2). Philostrat (Vit Soph 1,7), der diese Jahre der Wanderschaft nicht als echtes Exil ansieht, weiß dennoch zu berichten, dass Dion sich seinen Lebensunterhalt als Gärtner und Wasserträger verdiente, aber immer Platons *Phaidon* und die Rede des Demosthenes *De falsa legatione* mit sich trug und darin studierte. Tatsächlich dürfte Dion von seinem heimatlichen Besitz, der nicht konfisziert wurde, nicht völlig abgeschnitten gewesen sein, und Bestandteil der kynischen Wanderexistenz war auch, dass man den nötigsten Lebensunterhalt von den Zuhörern entgegennahm. Dass Dion in diesen Jahren weit herumkam, „bis ans Ende der Erde“ (Or 13,9), und dass ihn sein Weg wohl auch schon ins Donaugebiet, ins Land der Geten (vgl. Or 36,1), auf die wir zurückkommen müssen, führte, können wir festhalten, ebenso, dass diese Erfahrung beträchtliche Spuren an Geist und Körper hinterließ. Die Stilisierung dieser Vorgaben zu einem förmlichen Bekehrungserlebnis setzt schon mit Dions Wahl diverser *personae* ein, und darauf sollte sich Synesios später unbesehen einlassen.

c) Die Zeit der Reife

Mit der Ermordung Domitians im September 96 n.Chr. und der anschließenden Aufhebung seiner Verbannungsedikte endete Dions Exil. Genauere Begleitumstände kennt wiederum Philostrat, und sie wären u.U. wichtig für die Datierung von Dions Olympischer Rede, wenn sie Zutrauen verdienten (was nicht der Fall ist): Dion habe sich, so Philostrat, als die Todesnachricht eintraf, in einem

---

[24] Vgl. Diogenes Laert. 6,20f.

[25] Zu diesem Rollenmuster vgl. bes. J. HAHN, Der Philosoph und die Gesellschaft 33-45, mit der grundsätzlichen Feststellung: „Hierin erweist sich paradigmatisch die enorme Differenziertheit und gleichzeitig erstaunliche visuelle Eindeutigkeit antiker Repräsentationsformen einerseits, wie die entsprechende Sensibilität der Zeitgenossen gegenüber diesen Ausdrucksmitteln andererseits“ (37).

römischen Heerlager aufgehalten. Als sofort eine Meuterei auszubrechen drohte, habe er wie Odysseus (!) seine Bettlertracht abgeworfen, sich zu erkennen gegeben und unter heftigen Angriffen auf den toten Tyrannen die Soldaten doch überredet, Ruhe und Ordnung zu bewahren.

Auf sicherem Boden bewegen wir uns, wenn wir von einer Rehabilitierung Dions durch Domitians Nachfolger Nerva, mit dem Dion offenkundig in seinen früheren römischen Jahren schon in Verbindung stand (Or 45,2), ausgehen. Dion konnte nach Bithynien zurückkehren, wo er sich aktiv in die Politik seiner Vaterstadt Prusa und seiner Heimatprovinz einmischte und als Redner auch anderen Städten Kleinasiens erbetene oder unerbetene politische Ratschläge erteilte. Daneben blieb Rom für ihn weiterhin eine Stätte seines Wirkens, denn auch bei Nervas Nachfolger Trajan fand Dion anscheinend ein offenes Ohr und erfreute sich der Wertschätzung des Kaisers als Ratgeber in politischen Angelegenheiten, die Griechenland und Kleinasien betrafen, aber wohl auch als erfolgreicher Literat, der durch geschickte Propaganda zum Ruhm des Kaisers beitragen konnte. Seine vier Königsreden (Or 1-4), die über den Entwurf eines idealen Herrscherbildes das Verhalten des Adressaten subtil in die gewünschte Richtung zu steuern versuchen, hat Dion wohl an Trajan gerichtet[26]. Dennoch übertreibt Philostrat, wenn er behauptet, der Kaiser habe Dion auf seinem goldenen Triumphwagen mitfahren lassen, sich oft zu ihm umgewendet und gesagt: „Deine Worte begreife ich zwar nicht, aber ich liebe dich wie mich selbst“[27]. In seiner Antwort an Plinius in der *causa Dionis* verlangt Trajan zwar ein faires Verfahren, aber eine besondere Bevorzugung Dions durch den Kaiser ist darin nicht auszumachen.

---

[26] Vgl. zu ihnen bes. die brillanten Analysen von J.L. MOLES, The Date and Purpose of the Fourth Kingship Oration; DERS., The Kingship Orations of Dio Chrysostom; ferner E. BERARDI, Un uso della figura di Alessandro Magno; A. CHARLES-SAGET, Un miroir du prince; D. FERRANTE, Dione Crisostomo Περὶ Βασιλείας; D. KONSTAN, Friendship and Monarchy; V. VALDENBERG, La théorie monarchique de Dion Chrysostome.

[27] Zur Kritik vgl. T. SCHMITZ, Trajan und Dion von Prusa 318.

Damit kommen wir zu dem chronologisch letzten Zeugnis, das wir für Dions Leben besitzen[28]. Zwischen 110 und 112 n.Chr. amtierte Plinius der Jüngere als Prokonsul in Bithynien. In dieser Eigenschaft bekam er es auch mit einem Rechtsfall in der Stadt Prusa zu tun, in den Dion verwickelt war. Obwohl Dion sich, getreu seiner Familientradition, für Prusa einsetzte und in Rom manche Vorteile für die Stadt hatte herausholen können[29], waren sein Engagement und vor allem seine Bautätigkeit nicht nur auf Gegenliebe gestoßen. Ständig gab es Rivalitäten mit anderen Stadtpolitikern und Reibereien mit der Stadtbevölkerung, die stets mehr erwartete. Ein heftiger Streit entzündete sich an einem Gebäudeblock mit einer Porticus, die Dion auf eigene Kosten errichten ließ und die inzwischen fertig gestellt war. Seine Gegner, vertreten durch Flavius Archippus und Claudius Eumolpus, ließen nicht locker und klagten ihn aus zwei Gründen an: Er habe die öffentlichen Gelder nicht ordentlich abgerechnet, und er habe ein Standbild Trajans in der Nähe der Gräber seiner Frau und seines Sohnes, die sich in der Anlage befanden, aufgestellt[30]. Letzteres war zweifellos die gefährlichere Anschuldigung, weil sie als Majestätsbeleidigung aufgefasst werden konnte, aber Trajan wischt sie in seinem Antwortschreiben an Plinius vom Tisch, während er seinem Prokonsul aufträgt, in den finanziellen Fragen Dions Rechenschaftsbericht einzuholen[31].

Welchen Ausgang diese Affäre nahm, bleibt offen, denn damit entschwindet Dion unserem Gesichtsfeld. Ob er noch bis in die Tage Hadrians weiterlebte[32], kann nur Vermutung bleiben. Die äußersten Möglichkeiten, die wahrscheinlich an beiden Enden unterschritten wurden, sind abgesteckt mit den Jahren 40-120, was sich

---

[28] Zum folgenden s. H. VON ARNIM, Leben und Werke 506-514; G. SAUTEL, Aspects juridiques d'une querelle des philosophes; A.N. SHERWIN-WHITE, The Letters of Pliny 675-679; S. SWAIN, Hellenism and Empire 237-240.

[29] Vgl. C.P. JONES, The Roman World 104-114; zum Gesamtrahmen das Kapitel „Der Philosoph im Dienste seiner Heimatstadt“ bei J. HAHN, Der Philosoph und die Gesellschaft 156-164.

[30] Vgl. Plinius, Ep 10,81,7, der die Angelegenheit in Augenschein nimmt und präzisiert: Die Statue befand sich in der Bibliothek, die Gräber im Arkadenhof.

[31] Plinius, Ep 10,82,1-2.

[32] So C.P. JONES, The Roman World 55.

fast genau deckt mit den vermuteten Lebensdaten Plutarchs, dem Dion überhaupt in manchen Punkten sehr ähnelt[33].

2. Das Werk

a) Verlorenes und Versprengtes

Den Überblick über Dions literarisches Œuvre beginnen wir mit den Titeln, die nicht erhalten geblieben sind. Hierher gehört vor allem das schon erwähnte Geschichtswerk *Getika*. Es ist dem Volk der Geten im unteren Donauraum, das nicht immer klar von dem benachbarten Volk der Daker unterschieden wird, gewidmet. Dion legt darin nieder, was er auf Reisen in dieses Gebiet während seiner Exilszeit in Erfahrung gebracht hat, womit er auch die an einen Historiker zu stellende Forderung nach Augenzeugenschaft („Autopsie") erfüllt. Weil die *Getika* in der Suda fälschlich Cassius Dio zugeschrieben werden, versuchte Herman Haupt den umgekehrten Weg zu beschreiten und die dort bei Cassius Dio aufgeführten Werke *Persika* und „Über Trajan" für Dion von Prusa zu reklamieren[34], aber ohne Erfolg. An historischen Schriften weist die Suda Dion außerdem noch ein Werk über Alexander den Großen in acht Büchern zu[35].

Was das philosophisch-literarische Schrifttum Dions angeht, notiert die Suda des Weiteren: „Ob der Kosmos vergänglich sei", „Lobrede auf Herakles gegen Platon" (mit einer Emendation: κατά statt καί[36]), „Über Homer gegen Platon" in vier Büchern. In der Abteilung „Fragmente" bringen die neueren Editionen[37] Bruchstücke aus dem Florilegium des Stobaios, die nach der dortigen Herkunftsangabe aus einem *Oikonomikos* Dions, d. h. aus einer Schrift über die richtige Haushaltsführung, und aus einer Sammlung von Apophthegmen (᾿Εκ τῶν Δίωνος Χρειῶν), entnommen sind; doch

---

[33] Vgl. M.H. QUET, Rhétorique, culture et politique, bes. 52-56; Gemeinsamkeiten und Differenzen hinsichtlich ihrer politischen Einstellung arbeitet J. PALM, Rom, Römertum und Imperium 16-43, heraus.

[34] H. HAUPT, Dio Chrysostomus als historiker (sic) 387-399.

[35] s.v. Δίων ὁ Πασικράτους = δ 1240; dort auch die folgenden Angaben; vgl. A. BRANCACCI, Rhetorikē Philosophousa 245-263.

[36] Vorgeschlagen von C. GALLAVOTTI, Sopra un opusculo perduto.

[37] Vgl. nur H.L. CROSBY, Dio Chrysostom, vol. V (LCL 385), London / Cambridge, Ma. 1951, Repr. 1985, 346-351.

dürfte es sich bei letzteren lediglich um versprengte Argumente aus nicht erhaltenen Reden Dions handeln[38].

Ein Stück aus Dions „Lob des Haares" hat Synesios in seinem eigenen „Lob der Kahlheit" aufbewahrt[39]. An weiteren sophistischen Scherz- und Prunkstücken Dions zählt er auf: „Lob des Papageis" (1,6; 2,1 [nach Philostratos, Vit Soph 1,7]), „Lob der Mücke" (3,9), „Beschreibung des Tempetals" in Thessalien (3,3) und „Memnon" (3,3), wohl eine Beschäftigung mit dem „singenden" Koloss bei Theben (vgl. seine Erwähnung in Or 31,92). Unsere ganze Neugier wird geweckt, aber nicht befriedigt, durch die Bemerkung: „Daneben preist Dion an einer Stelle auch die Essener, eine ganze, glückliche Gemeinde (πόλιν ὅλην εὐδαίμονα), die am Toten Meer im Inneren Palästinas liegt, in der Nähe von Sodom" (3,2; wir denken sofort an die Siedlung von Qumran, die zwar am Nordende des Toten Meeres liegt und nicht am Südende bei Sodom; doch gibt es eine antike Tradition, die Sodom im Norden lokalisiert[40]). Wahrscheinlich hat Dion keine eigene Abhandlung über die Essener verfasst, sondern kam lediglich in einer Rede, die wir nicht mehr besitzen, auf sie zu sprechen, wie er es in Or 35,22 mit den indischen Brahmanen tut. Zu vergleichen wäre auch die Idylle im Euboikos[41].

Überliefert sind unter Dions Namen fünf kurze Briefe[42]. Die ersten beiden richten sich an (Musonius) Rufus, den philosophischen Lehrer. Doch weisen alle fünf Schreiben keine individuellen Züge auf, sondern wirken wie reine Übungsstücke[43]. Brief 1 und Brief 2 repräsentieren zwei verschiedene Typen von Empfehlungsschreiben (im ersten Brief ist der Empfohlene dem Adressaten

---

[38] So W. SCHMID, RE V, 870; ausführlicher dazu A. BRANCACCI, Le orazioni diogeniane 145-153, der auch noch andere Fragmente aus der Diogenesüberlieferung auf nicht erhaltene Diogenesreden Dions zurückführt.

[39] Bei H.L. CROSBY (LCL) V, 346-351.

[40] Vgl. K. TREU, Synesios von Kyrene (Kommentarband) 42f.; zur Stelle auch A. ADAM / C. BURCHARD, Antike Berichte über die Essener (KlT 182), Berlin ²1972, 39f.

[41] C.P. JONES, The Roman World, behandelt die Notiz über die Essener denn auch im Kapitel über „Ideal Communities" (56-64).

[42] Abgedruckt bei R. HERCHER, Epistolographi graeci, Paris 1873, Repr. Amsterdam 1965, 259, auch bei H.L. CROSBY (LCL) V, 353-359; vgl. dazu P. DESIDERI, Tipologia e varietà di funzione 3925f.

[43] Zu Einzelheiten s. H.J. KLAUCK, Die antike Briefliteratur und das Neue Testament. Ein Lehr- und Arbeitsbuch (UTB 2022), Paderborn 1998.

noch unbekannt, im zweiten Brief bereits bekannt, aber noch nicht gut genug). Brief 3 thematisiert in einem einzigen Satz, unter Verwendung der einschlägigen Termini, den Topos vom Brief als Ersatz für die persönliche Anwesenheit. Brief 4 ist das Modell für ein Trostschreiben, und Brief 5 führt vor, wie man sich gegen den Vorwurf, nicht geschrieben zu haben, verteidigt. Die Briefe dürften kaum authentisch sein.

Sonstige Zuweisungen bestimmter Schriften an Dion überzeugen nicht. Der Versuch, ihn zum Autor der Schrift „Vom Erhabenen" des Pseudo-Longinos zu erklären[44], ruft eher Befremden hervor. Nur noch mit Kopfschütteln kann selbst der Neutestamentler die Behauptung zur Kenntnis nehmen, Dion sei der Endredaktor des Neuen Testaments gewesen[45]. Dass Dion ein ungefährer Zeitgenosse der neutestamentlichen Autoren war und ein Vergleich der beiden Schriftenkorpora daher sehr aufschlussreiche Ergebnisse verspricht[46], bleibt davon unberührt.

b) Die Reden

Erhalten geblieben ist ein Korpus mit 80 Reden Dions. Zwei davon, Or 37 „An die Korinther" und Or 64, die zweite Rede „Über das Glück", stammen nicht von ihm, sondern von seinem Schüler Favorinus[47]. Zwei oder drei weitere Reden werden verdächtigt: Or 63, die erste Rede „Über das Glück", Or 29, die zweite Rede über den Faustkämpfer „Melankomas" und Or 30, der Dialog „Charidemos". Das bedeutet aber zugleich, dass der weitaus größte Teil der Reden unstreitig auf Dion zurückzuführen ist.

Auch zu Dions Lebzeiten sind Reden von ihm bereits publiziert und verbreitet worden, fast scheint es, gegen seinen ausdrückli-

---

[44] So L. HERRMANN, Recherches sur Dion de Pruse.

[45] Aufgestellt bei A.F. HALLAM, Concurrences between Dio Chrysostom's First Discourse and the New Testament 23: „We now know that The New Testament had a final editor, and we know the identify (sic) of that editor. The editor was Dio Chrysostom."

[46] Vgl. G. MUSSIES, Dio Chrysostom and the New Testament; R. JOLY, Remarques.

[47] Dazu A. BARIGAZZI, Note critiche alle orazioni *Corinthiaca* e *de fortuna* di Favorino, in: Athenaeum N.S. 28 (1950) 95-115; DERS., Un'orazione pronunziata a Napoli ai tempi di Adriano, in: Athenaeum N.S. 29 (1951) 3-11.

chen Willen, wie Or 42,4 andeutet[48]: „Man darf ja wohl sagen, dass alle meine Reden kennen und sie in alle Welt getragen werden wie leichte Lieder, die Kinder in den Städten singen, wenn es Abend wird. Ja, meine Reden werden sozusagen von einem zum andern weitergereicht, nicht in ihrer ursprünglichen Form, sondern, je nach Begabung, sogar noch verbessert". Eine Gesamtausgabe existierte jedoch nicht; das Korpus der Reden, das wir heute besitzen, ist nach Dions Tod aus seinem Nachlass herausgegeben worden. Dort fand der Redaktor die Texte in sehr unterschiedlichem Zustand vor. Man kann sich zunächst ja überhaupt fragen, wieso Reden, die mündlich gehalten wurden, schriftlich überliefert sind, zumal Dion für seine Fähigkeit zum Improvisieren berühmt war[49]. Dennoch hat er seine Reden teils vorher konzipiert, manchmal auch hinterher weiter daran gearbeitet und gefeilt, besonders bei solchen Reden, die er mehrfach vorgetragen hat (die Königsreden Or 1-4 z.B.). Auch Mitschriften in Tachygraphie sind denkbar. In seinem persönlichen Archiv bewahrte er ferner Notizen auf, ebenso Rohentwürfe und Versatzstücke, die in verschiedenen Kontexten verwendet werden konnten. Deshalb stehen jetzt in der Sammelausgabe ausgearbeitete Glanzstücke von erheblicher Länge wie die Olympische Rede neben knappen Skizzen, Exzerpten und Fragmenten. Manche Reden sind auch am Anfang oder am Ende verstümmelt oder weisen sekundäre Zusätze auf.

c) Die Textüberlieferung

Den Überlieferungsweg, den die Reden genommen haben, können wir dank der Arbeiten von Adolf Sonny[50], Hans von Arnim[51] und Ernst Wenkebach[52] recht gut nachzeichnen. Vereinfacht dargestellt, sieht der Ablauf folgendermaßen aus:

Der Herausgeber ordnete die Reden nach thematischen Gesichtspunkten in drei Abteilungen, deren jede zwei Papyrusrollen

---

[48] Die Übers. aus Dion auch im Folgenden (mit Ausnahme von Or 12) teils nach W. ELLIGER, BAW.

[49] Vgl. Philostratos, Vit Ap 5,37.

[50] A. SONNY, Analecta.

[51] H. VON ARNIM, Entstehung und Anordnung, sowie die Prolegomena zu seiner Edition (Bd. 1, III-XL).

[52] E. WENKEBACH, Beiträge zum Text und Stil; DERS., Beiträge zur Textkritik; DERS., Die Überlieferung der Schriften; DERS., Die Überlieferung des Dion Chrysostomos.

von ungefähr gleichem Umfang füllte. Die erste Abteilung hatte ihren Schwerpunkt beim Thema der Monarchie und bei der stoisch-kynischen Lehre. Die zweite Abteilung umfasste die Städtereden, und in der dritten Abteilung waren die kleineren moralphilosophischen Vorträge, die Etüden zu Literatur und Mythologie und Ähnliches gesammelt. Im Überblick:

Abteilung I:

Rolle 1:	Or 1-6	(die vier Königsreden mit dem dazugehörigen libyschen Märchen und die erste Diogenesrede „Über die Gewaltherrschaft")
Rolle 2:	Or 8-13	(drei Diogenesreden, Troikos, Olympikos, „De exilio")

Abteilung II:

Rolle 3:	Or 31-35	(die großen Städtereden: Rhodos, Alexandrien, Tarsos, Kelainai)
Rolle 4:	Or 36-51	(der Borysthenitikos, in Prusa vorgetragen, und 15 weitere kleinere Städtereden)

Abteilung III:

Rolle 5:	Or 52-80	(diverse Themen aus Mythologie, Literatur und Moralphilosophie)
Rolle 6:	Or 14-30	(diverse Themen wie „Knechtschaft und Freiheit", „Über die Trauer", „Krieg und Frieden", „Vom Glück" etc., mit drei Trauerreden als Abschluss).

Es fehlt in dieser Liste Or 7, der Euboikos, mit seinem langen novellistischen ersten Teil. Diese umfangreiche Rede wurde zunächst nicht in die Sammlung aufgenommen, sondern kursierte in einer selbstständigen Ausgabe als Monobiblos. Das würde auch erklären, weshalb am Anfang und am Schluss, wie teils vermutet wird, ein Stück weggebrochen ist. Wenn wir danach fragen, wie der Euboikos in die Gesamtausgabe geriet, haben wir schon die nächste, wichtige Zwischenstufe erreicht: die Transkription der sechs Papyrusrollen in einen Pergamentcodex. Gehen wir diesmal vom anderen Ende der Überlieferungskette aus, von den vorliegenden Handschriften, die sich je nach der Anordnung, in der sie Dions Reden darbieten, in drei Klassen aufteilen lassen (mit Sonny), und beziehen wir dabei die postulierten sechs Papyrusrollen mit ein, weil auf dieser Basis die unterschiedliche Anordnung sofort verständlich wird. Ausgehen müssen wir dabei von der heute üblichen Zählung (die in der Edition von G. de Budé z.B., der den Olympikos als Or 11 zählt, nicht eingehalten wird).

Klasse I (heutige Anordnung):

Or 1-6 /	**[Or 7]** /	**Or 8-13** /	**Or 14-30** /	**Or 31-80**
(Rolle 1)		(Rolle 2)	(Rolle 6)	(Rolle 3, 4, 5)

Klasse II (Anordnung wie bei Photios)[53]:

Or 1-6 /	**Or 8-13** /	**[Or 7]** /	**Or 31-80** /	**Or 14-30**
(Rolle 1)	(Rolle 2)		(Rolle 3, 4, 5)	(Rolle 6)

Klasse III (Teilsammlungen):

Or 1-6 /	**Or 8-10** /	**Or 52-58** /	**Or 62-67** /	**Or 7; 13; 12**
(Rolle 1)	(aus Rolle 2)	(aus Rolle 5)		Nachträge

Photios (Klasse II) liest im 9. Jahrhundert Dions Reden zwar in einem Kodex, der aber die Abfolge der Rollen noch genau beibehält, mit dem einzigen Unterschied, dass der allein stehende Euboikos zwischen Rolle 2 und Rolle 3 eingefügt wurde. In den Textzeugen der Klasse I findet Or 7 ihren Platz stattdessen zwischen Rolle 1 und Rolle 2, ansonsten kommt die – streng genommen gestörte – Ordnung dadurch zu Stande, dass Rolle 6 aus unerklärlichen Gründen nach vorne gezogen und vor Rolle 3 platziert wird. Die Teilsammlung (Klasse III) bietet nur Rolle 1 ganz, wählt aus Rolle 2 und Rolle 5 aus und hängt drei wichtige Reden, darunter den Olympikos, als Nachtrag an.

Strittig ist unter den Spezialisten, wie sich der Befund hinsichtlich der drei Klassen erklärt, wo genau die Bruchstelle liegt. Bestechend wirkt auf den ersten Blick sicher Sonnys These: Die Pa-

53 Zu dem nicht mehr erhaltenen Kodex, den Photios im 9. Jh. benutzte und an seinen Schüler Arethas zur Bearbeitung weitergab, vgl. ausführlich A. Brancacci, RhetorikēPhilosophousa 201-244.

pyrusrollen wurden bei verschiedenen Transkriptionen in unterschiedlicher Weise redigiert, es gab daher drei verschiedene Kodexformen, die am Anfang der weiteren Entwicklung stehen. Demgegenüber verteidigen von Arnim und vor allem Wenkebach die entgegengesetzte Position: Für die Kodizes gibt es nur einen Archetyp (den Wenkebach mit dem von Photios benutzten Exemplar gleichsetzt). Die späteren Unterschiede kamen durch Zerfleddern dieser Vorlage und durch erneute Zerlegung in drei Teilbände oder sechs Halbbände zu Stande. Dieser Vorgang ist für den neutralen Beobachter schwerer nachzuvollziehen, aber wir brauchen die Frage hier nicht zu entscheiden. Listen wir lediglich noch die jeweils wichtigsten Textzeugen für die drei Klassen von Manuskripten auf, ohne auf deren Derivate näher einzugehen[54].

Klasse I:

U	=	Urbinas 124, 11. Jahrhundert
B	=	Parisinus 2958, 14./15. Jahrhundert

Klasse II:

V	=	Vaticanus 99, 11. Jahrhundert (enthält nur 10 Reden)
M	=	Meermannianus Lugdunensis 67, 16. Jahrhundert (vollständig)

Klasse III:

P	=	Palatinus 117, 15. Jahrhundert
H	=	Vaticanus 91, 13. Jahrhundert

Kodex T = Veneto-Marcianus 421, 15. Jahrhundert, den Russell im Verzeichnis der Handschriften darüber hinaus noch aufführt (25), aber im Apparat zu Or 12 nirgends zu erwähnen scheint, ist ein Abkömmling von U. Er hat den zweifelhaften Ruhm, dass man ihn zeitweilig für die einzige Vorlage der ersten erhaltenen Druckausgabe der Reden Dions durch F. Turrisanus in der Aldina zu Venedig (ca. 1551) hielt, aber das war nach Sonny nicht T, sondern vielmehr R = Mosquensis 224, 16. Jahrhundert[55]. Die Favorisierung von P durch von Arnim, die auch Or 12 betrifft, wird vom

---

[54] Die Handschriften beschreibt im Detail A. SONNY, Analecta 1-35.
[55] Ebd. 18-20.

handschriftlichen Befund nicht gedeckt und hat auch entsprechende Kritik erfahren[56].

Die ältesten Textzeugen für Dion stellen einige Papyrusfragmente dar, die leider nur wenige Passagen aus Or 15 und Or 14 (in dieser Reihenfolge) und aus verloren gegangenen Reden enthalten[57]. Nicht unerwähnt darf bleiben, dass die ältesten Reste für Texte Dions auf Pergament sich in einer neutestamentlichen Handschrift aus Patmos finden, auch wenn es sich dabei nur um fünf Blätter aus dem 10. Jahrhundert mit dem Ende von Or 3 und dem Anfang von Or 4 handelt, die in den Einband eines jüngeren Manuskripts mit dem Neuen Testament eingeheftet sind[58].

II. Die Olympische Rede

„In der griechisch-sprachigen Welt stellten Heiligtümer und die großen panhellenischen Festversammlungen weitere Anziehungspunkte von besonderer Ausstrahlung für etablierte Philosophen wie auch wandernde Kyniker dar“[59]. Insbesondere gilt das für Delphi als Heiligtum und für Olympia als Stätte festlicher Spiele. Auch Dion reiht sich in die Schar derer ein, die ihren weltanschaulichen Optionen auf diese Weise Breitenwirkung verschaffen wollten, und er tut das mit seiner so genannten „Olympischen Rede“ (Or 12).

1. Anlass und Datierung

Für die historische Verortung von Or 12 sind zwei Angaben entscheidend, die sich, ganz abgesehen von dem sekundären Titel, aus dem Text selbst ergeben: (1) der explizite Bezug auf die Olympischen Spiele und (2) die Anspielungen auf einen Feldzug gegen die Daker.

---

[56] Vgl. A. VERRENGIA, Nuove acquisizioni 155.

[57] Vorbildlich ediert und kommentiert von M.T. LUZZATTO, Dio Prusaensis (im Literaturverzeichnis unter I); vgl. außerdem H.J.M. MILNE, Papyri of Dio Chrysostom and Menander, in: JEA 16 (1930) 187-193.

[58] Vgl. J. BIDEZ / L. PARMENTIER, Notes sur quelques manuscrits de Patmos, in: RPh NS 20 (1896) 38-40.116-125, hier 38-40.

[59] J. HAHN, Der Philosoph und die Gesellschaft 144.

(1) Dass die Zeusstatue des Pheidias in Olympia den Anlass für die Rede abgibt, bedarf keiner gesonderten Begründung, aber auch die Spiele selbst werden angesprochen, besonders deutlich in § 25, wo Dion seine Zuhörer anredet als „Ihr Männer von Elis, ... Leiter und Vorsteher dieses Festes, Aufseher und Hüter von allem, was hier gesagt und getan wird“. In der Tat stellten die Bewohner von Elis die neun bis zwölf Hellanodikai, „die den Wettkampf hier für den Gott organisieren“ (so Dion in § 49). Sie nahmen die Anmeldungen entgegen, überprüften die Würdigkeit der Wettkämpfer, fungierten als Schiedsrichter, führten die Siegerlisten und überreichten die Preise. Zu ihren Glanzzeiten, als die Olympischen Spiele die angesehensten unter den panhellenischen Wettkämpfen waren, kam es durchaus vor, dass berühmte Redner wie Gorgias (vgl. § 14), Lysias und Isokrates sich hier ihr Publikum suchten. Nach zeitweiligem Niedergang erlebten die Spiele zu Dions Zeiten unter römischer Protektion wieder eine neue Blüte. Für die Datierung bedeutet dies, dass nur ein Jahr mit Olympischen Spielen, die bekanntlich im Vierjahresrhythmus stattfanden, in Frage kommt.

(2) Nach Olympia kommt Dion „direkt vom Istros aus dem Land der Geten oder Myser“ (§ 16), d.h. von der unteren Donau, wo die Daker lebten. Anschließend beschreibt er in § 18-20 das Leben in einem römischen Heerlager, das sich auf einen Kriegszug vorbereitet (vgl. Or 43,5: „unsere Feinde, ... die Geten“). Was wir also für die Datierung der Rede brauchen, ist ein Jahr, in dem die Olympischen Spiele mit einem Feldzug gegen die Daker zusammenfallen.

Die ältere Forschung hat sich auf dieser Grundlage teils für das Jahr 89 ausgesprochen[60]. Unter Decebalus, ihrem letzten großen König, waren die Daker 85/86 in Moesien eingefallen. Domitian musste einen Gegenangriff organisieren, und mit den daraus resultierenden kriegerischen Verwicklungen waren die römischen Truppen bis 88/89 beschäftigt. Die Rede würde dann in die Zeit von Dions Exil fallen. Dass dieser Vorschlag fast völlig in Vergessenheit geriet, hängt vermutlich damit zusammen, dass man einen nachexilischen Ansatz allgemein für besser hält. Das Jahr 93, das als

---

[60] A. EMPERIUS, Rez. zu J. Geel 343; A. BREITUNG, Das Leben des Dio Chrysostomus 11.

nächstes in Frage käme, scheint im Übrigen nicht genannt worden zu sein; eine Verbindung zu den Dakern ließe sich dann nur schwer herstellen.

Das gilt allerdings auch für das Jahr 97, das die meisten Anhänger findet[61]. Man kann dafür zum einen ins Feld führen, dass Dion sich offenkundig schon während seines Exils bei den Dakern aufhielt und an seinem Werk „Über die Geten" arbeitete. Zum anderen zieht man Philostratos, Vit Soph 1,7 (s.o.), heran, demzufolge sich Dion zum Zeitpunkt der Ermordung Domitians in einem römischen Lager unter Soldaten aufhielt. Aber Philostrat ist ein unzuverlässiger Zeuge, und ob die von Dion geschilderte Stimmung um diese Zeit schon gegeben war, bleibt zweifelhaft.

Anders sieht es mit den Jahren 101 und 105 aus. Ins Jahr 101/02 fällt der erste Dakerkrieg unter Trajan und ins Jahr 105/06 der zweite Dakerkrieg, der mit der endgültigen Besiegung der Daker und dem Freitod ihres Königs Decebalus endete. Eine Entscheidung zwischen diesen beiden Jahren ist nur schwer zu fällen. Auch eine Datierung ins Jahr 101 wird vertreten[62], allerdings entscheiden sich die meisten Autoren, die sich auf die Zeit Trajans festlegen, für das Jahr 105[63], das als Zeitpunkt des Eroberungs- und Entscheidungskriegs vielleicht noch etwas besser zu § 16-20 passt. Für das Verständnis der Rede hängt von der Frage, ob 101 oder 105, nicht mehr viel ab.

2. *Aufbau*

Auf die rhetorisch-literarische Gestaltung der Rede gehen wir noch gesondert ein (in E/I). Vorab sei aber kurz ihr Aufbau skizziert, der auch in der Übersetzung ausgewiesen ist. Er erweist sich bei genauerem Hinsehen als sehr viel planvoller, als es zunächst den Anschein hat. Eine freie Hinführung in § 1-15, die so genannte „Prolalia", macht einen selbständigen Eindruck, ist aber durch feine Fäden mit dem Thema der eigentlichen Rede verwoben. Das *exor-*

---

[61] Vgl. u.a. W. SCHMID, RE V, 855; B.F. HARRIS, The Olympian Oration 87; I. CHIRASSI, Il significato religioso 266; A.R.R. SHEPPARD, The Bithynian Years 159f.; C. VIELMETTI, I „discorsi bitinici" 91.

[62] So vor allem C.P. JONES, The Roman World 53.

[63] So neben H. VON ARNIM, Leben und Werke 405-407, und P. DESIDERI, Dione di Prusa. Un intellettuale greco 279, mit Nachdruck auch G. SALMERI, La politica e il potere 36.

dium in § 16-20 schildert Dions Weg von der Donau nach Olympia. In der *narratio* (§ 21-26), die mit einer Alternativfrage beginnt und in die *propositio*, die Formulierung der selbstgestellten Aufgabe, mündet, stellt Dion sein eigentliches Thema vor: Den Vergleich zwischen der Zeusstatue des Pheidias und der Dichtung Homers möchte er zu einer Besinnung über die Herkunft der Gottesidee nutzen. Dieses Programm führt er in der *argumentatio* in mehreren Schritten durch. Als Erstes bespricht er insgesamt fünf Quellen der Gottesvorstellung (§ 27-48), wobei er das vorgegebene Schema einer dreigeteilten Theologie (s. in E/II) variiert. Dann wendete er sich endgültig Pheidias (im Vordergrund) und Homer (im Hintergrund) zu. Dazu inszeniert er sehr geschickt einen fiktiven Prozess, in dem Pheidias angeklagt wird und sich verteidigen muss (§ 49-83). Die anschließende *peroratio* (§ 84-85) fällt überraschend kurz aus, aber das ist in den Reden Dions keine Seltenheit, und einiges wird auf die Interpretation des Schlussstücks ankommen.

Die ganze Rede im Überblick:

A. Prolalia: Von Eulen und anderen Vögeln (§ 1-15)
- I. Ornithologische Beobachtungen (§ 1-6)
  1. Beschreibungen: Eule und Pfau, Nachtigall, Schwan (§ 1-4)
  2. Übertragung: Reaktionen des Publikums (§ 5)
  3. Ein Blick voraus: Pheidias in Athen (§ 6)
- II. Ornithologische Fabeln (§ 7-12)
  1. Drei weise Ratschläge (§ 7-8)
  2. Übertragung: Philosophen und Sophisten (§ 9-12)
     a) Das Los der „alten“ Philosophie
     b) Die erfolgreichen „neuen“ Philosophen
     c) Ein letzter Vertreter des Alten
- III. Ornithologische Beobachtungen: Fortsetzung (§ 13-15)
  1. Vom Vogelfang (§ 13)
  2. Anwendung und Überleitung: Dion als Redner (§ 14-15)

B. Exordium: Von der Donau nach Olympia (§ 16-20)
- I. „Streifzüge“ unterschiedlicher Art (§ 16)
- II. Der Redner im Heerlager (§ 17-20)
  1. Ungeeignet für den Feldzug (§ 17-18)
  2. Ein „friedlicher Betrachter des Krieges“ (§ 19-20)

C. Narratio: Ein angemessenes Thema (§ 21-26)
- I. Die Alternative: Ethnographie oder Götterhymnus? (§ 21-22)
- II. Indirekte Anrufung der Musen (§ 23-24)
- III. Der eigentliche Anlass: die Zeusstatue des Pheidias (§ 25-26a)
- IV. Propositio: Ankündigung der Synkrisis (§ 26b)

D. Argumentatio: Vorbereitung und Durchführung der Synkrisis (§ 27-83)
- I. Die erste Quelle der Gottesvorstellung (§ 27-39a)
  1. Die angeborene Idee und ihre Entwicklung (§ 27-32)
     - a) „Von Natur aus eingepflanzt“
     - b) Interaktion mit primären Erfahrungen
     - c) „Kindliche“ Ernährungsweisen
     - d) Resultat und weitere Privilegien
  2. Mysterienvergleich (§ 33-34)
     - a) Momentaufnahmen aus dem Ritus
     - b) Übertragung: Der Kosmos als Mysterienspiel
  3. Die Tier- und Pflanzenwelt (§ 35)
  4. Invektive: Gegen die Epikureer (§ 36-37)
     - a) Eine „Göttin“ eigener Art
     - b) Folgen für das Gottesbild
  5. Zurück zum Thema! (§ 38)
  6. Zwischenresultat (§ 39a)
- II. Die zweite und dritte Quelle der Gottesvorstellung (§ 39b-43)
  1. Die erworbene Idee und ihre Herkunft (§ 39b-41)
     - a) Dichtung und Gesetzgebung: die jeweilige Vorgehensweise
     - b) Dichtung und Gesetzgebung: die zeitliche Priorität
  2. Vergleich mit dem Verhältnis zu den leiblichen Eltern (§ 42-43a)
  3. Zwischenreflexion: welchen Weg eine gute Rede nimmt (§ 43b)
- III. Die vierte und fünfte Quelle der Gottesvorstellung (§ 44-48)
  1. Die bildende Kunst (§ 44-46)
     - a) Verschiedene Techniken
     - b) Namhafte Vertreter
  2. Die Philosophie (§ 47)
  3. Überleitung: Ankündigung der Synkrisis (§ 48)
- IV. Die Anklage gegen Pheidias (§ 49-54)
  1. Der Gerichtshof (§ 49-50a)
  2. Die Anklagerede (§ 50b-54)
     - a) Preis der Zeusstatue
     - b) Probleme mit dem Anthropomorphismus
     - c) Die dominante Wirkung
     - d) Historisches Exempel
- V. Die Verteidigungsrede des Pheidias (§ 55-83)
  1. Die Ausgangsfrage (§ 55)
  2. Vorgänger (§ 56-57)
  3. Grenzen des Darstellbaren (§ 58-59)
  4. Die Sehnsucht nach Nähe und „Handgreiflichkeit“ (§ 60-61)
  5. Die Anthropomorphismen Homers (§ 62-63)
  6. Der Vorzug der Sprachkunst (§ 64-69a)
     - a) Die Leistungskraft der Sprache
     - b) Homers Umgang mit der Sprache
     - c) Homer als Sprachschöpfer
  7. Vergleiche mit der bildenden Kunst (§ 69b-72)
     - a) Das unterschiedliche Material

b) Visuelle und akustische Wahrnehmung
c) Menge und Größe
8. Ambivalenz und Eindeutigkeit im Gottesbild (§ 73-79)
a) Von Homer zu Pheidias
b) Titel für den größten Gott
c) Ihre Realisierung im Bildwerk
d) Das Gegenbild: Der Kriegs- und Wettergott
9. Edelmetall oder Ursubstanz: eine Frage des Materials (§ 80-83)
10. Schlussnotiz: der Triumph des Künstlers (§ 84a)

E. Peroratio: Die Stimme des Gottes (§ 84b-85)
I. Rekapitulation (§ 84b)
II. „Schlusswort" (§ 85)

3. Zur Textgestaltung

Der Text, der im Folgenden geboten wird, erhebt keinerlei kritische Ansprüche, sondern versteht sich als reiner Arbeits- und Lesetext, der als Ausgangspunkt für die Übersetzung dient und deren Grundlagen offen legen will. Als Basis wurde von Arnims Ausgabe gewählt, die auch in den Thesaurus Linguae Graecae übernommen worden ist[64], aber im Dialog mit ihrem textkritischen Apparat, mit weiteren Editionen (Geel, Emperius, de Budé, Cohoon, Russell), mit Arbeiten zur Textkritik (bes. Wenkebach, Wifstrand, Derganc) und mit gelegentlichen Hinweisen in der Sekundärliteratur (z. B. bei Mortenthaler) sind zahlreiche Änderungen angebracht worden.

Auf die Erstellung eines textkritischen Apparats wurde verzichtet. Sein Informationsgehalt ist hoch für den Spezialisten, jedoch eher gering für den durchschnittlichen Benutzer. Textkritische Entscheidungen von einigem Gewicht werden stattdessen in den Anmerkungen diskutiert, wobei vor allem darauf Wert gelegt wird, die Folgen für das Textverständnis und für die Interpretation transparent zu machen. Dies scheint mir in einer Zeit, in der Griechischkenntnisse leider nicht mehr vorausgesetzt werden können, der einzig sinnvolle Weg zu sein.

---

[64] Thesaurus Linguae Graecae, CD Rom #D, Packard Humanities Institute / University of California 1992; zu den Autorennamen oben im Text vgl. das Literaturverzeichnis.

B. Literaturverzeichnis

(* = nicht überprüft bzw. nicht zugänglich; Abkürzungen zur Hauptsache nach S. SCHWERTNER, Internationales Abkürzungsverzeichnis für Theologie und Grenzgebiete, Berlin ²1992. Hier aufgeführte Titel werden in den Anmerkungen und Literaturblöcken nur mit Autorennamen und Kurztitel zitiert.)

I. Textausgaben:

J. GEEL, Dionis Chrysostomi ’Ολυμπικός, ἢ περὶ τῆς πρώτης τοῦ θεοῦ ἐννοίας, Leiden 1840 (1-41: Text; 43-123: Kommentar zu Or 12; 125-449: „Annotatio in Dionis Chrysostomi reliquas orationes“).

A. EMPERIUS, Dionis Chrysostomi Opera graece. Bd. 1-2, Braunschweig 1844, hier I, 221-252.

J. DE (= H. VON) ARNIM, Dionis Prusaensis quem vocant Chrysostomum quae exstant omnia. Bd. 1-2, Berlin 1893/96, Repr. Zürich 1962, hier I, 155-179.

G. DE BUDÉ, Dionis Chrysostomi orationes, post Ludovicum Dindorfium edidit. Bd. 1-2 (BiTeu), Leipzig 1916, hier I, 197-228.

J.W. COHOON, Dio Chrysostom, vol II: Discourses 12-30 (LCL 339), London / Cambridge, Ma. 1939, Repr. 1993, 2-87 (mit engl. Übers.).

D.A. RUSSELL, Dio Chrysostom: Orations VII, XII and XXXVI (Cambridge Greek and Latin Classics. Imperial Library), Cambridge 1992, 62-88.

M. LUZZATTO, Dio Prusaensis, in: Corpus dei papiri filosofici greci e latini. Testi e lessico nei papiri di cultura greca e latina. Parte I: Autori Noti, vol. 1**, Florenz 1992, Nr. 45, S. 34-85.

II. Übersetzungen:

W. ELLIGER, Dion Chrysostomos: Sämtliche Reden (BAW), Zürich / Stuttgart 1967, 221-250.

K. KRAUT, Dion Chrysostomos aus Prusa. Bd. 1-9 [durchpaginiert] (Griechische Prosaiker in neuen Uebersetzungen 356-364), Ulm 1899, 268-303 (= Or 12; das Gesamtwerk enthält Or 1-40).

---, Dion Chrysostomos aus Prusa, Ulm 1901, 268-303 (unveränderte Neuausgabe in einem Band).

H. STICH, Dio Chrysostomus: Drei Reden des Dio Chrysostomus zum ersten mal ins Deutsche übertragen und erläutert (Programm der Kgl. Studienanstalt Zweibrücken 1889/90), Zweibrücken 1890, 28-56 (enthält Or 36, Or 12 [28-56] und Or 18).

III. Hilfsmittel:

R. KOOLMEISTER, / T. TALLMEISTER, An Index to Dio Chrysostomos, hrsg. von J.F. Kindstrand (SGU 17), Uppsala 1981.

IV. Literatur zu Dion:

C. AFFHOLDER, L'exégèse morale d'Homère chez Dion de Pruse, in: BFLS 45 (1966/1967) 287-293.

R. ANASTASI, Appunti su Dione Crisostomo, Catania 1972.

---, Varia. 2. Ethos e Nomos in Dione Crisostomo, in: Studi classici in onore di Quintino Cataudella, Catania 1972, Vol. II, 371-384.

O. ANDREI, Il tema della concordia in Dione di Prusa (*Or*. XXXVIII; XXIX; XL; XLI). Ceti dominanti ed ideologia nel ii sec. D. C., in: Studi e ricerche. Istituto di storia, Facoltà di lettere e filosofia, Università degli studi di Firenze 1 (1981) 89-120.

H. VON ARNIM, Leben und Werke des Dio von Prusa. Mit einer Einleitung: Sophistik, Rhetorik, Philosophie in ihrem Kampf um die Jugendbildung, Berlin 1898.

---, Die Entstehung und Anordnung der Schriftensammlung Dios von Prusa, in: Hermes 26 (1891) 366-407.

---, Zum Leben Dios von Prusa, in: Hermes 34 (1899) 363-379.

J.R. ASMUS, Julian und Dion Chrysostomos (Beilage zum Jahresbericht des Grossherzoglichen Gymnasiums zu Tauberbischofsheim 1895), Tauberbischofsheim 1895, 31-33 (zu Or 12).

---, Synesius und Dio Chrysostomus, in: ByZ 9 (1900) 85-151.

W.D. BARRY, Aristocrats, Orators, and the 'Mob'. Dio Chrysostom and the World of the Alexandrians, in: Hist. 42 (1993) 82-103.

E. BERARDI, Un uso della figura di Alessandro Magno: la seconda orazione *Sulla regalità* di Dione di Prusa, in: Quaderni del Dipartimento di filologia, linguistica e tradizione classica (Università degli Studi di Torino) 9 (1997) 225-243.

---, Avidità, lussuria, ambizione: tre demoni in Dione di Prusa, *Sulla regalità* IV 75-139, in: Prometheus 24 (1998) 37-56.

E. BERRY, Dio Chrysostom the Moral Philosopher, in: G&R NF 30 (1983) 70-80.

A. BILLAUT, Paysages de Dion Chrysostome, in: C. Mauduit / P. Luccioni (Hrsg.), Paysages et milieux naturels dans la littérature antique (Collection du Centre d'Études Romaines et Gallo-Romaines NS 17), Paris 1998, 123-141.

---, Dion Chrysostome avait-il une théorie de la sculpture?, in: BAGB 1999, 211-229.

H. BINDER, Dio Chrysostomus und Posidonius. Quellenuntersuchungen zur Theologie des Dio von Prusa, Diss. phil. Tübingen, Borna-Leipzig 1905.

K. BLOMQVIST, Dio Chrysostomus 7.82, in: CM 36 (1985) 115-121.

---, Myth and Moral Message in Dio Chrysostom. A study in Dio's moral thought, with a particular focus on his attitudes towards women, Lund 1989.

M. BLUMENTRITT, Zur Gesellschaftskritik Dions von Prusa, in: WZ(H).GS 28 (1979) 41-51.

C. BONNER, A Tarsian Peculiarity (Dio Prus. Or 33), With an Unnoticed Fragment of Porphyry, in: HThR 35 (1942) 1-11.

E.L. BOWIE, The Literature of the Empire. Between Philosophy and Rhetoric: Dio of Prusa, in: P.E. Easterling / B.M.W. Knox (Hrsg.), The Cambridge History of Classical Literature. I. Greek Literature, Cambridge 1985, 669-672.

A. BRANCACCI, Le orazioni diogeniane di Dione Crisostomo, in: G. Giannantoni (Hrsg.), Scuole socratiche minori e filosofia ellenistica (Pubblicazioni del Centro di studio per la storia della storiografia filosofica 4), Urbino 1977, 141-171.

---, Tradizione cinica e problemi di datazione nelle orazioni dogeniane di Dione di Prusa, in: Elenchos. Rivista ... 1 (1980) 92-122.

---, Rhetorikē Philosophousa. Dione Crisostomo nella cultura antica e bizantina (Elenchos. Collana ... 11), Neapel 1985.

---, Struttura compositiva e fonti della terza orazione “Sulla regalità” di Dione Crisostomo: Dione e l'«Archelao» di Antistene, in: ANRW II/36.5 (1992) 3308-3334.

E. BRAUN, Der *Jäger* und die Goldene Zeit. Anmerkungen zu D. Chr. *or.* 7, in: Mousopolos Stephanos (FS H. Görgemanns) (BKAW NF II/102), Heidelberg 1998, 43-56.

A. BRAVO GARCÌA, Notas sobre el tema de la concordia en Dion de Prusa, in: Habis 4 (1973) 81-92.

A. BREITUNG, Das Leben des Dio Chrysostomus (Beilage zum Programm des Gymnasiums zu Gebweiler), Gebweiler 1887.

I. BRUNS, De Dione Chrysostomo et Aristotele critica et exegetica, Kiel 1892 (Beilage zum Rektoratsprogramm).

P.A. BRUNT, Aspects of the Social thought of Dio Chrysostom and of the Stoics, in: PCPS 199 (N.S. 19) (1973) 9-34.

J. BURCKHARDT, Ueber den Werth des Dio Chrysostomus für die Kenntniß seiner Zeit, in: Neues Schweizerisches Museum 4 (1864) 97-122; auch in: Ders., Vorträge. Hrsg. von E. Dürer (Gesamtausgabe, Bd. 14), Stuttgart 1933, 86-109.

T. CALLANDER, The Tarsian Orations of Dio Chrysostom, in: JHS 24 (1904) 58-69.

M. CAPONE CIOLLARO, Dione Crisostomo: *Sulla virtù* (or. 8) (Koinonia. Collana di studi e testi 8), Neapel 1983.

---, Dione Crisostomo: *Diogene o discorso istmico* (or. 9) (Koinonia. Collana di studi e testi 13), Neapel 1987.

A. CARANDINI, Roma, anno 112. La III orazione περὶ Βασιλείας di Dione di Prusa, Traiano φιλοίκειος e una gemma del Museo Nazionale di Napoli, in: Archeologia Classica 18 (1966) 125-141, auch in: DERS., Vibia Sabina – Funzione politica, iconografia e il problema del classicismo adrianeo (Accademia Toscana di Scienze e Lettere "La Colombaria". Studi 13), Florenz 1969, 247-265.

A. CHARLES-SAGET, Un miroir du prince au Ier siècle après J.C. (Dion Chrysostome, *Sur la Royauté*, I), in: B. Cassin (Hrsg.), Le plaisir de parler. Études de sophistique comparée (Collection „Arguments". Colloque de Cerisy), Paris 1986, 111-129.

I. CHIRASSI, Il significato religioso del XII discorso di Dione Cristostomo, in: RCCM 5 (1963) 266-285.

T. CHRISTOFFERSSON, Bemerkungen zu Dion von Prusa, in: Kungl. Humanistiska Vetenskapssamfundet i Lund. Årsberättelse 1993-34,3, Lund 1934, 25-57.

W. CLAUSEN, De Dionis Chrysostomi Bithynicis, quae vocantur, orationibus quaestiones, Diss. phil., Kiel 1895.

C. CLERC, Les théories relatives au culte des images chez les auteurs grecs du IIme siècle après J.-C., Paris 1915, 194-229 (zu Dion).

C.G. COBET, Ad Dionis Chrysostomi orationes, in: Mn. NS 5 (1877) 56-102.

L. CRACCO RUGGINI, La vita associativa nelle città dell'Oriente greco: tradizioni locali e influenze romane, in: D.M. Pippidi (Hrsg.), Assimilation et résistance à la culture gréco-romaine dans le monde ancien. Travaux du VIe Congrès International d'Etudes Classiques (Madrid, Septembre 1974), Bukarest / Paris 1976, 463-491 (zu Or 34).

P. CRETIA, Dion de Pruse et l'esclavage, in: Studii Clasice 3 (1961) 369-375.

C.U. CRIMI, Dione di Prusa, Χρυσόστομος ο ὀζόστομος?, in: Studi classici in onore di Quintino Cataudella, Catania 1972, Vol. II, 389-393.

---, Sull'Orazione agli Alessandrini di Dione Crisostomo (a proposito di un libro recente), in: SicGym 26 (1973) 356-362.

M. CUVIGNY, Le curieux *Discours 72* de Dion de Pruse, in: Revue de Philologie 72 (1989) 49-53.

---, Dion de Pruse: Discours Bithyniens (Discours 38-51). Traduction avec introduction, notices et commentaire (CRHA 129 = ALUB 520), Paris 1994.

M. CYTOWSKA, De Dionis Chrysostomi rhythmo oratorio (Auctarium Maeandreum 2), Warschau 1952.

J. DAY, The Value of Dio Chrysostom's Euboean Discourse for the Economic Historian, in: Studies in Roman Economic and Social History in Honor of Allen Chester Johnson, Princeton 1951, 209-235.

D. DEL CORNO, Studi recenti su Dione di Prusa, in: Athenaeum N.S. 58 (1980) 191-193.

A. DERGANC, Textkritische Bemerkungen zu einigen Reden des Dio von Prusa, in: Jahresbericht des k.k. Sophiengymnasiums in Wien für das Schuljahr 1909/10, Wien 1910, 3-22.

P. DESIDERI, Il *Dione* e la politica di Sinesio, in: AAST.M 107 (1972/1973) 551-593.

---, Dione di Prusa: Un intellettuale Greco nell'Impero Romano (BCC 135), Florenz 1978.

---, Religione e politica nell'Olimpico di Dione, in: QSt 15 (1980) 141-161.

---, Dione di Prusa fra ellenismo e romanità, in: ANRW II/33.5 (1991) 3882-3902.

---, Tipologia e varietà di funzione communicativa degli scritti dionei, in: ANRW II/33.5 (1991) 3903-3959.

---, Art. Dion Cocceianus de Pruse dit Chrysostome, in: R. Goulet (Hrsg.), Dictionnaire des philosophes antiques 2 (1994) 841-856.

H. DESSAU, Zum Leben Dios von Prusa, in: Hermes 34 (1899) 81-87.

S. DILL, Roman Society from Nero to Marcus Aurelius, London 1911, 367-383 (zu Dion).

K. DÖRING, Exemplum Socratis. Studien zur Sokratesnachwirkung in der kynisch-stoischen Popularphilosophie der frühen Kaiserzeit und im frühen Christentum (Hermes.E 42), Wiesbaden 1979, 80-113 (zu Dion).

D.R. DUDLEY, A History of Cynism, From Diogenes to the 6th Century A.D., London 1937, 148-158 (zu Dion).

C. EHEMANN, Die XII. Rede des Dion Chrysostomos (Programm des K. Humanistischen Gymnasiums Kaiserslautern für das Schuljahr 1894/95), Kaiserslautern 1895.

A. EMPERIUS, Rez. zu *J. Geel*, Dionis Chrysostomi 'Ὀλυμπικός ..., in: Zeitschrift für die Alterthumswissenschaft 8 (1841) 337-343.345-372.

V. FAZZO, La giustificazione delle immagini religiose dalla tarda antichità al cristianesimo. I: La tarda antichità (con un'Appendice sull'Iconoclasmo bizantino), Neapel 1977, 21-59 (zu Dion).

A.S. FERGUSON, Dion Chrysostom, *Or.* XII. 44, in: ClW 38 (1924) 15f.

D. FERRANTE, Dione Crisostomo Περὶ βασιλείας (Or. IV). Introduzione, testo, traduzione e commentario, Neapel 1975.

---, La semantica di *logos* in Dione Crisostomo alla luce del contrasto tra retorica e filosofia, Neapel 1981.

---, La conversión de Dión Crisóstomo, in: Augustinus 32 (1987) 99-104.

S. FERRI, Il discorso di Fidia in Dione Crisostomo – Saggio sul alcuni concetti artistici del V secolo, in: ASNSP 2 (1936) 237ff.; auch in: DERS., Opuscula. Scritti vari di metodologia storico-artistica, archeologia, antichità etrusche e italiche, filologia classica (SCO 11), Florenz 1962, 165-191.

J. FINK, Die Eule der Athena Parthenos, in: MDAI.A 71 (1950) 90-97.

P. FORNARO, Dione Crisostomo (12, 35 ss.), epicurei e Lucrezio, in: Latomus 41 (1982) 285-304.

B. FORTE, Rome and the Romans as the Greeks Saw Them (American Academy in Rome. Papers and Monographs 24), Rom 1972, 283-288 u.ö. (zu Dion).

L. FRANÇOIS, Julien et Dion Chrysostome. Les Περὶ Βασιλείας et le second Panégyrique de Constance, in: REG 28 (1915) 417-439.

---, Dion Chrysostome critique d'art: Le Zeus de Phidias, in: REG 30 (1917) 105-116.

---, Essai sur Dion Chrysostome, Philosophe et Moraliste cynique et stoïcien, Thèse, Paris 1921.

---, *Dion Chrysostome: Deux Diogéniques (IVe de Regno, Fabula Libyca), précédées d'une esquisse critique de l'histoire de texte, Paris 1922.

E. FUCHS, Die 11. Rede des Dion Chrysostomos als Lügenerzählung, in: Lexis 14 (1996) 125-136.

C. GALLAVOTTI, Sopra un opusculo perduto di Dione Crisostomo, in: RFIC 59 (1931) 504-508.
L. GALLINARI, Schiavitù e libertà (Tre discorsi di Dione Crisostomo), Cassino 1978.
T. GARGIUOLO, Dione »filosofo« in Luciano, *Paras*. 2, in: Maia 41 (1989) 119-121.
P. GEIGENMÜLLER, Harmonien und Dissonanzen bei Dio, Plutarch und Favorin, in: NJKA 51 (Jg. 26) (1923) 209-229.
H. GEYR, Die Absichtssätze bei Dio Chrysostomus (Beilage zum Jahresbericht des Königlichen Gymnasiums Wesel, Ostern 1897), Wesel 1897.
A.M. GOWING, Dio's Name, in: CPh 85 (1990) 49-54.
M. GRAF, In Dionis Prusaensis orationes ab J. de Arnim editas (Vol. I) coniecturae et explanationes (Programm des K. Luitpold-Gymnasiums in München. Jahresbericht für 1895/96), München 1896.
G.M.A. GRUBE, The Greek and Roman Critics, London 1965, 327-332 (zu Dion).
P. HAGEN, Quaestiones Dioneae, Diss. phil., Kiel 1887.
C. HAHN, De Dionis Chrysostomi orationibus, quae inscribuntur Diogenes (VI, VIII, IX, X), Diss. phil. Göttingen, Homburg (Taunus) 1896.
A.F. HALLAM, Concurrences between Dio Chrysostom's First Discourse and the New Testament, North Canton, Ohio 1985.
B.F. HARRIS, The Olympian Oration of Dio Chrysostom, in: JRH 2 (1962) 85-97.
---, Dio of Prusa: a Survey of Recent Work, in: ANRW II/33.5 (1991) 3853-3881.
H. HAUPT, Dio Chrysostomus als historiker (sic), in: Ph. 43 (1884) 385-404.
L. HERRMANN, Recherches sur Dion de Pruse et le traité du Sublime, in: AnCl 33 (1964) 73-85.
H. VAN HERWERDEN, Ad Dionem Chrysostomum, in: Hermes 7 (1873) 72-90.
---, Observationes ad novissimum textum Dionis Chrysostomi, in: Mn. NS 22 (1894) 125-161.
G. HIGHET, The Huntsman and the Castaway, in: R.J. Ball (Hrsg.), The Classical Papers of Gilbert Highet, New York, 1983, 58-62 (zu Dion, Or 7).
---, Lexical Notes on Dio Chrysostom, ebd. 63-73.
---, Mutilations in the Text of Dio Chrysostom, ebd. 74-99.
M. HILLGRUBER, Dion Chrysostomos 36 (53),4-5 und die Homerauslegung Zenons, in: MH 46 (1989) 15-24.
R. HIRZEL, Der Dialog. Ein literarhistorischer Versuch. Bd. 1-2, Leipzig 1895, hier II, 84-119 (zu Dion).
R. HÖISTAD, Cynic Hero and Cynic King. Studies in the Cynic Conception of Man, Uppsala 1948, bes. 50-61.86-94.150-220.
B. JAEKEL, De optativi apud Dionem Chrysostomum et Philostratos usu, Diss. phil., Breslau 1913.
R. JOLY, Remarques sur Dion Chrysostome et le Nouveau Testament, in: Kephalaion. Studies in Greek Philosophy and Its Continuation (FS C.J. de Vogel), Assen 1975, 189-194; auch in: Ders., Glane de philosophie antique. Scripta minora (CPA 10), Brüssel 1994, 173-180.

B.W. JONES, Domitian and the Exile of Dio of Prusa, in: ParPass 250 (1990) 348-357.

C.P. JONES, The Date of Dio of Prusa's Alexandrian Oration, in: Historia 22 (1973) 302-309.

---, The Roman World of Dio Chrysostom (Loeb Classical Monographs), Cambridge, Ma. 1978.

F. JOUAN, Dion Chrysostome: Discours Troyen (XI), qu'Ilion n'a pas été prise, Thèse complémentaire, Paris 1966 (maschinenschriftlich).

---, Les thèmes romanesques dans l'Euboicos de Dion Chrysostome, in: REG 90 (1977) 38-46.

---, Les récits de voyage de Dion Chrysostome: réalité et fiction, in: M.-F. Baslez u.a. (Hrsg.), L'invention de l'autobiographie d'Hésiode à saint Augustin (Études de littérature ancienne 5), Paris 1993, 189-198.

---, Le Diogène de Dion Chrysostome, in: M.O. Goulet-Cazé / R. Goulet (Hrsg.), Le cynisme ancien et ses prolongements, Paris 1993, 381-397.

---, Le loisir chez Dion Chrysostome, in: J.-M. André u.a. (Hrsg.), Les loisirs et l'héritage de la culture classique (CollLat 230), Brüssel 1996, 129-136.

G.A. KENNEDY, The Art of Rhetoric in the Roman World, 300 B.C. – A.D. 300, Princeton 1972, 566-581 (zu Dion).

D. KIENAST, Ein vernachlässigtes Zeugnis für die Reichspolitik Trajans: Die zweite tarsische Rede des Dion von Prusa, in: Historia 20 (1971) 62-80.

J.F. KINDSTRAND, Homer in der Zweiten Sophistik: Studien zu der Homerlektüre und dem Homerbild bei Dion von Prusa, Maximos von Tyros und Ailios Aristeides (SGU 7), Uppsala 1973, bes. 13-44 und 113-162.

---, The Date of Dio of Prusa's Alexandrian Oration – a Reply, in: Historia 27 (1978) 378-383.

D. KONSTAN, Friendship and Monarchy: Dio of Prusa's Third Oration on Kingship, in: SO 72 (1997) 124-143.

G. KRAPINGER, Dion Chrysostomos, Oratio 6. Text, Übersetzung, Einleitung und Kommentar (Dissertationen der Karl-Franzens-Universität Graz 104), Graz 1996.

L. LEMARCHAND, Dion de Pruse. Les Œuvres d'avant l'exil, Paris 1926.

---, Dion de Pruse, Observations critiques sur le texte des discours LXVI et XII, in: RPh 53 (1929) 13-29.

N. LEWIS, Dio Chrysostom's "Tyrant of Syria", in: CP 44 (1949) 32-33.

G. LUMBROSO, Sull' orazione di Dione Crisostomo Πρὸς Ἀλεξανδρεῖς, in: Festschrift zu O. Hirschfelds sechzigstem Geburtstage (Beiträge zur alten Geschichte und griechisch-römischen Alterthumskunde), Berlin 1903, 108-112.

M.T. LUZZATTO, Tragedia greca e cultura ellenistica: l'or. LII di Dione di Prusa (Opuscula Philologa 4), Bologna 1983.

A.J. MALHERBE, Paul and the Popular Philosophers, Minneapolis 1989, bes. 37-48 (zu Or 32).

G. MARTINO, Un ammiratore di Eschine: citazioni della *Ctesifontea* in Dione Crisostomo, in: Prometheus 24 (1998) 271-280.

P. MAZON, Dion de Pruse et la politique agraire de Trajan, in: Association Guillaume Budé, „Lettres d'humanité" 2 (1943) 47-80 (mit einer Übers. des *Euboikos*).

K. MEISER, Über den Charidemos des Dion von Prusa (ABAW.PH 1912,3), München 1912.

M. MENCHELLI, La morte del filosofo o il filosofo di fronte alla morte: ἐπιείκεια e πρᾳότης nel discorso XXX di Dione di Prusa, in: SIFC 15 (1997) 65-80.

J. MESK, Zur elften Rede des Dio von Prusa, in: WS 42 (1921) 115-124.

---, Dion und Themistios, in: PhWS 54 (1934) 556-558.

F. MESTRE, Homère, entre Dion Chrysostome et Philostrate, in: Anuari de filologia. Studia Graeca et Latina (= Secció D) 13 (1990) 89-101.

N. MÉTHY, Dion Chrysostome et la domination romaine, in: AnCl 63 (1994) 173-192.

A.M. MILAZZO, Il discorso Περὶ βασιλείας B di Dione di Prusa e l'opuscolo Περὶ τοῦ καθ' Ὅμηρον ἀγαθοῦ βασιλέως di Filodemo, in: Sileno 4 (1978) 73-107.

---, Variazione e tecnica allusiva nelle citazioni omeriche di Dione Crisostomo, or. 7, in: Orph. NS 1 (1980) 459-475.

G. MODEMANN, Quos auctores Dio Chrysostomus secutus sit in oratione tricesima sexta, Diss. phil. (maschinenschriftlich), Bonn 1957.

J.L. MOLES, The Career and Conversion of Dio Chrysostom, in: JHS 98 (1978) 79-100.

---, Dio Chrysostom: Exile, Tarsus, Nero and Domitian, in: Liverpool Classical Monthly 8 (1983) 130-134.

---, The Date and Purpose of the Fourth Kingship Oration of Dio Chrysostom, in: ClA 2 (1983) 251-278.

---, The Kingship Orations of Dio Chrysostom, in: F. Cairns / M. Heath (Hrsg.), Papers of the Leeds International Latin Seminar 6 (ARCA. Classical and Medieval Texts, Papers and Monographs 29), Leeds 1990, 297-375.

---, Dio Chrysostom, Greece, and Rome, in: Ethics and Rhetoric (FS D.A. Russell), Oxford 1995, 177-192.

J. MOLING, Dio von Prusa und die klassischen Dichter, Diss. phil. (maschinenschriftlich), Innsbruck 1959.

A. MOMIGLIANO, Rez. Ch. Wirszubski, Libertas as a Political Idea at Rome during the Late Republic and Early Principate (Cambridge Classical Studies), Cambridge 1950, in: Ders., Quinto Contributo alla storia degli studi classici e del mondo antico (SeL 136), Rom 1975, 958-975 (zu Dion bes. 966-975).

---, Dion Chrysostomos (1950), in: Ders., Ausgewählte Schriften zur Geschichte und Geschichtsschreibung. Bd. 1: Die Alte Welt, Stuttgart-Weimar 1998, 275-288 (deutsche Fassung eines Vortrags von 1950 aus: Ders., Quarto Contributo alla storia degli studi classici e del mondo antico [SeL 115], Rom 1969, 257-269).

W.A. MONTGOMERY, Dio Chrysostom as a Homeric Critic, Diss. phil. Johns Hopkins University 1899, Baltimore 1901.

---, Oration XI of Dio Chrysostomus – A Study in Sources, in: Studies in Honor of Basil L. Gildersleeve, Baltimore 1902, 405-412.

G. MOROCHO GAYO, Exégesis de un mito oriental en Dión de Prusa: Or. XXXVI 39-47, in: J.A. López Férez (Hrsg.), De Homero a Libanio

(Estudios actuales sobre textos griegos. II) (Estudios de Filología griega 2), Madrid 1995, 345-363.

---, Hermenéutica y filología en el contexto de Dión de Prusa, in: Emérita 65 (1997) 195-220.

J. MORR, Die Lobrede des jüngeren Plinius und die erste Königsrede des Dion von Prusa, in: Jahresbericht des k.k. Staatsgymnasiums in Troppau für das Schuljahr 1914/15, Troppau 1915, 3-24.

M. MORTENTHALER, Der Olympikos des Dion von Prusa als literarhistorisches und geistesgeschichtliches Dokument, Diss. phil. (maschinenschriftlich), Wien 1979.

H. MOXNES, The Quest for Honor and the Unity of the Community in Romans 12 and in the Orations of Dio Chrysostom, in: T. Engberg-Pedersen (Hrsg.), Paul in His Hellenistic Context (Studies of the New Testament and Its World), Edinburgh 1994, 203-230.

W. MÜNSCHER, Zum Texte des Troikos Dions von Prusa, in: Ph. 76 (1920) 93-112.

G. MUSSIES, Dio Chrysostom and the New Testament (SCHNT 2), Leiden 1972.

S.A. NABER, Animadversiones criticae ad Dionem Chrysostomum, in: Mn. NS 38 (1910) 69-111.

J. OESCH, Die Vergleiche bei Dio Chrysostomus, Diss. phil. Zürich, Aarau 1916.

A. OLIVIERI, Gli studi omerici di Dione Crisostomo, in: RFIC 26 (1898) 586-607.

R.J. PENELLA, Dio Chrys. XI 23: διαστὶ διαλέγεσθαι?, in: Glotta 55 (1977) 214.

L. PERNOT, Lucien et Dion de Pruse, in: A. Billaut (Hrsg.), Lucien de Samosate. Actes du colloque international de Lyon ... (Centre d'études romaines et gallo-romaines N.S. 13), Paris 1994, 109-116.

K. PRAECHTER, Dion Chrysostomos als Quelle Julians, in: AGPh 5 (1892) 42-51.

---, Zur Frage nach der Composition der sechsten Rede des Dion Chrysostomos, in: Hermes 37 (1902) 283-291.

J. PUIGGALI, La démonologie de Dion Chrysostome, in: EtCl 52 (1984) 103-114.

---, Dion Chrysostome et Maxime de Tyr, in: Annales de la Faculté des Lettres et Sciences humaines de Dakar 12 (1982) 7-24.

M.H. QUET, Rhétorique, culture et politique – Le fonctionnement du discours idéologique chez Dion de Pruse et dans les *Moralia* de Plutarque, in: Dialogues d'histoire ancienne 4 (CRHA 28 = ALUB 225), Paris 1978, 51-117.

---, Remarques sur la place de la fête dans le discours de moralistes grecs et dans l'éloge des cités et des évergètes aux premiers siècles de l'Empire, in: La fête, pratique et discours. D'Alexandrie Hellénistique à la mission de Besançon (CRHA 42 =ALUB 262), Paris 1981, 41-84, bes. 41-46 (zu Dion).

*H. RAHN, Platon und Dio von Prusa: Zur Geschichte des platonischen Stils, Diss. phil. (maschinenschriftlich), Frankfurt a.M. 1944.

B.P. REARDON, Travaux récents sur Dion de Pruse, in: REG 96 (1983) 286-292.

D. REUTER, Untersuchungen zum Euboikos des Dion von Prusa, Diss. phil. Leipzig, Weida 1932.

*G.C. RICHARDS, Dion of Prusa, in: Durham University Journal 1932, 313-323.

Z. RITOÓK, Some Aesthetic Views of Dio Chrysostom and Their Sources, in: Greek Literary Theory after Aristotle (FS D.M. Schenkeveld), Amsterdam 1995, 125-134.

A.M. RITTER, Zwischen »Gottesherrschaft« und »einfachem Leben«. Dio Chrysostomus, Johannes Chrysostomus und das Problem einer Humanisierung der Gesellschaft, in: JAC 31 (1988) 127-143.

C. SABATTINI, Una testimonianza dimenticata su Filisto di Siracusa (Dio Chrys. 73,2), in: RFIC 119 (1991) 306-318.

G. SALMERI, Per una biografia di Dione di Prusa: politica ed economia nella Bitinia imperiale (I - II sec. D. C.), in: SicGym N.S. 33 (1980) 671-715.

---, La politica e il potere. Saggio su Dione di Prusa (Quaderni del SicGym 9), Catania 1982.

G. SAUTEL, Aspccts juridiques d'une querelle des philosophes au IIe siècle de notre ère: Plin., ad Traian., ep. 81-82, in: RIDA 3 (1956) 423-443.

J. SCHAROLD, Dio Chrysostomus und Themistius (Wissenschaftliche Abhandlung zum Jahresberichte des Königlichen humanistischen Gymnasiums Burghausen für das Schuljahr 1911/12), Burghausen 1912.

W. SCHMID, Der Atticismus in seinen Hauptvertretern von Dionysius von Halikarnass bis auf den zweiten Philostratus. Bd. 1, Stuttgart 1887, 72-191.

---, Art. Dion 18, in: RE V, 848-877.

---, Bericht über die Literatur aus den Jahren 1901-1904 zur zweiten Sophistik (rednerische Epideiktik, Belletristik), in: Jahresbericht über die Fortschritte der klassischen Altertumswissenschaft 129 (1906) 220-300, hier 226-235.

T. SCHMITZ, Trajan und Dion von Prusa. Zu Philostrat, Vit. Soph. 1,7 (488), in: RhM 139 (1996) 315-319.

H. SCHRADE, Dio Chrysostomos über den Zeus des Phidias, in: Das Werk des Künstlers 1 (1939/40) 197-214.

J.A. SCOTT, Dio Chrysostom and the Homeric Origin of the Cycle, in: The Classical Journal 19 (1923/24) 315f.

---, Xenophon and Dio Chrysostom, in: ClW 18 (1924) 44.

G.A. SEECK, Dion Chrysostomos als Homerkritiker (or.11), in: RMP 133 (1990) 97-107.

---, Gegenwart und Vergangenheit bei Dion von Prusa, in: M. Flashar u.a. (Hrsg.), Retrospektive. Konzepte von Vergangenheit in der griechisch-römischen Antike, München 1996, 113-123.

A.R.R. SHEPPARD, A Dissident in Tarsus? (Dio Chrysostom, Or. 66), in: Liverpool Classical Monthly 7 (1982) Heft 10, 149f.

---, Dio Chrysostom: the Bithynian Years, in: AnCl 53 (1984) 157-183.

H. SIDEBOTTOM, The Date of Dio of Prusa's Rhodian and Alexandrian Orations, in: Historia 41 (1992) 407-419.

---, Philosophers' attitudes to warfare under the principate, in: J. Rich / G. Shipley (Hrsg.), War and Society in the Roman World (Leicester-Nottingham Studies in Ancient Society 5), London-New York 1993, 241-264.

---, Dio of Prusa and the Flavian Dynasty, in: CQ 46 (1996) 447-456.

A. SONNY, Ad Dionem Chrysostomum, in: Griechische Studien, Hermann Lipsius zum 60. dargebracht, Leipzig 1894, 102-107.

---, Ad Dionem Chrysostomum Analecta, Kiew 1896.

S. SWAIN, Hellenism and Empire. Language, Classicism, and Power in the Greek World AD 50-250, Oxford 1996, 187-241 (zu Dion).

M. SZARMACH, Les discours Diogéniens de Dion de Pruse, in: Eos 65 (1977) 77-90.

---, Le *Discours troyen* de Dion de Pruse, in: Eos 66 (1978) 195-202.

W. THEILER, Poseidonios: Die Fragmente. Bd. 1-2 (TK 10,1-2), Berlin 1982, Frag. 368f. (aus Dion, Or 12).

E. THOMAS, Quaestiones Dioneae, Diss. phil., Leipzig 1909.

M. TRAPP, Sense of place in the orations of Dio Chrysostom, in: Ethics and Rhetoric (FS D.A. Russell), Oxford 1995, 163-175.

K. TREU, Synesios von Kyrene. Ein Kommentar zu seinem „Dion" (TU 71), Berlin 1958.

---, Synesios von Kyrene: Dion Chrysostomos oder Vom Leben nach seinem Vorbild (SQAW 5), Berlin 1959.

---, Zur Borysthenitica des Dion Chrysostomos, in: J. Irmscher / D.B. Schelow (Hrsg.), Griechische Städte und einheimische Völker des Schwarzmeergebietes (Deutsche Akademie der Wissenschaften zu Berlin. Schriften der Sektion für Altertumswissenschaft 28), Berlin 1961, 137-151.

W. TRIMPI, Muses of One Mind: The Literary Analysis of Experience and Its Continuity, Princeton 1983, bes. 155-163 (zu Dion, Or 12).

F. TRISOGLIO, Le idee politiche di Plinio il Giovane e di Dione Crisostomo, in: Il Pensiero Politico 5 (1972) 3-43.

M. VALGIMIGLI, La critica letteraria di Dione Crisostomo (Contributi alla storia della critica letteraria in Grecia 1), Bologna 1913, 75-83 (zu Or 12).

V. VALDENBERG, La théorie monarchique de Dion Chrysostome, in: REG 40 (1927) 142-162.

A. VERRENGIA, Nuove acquisizioni sulla tradizione manoscritta di Dione di Prusa, in: Eikasmos 8 (1997) 141-155.

P. VEYNE, Διασκευαί: le théâtre grec sous l'empire (Dion de Pruse, XXXII, 94), in: REG 102 (1989) 339-345.

C. VIELMETTI, I „discorsi bitinici" di Dione Crisostomo, in: SIFC 18 (1941) 89-108.

E. WEBER, De Dione Chrysostomo Cynicorum sectatore, in: Leipziger Studien zur Classischen Philologie 10 (1887) 77-268.

J. WEGEHAUPT, De Dione Chrysostomo Xenephontis sectatore, Diss. phil. Göttingen, Gotha 1896.

E. WENKEBACH, Quaestiones Dioneae. De Dionis Chrysostomi studiis rhetoricis capita selecta, Diss. phil., Berlin 1903.

---, De Dionis Prusaei elocutione observationes, in: Ph. 56 (1907) 231-259.

---, Beiträge zum Text und Stil der Schriften Dions von Prusa, in: Hermes 43 (1908) 77-103.

---, Beiträge zur Textkritik Dions von Prusa, In: Ph. 94 (1941) 86-124.

---, Die Überlieferung der Schriften des Dion von Prusa, in: Hermes 79 (1944) 40-65.

---, Die Überlieferung des Dion Chrysostomos, Tübingen 1953 [vervielfältigt als maschinenschriftliches Manuskript; vorhanden u.a. in der UB Bamberg].

A. WIFSTRAND, *EIKOTA*. Emendationen und Interpretationen zu griechischen Prosaikern der Kaiserzeit. I.1. Dion Chrysostomos, in: Kungl. Humanistiska Vetenskapssamfundet i Lund. Årsberättelse 1930-31, Lund 1931, 129-150.

F. WILHELM, Zu Dion Chrys. Or. 30 (Charidemos), in: Ph. 75 (1918) 364-383.

E. WILMES, Beiträge zur Alexandrinerrede (or. 32) des Dion Chrysostomos, Diss. phil., Bonn 1970.

ZELLER, E. Die Philosophie der Griechen in ihrer geschichtlichen Entwicklung. III/1: Die nacharistotelische Philosophie, Leipzig ^{5}1923, Repr. Hildesheim ^{6}1963, 847-851 (zu Dion).

V. Sonstige abgekürzt zitierte Literatur:

G. ANDERSON, The Second Sophistic. A Cultural Phenomenon in the Roman Empire, London - New York 1993.

M. BOEDER, Visa est Vox. Sprache und Bild in der spätantiken Literatur (EHS. Reihe XXVIII 268), Frankfurt a.M. u.a. 1996.

R. BRUCKER, 'Christushymnen' oder 'epideiktische Passagen'? Studien zum Stilwechsel im Neuen Testament und seiner Umwelt (FRLANT 176), Göttingen 1997.

E.I. FAULSTICH, Hellenistische Kultstatuen und ihre Vorbilder (EHS. Reihe XXXVIII 70), Frankfurt a.M. u.a. 1997, 66-85 (zum Zeus des Pheidias).

B. FORTE, Rome and the Romans as the Greeks Saw Them (PMAAR 24), Rom 1972.

C. HÖCKER / L. SCHNEIDER, Phidias (rm 505), Reinbek 1993.

J. HAHN, Der Philosoph und die Gesellschaft. Selbstverständnis, öffentliches Auftreten und populäre Erwartungen in der hohen Kaiserzeit (Heidelberger Althistorische Beiträge und Epigraphische Studien 7), Stuttgart 1989.

H. LAUSBERG, Handbuch der literarischen Rhetorik. Eine Grundlegung der Literaturwissenschaft, Bd. 1-2, München ^{3}1990.

J. LIEGLE, Der Zeus des Phidias, Berlin 1952.

A.A. LONG / D.N. SEDLEY, The Hellenistic Philosophers. Bd. 1-2, Cambridge 1987.

J. PALM, Rom, Römertum und Imperium in der griechischen Literatur der Kaiserzeit (Skrifter utgivna av Kungl. Humanistiska Vetenskapssamfundet i Lund 57), Lund 1959.

L. PERNOT, La rhétorique de l'éloge dans le monde gréco-romain (Collection des Études Augustiniennes. Série Antiquité 137/38), Paris 1993 (im Register S. 852-854 drei Spalten s.v. Dion de Pruse).

J. POLLARD, Birds in Greek Life and Myth (Aspects of Greek and Roman Life), London 1977.

J.J. POLLITT, The Ancient View of Greek Art: Criticism, History, and Terminology (Yale Publications in the History of Art 25), New Haven 1974.

A.N. SHERWIN-WHITE, The Letters of Pliny. A Historical and Social Commentary, Oxford 1966.

D'ARCY W. THOMPSON, A Glossary of Greek Birds, Oxford 1936, Repr. Hildesheim 1966.

P. VEYNE, Brot und Spiele. Gesellschaftliche Macht und politische Herrschaft in der Antike (Le pain et le cirque. Sociologie d'un pluralisme politique, Paris 1976, dt. von K. Laermann / H.R. Brittnacher (Theorie und Gesellschaft 11), Frankfurt a.M. 1988.

R. VOLKMANN, Die Rhetorik der Griechen und Römer in systematischer Übersicht, Leipzig ²1885, Repr. Hildesheim 1987.

VI. Literaturnachträge zur 2. Auflage:

S. SWAIN (Hrsg.), Dio Chrysostom: Politics, Letters, and Philosophy, Oxford 2000.

T. WHITMARSH, Reading Power in Roman Greece: The Paideia of Dio Chrysostom, in: Y.L. TOO/N. LIVINGSTONE (Hrsg.), Pedagogy and Power: Rhetorics of Classical Learning (Ideas in Context), Cambridge 1998, 192-213.

᾿Ολυμπικὸς
ἢ περὶ τῆς πρώτης τοῦ θεοῦ ἐννοίας

[A. Prolalia: Von Eulen und anderen Vögeln (§ 1-15)]

[I. Ornithologische Beobachtungen (§ 1-6)]

[1. Beschreibungen: Eule und Pfau, Nachtigall, Schwan (§ 1-4)]

1 ᾿Αλλ' ἦ τὸ λεγόμενον, ὦ ἄνδρες, ἐγὼ καὶ παρ' ὑμῖν καὶ παρ' ἑτέροις πλείοσι πέπονθα τὸ τῆς γλαυκὸς ἄτοπον καὶ παράδοξον πάθος; ἐκείνην γὰρ οὐδὲν σοφωτέραν οὖσαν αὐτῶν οὐδὲ βελτίω τὸ εἶδος, ἀλλὰ τοιαύτην ὁποίαν ἴσμεν, ὅταν δήποτε φθέγξηται λυπηρὸν καὶ οὐδαμῶς ἡδύ, περιέπουσι τὰ ἄλλα ὄρνεα, καὶ ὅταν γε ἴδῃ μόνον, τὰ μὲν καθιζόμενα ἐγγύς, τὰ δὲ κύκλῳ περιπετόμενα, ὡς μὲν ἐμοὶ δοκεῖ, καταφρονοῦντα τῆς φαυλότητος καὶ τῆς ἀσθενείας οἱ δὲ ἄνθρωποί φασιν ὅτι θαυμάζει τὴν γλαῦκα τὰ ὄρνεα.
2 Πῶς δὲ οὐ τὸν ταῶ μᾶλλον ὁρῶντα θαυμάζει, καλὸν οὕτω καὶ ποικίλον, ἔτι δὲ αὐτὸν ἐπαιρόμενον καὶ ἐπιδεικνύντα τὸ κάλλος τῶν πτερῶν, ὅταν ἁβρύνηται πρὸς τὴν θήλειαν, ἀνακλάσας τὴν οὐρὰν καὶ περιστήσας αὑτῷ πανταχόθεν ὥσπερ εὐειδὲς θέατρον ἢ τινα γραφῇ μιμηθέντα οὐρανὸν ποικίλον ἄστροις, σύν γε τῷ λοιπῷ σώματι θαυμαστόν, ἐγγύτατα χρυσοῦ κυάνῳ κεκραμένου, καὶ δὴ ἐν ἄκροις τοῖς πτεροῖς οἷον ὀφθαλμῶν ἐνόντων ἢ τινων δακτυλίων τό τε σχῆμα καὶ κατὰ τὴν ἄλλην ὁμοιότητα; **3** εἰ δ' αὖ τις ἐθέλοι σκοπεῖν τῆς πτερώσεως τὸ κοῦφον, ὡς μὴ χαλεπὸν εἶναι μηδὲ δύσφορον διὰ τὸ μῆκος, ἐν μέσῳ μάλα ἥσυχον καὶ ἀτρεμοῦντα παρέχει θεάσασθαι ἑαυτόν,

Olympische Rede oder Über die erste Erkenntnis Gottes[1]

A. Prolalia[2]: Von Eulen und anderen Vögeln (§ 1-15)[3]

I. Ornithologische Beobachtungen (§ 1-6)

1. Beschreibungen: Eule und Pfau, Nachtigall, Schwan (§ 1-4)

1 Sollte mir, ihr Männer, tatsächlich auch bei euch – wie zuvor schon bei vielen anderen Gelegenheiten[4] – das wunderliche und befremdliche Schicksal der Eule widerfahren sein[5]? Von ihr erzählt man sich[6]: Zwar ist sie um keinen Deut weiser[7] als die anderen Vögel und auch nicht schöner von Aussehen, sondern genau so (unansehnlich), wie wir sie kennen. Und doch, wenn sie ihren klagenden und alles andere als lieblichen Ruf erklingen lässt, scharen sich alle anderen Vögel um sie[8]. Ja, sie brauchen sie nur zu erblicken, schon setzten sich einige nahe zu ihr, andere umflattern sie im Kreis. Ich denke mir, dass sie sich über ihre Ärmlichkeit und Dürftigkeit lustig machen. Die Leute jedoch behaupten, die Vögel würden die Eule anstaunen[9].
2 Sollten sie nicht viel eher den Pfau bestaunen, wenn sie ihn so schön und vielfarbig erblicken[10]? Und das vor allem dann, wenn er sich stolz aufrichtet und sein Gefieder in voller Pracht herzeigt[11], um sich vor seinem Weibchen zu brüsten[12]? Dazu stellt er nämlich seine Schwanzfedern in die Höhe und umgibt sich damit im Halbrund[13], was aussieht wie ein wohlangelegtes Theater[14] oder wie ein Gemälde, das einen bunten Sternenhimmel abbildet[15]. Auch der restliche Körper[16] wirkt (farblich) wunderbar, ähnelt er doch einem mit Dunkelblau versetzten Gold. Und was sich endlich auf den Spitzen der Federn abzeichnet, ist es nicht – hinsichtlich der Form und des gesamten Aussehens – mit Augen oder mit Fingerringen vergleichbar[17]? **3** Oder wenn jemand es vorzieht, die Leichtigkeit seines Gefieders zu betrachten: wie wenig Mühe er damit hat, und wie er trotz der Länge nicht schwer daran trägt. Im Zentrum von all dem gewährt er uns, ganz ruhig und unaufgeregt, den Anblick seiner selbst, wendet er sich wie bei einer Parade nach allen

ὥσπερ ἐν πομπῇ περιστρεφόμενος, ὅταν δὲ βουληθῇ ἐκπλῆξαι, σείων τὰ πτερὰ καί τινα ἦχον οὐκ ἀηδῆ ποιῶν, οἷον ἀνέμου κινήσαντος οὐ πολλοῦ πυκνήν τινα ὕλην.

Ἀλλ' οὔτε τὸν ταῶ πάντα ταῦτα καλλωπιζόμενον τὰ ὄρνεα βούλεται ὁρᾶν οὔτε τῆς ἀηδόνος ἀκούοντα τῆς φωνῆς ἕωθεν ἐπορθρευομένης οὐδὲν πάσχει πρὸς αὐτήν, **4** ἀλλ' οὐδὲ τὸν κύκνον ἀσπάζεται διὰ τὴν μουσικήν, οὐδὲ ὅταν ὑμνῇ τὴν ὑστάτην ᾠδὴν ἅτε εὐγήρως, ὑπὸ ἡδονῆς τε καὶ λήθης τῶν ἐν τῷ βίῳ χαλεπῶν εὐφημῶν ἅμα καὶ προπέμπων ἀλύπως αὑτόν, ὡς ἔοικε, πρὸς ἄλυπον τὸν θάνατον· οὔκουν οὐδὲ τότε ἀθροίζεται κηλούμενα τοῖς μέλεσι πρὸς ὄχθην ποταμοῦ τινος ἢ λειμῶνα πλατὺν ἢ καθαρὰν ᾐόνα λίμνης ἤ τινα σμικρὰν εὐθαλῆ ποταμίαν νησῖδα.

[2. Übertragung: Reaktionen des Publikums (§ 5)]

5 Ὡς δὲ καὶ ὑμεῖς τοσαῦτα μὲν θεάματα ἔχοντες τερπνά, τοσαῦτα δὲ ἀκούσματα, τοῦτο μὲν ῥήτορας δεινούς, τοῦτο δὲ ξυγγραφέας ἡδίστους ἐμμέτρων καὶ ἀμέτρων λόγων, τοῦτο δὲ πολλοὺς σοφιστὰς ὥς ταὼς ποικίλους δόξῃ καὶ μαθηταῖς ἐπαιρομένους οἷον πτεροῖς, ὑμεῖς δὲ ἐμοὶ πρόσιτε καὶ βούλεσθε ἀκούειν, τοῦ μηδὲν εἰδότος μηδὲ φάσκοντος εἰδέναι, ἆρ' οὐκ ὀρθῶς ἀπεικάζω τὴν σπουδὴν ὑμῶν τῷ περὶ τὴν γλαῦκα γιγνομένῳ σχεδὸν οὐκ ἄνευ δαιμονίας τινὸς βουλήσεως;

[3. Ein Blick voraus: Pheidias in Athen (§ 6)]

6 Ὑφ' ἧς καὶ τῇ Ἀθηνᾷ λέγεται προσφιλὲς εἶναι τὸ ὄρνεον, τῇ καλλίστῃ τῶν θεῶν καὶ σοφωτάτῃ, καὶ τῆς γε Φειδίου τέχνης παρὰ Ἀθηναίοις ἔτυχεν, οὐκ ἀπαξιώσαντος αὐτὴν συγκαθιδρῦσαι τῇ θεῷ, συνδοκοῦν τῷ δήμῳ. Περικλέα δὲ καὶ αὐτὸν λαθὼν ἐποίησεν, ὥς φασιν, ἐπὶ τῆς ἀσπίδος.

Seiten[18]. Wenn er uns aber richtig verblüffen will, schüttelt er das Gefieder und erzeugt einen keineswegs unangenehmen Laut, wie wenn ein leichter Wind durch einen dichten Wald geht[19].

Aber nicht den Pfau, der das alles zu Schau stellt, wollen die Vögel sehen, und selbst wenn sie die Nachtigall vernehmen[20], wie sie frühmorgens, vor Tagesanbruch, ihre Stimme erhebt[21], erweckt das bei ihnen keine besonderen Gefühle[22]. **4** Nicht einmal der Schwan mit seinem musikalischen Gesang ist ihnen willkommen, selbst dann nicht, wenn er, da glücklich gealtert[23], sein letztes Lied anstimmt[24]. Aus Freude, weil er die Mühen des Lebens der Vergessenheit anheim gibt, singt er so schön, und er geleitet zugleich sich selbst[25], wie es scheint, ohne Bedauern zu einem unbetrauerten Tod[26]. Nicht einmal dann versammeln sie sich, wie betört von seinen Melodien, am Ufer eines Flusses, auf einer weiten Wiese, an kristallklarem Strand oder auf einer winzigen, blühenden Flussinsel[27].

2. Übertragung: Reaktionen des Publikums (§ 5)

5 So verhaltet auch ihr euch. So viel Erheiterndes habt ihr hier zum Anschauen, so vieles auch zum Anhören[28]: wortgewaltige Redner, Verfasser von wohllautenden Erzählungen in Versen und in Prosa, schließlich viele Sophisten, die, prächtigen Pfauen gleich[29], durch ihr Aussehen und die Zahl ihrer Schüler wie auf Flügeln empor getragen werden[30]. Dennoch kommt ihr zu mir und wollt mir zuhören, jemandem, der nichts weiß und auch nicht behauptet, etwas zu wissen[31]. Bin ich da nicht im Recht, wenn ich euren Eifer mit dem vergleiche, was sich um die Eule herum abspielt, fast möchte ich meinen: nicht ohne Fügung einer Gottheit[32]?

3. Ein Blick voraus: Pheidias in Athen (§ 6)

6 Von daher rührt auch[33], was man von Athena, der Schönsten und Klügsten unter den Göttern, sagt: ihr sei dieser Vogel besonders lieb gewesen[34]. Die Eule kam denn auch bei den Athenern in den Genuss der Kunstfertigkeit des Pheidias[35], der sie nicht für unwürdig hielt, der Göttin beigesellt zu werden[36], mit Zustimmung des Volkes. Perikles und sich selbst aber habe er, wie man sagt, nur versteckt auf dem Schild untergebracht[37].

[II. Ornithologische Fabeln (§ 7-12)]

[1. Drei weise Ratschläge (§ 7-8)]

Οὐ μέντοι ταῦτά γε εὐτυχήματα νομίζειν ἔπεισί μοι τῆς γλαυκός, εἰ μή τινα φρόνησιν ἄρα κέκτηται πλείω. **7** ὅθεν, οἶμαι, καὶ τὸν μῦθον Αἴσωπος ξυνέστησεν ὅτι σοφὴ οὖσα ξυνεβούλευε τοῖς ὀρνέοις τῆς δρυὸς ἐν ἀρχῇ φυομένης μὴ ἐᾶσαι, ἀλλ᾽ ἀνελεῖν πάντα τρόπον· ἔσεσθαι γὰρ φάρμακον ἀπ᾽ αὐτῆς ἄφυκτον, ὑφ᾽ οὗ ἁλώσονται, τὸν ἰξόν. πάλιν δὲ τὸ λίνον τῶν ἀνθρώπων σπειρόντων, ἐκέλευε καὶ τοῦτο ἐκλέγειν τὸ σπέρμα· μὴ γὰρ ἐπ᾽ ἀγαθῷ φυήσεσθαι. **8** τρίτον δὲ ἰδοῦσα τοξευτήν τινα ἄνδρα προέλεγεν ὅτι οὗτος ὁ ἀνὴρ φθάσει ὑμᾶς τοῖς ὑμετέροις πτεροῖς, πεζὸς ὢν αὐτὸς πτηνὰ ἐπιπέμπων βέλη.

Τὰ δὲ ἠπίστει τοῖς λόγοις καὶ ἀνόητον αὐτὴν ἡγοῦντο καὶ μαίνεσθαι ἔφασκον· ὕστερον δὲ πειρώμενα ἐθαύμαζε καὶ τῷ ὄντι σοφωτάτην ἐνόμιζεν. καὶ διὰ τοῦτο, ἐπὰν φανῇ, πρόσεισιν ὡς πρὸς ἅπαντα ἐπισταμένην· ἡ δὲ συμβουλεύει μὲν αὐτοῖς οὐδὲν ἔτι, ὀδύρεται δὲ μόνον.

[2. Übertragung: Philosophen und Sophisten (§ 9-12)]

[a) Das Los der „alten“ Philosophie]

9 Ἴσως οὖν παρειλήφατε ὑμεῖς λόγον τινὰ ἀληθῆ καὶ ξυμβουλὴν συμφέρουσαν, ἥντινα ξυνεβούλευσε φιλοσοφία τοῖς πρότερον Ἕλλησιν, ἣν οἱ τότε μὲν ἠγνόησαν καὶ ἠτίμασαν, οἱ δὲ νῦν ὑπομιμνήσκονται, καί μοι προσίασι διὰ τὸ σχῆμα, φιλοσοφίαν τιμῶντες ὥσπερ τὴν γλαῦκα, ἄφωνον τό γε ἀληθὲς καὶ ἀπαρρησίαστον οὖσαν. ἐγὼ μὲν γὰρ οὐδὲν αὐτῷ ξύνοιδα οὔτε πρότερον εἰπόντι σπουδῆς ἄξιον οὔτε νῦν ἐπισταμένῳ πλέον ὑμῶν.

II. Ornithologische Fabeln (7-12)

1. Drei weise Ratschläge (§ 7-8)

Es kommt mir indes nicht in den Sinn, dies etwa für glückliche Errungenschaften der Eule zu halten, wenn sie nicht wirklich wirklich ein höheres Maß an Klugheit besäße. **7** Deshalb, glaube ich, hat Äsop auch die folgende Fabel[38] erdichtet: Weil die Eule weise war, riet sie, als die erste Eiche zu wachsen begann, den anderen Vögeln, dies nicht zuzulassen, sondern sie mit allen Mitteln zu vernichten. Von ihr werde nämlich ein Gift gewonnen werden, vor dem es kein Entkommen gebe, mit dessen Hilfe man sie einfangen werden – der Vogelleim[39]. Und als die Menschen den Flachs säten, empfahl sie wiederum, die Samenkörner aufzupicken, denn zu nichts Gutem würden sie emporwachsen[40]. **8** Als sie schließlich, drittens, einen Mann, mit einem Bogen bewaffnet, erblickte, sagte sie voraus: „Dieser Mann wird euch einholen mit Hilfe eurer eigenen Federn[41]; während er selbst zu Fuß geht, wird er gefiederte Geschosse hinter euch her senden."

Die anderen Vögel aber misstrauten ihren Worten, hielten sie für eine Närrin und sagten, sie sei verrückt. Als sie aber später die entsprechenden Erfahrungen gemacht hatten, staunten sie und hielten sie für in der Tat außerordentlich weise. Und das ist der Grund, warum sie, wann immer sie sich zeigt, zu ihr kommen in der Meinung, sie wisse alles. Sie aber gibt keine weiteren Ratschläge mehr, sondern wehklagt nur noch[42].

2. Übertragung: Philosophen und Sophisten (§ 9-12)

a) Das Los der „alten" Philosophie

9 Was euch nun angeht: Vielleicht habt ihr eine wahrheitsgemäße Lehre oder einen nützlichen Rat[43], welchen die Philosophie den Griechen früherer Zeiten erteilte, entgegengenommen[44]. Die damaligen Adressaten verstanden das nicht und missachteten es; die jetzige Generation aber erinnert sich daran und tritt meines Aussehens wegen[45] an mich heran. Sie ehrt die Philosophie, wie die Vögel die Eule ehren, obwohl sie tatsächlich wie diese stumm ist und unfähig zu freimütiger Rede[46]. Ich meinerseits bilde mir nichts ein, weder dass ich früher etwas euren Eifers Würdiges gesagt hätte, noch dass ich jetzt mehr wüsste als ihr.

[b) Die erfolgreichen „neuen“ Philosophen]

10 ᾿Αλλὰ εἰσὶν ἕτεροι σοφοὶ καὶ μακάριοι παντελῶς ἄνδρες, οὓς ὑμῖν ἐγώ, εἰ βούλεσθε, μηνύσω, ἕκαστον ὀνομαστὶ δεικνύμενος. καὶ γὰρ νὴ Δία τοῦτο μόνον οἶμαι χρήσιμον ἔχειν, τὸ γιγνώσκειν τοὺς σοφούς τε καὶ δεινοὺς καὶ πάντα ἐπισταμένους· οἷς ἐὰν ὑμεῖς ἐθέλητε ξυνεῖναι τἄλλα ἐάσαντες, καὶ γονεῖς καὶ πατρίδας καὶ θεῶν ἱερὰ καὶ προγόνων τάφους, ἐκείνοις ξυνακολουθοῦντες, ἔνθα ἂν ἄγωσιν ἢ καὶ μένοντές που καθιδρύθωσιν, εἴτε εἰς τὴν Βαβυλῶνα ἐν τῇ Νίνου καὶ Σεμιράμιδος εἴτε ἐν Βάκτροις ἢ Σούσοις ἢ Παλιβόθροις ἢ ἄλλῃ τινὶ πόλει τῶν ἐνδόξων καὶ πλουσίων, χρήματα διδόντες ἢ καὶ ἄλλῳ τρόπῳ πείθοντες, εὐδαιμονέστεροι ἔσεσθε αὐτῆς τῆς εὐδαιμονίας.

11 Εἰ δ᾿ αὐτοὶ μὴ βούλεσθε, καταμεμφόμενοι τὴν αὑτῶν φύσιν ἢ πενίαν ἢ γῆρας ἢ ἀσθένειαν, ἀλλὰ τοῖς γε υἱέσι μὴ φθονοῦντες μηδὲ ἀφαιρούμενοι τῶν μεγίστων ἀγαθῶν, ἑκοῦσί τε ἐπιτρέποντες καὶ ἄκοντας πείθοντες ἢ βιαζόμενοι πάντα τρόπον, ὡς ἂν παιδευθέντες ἱκανῶς καὶ γενόμενοι σοφοὶ παρὰ πᾶσιν Ἕλλησι καὶ βαρβάροις ὀνομαστοὶ ὦσι τὸ λοιπόν, διαφέροντες ἀρετῇ καὶ δόξῃ καὶ πλούτῳ καὶ δυνάμει τῇ πάσῃ σχεδόν. οὐ γὰρ μόνον πλούτῳ φασὶν ἀρετὴν καὶ κῦδος ὀπηδεῖν, ἀλλὰ καὶ πλοῦτος ἀρετῇ συνέπεται ἐξ ἀνάγκης.

[c) Ein letzter Vertreter des Alten]

12 Ταῦτα δὲ ὑμῖν ἐναντίον τοῦδε τοῦ θεοῦ προλέγω καὶ ξυμβουλεύω δι᾿ εὔνοιαν καὶ φιλίαν προαγόμενος. οἶμαι δὲ ἐμαυτὸν ἂν πρῶτον πείθειν καὶ παρακαλεῖν, εἴ μοι τὰ τοῦ σώματος καὶ τὰ τῆς ἡλικίας ἐπεδέχετο· ἀλλὰ γὰρ ἀνάγκη διὰ τὸ κακοπαθεῖν, εἴ πού τι δυνησόμεθα, εὑρέσθαι παρὰ τῶν παλαιῶν ἀνδρῶν ὥσπερ ἀπερριμμένον ἤδη καὶ ἕωλον σοφίας λείψανον χήτει τῶν κρειττόνων τε καὶ ζώντων διδασκάλων.

b) Die erfolgreichen „neuen“ Philosophen

10 Doch gibt es andere Männer, weise und vom Glück geradezu verfolgt, auf die kann ich euch, wenn ihr wollt, aufmerksam machen und sie einzeln mit Namen aufzählen[47]. Denn, beim Zeus, das allein ist es, was ich an Nützlichen vorzuzeigen habe: die Weisen und Wortgewaltigen und Alleswisser zu kennen. Wenn ihr mit ihnen zusammen sein wollt und bereit seid, alles andere dafür zurückzulassen: Eltern, Vaterland, Heiligtümer der Götter, Gräber der Vorfahren, und ihnen nachzufolgen[48], wohin immer sie euch führen, und dort zu bleiben, wo sie sich niederlassen, ob nach[49] Babylon, der Stadt von Ninos und Semiramis[50], ob in Baktra[51] oder Susa[52] oder Palibothra[53] oder irgendeiner anderen von den berühmten und reichen Städten[54], und ihnen Geld zu geben[55] oder sie auf andere Weise für euch einzunehmen, dann werdet ihr glücklicher sein als das Glück in Person[56].
11 Wenn ihr das selbst aber nicht wollt und als Entschuldigung eure Naturanlage, eure Armut, euer Alter oder eure Gesundheit vorbringt, so neidet es wenigstens euren Söhnen nicht und enthaltet ihnen diese großartige Möglichkeit nicht vor. Sind solche Lehrer von sich aus dazu bereit, vertraut ihnen eure Söhne an; verhalten diese sich ablehnend, überredet sie dazu oder zwingt sie sogar mit allen Mitteln[57], damit sie einst, umfassend gebildet und durch Weisheit herausragend unter allen Griechen und Barbaren[58], einen großen Namen haben und sich auszeichnen durch Tugend, Ruhm, Reichtum und nahezu ungebrochene Machtfülle. Man sagt ja nicht nur, dass den Reichtum Tugend und Ansehen begleiten[59], sondern auch, dass auf den Tugenderwerb notwendig der Reichtum[60] folgt[61].

c) Ein letzter Vertreter des Alten

12 Im Angesicht dieses Gottes[62] verkünde ich euch das vorher und erteile ich euch, veranlasst durch wohlwollende und freundschaftliche Gefühle, diesen Rat[63]. Ich weiß wohl, ich müsste mich selbst als Ersten dazu überreden und ermuntern, wenn es denn mein körperlicher Zustand und mein Alter zuließen. Doch weil es mir so schlecht geht[64], sehe ich mich der Notwendigkeit konfrontiert[65], wenn irgend möglich bei den Alten Überreste an Weisheit aufzuspüren, von ihnen gleichsam weggeworfen und schon abgestan-

[III. Ornithologische Beobachtungen: Fortsetzung (§ 13-15)]

[1. Vom Vogelfang (§ 13)]

Ἐρῶ δὲ ὑμῖν καὶ ἄλλο, ὃ πέπονθα τῇ γλαυκὶ παραπλήσιον, ἐὰν καὶ βούλησθε καταγελᾶν τῶν λόγων. **13** ὥσπερ γὰρ ἐκείνη αὐτὴ μὲν οὐδὲν χρῆται τοῖς προσπετομένοις, ἀνδρὶ δὲ ὀρνιθοθήρᾳ πάντων λυσιτελέστατόν ἐστι κτημάτων – οὐδὲν γὰρ δεῖ οὔτε τροφὴν προβάλλειν οὔτε φωνὴν μιμεῖσθαι, μόνον δ' ἐπιδεικνύντα τὴν γλαῦκα πολὺ πλῆθος ἔχειν ὀρνέων –, οὕτω κἀμοὶ τῆς σπουδῆς τῶν πολλῶν οὐδὲν ὄφελος. οὐ γὰρ λαμβάνω μαθητάς, εἰδὼς ὅτι οὐδὲν ἂν ἔχοιμι διδάσκειν, ἅτε οὐδ' αὐτὸς ἐπιστάμενος· ὡς δὲ ψεύδεσθαι καὶ ἐξαπατᾶν ὑπισχνούμενος, οὐκ ἔχω ταύτην τὴν ἀνδρείαν· σοφιστῇ δὲ ἀνδρὶ ξυνὼν μεγάλα ἂν ὠφέλουν ὄχλον πολὺν ἀθροίζων πρὸς αὐτόν, ἔπειτα ἐκείνῳ παρέχων ὅπως βούλεται διαθέσθαι τὴν ἄγραν. ἀλλ' οὐκ οἶδα ὅπως, οὐδείς με ἀναλαμβάνει τῶν σοφιστῶν οὐδὲ ἥδονται ὁρῶντες.

[2. Anwendung und Überleitung: Dion als Redner (§ 14-15)]

14 Σχεδὸν μὲν οὖν ἐπίσταμαι ὅτι πιστεύετέ μοι λέγοντι ὑπὲρ τῆς ἀπειρίας τε κἀνεπιστημοσύνης τῆς ἐμαυτοῦ, δῆλον ὡς διὰ τὴν αὐτῶν ἐπιστήμην καὶ φρόνησιν· καὶ τοῦτο οὐκ ἐμοὶ μόνον, ἀλλὰ καὶ Σωκράτει δοκεῖτέ μοι πιστεύειν ἄν, ταὐτὰ ὑπὲρ αὑτοῦ προβαλλομένῳ πρὸς ἅπαντας ὡς οὐδὲν ᾔδει· τὸν δὲ Ἱππίαν καὶ τὸν Πῶλον καὶ τὸν Γοργίαν, ὧν ἕκαστος αὑτὸν μάλιστα ἐθαύμαζε καὶ ἐξεπλήττετο, σοφοὺς ἂν ἡγεῖσθαι καὶ μακαρίους·

den[66] – dies im Übrigen auch aus Mangel an besseren, lebenden Lehrern[67].

III. Ornithologische Beobachtungen: Fortsetzung (§ 13-15)

1. Vom Vogelfang (§ 13)

Ich werde euch auch noch von etwas anderem erzählen, was mich in eine der Situation der Eule benachbarte Lage bringt, auch wenn ihr über meine Worte nur zu gern lachen werdet. **13** Denn wie jene selbst keinerlei Vorteil hat von den Vögeln, die herbeifliegen, sich für den Vogelfänger aber weit mehr als sein sonstiger Besitz bezahlt macht – er braucht nämlich keine Lockspeise mehr auszulegen und keine Vogelstimmen nachzuahmen; er braucht nur noch die Eule auftreten zu lassen, und schon hat er Vögel im Überfluss beisammen[68] –, so ist auch für mich das Interesse so vieler Leute zu nichts gut. Ich nehme nämlich keine Schüler an, weil ich nur zu genau weiß, dass ich ihnen nichts beizubringen vermöchte, weiß ich doch selbst nichts[69]. Diesbezüglich zu lügen und mit Versprechungen darüber hinweg zu täuschen, dazu fehlt mir der Mut. Würde ich mich aber mit einem echten Sophisten zusammentun, könnte ich von großem Vorteil für ihn sein. Ich würde Menschen in großer Zahl in seiner Nähe zusammenziehen, und dann würde ich es ihm überlassen, mit dem Fang zu verfahren, wie immer er will[70]. Doch ich weiß nicht, warum: Niemand von den Sophisten will mich haben, keiner freut sich, wenn er mich sieht.

2. Anwendung und Überleitung: Dion als Redner (§ 14-15)

14 Fast bin ich überzeugt, dass ihr mir jetzt abnehmt, was ich über meine Unerfahrenheit und Unkenntnis[71] sage – ein offenkundiges Anzeichen für eure Kenntnis und Klugheit[72]. Und dies gilt nicht für mich allein, vielmehr hättet ihr nach meinem Eindruck wohl auch dem Sokrates geglaubt, wenn er in aller Öffentlichkeit von sich dasselbe behauptete, nämlich dass er nichts wisse[73]. Hippias[74] aber, Polos[75] und Gorgias[76], von denen jeder sich selbst am meisten bewunderte und von sich selbst am meisten hingerissen war, hättet ihr wohl als weise und glücklich eingestuft.

15 ὅμως δὲ προλέγω ὑμῖν ὅτι ἐσπουδάκατε ἀνδρὸς ἀκοῦσαι τοσοῦτον πλῆθος ὄντες οὔτε καλοῦ τὸ εἶδος οὔτε ἰσχυροῦ, τῇ τε ἡλικίᾳ παρηκμακότος ἤδη, μαθητὴν δὲ οὐδένα ἔχοντος, τέχνην δὲ ἢ ἐπιστήμην οὐδεμίαν ὑπισχνουμένου σχεδὸν οὔτε τῶν σεμνῶν οὔτε τῶν ἐλαττόνων, οὔτε μαντικὴν οὔτε σοφιστικὴν, ἀλλ᾽ οὐδὲ ῥητορικήν τινα ἢ κολακευτικὴν δύναμιν, οὐδὲ δεινοῦ ξυγγράφειν, οὐδὲ ἔργον τι ἔχοντος ἄξιον ἐπαίνου καὶ σπουδῆς, ἀλλ᾽ ἢ μόνον κομῶντος·

[B. Exordium (§ 16-20): Von der Donau nach Olympia (§ 16-20)]

[I. „Streifzüge“ unterschiedlicher Art (§ 16)]

εἰ δ᾽ ὑμῖν δοκέει τόδε λωίτερον καὶ ἄμεινον,

δραστέον τοῦτο καὶ πειρατέον ὅπως ἂν ᾖ δυνατὸν ἡμῖν.
16 Οὐ μέντοι λόγων ἀκούσεσθε ὁποίων ἄλλου τινὸς τῶν νῦν, ἀλλὰ πολὺ φαυλοτέρων καὶ ἀτοπωτέρων, ὁποίους δὴ καὶ ὁρᾶτε. χρὴ δὲ ἐᾶν ὑμᾶς ἔμβραχυ, ὅτι ἂν ἐπίῃ μοι, τούτῳ ἕπεσθαι, καὶ μὴ ἀγανακτεῖν, ἐὰν φαίνωμαι πλανώμενος ἐν τοῖς λόγοις, ὥσπερ ἀμέλει καὶ τὸν ἄλλον χρόνον ἔζηκα ἀλώμενος, ἀλλὰ συγγνώμην ἔχειν, ἅτε ἀκούοντας ἀνδρὸς ἰδιώτου καὶ ἀδολέσχου.

[II. Der Redner im Heerlager (§ 17-20)]

[1. Ungeeignet für den Feldzug (§ 17-18)]

Καὶ γὰρ δὴ τυγχάνω μακράν τινα ὁδὸν τὰ νῦν πεπορευμένος, εὐθὺ τοῦ Ἴστρου καὶ τῆς Γετῶν χώρας ἢ Μυσῶν, ὥς φησιν Ὅμηρος κατὰ τὴν νῦν ἐπίκλησιν τοῦ ἔθνους. **17** ἦλθον δὲ οὐ χρημάτων ἔμπορος οὐδὲ τῶν πρὸς ὑπηρεσίαν τοῦ στρατοπέδου

15 Ich muss euch indes frei heraus sagen, dass ihr, die ihr in so großer Zahl hier erschienen seid, euch gerade darum bemüht, einem Mann zuzuhören, der weder schön ist von Gestalt noch kräftig, dessen besten Lebensjahre bereits hinter ihm liegen, der so gut wie kein Können oder Wissen zu vermitteln verspricht, weder auf hoch achtbaren noch auf geringerwertigen Gebieten[77]. Er beherrscht weder die Seherkunst noch die sophistische Technik, hat weder rednerische noch schmeichlerische Fähigkeiten[78], ist auch kein wortgewaltiger Schreiber und hat überhaupt nichts vollbracht, was des Lobes oder eures Eifers würdig wäre[79]. Was ihn allein auszeichnet: Er trägt sein Haar lang[80].

B. Exordium: Von der Donau nach Olympia (§ 16-20)

I. „Streifzüge" unterschiedlicher Art (§ 16)

Wenn euch dies vorzüglicher und besser zu sein scheint[81],

dann muss es getan und versucht werden, soweit es uns möglich ist[82]. **16** Jedoch werdet ihr keine Worte hören wie von irgendeinem anderen unserer Tage, sondern viel Minderwertigeres und Ungereimteres[83] – von was für einer Qualität, seht ihr ja gerade[84]. Ihr müsst, kurz gesagt, zulassen, dass ich dem folge, was mir gerade in den Sinn kommt, und ihr dürft nicht unwillig werden, wenn ich mit meinen Worten umherzuschweifen scheine, habe ich doch nachweislich die letzten Jahre damit verbracht, mich unstet umherzutreiben[85]. Ihr müsst vielmehr Nachsicht üben, da ihr ja einem Mann zuhört, der ein blutiger Laie ist und ein langatmiger Schwätzer[86].

II. Der Redner im Heerlager (§ 17-20)

1. Ungeeignet für den Feldzug (§ 17-18)

Wie es sich trifft, habe ich gerade einen langen Weg hinter mich gebracht. Ich komme direkt vom Istros[87] und aus dem Land der Geter oder Myser, wie Homer sie mit einer jetzt für dieses Volk üblichen Bezeichnung nennt[88]. **17** Dorthin ging ich weder als Händler von Waren noch im Tross des Heeres als Gepäckträger

σκευοφόρων ἢ βοηλατῶν, οὐδὲ πρεσβείαν ἐπρέσβευον συμμαχικὴν ἤ τινα εὔφημον, τῶν ἀπὸ γλώττης μόνον συνευχομένων,

γυμνὸς ἄτερ κόρυθός τε καὶ ἀσπίδος, οὐδ' ἔχον ἔγχος,

οὐ μὴν οὐδὲ ἄλλο ὅπλον οὐθέν, **18** ὥστε ἐθαύμαζον ὅπως με ἠνείχοντο ὁρῶντες. οὔτε <γὰρ> ἱππεύειν ἐπιστάμενος οὔτε τοξότης ἱκανὸς ὢν οὔθ' ὁπλίτης, ἀλλ' οὐδὲ τῶν κούφων καὶ ἀνόπλων [τὴν βαρεῖαν ὅπλισιν στρατιωτῶν οὐδ'] ἀκοντιστὴς ἢ λιθοβόλος, οὐδ' αὖ τεμεῖν ὕλην ἢ τάφρον ὀρύττειν δυνατὸς οὐδὲ ἀμῆσαι χιλὸν ἐκ πολεμίου λειμῶνος πυκνὰ μεταστρεφόμενος, οὐδὲ ἐγεῖραι σκηνὴν ἢ χάρακα, ὥσπερ ἀμέλει ξυνέπονται τοῖς στρατοπέδοις πολεμικοί τινες ὑπηρέται.

[2. Ein „friedlicher Betrachter des Krieges" (§ 19-20)]

19 Πρὸς ἅπαντα δὴ ταῦτα ἀμηχάνως ἔχων ἀφικόμην εἰς ἄνδρας οὐ νωθροὺς οὐδὲ σχολὴν ἄγοντας ἀκροᾶσθαι λόγων, ἀλλὰ μετεώρους καὶ ἀγωνιῶντας καθάπερ ἵππους ἀγωνιστὰς ἐπὶ τῶν ὑσπλήγων, οὐκ ἀνεχομένους τὸν χρόνον, ὑπὸ σπουδῆς δὲ καὶ προθυμίας κόπτοντας τὸ ἔδαφος ταῖς ὁπλαῖς· ἔνθα γε ἦν ὁρᾶν πανταχοῦ μὲν ξίφη, πανταχοῦ δὲ θώρακας, πανταχοῦ δὲ δόρατα, πάντα δὲ ἵππων, πάντα δὲ ὅπλων, πάντα δὲ ὡπλισμένων ἀνδρῶν μεστά· μόνος δὴ ἐν τοσούτοις φαινόμενος ῥᾴθυμος ἀτεχνῶς σφόδρα τε εἰρηνικὸς πολέμου θεατής, τὸ μὲν σῶμα ἐνδεής, τὴν δὲ ἡλικίαν προήκων, **20** οὐ χρυσοῦν σκῆπτρον φέρων οὐδὲ στέμματα ἱερὰ θεοῦ τινος ἐπὶ λύσει θυγατρὸς ἥκων εἰς τὸ στρατόπεδον ἀναγκαίαν ὁδόν, ἀλλ' ἐπιθυμῶν ἰδεῖν ἄνδρας ἀγωνιζομένους ὑπὲρ ἀρχῆς καὶ δυνάμεως, τοὺς δὲ ὑπὲρ ἐλευθερίας τε καὶ πατρίδος· ἔπειτα οὐ τὸν κίνδυνον ἀποκνήσας, μὴ τοῦτο ἡγησάσθω μηδείς, ἀλλ' εὐχῆς τινος μνησθεὶς παλαιᾶς δεῦρο ἀπετράπην πρὸς ὑμᾶς, ἀεὶ τὰ θεῖα κρείττω καὶ προυργιαίτερα νομίζων τῶν ἀνθρωπίνων, ἡλίκα ἂν ᾖ.

oder Viehtreiber. Ich war auch nicht als Gesandter unterwegs, der mit einer Gesandtschaft Bundesgenossen aufsucht oder Glückwünsche zum Fest überbringt, wobei die Teilnehmer nur mit den Lippen gemeinsam beten[89]. Nein, ich kam

ohne Helm und Schild, entblößt, ohne Lanze[90],

und ich hatte auch keine andere Waffe. **18** Daher wunderte ich mich, dass man dort meinen Anblick überhaupt ertrug. Denn ich verstehe mich nicht aufs Reiten, bin auch als Bogenschütze nicht geeignet oder als Schwerbewaffneter, nicht einmal als Speerwerfer oder Steinschleuderer [bei den leichten Truppen ohne schwere Waffen[91]]. Ich kann kein Holz fällen, keinen Graben ausheben, kein Grünfutter schneiden auf der Wiese des Feindes, „oft um mich her blickend“[92], kein Zelt aufschlagen und keine Palisade errichten – alles Dinge, die sonst von unterstützenden Einheiten beim Militär[93], die dem Heer nachfolgen, getan werden.

2. Ein „friedlicher Betrachter des Krieges“ (§ 19-20)

19 Für all das also gänzlich ungeeignet, gelangte ich zu Männern, die alles andere als träge waren und keine Muße hatten, sich Reden anzuhören. Vielmehr waren sie angespannt und kampfbegierig wie Rennpferde an der Startschranke, die, weil sie die Wartezeit kaum ertragen können, erregt und unruhig mit den Hufen auf dem Boden scharren. Zu sehen gab es dort allerorten Schwerter, allerorten Rüstungen, allerorten Speere; alles war von Pferden, von Waffen[94], von bewaffneten Männern voll[95]. In solcher Umgebung trat ich ganz allein auf, völlig unbekümmert, ein durch und durch friedlicher Betrachter des Kriegs. **20** Körperlich geschwächt und vorgerückten Alters, trug ich keinen goldenen Stab noch heilige Binden eines Gottes, weil mich etwa der Versuch, die Tochter zu befreien, zum Weg ins Heerlager gezwungen hätte[96]. Mich verlangte vielmehr danach, Männer kämpfen zu sehen, die einen für Herrschaft und Macht, die andern für Freiheit und Vaterland[97]. Vor der damit verbundenen Gefahr bebte ich keinesfalls zurück – das soll nur ja niemand von euch denken! – ; aber ich entsann mich eines alten Gelübdes[98], und daraufhin wandte ich mich hierher zu euch[99], weil ich Göttliches stets als stärker und dringlicher einschätze denn Menschliches[100], wie wichtig das auch sei[101].

[C. Narratio: Ein angemessenes Thema (§ 21-26)]

[I. Die Alternative: Ethnographie oder Götterhymnus? (§ 21-22)]

21 Πότερον οὖν ἥδιον ὑμῖν καὶ μᾶλλον ἐν καιρῷ περὶ τῶν ἐκεῖ διηγήσασθαι, τοῦ τε ποταμοῦ τὸ μέγεθος καὶ τῆς χώρας τὴν φύσιν ἢ ὡρῶν ὡς ἔχουσι κράσεως καὶ περὶ τῶν ἀνθρώπων τοῦ γένους, ἔτι δὲ, οἶμαι, τοῦ πλήθους καὶ τῆς παρασκευῆς, ἢ μᾶλλον ἅψασθαι τῆς πρεσβυτέρας τε καὶ μείζονος ἱστορίας περὶ τοῦδε τοῦ θεοῦ, παρ' ᾧ νῦν ἐσμεν – **22** οὗτος γὰρ δὴ κοινὸς ἀνθρώπων καὶ θεῶν βασιλεύς τε καὶ ἄρχων καὶ πρύτανις καὶ πατήρ, ἔτι δὲ εἰρήνης καὶ πολέμου ταμίας, ὡς τοῖς πρότερον ἐμπείροις καὶ σοφοῖς ποιηταῖς ἔδοξεν –, ἐάν πως ἱκανοὶ γενώμεθα τήν τε φύσιν αὐτοῦ καὶ τὴν δύναμιν ὑμνῆσαι λόγῳ βραχεῖ καὶ ἀποδέοντι τῆς ἀξίας, αὐτά που ταῦτα λέγοντες;

[II. Indirekte Anrufung der Musen (§ 23-24)]

23 Ἆρ' οὖν κατὰ Ἡσίοδον ἄνδρα ἀγαθὸν καὶ Μούσαις φίλον ἀρκτέον, ὡς ἐκεῖνος μάλα ἐμφρόνως οὐκ αὐτὸς ἐτόλμησεν ἄρξασθαι παρ' αὑτοῦ διανοηθείς, ἀλλὰ τὰς Μούσας παρακαλεῖ διηγήσασθαι περὶ τοῦ σφετέρου πατρός; τῷ παντὶ γὰρ μᾶλλον πρέπον τόδε τὸ ᾆσμα ταῖς θεαῖς ἢ τοὺς ἐπὶ Ἴλιον ἐλθόντας ἀριθμεῖν – αὐτούς τε καὶ τὰ σέλματα τῶν νεῶν ἐφεξῆς –, ὧν οἱ πολλοὶ ἀνόητοι ἦσαν· καὶ ποιητὴς σοφώτερός τε καὶ ἀμείνων ὁ παρακαλῶν ἐπὶ τοῦτο τὸ ἔργον ὧδέ πως·

24 *Μοῦσαι Πιερίηθεν ἀοιδῇσι κλείουσαι,*
δεῦτε Δί' ἐννέπετε σφέτερον πατέρ' ὑμνείουσαι,
ὅν τε διὰ βροτοὶ ἄνδρες ὁμῶς ἄφατοί τε φατοί τε

C. Narratio: Ein angemessenes Thema (§ 21-26)[102]

I. Die Alternative: Ethnographie oder Götterhymnus[103]? (§ 21-22)

21 Was ist für euch nun angenehmer und vom Zeitpunkt her eher angebracht[104]? Soll ich euch von dort berichten, von der Größe des Flusses und der Natur des Landes, von den Jahreszeiten und den klimatischen Verhältnissen, was für eine Sorte Menschen dort lebt, auch noch, denke ich, von ihrer Anzahl und ihrer Ausrüstung[105]? Oder soll ich mich lieber an die ältere, ehrwürdigere Kunde von diesem Gott hier, bei dem wir nun weilen, heranwagen **22** – dieser ist nämlich der Menschen und Göttern gemeinsame König[106] und Herrscher, ist Vorsteher[107] und Vater[108], dazu noch Lenker von Frieden und Krieg[109], wie es die erfahrenen und weisen Dichter von einst schon erkannten[110] –, wenn denn unsere Fähigkeiten ausreichen, sein Wesen und seine Macht in einer kurzen Rede zu besingen, die aber doch hinter der Würde ihres Gegenstandes zurückbleiben wird, selbst wenn wir uns auf diese beiden Themen beschränken?

II. Indirekte Anrufung der Musen (§ 23-24)[111]

23 Sollte ich folglich wie Hesiod, ein trefflicher Mann und Freund der Musen, beginnen[112]? Er bedachte es wohl und wagte nicht, aus eigener Initiative mit dem zu anzufangen, was er sich selbst zurecht gelegt hatte, sondern er lud die Musen ein, über ihren Vater zu berichten. In jedem Fall wird ein solcher Gesang den Göttinnen eher gerecht als das andere Unternehmen, die Männer aufzuzählen, die nach Ilion kamen – dazu sogar noch die Ruderbänke der Schiffe, alles der Reihe nach[113] –, obwohl doch die meisten von ihnen recht unvernünftig[114] waren. Weiser und besser ist der Dichter[115], der für sein Werk mit folgenden Worten um Beistand bittet[116]:

24 *Musen aus Pierien, die ihr in Liedern Ruhm verleiht,*
eilt her, kündet von Zeus und besingt euren Vater;
durch ihn sind sterbliche Menschen beides: namenlos oder namhaft,

ῥητοί τ' ἄρρητοί τε, Διὸς μεγάλοιο ἕκητι·
ῥέα μὲν γὰρ βριάει, ῥέα δὲ βριάοντα χαλέπτει,
ῥεῖα δ' ἀρίζηλον μινύθει καὶ ἄδηλον ἀέξει,
ῥεῖα δέ τ' ἰθύνει σκολιὸν καὶ ἀγήνορα κάρφει
Ζεὺς ὑψιβρεμέτης, ὃς ὑπέρτατα δώματα ναίει.

[III. Der eigentliche Anlaß: die Zeusstatue des Pheidias (§ 25-26a)]

25 Ὑπολαβόντες οὖν εἴπατε πότερον ἁρμόζων ὁ λόγος οὗτος καὶ τὸ ᾆσμα τῇ συνόδῳ γένοιτ' ἄν, ὦ παῖδες Ἠλείων· ὑμεῖς γὰρ ἄρχοντες καὶ ἡγεμόνες τῆσδε τῆς πανηγύρεως, ἔφοροί τε καὶ ἐπίσκοποι τῶν ἐνθάδε ἔργων καὶ λόγων· ἢ δεῖ θεατὰς εἶναι μόνον τοὺς ἐνθάδε ἥκοντας τῶν τε ἄλλων δῆλον ὅτι παγκάλων καὶ σφόδρα ἐνδόξων θεαμάτων καὶ δὴ μάλιστα τῆς τοῦ θεοῦ [θρησκείας καὶ] τῷ ὄντι μακαρίας εἰκόνος, ἣν ὑμῶν οἱ πρόγονοι δαπάνης τε ὑπερβολῇ καὶ τέχνης ἐπιτυχόντες τῆς ἄκρας εἰργάσαντο καὶ ἀνέθεσαν πάντων, ὅσα ἐστὶν ἐπὶ γῆς ἀγάλματα, κάλλιστον καὶ θεοφιλέστατον, πρὸς τὴν Ὁμηρικὴν ποίησιν, ὥς φασι, Φειδίου παραβαλλομένου, τοῦ κινήσαντος ὀλίγῳ νεύματι τῶν ὀφρύων τὸν ξύμπαντα Ὄλυμπον, **26** ὡς ἐκεῖνος μάλιστα ἐναργῶς καὶ πεποιθότως ἐν τοῖς ἔπεσιν εἴρηκεν,

ἦ καὶ κυανέῃσιν ἐπ' ὀφρύσι νεῦσε Κρονίων,
ἀμβρόσιαι δ' ἄρα χαῖται ἐπερρώσαντο ἄνακτος
κρατὸς ἀπ' ἀθανάτοιο, μέγαν δ' ἐλέλιξεν Ὄλυμπον.

[IV. Propositio: Ankündigung der Synkrisis (§ 26b)]

Ἦ καὶ περὶ αὐτῶν τούτων σκεπτέον ἡμῖν ἐπιμελέστερον τῶν τε ποιημάτων καὶ ἀναθημάτων καὶ ἀτεχνῶς εἴ τι τοιουτότροπόν

berühmt oder ruhmlos, nach des Zeus, des erhabenen, Willen.
Leicht schenkt er ja Gewicht, bedrückt aber leicht auch den Starken,
leicht mindert er auch den Glänzenden und erhöht den Niederen,
leicht biegt er den Krummen gerade und lässt den Trotzigen schrumpfen[117],
er, der hochdonnernde Zeus, der im höchsten Hause wohnt.

III. Der eigentliche Anlass: die Zeusstatue des Pheidias (§ 25-26a)

25 Geht also auf mein Ansinnen ein, ihr Männer von Elis, und sagt, ob diese Rede und der Gesang zu unserer Zusammenkunft wohl passen. Ihr seid ja die Leiter und Vorsteher dieses Festes, seid Aufseher und Hüter von allem, was hier getan und gesagt wird[118]. Oder sollen, die hierher kamen, nur Betrachter sein, zum einen der sonstigen, unbestritten wunderschönen und hochberühmten[119] Sehenswürdigkeiten, dann aber ganz besonders der Verehrung[120] des Gottes und seines wahrhaft beseligenden Bildes[121]? Eure Vorfahren haben es mit einem Höchstmaß an Aufwendungen und durch Indienstnahme vollendeter Beherrschung der Kunst anfertigen lassen und als Weihegabe aufgestellt. Von allen Standbildern, die es auf Erden gibt, ist es das Schönste und das dem Gott liebste. Pheidias habe sich dafür, so wird überliefert[122], an der homerischen Dichtung orientiert, wo der Gott einmal mit einem leichten Senken der Augenbrauen den ganzen Olymp erschüttert[123]. **26** Homer hat es sehr anschaulich und überzeugend in den Versen geschildert:

Sprach es und nickte ihr zu mit den dunkeln Brauen, Kronion.
Und die ambrosischen Locken des Herrschers wallten ihm nieder
vom unsterblichen Haupt; es erbebten die Höhen des Olympos[124].

IV. Propositio: Ankündigung der Synkrisis (§ 26b)[125]

Oder sollten wir nicht gerade die beiden angesprochenen Größen, das dichterische Werk einerseits, die als Weihegabe aufgestellten Statuen anderseits, sorgfältiger untersuchen[126], und namentlich, ob

ἐστι, τὴν ἀνθρωπίνην περὶ τοῦ δαιμονίου δόξαν ἀμῃγέπῃ πλάττον καὶ ἀνατυποῦν, ἅτε ἐν φιλοσόφου διατριβῇ τὰ νῦν.

[D. Argumentatio: Vorbereitung und Durchführung der Synkrisis (§ 27-83)]

[I. Die erste Quelle der Gottesvorstellung (§ 27-39a)]

[1. Die angeborene Idee und ihre Entwicklung (§ 27-32)]

[a) "Von Natur aus eingepflanzt"]

27 Περὶ δὴ θεῶν τῆς τε καθόλου φύσεως καὶ μάλιστα τοῦ πάντων ἡγεμόνος πρῶτον μὲν καὶ ἐν πρώτοις δόξα καὶ ἐπίνοια κοινὴ τοῦ ξύμπαντος ἀνθρωπίνου γένους, ὁμοίως μὲν Ἑλλήνων, ὁμοίως δὲ βαρβάρων, ἀναγκαία καὶ ἔμφυτος ἐν παντὶ τῷ λογικῷ γιγνομένη κατὰ φύσιν ἄνευ θνητοῦ διδασκάλου καὶ μυσταγωγοῦ χωρὶς ἀπάτης κεκράτηκε, διά τε τὴν ξυγγένειαν τὴν πρὸς αὐτοὺς καὶ πολλὰ μαρτύρια τἀληθοῦς, οὐκ ἐῶντα κατανυστάξαι καὶ ἀμελῆσαι τοὺς πρεσβυτάτους καὶ παλαιοτάτους· **28** ἅτε γὰρ οὐ μακρὰν οὐδ' ἔξω τοῦ θείου διῳκισμένοι καθ' αὑτούς, ἀλλὰ ἐν αὐτῷ μέσῳ πεφυκότες, μᾶλλον δὲ συμπεφυκότες ἐκείνῳ καὶ προσεχόμενοι πάντα τρόπον, οὐκ ἐδύναντο μέχρι πλείονος ἀξύνετοι μένειν, [ἄλλως τε σύνεσιν καὶ λόγον εἰληφότες περὶ αὐτοῦ,

[b) Interaktion mit primären Erfahrungen]

ἅτε δὴ] περιλαμπόμενοι πάντοθεν θείοις καὶ μεγάλοις φάσμασιν οὐρανοῦ τε καὶ ἄστρων, ἔτι δὲ ἡλίου καὶ σελήνης, νυκτός τε καὶ ἡμέρας ἐντυγχάνοντες ποικίλοις καὶ ἀνομοίοις εἴδεσιν, ὄψεις τε ἀμηχάνους ὁρῶντες καὶ φωνὰς ἀκούοντες παντοδαπὰς ἀνέμων τε καὶ ὕλης καὶ ποταμῶν καὶ θαλάττης, ἔτι

es etwas Derartiges gibt, das der menschlichen Vorstellung über das Göttliche in irgendeiner Weise Form verleiht und ihr zur Darstellung verhilft, zumal wir uns ja im Moment in der Vorlesung eines Philosophen befinden[127]?

D. Argumentatio: Vorbereitung und Durchführung der Synkrisis (§ 27-83)

I. Die erste Quelle der Gottesvorstellung (§ 27-39a)

1. Die angeborene Idee und ihre Entwicklung (§ 27-32)

a) „Von Natur aus eingepflanzt“

27[128] Vom Wesen der Götter im Allgemeinen und von dem des Lenkers des Alls[129] im Besonderen gibt es als Erstes und vor allem eine Vorstellung und eine Idee, die dem gesamten Menschengeschlecht, Griechen und Barbaren gleichermaßen[130], gemeinsam ist[131]. Notwendig ist sie jedem vernunftbegabten Wesen von Natur aus eingepflanzt[132]; ohne Dazwischentreten eines sterblichen Lehrers oder eines Mysterienpriesters und somit auch ohne Täuschung[133] hat sie sich durchgesetzt[134]. Sie resultiert aus der Verwandtschaft von Menschen und Göttern[135] und aus den vielen wahrheitsgetreuen Zeugnissen, die es nicht zuließen, dass die allerersten und -ältesten Generationen in dieser Hinsicht schläfrig oder unaufmerksam wurden[136]. **28** Nicht fern von oder außerhalb des Göttlichen siedelten sie sich getrennt für sich an[137], sondern sie wuchsen in seiner Mitte auf, genauer noch: sie wuchsen mit ihm zusammen auf und waren ihm auf jegliche Weise zugewandt. Folglich konnten sie nicht auf längere Sicht ohne Verständnis bleiben, [zumal ihnen Einsichtsfähigkeit und Begriffsvermögen hinsichtlich des Göttlichen mitgegeben worden war][138].

b) Interaktion mit primären Erfahrungen

Sie wurden ja auch allseits umstrahlt von göttlichen und großartigen Erscheinungen am Himmel, von Sternen, von Sonne und Mond, auf deren vielfarbigen, abwechslungsreichen Gestalten[139] sie bei Tag und bei Nacht stießen. Unbeschreibliche Schauspiele sahen sie, und sie hörten[140] die unterschiedlichsten Stimmen von

δὲ ζῴων ἡμέρων καὶ ἀγρίων, αὐτοί τε φθόγγον ἥδιστον καὶ σαφέστατον ἱέντες καὶ ἀγαπῶντες τῆς ἀνθρωπίνης φωνῆς τὸ γαῦρον καὶ ἐπιστῆμον, ἐπιθέμενοι σύμβολα τοῖς εἰς αἴσθησιν ἀφικνουμένοις, ὡς πᾶν τὸ νοηθὲν ὀνομάζειν καὶ δηλοῦν, εὐμαρῶς ἀπείρων πραγμάτων [καὶ] μνήμας καὶ ἐπινοίας παραλαμβάνοντες.

29 Πῶς οὖν ἀγνῶτες εἶναι ἔμελλον καὶ μηδεμίαν ἕξειν ὑπόνοιαν τοῦ σπείραντος καὶ φυτεύσαντος καὶ σῴζοντος καὶ τρέφοντος, πανταχόθεν ἐμπιμπλάμενοι τῆς θείας φύσεως διά τε ὄψεως καὶ ἀκοῆς συμπάσης τε ἀτεχνῶς αἰσθήσεως, νεμόμενοι μὲν ἐπὶ γῆς, ὁρῶντες δ᾽ ἐξ οὐρανοῦ φῶς, τροφὰς δὲ ἀφθόνους ἔχοντες, εὐπορήσαντος καὶ προπαρασκευάσαντος τοῦ προπάτορος θεοῦ,

[c) „Kindliche" Ernährungsweisen]

30 πρώτην μὲν οἱ πρῶτοι καὶ αὐτόχθονες τὴν γεώδη, μαλακῆς ἔτι καὶ πίονος τῆς ἰλύος τότε οὔσης, ὥσπερ ἀπὸ μητρὸς τῆς γῆς λιχμώμενοι, καθάπερ τὰ φυτὰ νῦν ἕλκουσι τὴν ἐξ αὐτῆς ἰκμάδα, δευτέραν δὲ τὰ ἤδη προϊόντα καρπῶν τε αὐτομάτων καὶ πόας οὐ σκληρᾶς ἅμα δρόσῳ γλυκείᾳ καὶ νάμασι νυμφῶν ποτίμοις, καὶ δὴ καὶ τοῦ περιέχοντος ἠρτημένοι καὶ τρεφόμενοι τῇ διηνεκεῖ τοῦ πνεύματος ἐπιρροῇ, ἀέρα ὑγρὸν ἕλκοντες, ὥσπερ νήπιοι παῖδες, οὔποτε ἐπιλείποντος γάλακτος ἀεί σφισι θηλῆς ἐγκειμένης.

31 Σχεδὸν γὰρ ἂν ταύτην δικαιότερον λέγοιμεν πρώτην τροφὴν τοῖς τε πρότερον καὶ τοῖς ὕστερον ἁπλῶς. ἐπειδὰν γὰρ ἐκπέσῃ τῆς γαστρὸς νωθρὸν ἔτι καὶ ἀδρανὲς τὸ βρέφος, δέχεται μὲν ἡ γῆ, ἡ τῷ ὄντι μήτηρ, ὁ δὲ ἀὴρ εἰσπνεύσας τε καὶ ψύξας εὐθὺς ἤγειρεν ὑγροτέρᾳ τροφῇ γάλακτος καὶ φθέγξασθαι παρέσχεν. ταύτην εἰκότως πρώτην λέγοιτ᾽ ἂν τοῖς γεννωμένοις ἡ φύσις ἐπισχεῖν θηλήν.

Wind und Wäldern, von Flüssen und Meer, dazu noch von zahmen und wilden Tieren. Auch sie selbst gaben einen höchst angenehmen, deutlichen Laut von sich, und sie freuten sich über den stolzen, verständigen Klang der menschlichen Stimme[141]. Was in ihre Sinneswahrnehmung Eingang fand, belegten sie mit einem Zeichen, so dass sie alles Wahrgenommene auch benennen und erklären konnten[142]. Mühelos formten sie so von unzähligen Dingen eine Erinnerung und eine Idee[143].

29 Wie also hätten sie da unwissend bleiben und keine Spur von dem entdeckt haben sollen, der sie säte und pflanzte[144], der sie bewahrt und nährt? In jeder Hinsicht waren sie erfüllt von der göttlichen Natur, durch Gesichtssinn und Hörvermögen, überhaupt durch die ganze Sinneswahrnehmung. Sie bewohnten die Erde, sie sahen Licht vom Himmel, sie hatten Nahrung im Überfluss, denn ihr Stammvater, Gott, schaffte sie reichlich herbei und bereitete sie vorsorglich zu[145].

c) „Kindliche“ Ernährungsweisen

30[146] Als Erstes leckten die ersten, erdentsprossenen Menschen die irdische Nahrung – der Schlamm war damals noch weich und fett – sozusagen von der Mutter Erde[147], wie auch jetzt noch die Pflanzen aus ihr Feuchtigkeit ziehen. Als Nächstes stand ihnen zur Verfügung, was bereits hervorging an selbstwachsenden Früchten[148] und weichem Gras, dazu noch süßen Tau und „das labende Nass der Nymphen“[149]. Abhängig waren sie[150] auch von der sie umgebenden Atmosphäre. Sie nährten sich vom unaufhörlichen Zustrom des Atems und saugten feuchte Luft wie kleine Kinder[151]. Immer wurde ihnen die Mutterbrust mit nie versiegender Milch dargeboten.

31 Vielleicht könnten wir mit mehr Recht letzteres[152] als die erste Nahrung bezeichnen, unterschiedslos für die frühesten und für spätere Generationen. Denn wenn das Neugeborene, noch kraftlos und schwach, aus dem Mutterschoß verbannt wird[153], nimmt es die Erde, die Mutter im eigentlichen Sinn, im Empfang[154]. Die Luft, die in es eingeht und für Kühlung sorgt[155], richtet es mit einer Nahrung, flüssiger noch als Milch, auf[156] und ermöglicht es ihm so, einen Schrei auszustoßen. Mit gutem Grund könnte man also sagen, dass die Natur zuerst dies denen, die geboren werden, als Mutterbrust reicht.

[d) Resultat und weitere Privilegien]

32 Ἃ δὴ πάσχοντες, ἐπινοοῦντες οὐκ ἐδύναντο μὴ θαυμάζειν καὶ ἀγαπᾶν τὸ δαιμόνιον, πρὸς δὲ αὖ τούτοις αἰσθανόμενοι τῶν ὡρῶν, ὅτι τῆς ἡμετέρας ἕνεκα γίγνονται σωτηρίας πάνυ ἀκριβῶς καὶ πεφεισμένως ἑκατέρας τῆς ὑπερβολῆς, ἔτι δὲ καὶ τόδε ἐξαίρετον ἔχοντες ἐκ τῶν θεῶν πρὸς τὰ ἄλλα ζῷα, λογίζεσθαι καὶ διανοεῖσθαι περὶ αὐτῶν.

[2. Mysterienvergleich (§ 33-34)]

[a) Momentaufnahmen aus dem Ritus]

33 Σχεδὸν οὖν ὅμοιον ὥσπερ εἴ τις ἄνδρα Ἕλληνα ἢ βάρβαρον μυοίη παραδοὺς εἰς μυστικόν τινα οἶκον ὑπερφυῆ κάλλει καὶ μεγέθει, πολλὰ μὲν ὁρῶντα μυστικὰ θεάματα, πολλῶν δὲ ἀκούοντα τοιούτων φωνῶν, σκότους τε καὶ φωτὸς ἐναλλὰξ αὐτῷ φαινομένων, ἄλλων τε μυρίων γιγνομένων, ἔτι δὲ [εἰ] καθάπερ εἰώθασιν ἐν τῷ καλουμένῳ θρονισμῷ καθίσαντες τοὺς μυουμένους οἱ τελοῦντες κύκλῳ περιχορεύειν· ἆρά γε τὸν ἄνδρα τοῦτον μηδὲν παθεῖν εἰκὸς τῇ ψυχῇ μηδ᾽ ὑπονοῆσαι τὰ γιγνόμενα, ὡς μετὰ γνώμης καὶ παρασκευῆς πράττεται σοφωτέρας, εἰ καὶ πάνυ τις εἴη τῶν μακρόθεν καὶ ἀνωνύμων βαρβάρων, μηδενὸς ἐξηγητοῦ μηδὲ ἑρμηνέως παρόντος, ἀνθρωπίνην ψυχὴν ἔχων;

[b) Übertragung: Der Kosmos als Mysterienspiel]

34 Ἢ τοῦτο μὲν οὐκ ἀνυστόν, κοινῇ δὲ ξύμπαν τὸ τῶν ἀνθρώπων γένος τὴν ὁλόκληρον καὶ τῷ ὄντι τελείαν τελετὴν μυούμενον, οὐκ ἐν οἰκήματι μικρῷ παρασκευασθέντι πρὸς ὑποδοχὴν ὄχλου βραχέος ὑπὸ Ἀθηναίων, ἀλλὰ ἐν τῷδε τῷ κόσμῳ, ποικίλῳ καὶ σοφῷ δημιουργήματι, μυρίων ἑκάστοτε

d) Resultat und weitere Privilegien

32 Wenn sie (die ersten Menschen) das mitgemacht hatten und darüber nachsannen, konnten sie nicht anders: sie mussten das Göttliche bewundern und lieben[157]. Zudem erlebten sie noch die Jahreszeiten mit, wie sie um unseres Wohlergehens willen in geordneter Folge ablaufen[158], unter Verzicht auf Übertreibungen nach beiden Seiten hin[159]. Schließlich haben sie auch noch dies als Auszeichnung vor allen anderen Lebewesen von den Göttern mitbekommen, über sie nachdenken und sich einen Begriff von ihnen machen zu können[160].

2. Mysterienvergleich (§ 33-34)

a) Momentaufnahmen aus dem Ritus

33 Fast verhält es sich damit so, wie wenn ein Mann, ein Grieche oder ein Nichgrieche, in einen Mysterienkult eingeweiht wird[161]. Man bringt ihn[162] dazu in ein Mysterienhaus[163] von ungewöhnlicher Schönheit und Größe[164]. Viel an mysterienhaften Erscheinungen gibt es da zu sehen, viel auch an dazu passenden Stimmen zu hören[165]. Abwechselnd umgeben ihn Dunkelheit und Licht[166], tausend weitere Dinge geschehen. Schließlich pflegt es beim so genannten „Thronismos"[167] auch noch zu geschehen, dass die Mysterienpriester den Einzuweihenden Platz nehmen lassen und dann im Kreis um ihn herum tanzen. Ist es da noch glaubhaft, dass ein solcher Mann nicht in seiner Seele angerührt werden[168] und auf den Verdacht kommen sollte[169], dass alles, was geschieht, mit Bedacht und sehr kluger Vorbereitung inszeniert wurde, selbst wenn er zu den entfernten, namenlosen Barbarenstämmen gehörte[170], selbst wenn kein Erklärer und kein Deuter anwesend wäre[171] – er müsste dafür nur eine menschliche Seele haben?

b) Übertragung: Der Kosmos als Mysterienspiel

34 Wenn das ganz unmöglich ist, sollte dann etwa das ganze Menschengeschlecht insgesamt, das in den vollkommensten und wahrhaft vollendete Weihegrad eingeweiht wird – dies nicht in einem kleinen Gebäude, das die Athener für die Aufnahme einer geringen Anzahl von Menschen errichtet haben[172], sondern in dieser Welt, einer kunstvollen und sinnreich erdachten Schöpfung, wo

θαυμάτων φαινομένων, ἔτι δὲ οὐκ ἀνθρώπων ὁμοίων τοῖς τελουμένοις, ἀλλὰ θεῶν ἀθανάτων θνητοὺς τελούντων, νυκτί τε καὶ ἡμέρᾳ καὶ φωτὶ καὶ ἄστροις, εἰ θέμις εἰπεῖν, ἀτεχνῶς περιχορευόντων ἀεί, τούτων ξυμπάντων μηδεμίαν αἴσθησιν μηδὲ ὑποψίαν λαβεῖν, μάλιστα δὲ τοῦ κορυφαίου προεστῶτος τῶν ὅλων καὶ κατευθύνοντος τὸν ἅπαντα οὐρανὸν καὶ κόσμον, οἷον σοφοῦ κυβερνήτου νεὼς ἄρχοντος πάνυ καλῶς τε καὶ ἀνενδεῶς παρεσκευασμένης;

[3. Die Tier- und Pflanzenwelt (§ 35)]

35 Οὐ γὰρ ἐπὶ τῶν ἀνθρώπων τὸ τοιοῦτον γιγνόμενον θαυμάσαι τις ἄν, πολὺ δὲ μᾶλλον ὅπως καὶ μέχρι τῶν θηρίων διικνεῖται τῶν ἀφρόνων καὶ ἀλόγων, ὡς καὶ ταῦτα γιγνώσκειν καὶ τιμᾶν τὸν θεὸν καὶ προθυμεῖσθαι ζῆν κατὰ τὸν ἐκείνου θεσμόν· ἔτι δὲ μᾶλλον ἀπεοικότως τὰ φυτά, οἷς μηδεμία μηδενὸς ἔννοια, ἀλλὰ ἄψυχα καὶ ἄφωνα ἁπλῇ τινι φύσει διοικούμενα, ὡς δὴ καὶ ταῦτα ἑκουσίως καὶ βουλόμενα καρπὸν ἐκφέρει τὸν προσήκοντα ἑκάστῳ. οὕτω πάνυ ἐναργὴς καὶ πρόδηλος ἡ τοῦδε τοῦ θεοῦ γνώμη καὶ δύναμις.

[4. Invektive: Gegen die Epikureer (§ 36-37)]

[a) Eine „Göttin“ eigener Art]

36 Ἀλλ’ ἦπου σφόδρα γελοῖοι καὶ ἀρχαῖοι δόξομεν ἐπὶ τοῖς λόγοις, ἐγγυτέρω φάσκοντες εἶναι τὴν τοιαύτην ξύνεσιν τοῖς θηρίοις καὶ τοῖς δένδροις ἤπερ ἡμῖν τὴν ἀπειρίαν τε καὶ ἄγνοιαν; ὁπότε ἄνθρωποί τινες σοφώτεροι γενόμενοι τῆς ἁπάσης σοφίας, οὐ κηρὸν ἐγχέαντες τοῖς ὠσίν, ὥσπερ οἶμαί φασι τοὺς Ἰθακησίους ναύτας ὑπὲρ τοῦ μὴ κατακοῦσαι τῆς τῶν Σειρήνων ᾠδῆς, ἀλλὰ μολύβδου τινὸς μαλθακὴν ὁμοῦ καὶ ἄτρωτον ὑπὸ φωνῆς φύσιν, ἔτι δὲ οἶμαι πρὸ τῶν ὀφθαλμῶν

sich ständig unzählige Wunder ereignen, wo dazu noch nicht Menschen, die mit den Einzuführenden auf einer Stufe stehen, sondern unsterbliche Götter Sterbliche einweihen und sie, wenn das zu sagen erlaubt ist, mit Tag und Nacht, mit Sonnenlicht und Sternenglanz auf immer und ewig umtanzen[173] –, von all dem sollte das ganze Menschengeschlecht also nichts mit Sinnen wahrgenommen, nichts auch nur vermutet haben, nicht einmal hinsichtlich des obersten Leiters der ganzen Veranstaltung[174], der den ganzen Himmel und die ganze Erde auf geradem Kurs hält, wie ein fähiger Steuermann ein Schiff lenkt[175], das mit allem Notwendigen bestens ausgerüstet ist?

3. Die Tier- und Pflanzenwelt (§ 35)

35 Dass solches bei den Menschen vorkommt, brauchte noch nicht so sehr zu überraschen, eher schon, dass auch die Tiere mit einbezogen werden[176]. Ohne Vernunft und Verstand, erkennen sie doch Gott und ehren ihn und sind bereit, nach seiner Satzung zu leben. Noch viel auffälliger ist das bei den Pflanzen[177]. Sie haben von nichts irgendeine Vorstellung, sind ohne Seele, ohne Stimme, werden von einfachen Naturkräften gelenkt[178] – und doch bringen auch sie[179] die Frucht, die jeder Art eigentümlich ist, aus freien Stücken und bereitwillig hervor[180]. So völlig durchsichtig und unmissverständlich ist die Willenskundgebung dieses Gottes hier[181] und seine Macht.

4. Invektive: Gegen die Epikureer (§ 36-37)

a) Eine „Göttin" eigener Art[182]

36 Sicherlich werden wir mit unseren Thesen ausgesprochen lächerlich und altmodisch wirken, wenn wir nämlich behaupten wollten, diese Art von Verstehen liege den Tieren und den Bäumen näher als uns die Unerfahrenheit und die Unkenntnis[183]? Leider gibt es ja gewisse Leute, die sich weiser fühlen als jegliche Weisheit[184]. Sie haben sich nicht Wachs in die Ohren gegossen, wie man sich, soviel ich weiß, von den Seeleuten aus Ithaka erzählt, die den Gesang der Sirenen nicht mit anhören sollten[185], sondern eine Substanz wie Blei, weich zwar, aber gleichzeitig undurchdringlich für jede Stimme. Dazu noch haben sie sich, denke

σκότος πολὺ προβαλόμενοι καὶ ἀχλύν, ὑφ᾽ ἧς Ὅμηρός φησι κωλύεσθαι τὸν καταληφθέντα διαγιγνώσκειν θεόν, ὑπερφρονοῦσι τὰ θεῖα, καὶ μίαν ἱδρυσάμενοι δαίμονα πονηρὰν καὶ ἄτοπον, τρυφήν τινα ἢ ῥᾳθυμίαν πολλὴν καὶ ἀνειμένην ὕβριν, ἡδονὴν ἐπονομάζοντες, γυναικείαν τῷ ὄντι θεόν, προτιμῶσι καὶ θεραπεύουσι κυμβάλοις τισὶν ἢ ψόφοις καὶ αὐλοῖς ὑπὸ σκότος αὐλουμένοις,

[b) Folgen für das Gottesbild]

37 ἧς εὐωχίας οὐδεὶς ἐκείνοις φθόνος, εἰ μέχρι τοῦ ᾄδειν αὐτοῖς τὸ σοφὸν ἦν, ἀλλὰ μὴ τοὺς θεοὺς ἡμῶν ἀφῃροῦντο καὶ ἀπῴκιζον, ἐξελαύνοντες ἐκ τῆς αὐτῶν πόλεώς τε καὶ ἀρχῆς, ἐκ τοῦδε τοῦ κόσμου παντός, εἴς τινας χώρας ἀτόπους, καθάπερ ἀνθρώπους δυστυχεῖς εἴς τινας νήσους ἐρήμους· τάδε δὲ τὰ ξύμπαντα φάσκοντες ἀγνώμονα καὶ ἄφρονα καὶ ἀδέσποτα καὶ μηδένα ἔχοντα ἄρχοντα μηδὲ ταμίαν μηδὲ ἐπιστάτην πλανᾶσθαι εἰκῇ καὶ φέρεσθαι, μηδενὸς μήτε νῦν προνοοῦντος μήτε πρότερον ἐργασαμένου τὸ πᾶν, μηδὲ ὥσπερ οἱ παῖδες τοὺς τροχοὺς αὐτοὶ κινήσαντες εἶτα ἐῶσιν ἀφ᾽ αὑτῶν φέρεσθαι.

[5. Zurück zum Thema! (§ 38)]

38 Ταῦτα μὲν οὖν ἐπεξῆλθεν ὁ λόγος καθ᾽ αὑτὸν ἐκβάς· τυχὸν γὰρ οὐ ῥᾴδιον τὸν τοῦ φιλοσόφου νοῦν καὶ λόγον ἐπισχεῖν, ἔνθα ἂν ὁρμήσῃ, τοῦ ξυναντῶντος ἀεὶ φαινομένου ξυμφέροντος καὶ ἀναγκαίου τοῖς ἀκροωμένοις, οὐ μελετηθέντα πρὸς ὕδωρ καὶ δικανικὴν ἀνάγκην, ὥσπερ οὖν ἔφη τις, ἀλλὰ μετὰ πολλῆς ἐξουσίας καὶ ἀδείας. οὐκοῦν τό γε ἀναδραμεῖν οὐ χαλεπόν, ὥσπερ ἐν πλῷ τοῖς ἱκανοῖς κυβερνήταις οὐ πολὺ παραλλάξασι.

ich mir, die Augen mit Dunkelheit und Nacht verhangen[186], was bei Homer dem Vernehmen nach das Erkennen des davon umhüllten Gottes verhindert[187]. Sie verachten das Göttliche und haben an seiner statt eine numinose Größe eingesetzt, die sittlich schlecht und fehl am Platz[188] ist, die mit Formen von Schwelgerei, mit ständigen Vergnügungen und uneingeschränkter Zügellosigkeit einhergeht. Sie selbst nennen sie „Lust“[189] – eine wahrhaft weibische Göttin! Ihr geben sie den Vorzug, nur sie verehren sie mit Zimbeln, Getöse[190] und Flöten, die des nachts gespielt werden[191].

b) Folgen für das Gottesbild

37 Diese Gelage würde ihnen niemand missgönnen, wenn ihre Weisheit sich auf das Singen beschränkte und sie uns nicht auch noch unsere Götter wegnehmen und sie umsiedeln wollten. Sie vertreiben sie aus ihrem eigenen Staat und Herrschaftsbereich, aus diesem ganzen Weltall, in irgendwelche seltsame Gegenden, ganz so wie man unglückliche Menschen auf einsame Inseln verbannt[192]. Das gesamte All, lehren sie, existiere ohne Absicht, ohne Sinn, ohne Herrscher; es habe keinen Lenker, keinen Verwalter, keinen Aufseher. Ziellos irre es herum und werde einher getragen; niemand übe jetzt Vorsorge aus, niemand habe das Ganze früher hergestellt, nicht einmal in dem Sinn, wie es Kinder tun, wenn sie ihre Reifen noch selbst in Bewegung setzen, sie dann aber von alleine weiterlaufen lassen[193].

5. Zurück zum Thema! (§ 38)

38 Mit diesen letzten Streifzügen ist meine Rede wie von selbst vom Hauptpfad abgekommen[194]. Es ist nicht ganz so einfach, Gedankengang und Redefluss eines Philosophen aufzuhalten, wohin sie auch abschweifen mögen. Immer scheint das, was ihm einfällt, nützlich, ja notwendig für die Zuhörerschaft zu sein. Er kümmert sich auch nicht um die Wasseruhr und die vor Gericht üblichen Zwänge, wie jemand bemerkte[195], sondern tritt mit großer Autorität und Sicherheit auf. Folglich fällt es auch nicht schwer, zurückzulenken, wie es auf dem Schiff tüchtige Steuerleute tun, wenn sie ein wenig vom Kurs abgewichen sind.

[6. Zwischenresultat (§ 39a)]

39 Τῆς γὰρ περὶ τὸ θεῖον δόξης καὶ ὑπολήψεως πρώτην μὲν ἀτεχνῶς πηγὴν ἐλέγομεν τὴν ἔμφυτον ἅπασιν ἀνθρώποις ἐπίνοιαν, ἐξ αὐτῶν γιγνομένην τῶν ἔργων καὶ τἀληθοῦς, οὐ κατὰ πλάνην συστᾶσαν οὐδὲ ὡς ἔτυχεν, ἀλλὰ πάνυ ἰσχυρὰν καὶ ἀέναον ἐκ τοῦ παντὸς χρόνου καὶ παρὰ πᾶσι τοῖς ἔθνεσιν ἀρξαμένην καὶ διαμένουσαν, σχεδόν τι κοινὴν καὶ δημοσίαν τοῦ λογικοῦ γένους.

[II. Die zweite und dritte Quelle der Gottesvorstellung (§ 39b-43)]

[1. Die erworbene Idee und ihre Herkunft (§ 39b-41)]

Δευτέραν δὲ λέγομεν τὴν ἐπίκτητον καὶ δι' ἑτέρων ἐγγιγνομένην ταῖς ψυχαῖς [ἢ] λόγοις τε καὶ μύθοις καὶ ἔθεσι, τοῖς μὲν ἀδεσπότοις τε καὶ ἀγράφοις, τοῖς δὲ ἐγγράφοις καὶ σφόδρα γνωρίμους ἔχουσι τοὺς κυρίους.

[a) Dichtung und Gesetzgebung: die jeweilige Vorgehensweise]

40 τῆς δὲ τοιαύτης ὑπολήψεως τὴν μέν τινα ἑκουσίαν καὶ παραμυθητικὴν φῶμεν, τὴν δὲ ἀναγκαίαν καὶ προστακτικήν. λέγω δὲ τοῦ μὲν ἑκουσίου καὶ παραμυθίας ἐχομένην τὴν τῶν ποιητῶν, τοῦ δὲ ἀναγκαίου καὶ προστάξεως τὴν τῶν νομοθετῶν· τούτων γὰρ οὐδετέραν ἰσχῦσαι δυνατὸν μὴ πρώτης ἐκείνης ὑπούσης, δι' ἣν βουλομένοις ἐγίγνοντο καὶ τρόπον τινὰ προειδόσιν αὐτοῖς αἵ τε προστάξεις καὶ παραμυθίαι, τῶν μὲν ὀρθῶς καὶ ξυμφώνως ἐξηγουμένων ποιητῶν καὶ νομοθετῶν τῇ τε ἀληθείᾳ καὶ ταῖς ἐννοίαις, τῶν δὲ ἀποπλανωμένων ἔν τισιν.

6. Zwischenresultat (§ 39a)

39 Wir haben also bisher deutlich gemacht: Die erste Quelle für die Vorstellung über das Göttliche und für seine Wahrnehmung ist die allen Menschen angeborene Idee[196], die sich in der Begegnung mit dem Vorhandenen und der Realität ausformt[197]. Sie ist nicht durch einen Irrtum oder rein zufällig zustande gekommen, vielmehr war sie seit alter Zeit ungemein durchsetzungsfähig und versiegte nie[198]. Bei allen Völkern fasste sie Fuß und besteht sie weiter fort[199]. Sie ist geradezu gemeinsames, öffentliches Erbteil der vernunftbegabten Wesen.

II. Die zweite und dritte Quelle der Gottesvorstellung (§ 39b-43)

1. Die erworbene Idee und ihre Herkunft (§ 39b-41)

Als zweite Quelle bezeichnen wir die erworbene Idee[200], die auf anderen Wegen[201] in die Seelen Eingang fand, sei es[202] durch Belehrungen, durch Mythen oder Bräuche[203]. Zum Teil haben sie keinen direkten Urheber und sind ungeschrieben, zum Teil wurden sie schriftlich fixiert und von sehr bekannten Autoren[204] verfasst.

a) Dichtung und Gesetzgebung: die jeweilige Vorgehensweise

40 Bei den erworbenen Gottesvorstellungen wollen wir festhalten, dass ein Teil von ihnen auf Freiwilligkeit und gutem Zureden beruht, ein anderer Teil auf Zwang und Befehl. Als freiwillig und aufmunternd bezeichne ich jene Konzeption, die von den Dichtern übermittelt wird, als zwingend und befehlend, was von den Gesetzgebern kommt[205]. Keine von diesen beiden könnte Geltung erlangen, gäbe es nicht jene erste, angeborene Wahrnehmung. Durch sie war bei den Menschen eine Bereitschaft und eine Art von Vorwissen vorhanden, die den Boden für die Akzeptanz von Befehl und Zuspruch bereiteten. Einige von den Dichtern und Gesetzgebern legten die Dinge richtig dar, in Übereinstimmung mit der Wahrheit und den angeborenen Ideen, andere gingen in manchen Punkten in die Irre[206].

[b) Dichtung und Gesetzgebung: die zeitliche Priorität]

41 Ἀμφοῖν δὲ τοῖν λεγομένοιν ποτέραν πρεσβυτέραν φῶμεν τῷ χρόνῳ παρά γε ἡμῖν τοῖς Ἕλλησι, ποίησιν ἢ νομοθεσίαν, οὐκ ἂν ἔχοιμι διατεινόμενος εἰπεῖν ἐν τῷ παρόντι. πρέπει δὲ ἴσως τὸ ἀζήμιον καὶ πειστικὸν ἀρχαιότερον εἶναι τοῦ μετὰ ζημίας καὶ προστάξεως.

[2. Vergleich mit dem Verhältnis zu den leiblichen Eltern (§ 42-43a)]

42 Σχεδὸν οὖν μέχρι τοῦδε ὁμοίως πρόεισι τοῖς ἀνθρώποις τὰ περὶ τοῦ πρώτου καὶ ἀθανάτου γονέως, ὃν καὶ πατρῷον Δία καλοῦμεν οἱ τῆς Ἑλλάδος κοινωνοῦντες, καὶ τὰ περὶ τῶν θνητῶν καὶ ἀνθρωπίνων γονέων. καὶ γὰρ δὴ ἡ πρὸς ἐκείνους εὔνοια καὶ θεραπεία τοῖς ἐκγόνοις πρώτη μὲν ἀπὸ τῆς φύσεως καὶ τῆς εὐεργεσίας ἀδίδακτος ὑπάρχει, τὸ γεννῆσαν καὶ τρέφον καὶ στέργον τοῦ γεννηθέντος εὐθὺς ἀντιφιλοῦντος καὶ ἀντιθεραπεύοντος ὅπως ἂν ᾖ δυνατόν,
43 δευτέρα δὲ καὶ τρίτη ποιητῶν καὶ νομοθετῶν, τῶν μὲν παραινούντων μὴ ἀποστερεῖν χάριν τὸ πρεσβύτερον καὶ ξυγγενές, ἔτι δὲ αἴτιον ζωῆς καὶ τοῦ εἶναι, τῶν δὲ ἐπαναγκαζόντων καὶ ἀπειλούντων κόλασιν τοῖς οὐ πειθομένοις, ἄνευ τοῦ διασαφεῖν καὶ δηλοῦν ὁποῖοί τινές εἰσιν οἱ γονεῖς καὶ τίνων εὐεργεσιῶν χρέος ὀφειλόμενον κελεύουσι μὴ ἀνέκτιτον ἐᾶν. [ἐν τοῖς περὶ τῶν θεῶν λόγοις καὶ μύθοις μᾶλλον δὲ τοῦτο ἰδεῖν ἔστιν ἐπ᾽ ἀμφοτέρων γιγνόμενον.]

[3. Zwischenreflexion: welchen Weg eine gute Rede nimmt (§ 43b)]

Ὁρῶ μὲν οὖν ἔγωγε τοῖς πολλοῖς πανταχοῦ τὴν ἀκρίβειαν κοπῶδες καὶ τὴν περὶ τοὺς λόγους οὐδὲν ἧττον, οἷς μέλει

b) Dichtung und Gesetzgebung: die zeitliche Priorität

41 Welche von den beiden genannten Größen[207] wir zeitlich als die ältere ansetzen sollen, wenigstens hier bei uns Griechen, die Dichtkunst oder die Gesetzgebung, vermag ich zum gegenwärtigen Zeitpunkt nicht ausführlich zu begründen. Vielleicht erscheint es aber doch angemessener, wenn eine Vorgehensweise, die ohne Strafe, nur mit Überredung[208] auskommt, älter ist als die andere Methode mit Strafe und Befehl[209].

2. Vergleich mit dem Verhältnis zu den leiblichen Eltern (§ 42-43a)

42 Ungefähr bis zu diesem Punkt also verlaufen bei den Menschen parallel zueinander: einerseits die Wahrnehmung des ersten, unsterblichen Erzeugers, den wir, die wir gemeinsam teilhaben an Griechenlands Erbe[210], „väterlichen Zeus"[211] nennen, andererseits die Wahrnehmung der sterblichen, menschlichen Erzeuger. Denn das liegt ja auf der Hand: Die dankbare Geneigtheit gegenüber den Eltern und ihre Verehrung wird den Nachkommen als erstes Gut von der Natur mitgegeben. Es beruht auf empfangenen Wohltaten, und dafür bedarf es keiner Belehrung. Was erzeugt wurde, reagiert sofort, soweit es nur vermag, mit antwortender Liebe und Verehrung auf das, was erzeugt hat und nährt und liebt[212].
43 Ein zweiter und dritter Impuls dafür[213] kommt von den Dichtern und den Gesetzgebern. Die Dichter ermahnen uns, dem, was älter und mit uns verwandt, dazu noch Ursache unseres Lebens und unseres Daseins ist, den gebührenden Dank nicht vorzuenthalten. Die Gesetzgeber zwingen uns dazu, und drohen denen, die dem nicht folgen wollen, Strafe an, ohne indes wirklich deutlich machen und offen zu legen, wer und was die Erzeuger eigentlich sind und hinsichtlich welcher Wohltaten eine Schuld besteht, die nach ihrem Geheiß nicht unbezahlt bleiben darf[214]. [In den Erzählungen und Mythen über die Götter (bei den Dichtern also) sind diese beiden Postulate erheblich besser eingelöst[215].]

3. Zwischenreflexion: welchen Weg eine gute Rede nimmt (§ 43b)

Ich für meinen Teil beobachte, dass Genauigkeit vielen Menschen immer wieder zu mühsam ist, und dies nicht zuletzt, wenn es um Worte geht[216]. Was sie daran interessiert, ist nur deren Quantität[217].

πλήθους μόνον, οὐδὲν δὲ προειπόντες οὐδὲ διαστειλάμενοι περὶ τοῦ πράγματος οὐδὲ ἀπό τινος ἀρχῆς ἀρχόμενοι τῶν λόγων, ἀλλ' αὐτό γε, ὥς φασιν, ἀπλύτοις ποσὶ διεξίασι τὰ φανερώτατα καὶ γυμνότατα. καὶ ποδῶν μὲν ἀπλύτων οὐ μεγάλη βλάβη διά τε πηλοῦ καὶ πολλῶν καθαρμάτων ἰόντων, γλώττης δὲ ἀνεπιστήμονος οὐ μικρὰ ζημία γίγνεται τοῖς ἀκροωμένοις. ἀλλὰ γὰρ εἰκὸς τοὺς πεπαιδευμένους, ὧν λόγον τινὰ ἔχειν ἄξιον, συνεξανύειν καὶ συνεκπονεῖν, μέχρις ἂν ὡς ἐκ καμπῆς τινος καὶ δυσχωρίας καταστήσωμεν εἰς εὐθεῖαν τοὺς λόγους.

[III. Die vierte und fünfte Quelle der Gottesvorstellung (§ 44-48)]

[1. Die bildende Kunst (§ 44-46)]

44 Τριῶν δὴ προκειμένων γενέσεων τῆς <τοῦ> δαιμονίου παρ' ἀνθρώποις ὑπολήψεως, ἐμφύτου, ποιητικῆς, νομικῆς, τετάρτην φῶμεν τὴν πλαστικήν τε καὶ δημιουργικὴν τῶν περὶ τὰ θεῖα ἀγάλματα καὶ τὰς εἰκόνας, λέγω δὲ γραφέων τε καὶ ἀνδριαντοποιῶν καὶ λιθοξόων καὶ παντὸς ἁπλῶς τοῦ καταξιώσαντος αὑτὸν ἀποφῆναι μιμητὴν διὰ τέχνης τῆς δαιμονίας φύσεως,

[a) Verschiedene Techniken]

εἴτε σκιαγραφίᾳ μάλα ἀσθενεῖ καὶ ἀπατηλῇ πρὸς ὄψιν, <εἴτε> χρωμάτων μίξει καὶ γραμμῆς ὅρῳ σχεδὸν τὸ ἀκριβέστατον περιλαμβανούσῃ, εἴτε λίθων γλυφαῖς εἴτε ξοάνων ἐργασίαις, κατ' ὀλίγον τῆς τέχνης ἀφαιρούσης τὸ περιττόν, ἕως ἂν καταλίπῃ αὐτὸ τὸ φαινόμενον εἶδος, εἴτε χωνείᾳ χαλκοῦ καὶ τῶν ὁμοίων ὅσα τίμια διὰ πυρὸς ἐλαθέντων ἢ ῥυέντων ἐπί τινας τύπους, εἴτε κηροῦ πλάσει ῥᾷστα ξυνακολουθοῦντος τῇ τέχνῃ καὶ πλεῖστον ἐπιδεχομένου τὸ τῆς μετανοίας·

Sie verzichten daher auf eine Einführung. Sie bestimmen den Sachverhalt, um den es geht, nicht genau, und sie beginnen mit ihren Reden nicht an einem deutlichen Anfangspunkt, sondern, um eine Redewendung zu gebrauchen, „mit ungewaschenen Füßen“[218] gehen sie nur die offenkundigen, baren Fakten durch. Nun sind ungewaschene Füße kein großer Nachteil, wenn man durch Schlamm oder tiefen Unrat schreitet. Aber eine ungeübte Zunge verursacht bei den Zuhörern keinen geringen Schaden[219]. Wir zählen aber vor allem auf die Gebildeten im Publikum[220]. Sie werden sicherlich mit anpacken und sich mit uns die Mühe teilen[221], bis wir unsere Ausführungen von verschlungenen Pfaden und unebenem Grund wieder auf geraden Weg gebracht haben[222].

III. Die vierte und fünfte Quelle der Gottesvorstellung (§ 44-48)

1. Die bildende Kunst (§ 44-46)

44[223] Drei Entstehungsfaktoren also für die Wahrnehmung des Göttlichen bei den Menschen haben wir bislang vorgestellt: die natürliche Erkenntnis sowie die von den Dichtern und die von den Gesetzgebern vermittelte. Als vierten Faktor wollen wir nunmehr die bildende Kunst benennen und überhaupt die handwerkliche Fertigkeit, Weihestatuen und Abbilder von Gottheiten herzustellen. Ich spreche von Malern, von Bildhauern, von Steinmetzen, mit einem Wort von jedem, der sich für fähig genug hält, um als nachahmender Gestalter göttlichen Wesens mit Hilfe der Kunst hervorzutreten.

a) Verschiedene Techniken

Das kann geschehen (a) durch Schattenmalerei, die wenig Konturen hat und das Auge täuscht[224], (b) durch das Mischen von Farben und das Ziehen einer Linie[225]; so wird das darzustellende Objekt wohl am genauesten umgrenzt, (c) durch das Behauen von Steinen, (d) durch das Bearbeiten von Holzschnitzereien; hier besteht die Kunst darin, nach und nach alles Überflüssige zu entfernen, bis genau die Gestalt übrig bleibt, die der Betrachter erblickt[226], (e) durch das Bearbeiten von Erz oder von anderen Edelmetallen; sie werden im Feuer erhitzt oder geschmolzen und dann geschmiedet oder in Formen gegossen, (f) durch das Kneten von Wachs; es

[b) Namhafte Vertreter]

45 οἷος ἦν Φειδίας τε καὶ Ἀλκαμένης καὶ Πολύκλειτος, ἔτι δὲ Ἀγλαοφῶν καὶ Πολύγνωτος καὶ Ζεῦξις καὶ πρότερος αὐτῶν ὁ Δαίδαλος. οὐ γὰρ ἀπέχρη τούτοις περὶ τἄλλα ἐπιδείκνυσθαι τὴν αὐτῶν δεινότητα καὶ σοφίαν, ἀλλὰ καὶ θεῶν εἰκόνας καὶ διαθέσεις παντοδαπὰς ἐπιδεικνύντες, ἰδίᾳ τε καὶ δημοσίᾳ χορηγοὺς τὰς πόλεις λαμβάνοντες, πολλῆς ἐνέπλησαν ὑπονοίας καὶ ποικίλης περὶ τοῦ δαιμονίου, οὐ παντελῶς διαφερόμενοι τοῖς ποιηταῖς καὶ νομοθέταις, τὸ μὲν ὅπως μὴ δοκῶσι παράνομοι καὶ ταῖς ἐπικειμέναις ἐνέχωνται ζημίαις, τὸ δὲ ὁρῶντες προκατειλημμένους αὐτοὺς ὑπὸ τῶν ποιητῶν καὶ πρεσβυτέραν οὖσαν τὴν ἐκείνων εἰδωλοποιίαν.
46 Οὔκουν ἐβούλοντο φαίνεσθαι τοῖς πολλοῖς ἀπίθανοι καὶ ἀηδεῖς καινοποιοῦντες. τὰ μὲν οὖν πολλὰ τοῖς μύθοις ἑπόμενοι καὶ συνηγοροῦντες ἔπλαττον, τὰ δὲ καὶ παρ' αὐτῶν εἰσέφερον, ἀντίτεχνοι καὶ ὁμότεχνοι τρόπον τινὰ γιγνόμενοι τοῖς ποιηταῖς, ὡς ἐκεῖνοι δι' ἀκοῆς ἐπιδεικνύντες, ἀτεχνῶς καὶ αὐτοὶ δι' ὄψεως ἐξηγούμενοι τὰ θεῖα τοῖς πλείοσι καὶ ἀπειροτέροις θεαταῖς. πάντα δὲ ταῦτα τὴν ἰσχὺν ἔσχεν ἀπὸ τῆς πρώτης ἀρχῆς ἐκείνης, ὡς ἐπὶ τιμῇ καὶ χάριτι ποιούμενα τοῦ δαιμονίου.

[2. Die Philosophie (§ 47)]

47 καὶ μὴν δίχα γε τῆς ἁπλῆς καὶ πρεσβυτάτης ἐννοίας περὶ θεῶν καὶ ξυγγενῶς πᾶσιν ἀνθρώποις ἅμα τῷ λόγῳ φυομένης πρὸς τοῖς τρισὶ τούτοις ἑρμηνεῦσι καὶ διδασκάλοις [<τοῖς δὲ>

folgt am leichtesten der formenden Künstlerhand und lässt am ehesten das Anbringen von Korrekturen[227] zu[228].

b) Namhafte Vertreter

45 Zu diesen Künstlern zählen neben Pheidias auch Alkamenes[229] und Polykleitos[230], ferner Aglaophon[231], Polygnotos[232], Zeuxis[233] und nicht zuletzt, älter als sie alle, Daidalos[234]. Sie gaben sich nicht damit zufrieden, an den üblichen Themen ihre Meisterschaft und ihren Sachverstand zu demonstrieren, sondern legten Proben ihrer Kunst mit Abbildungen und variationsreichen Darstellungen von Göttern ab. Auf private und öffentliche Kosten gewannen sie als Auftraggeber die Städte, die sie anfüllten mit zahlreichen und mannigfaltigen Sinnbildern des Göttlichen, ohne sich dabei zu weit von den Dichtern und Gesetzgebern zu entfernen. Was die Gesetzgeber angeht, so wollten sie vor denen nicht als Gesetzesbrecher erscheinen und die darauf ausgesetzten Strafen auf sich ziehen; hinsichtlich der Dichter erkannten sie, dass die ihnen[235] zuvorgekommen waren und deren Produktion von Bildern die ältere war.

46 Außerdem lag ihnen daran, in den Augen der Leute nicht unglaubwürdig zu wirken und sich nicht durch das Einführen von Neuerungen unbeliebt zu machen[236]. In den meisten Fällen folgten sie also einfach den mythischen Erzählungen und traten mit ihren eigenen Schöpfungen als deren Sachwalter auf[237]. Einiges aber führten sie auch von sich aus ein und wurden damit in gewisser Weise für die Poeten Nebenbuhler und Berufskollegen auf dem Gebiet der Kunst. Ganz so wie die Dichter über das Gehör ihre Wirkung erzielen, legen sie über den Gesichtssinn[238] das göttliche Wesen für eine größere Zahl von weniger gebildeten Betrachtern aus[239]. All diese Versuche aber, die gleichsam zur Verehrung des Göttlichen und zur Abstattung von Dank ihm gegenüber unternommen wurden, gewinnen ihre Überzeugungskraft aus jenem ersten Prinzip (d.h. der angeborenen Idee).

2. Die Philosophie (§ 47)

47 Auch ganz abgesehen von dieser einfachen, ältesten Vorstellung hinsichtlich der Götter, die sich bei allen Menschen artbedingt zugleich mit der Vernunft herausbildet, erweist es sich als notwendig, zu den drei genannten Interpreten und Lehrern –

ποιητικῆς καὶ νομοθετικῆς καὶ δημιουργικῆς] τέταρτον ἀνάγκη παραλαβεῖν, οὐδαμῇ ῥᾴθυμον οὐδὲ ἀπείρως ἡγούμενον ἔχειν ὑπὲρ αὐτῶν, λέγω δὲ τὸν φιλόσοφον ἄνδρα, [ἢ λόγῳ] ἐξηγητὴν καὶ προφήτην τῆς ἀθανάτου φύσεως ἀληθέστατον ἴσως καὶ τελειότατον.

[3. Überleitung: Ankündigung der Synkrisis (§ 48)]

48 Τὸν μὲν οὖν νομοθέτην ἐάσωμεν τὰ νῦν εἰς εὐθύνας ἄγειν, ἄνδρα αὐστηρὸν καὶ τοὺς ἄλλους αὐτὸν εὐθύνοντα· δέοι γὰρ ἂν αὐτὸν αὑτοῦ φείδεσθαι καὶ τῆς ὑμετέρας ἀσχολίας. ὑπὲρ δὲ τῶν λοιπῶν ἑκάστου γένους προχειρισάμενοι τὸν ἄκρον σκοπῶμεν, εἴ τινα ὠφέλειαν ἢ καὶ βλάβην φανήσονται πεποιηκότες πρὸς εὐσέβειαν τοῖς αὑτῶν ἔργοις ἢ λόγοις, ὅπως τε ἔχουσιν ὁμολογίας ἢ τοῦ διαφέρεσθαι ἀλλήλοις, καὶ τίς αὐτῶν ξυνέπεται τῷ ἀληθεῖ μάλιστα, τῇ πρώτῃ καὶ ἀδόλῳ γνώμῃ σύμφωνος ὤν. πάντες [τοιγαροῦν] οὗτοι ξυνᾴδουσιν, ὥσπερ ἑνὸς ἴχνους λαβόμενοι, καὶ τοῦτο σῴζοντες, οἱ μὲν σαφῶς, οἱ δὲ ἀδηλότερον. οὐ γὰρ ἂν ἴσως δέοιτο παραμυθίας ὁ τῇ ἀληθείᾳ φιλόσοφος, εἰ πρὸς σύγκρισιν ἄγοιτο ποιηταῖς ἀγαλμάτων ἢ μέτρων, καὶ ταῦτα ἐν ὄχλῳ πανηγύρεως ἐκείνοις φίλων δικαστῶν.

[IV. Die Anklage gegen Pheidias (§ 49-54)]

[1. Der Gerichtshof (§ 49-50a)]

49 Εἰ γάρ τις Φειδίαν πρῶτον ἐν τοῖς Ἕλλησιν εὐθύνοι, τὸν σοφὸν τοῦτον καὶ δαιμόνιον ἐργάτην τοῦ σεμνοῦ καὶ παγκάλου δημιουργήματος, καθίσας δικαστὰς τοὺς βραβεύοντας τῷ θεῷ τὸν ἀγῶνα, μᾶλλον δὲ κοινὸν δικαστήριον ξυμπάντων Πελοποννησίων, ἔτι δὲ Βοιωτῶν καὶ Ἰώνων καὶ τῶν ἄλλων

Dichtern, Gesetzgebern, Künstlern[240] – noch einen vierten[241] hinzuzunehmen, der seine Aufgabe keineswegs leicht nimmt und sich in der Götterlehre für nicht unbewandert hält. Ich meine den Philosophen[242]. Er ist [aufgrund des Vernunftgebrauchs[243]] vielleicht der verlässlichste und vollkommenste Ausleger und Verkünder[244] der unsterblichen Natur[245].

3. Überleitung: Ankündigung der Synkrisis (§ 48)

48 Wir wollen für diesmal darauf verzichten, vom Gesetzgeber Rechenschaft zu fordern. Er ist ein strenger Mann, der selbst andere zur Verantwortung zieht. Besser dürfte es sein, Schonung zu üben, im eigenen und in eurem Interesse, zumal euch die notwendige Muße fehlt[246]. Von den übrigen Gruppen aber wählen wir jeweils eine Spitzenkraft aus, und dann wollen wir uns anschauen, wie es um sie steht, ob ihr Schaffen in Werk und Wort für die Frömmigkeit einen Nutzen erbrachte oder[247] ihr Schaden zufügte[248]. Uns interessiert auch, was sie an Übereinstimmungen aufweisen, wo sie sich voneinander unterscheiden und wer von ihnen der Wahrheit am nächsten kommt, weil er mit der ersten, noch unverfälschten Urteilsbildung in Einklang steht. Sie alle[249] stimmen miteinander überein, insofern sie einer einzigen Spur folgen und sich darauf konzentrieren, die einen ganz offen, die anderen mehr insgeheim[250]. Vielleicht bedarf der wahre Philosoph nicht einmal einer Ermunterung, selbst wenn es zu einem Vergleich[251] zwischen ihm und den Verfertigern von Weihestatuen und Versen kommen sollte, und das vor einer großen Festversammlung, die aus lauter den Künstlern wohlgesonnenen Schiedsrichtern besteht[252].

IV. Die Anklage gegen Pheidias (§ 49-54)[253]

1. Der Gerichtshof (§ 49-50a)

49 Angenommen, jemand würde als ersten Pheidias, den weisen und göttlich inspirierten Schöpfer dieses erhabenen[254], wundervollen Meisterwerks im Angesicht der Griechen zur Verantwortung ziehen[255]. Als Richter hätte man die Männer eingesetzt, die den Wettkampf hier für den Gott organisieren, oder besser noch, man hätte einen gemeinsamen Gerichtshof aus allen Bewohnern der Peloponnes gebildet, dazu noch aus Böotiern, Ioniern und allen

Ἑλλήνων τῶν πανταχοῦ κατὰ τὴν Εὐρώπην καὶ τὴν Ἀσίαν, οὐ τῶν χρημάτων λόγον ἀπαιτῶν οὐδὲ τῆς περὶ τὸ ἄγαλμα δαπάνης, ὁπόσων χρυσὸς ὠνήθη ταλάντων καὶ ἐλέφας, ἔτι δὲ κυπάριττος καὶ θύον πρὸς τὴν ἐντὸς ἐργασίαν μόνιμος ὕλη καὶ ἀδιάφθορος, τροφῆς τε καὶ μισθῶν ἀναλώματος τοῖς ἐργασαμένοις οὐκ ὀλίγοις οὐδὲ ὀλίγον χρόνον ἄλλοις τε οὐ φαύλοις δημιουργοῖς καὶ τὸν πλεῖστον καὶ τελεώτατον μισθὸν <ἀπολαβόντι> ὑπὲρ τῆς τέχνης Φειδίᾳ· **50** ταῦτα μὲν γὰρ Ἠλείοις προσήκοντα λογίσασθαι τοῖς ἀναλώσασιν ἀφθόνως καὶ μεγαλοπρεπῶς· ἡμεῖς δὲ ὑπὲρ ἄλλου φήσομεν τῷ Φειδίᾳ προκεῖσθαι τὸν ἀγῶνα.

[2. Die Anklagerede (§ 50b-54)]

Εἰ οὖν δὴ λέγοι τις πρὸς αὐτόν·

[a) Preis der Zeusstatue]

Ὦ βέλτιστε καὶ ἄριστε τῶν δημιουργῶν, ὡς μὲν ἡδὺ καὶ προσφιλὲς ὅραμα καὶ τέρψιν ἀμήχανον θέας εἰργάσω πᾶσιν Ἕλλησι καὶ βαρβάροις, ὅσοι ποτὲ δεῦρο ἀφίκοντο πολλοὶ πολλάκις, οὐδεὶς ἀντερεῖ. **51** τῷ γὰρ ὄντι καὶ τὴν ἄλογον ἂν ἐκπλήξειε τοῦτό γε τῶν ζῴων φύσιν, εἰ δύναιντο προσιδεῖν μόνον, ταύρων τε τῶν ἀεὶ πρὸς τόνδε τὸν βωμὸν ἀγομένων, ὡς ἑκόντας ὑπέχειν τοῖς καταρχομένοις, εἴ τινα παρέξουσι τῷ θεῷ χάριν, ἔτι δὲ ἀετῶν τε καὶ ἵππων καὶ λεόντων, ὡς τὸ ἀνήμερον καὶ ἄγριον σβέσαντας τοῦ θυμοῦ πολλὴν ἡσυχίαν ἄγειν, τερφθέντας ὑπὸ τῆς θέας· ἀνθρώπων δέ, ὃς ἂν ᾖ παντελῶς ἐπίπονος τὴν ψυχήν, πολλὰς ἀναντλήσας συμφορὰς καὶ λύπας ἐν τῷ βίῳ μηδὲ ὕπνον ἡδὺν ἐπιβαλλόμενος, καὶ ὃς δοκεῖ μοι κατ' ἐναντίον στὰς τῆσδε τῆς εἰκόνος ἐκλαθέσθαι ἂν πάντων

Griechen Europas und Kleinasiens. Vor ihnen müsste Pheidias Rechenschaft ablegen, aber nicht über die Geldsummen und sonstigen Aufwendungen für diese Statue – für wie viele Talente Gold und Elfenbein angeschafft wurde, außerdem Holz von der Zypresse und vom Zitrusbaum[256], das dauerhaftes, unzerstörbares Material für die Innenkonstruktion abgab[257], welche Kosten für Ernährung und Bezahlung der Arbeiter anfielen, die in nicht geringer Zahl über einen nicht unbeträchtlichen Zeitraum hin waren, dazu noch für die anderen, keineswegs zweitrangigen Künstler[258], und nicht zuletzt, was Pheidias für seine künstlerischen Fähigkeiten als ungewöhnlich hohen Spitzenlohn erhielt[259]. **50** Das alles rechnerisch zu überprüfen, war Vorrecht der Bewohner von Elis, die das Unternehmen so freigebig und verschwenderisch finanzierten. Wir setzen den Fall, dass Pheidias einer anderen Sache wegen in einen Prozess[260] verwickelt wurde.

2. Die Anklagerede (§ 50b-54)

Nehmen wir also an, jemand habe zu ihm gesagt:

a) Preis der Zeusstatue

„Du Bester und Vorzüglichster unter den Künstlern, dass du ein reizvolles und liebreiches Schaustück, einen Anblick von unbeschreiblichem Entzücken für alle Griechen und Barbaren, die immer schon in großer Zahl und oftmals hierher kamen, geschaffen hast, dem wird niemand widersprechen. **51** Denn wahrhaftig, dieser Anblick würde selbst die Tiere trotz fehlender Vernunftbegabung völlig aus der Fassung bringen, wenn ihnen nur ein Blick darauf gelingen würde[261]. Die Stiere, die man regelmäßig zu diesem Altar führt, sie würden den Opferpriestern freiwillig den Nacken hinhalten[262], wenn sie damit dem Gott irgendwie eine Freude bereiten könnten. Auch Adler, Pferde[263] und Löwen[264] würden das Ungezähmte und Wilde ihres ungestümen Wesens beschwichtigen und völlige Ruhe bewahren, entzückt über den Anblick. Von den Menschen mag jemand seelisch noch so niedergeschlagen sein, nachdem er im Verlauf des Lebens sein Maß an Schicksalsschlägen und Unglücksfällen ausgeschöpft hat und nicht einmal mehr von erquickendem Schlaf umfangen wird[265] – er braucht nur, denke ich, diesem Bild hier gegenüber zu stehen, und er wird alles

ὅσα ἐν ἀνθρωπίνῳ βίῳ δεινὰ καὶ χαλεπὰ γίγνεται παθεῖν.
52 Οὕτως σύγε ἀνεῦρες καὶ ἐμηχανήσω θέαμα, ἀτεχνῶς

νηπενθές τ' ἄχολόν τε, κακῶν ἐπίληθες ἁπάντων.

τοσοῦτον φῶς καὶ τοσαύτη χάρις ἔπεστιν ἀπὸ τῆς τέχνης. οὐδὲ γὰρ αὐτὸν τὸν Ἥφαιστον εἰκὸς ἐγκαλέσαι τῷδε τῷ ἔργῳ, κρίνοντα πρὸς ἡδονὴν καὶ τέρψιν ἀνθρωπίνης ὄψεως.

[b) Probleme mit dem Anthropomorphismus]

Εἰ δ' αὖ τὸ πρέπον εἶδος καὶ τὴν ἀξίαν μορφὴν τῆς θεοῦ φύσεως ἐδημιούργησας, ὕλῃ τε ἐπιτερπεῖ χρησάμενος, ἀνδρός τε μορφὴν ὑπερφυῆ τὸ κάλλος καὶ τὸ μέγεθος δείξας, πλὴν ἀνδρὸς καὶ τἄλλα ποιήσας ὡς ἐποίησας, σκοπῶμεν τὰ νῦν· ὑπὲρ ὧν ἀπολογησάμενος ἱκανῶς ἐν τοῖς παροῦσι, καὶ πείσας ὅτι τὸ οἰκεῖον καὶ τὸ πρέπον ἐξεῦρες σχήματός τε καὶ μορφῆς τῷ πρώτῳ καὶ μεγίστῳ θεῷ, μισθὸν ἕτερον τοῦ παρ' Ἠλείων προσλάβοις ἂν μείζω καὶ τελειότερον.

[c) Die dominante Wirkung]

53 Ὁρᾷς γὰρ ὅτι οὐ μικρὸς ἀγὼν οὐδ' ὁ κίνδυνος ἡμῖν. πρότερον μὲν γάρ, ἅτε οὐδὲν σαφὲς εἰδότες, ἄλλην ἄλλος ἀνεπλάττομεν ἰδέαν, [πᾶν τὸ θνητὸν], κατὰ τὴν ἑαυτοῦ δύναμιν καὶ φύσιν ἕκαστος ἰνδαλλόμενοι καὶ ὀνειρώττοντες, εἴ τέ πού τινα μικρὰ καὶ ἄσημα <συλλέγομεν> τῶν ἔμπροσθεν εἰκάσματα τεχνιτῶν, οὐ πάνυ τούτοις οὔτε πιστεύοντες οὔτε προσέχοντες τὸν νοῦν. σὺ δέ γε ἰσχύϊ τέχνης ἐνίκησας καὶ ξυνέλεξας τὴν Ἑλλάδα πρῶτον, ἔπειτα τοὺς ἄλλους τῷδε τῷ φάσματι, θεσπέσιον καὶ λαμπρὸν ἀποδείξας, ὡς μηδένα τῶν ἰδόντων δόξαν ἑτέραν ἔτι λαβεῖν ῥᾳδίως.

vergessen, was es im menschlichen Leben an Schrecklichem und Schwerem zu ertragen gibt[266].
52 So hast du einen Gegenstand des Beschauens erfunden und verfertigt, recht eigentlich

gut gegen Trauer und galliges Wesen,
für sämtliche Übel schuf es Vergessen[267].

Solche Strahlkraft, solche Anmut liegt über ihm dank deiner Kunst. Wahrscheinlich hätte nicht einmal Hephaistos selbst an diesem Werk etwas zu tadeln gefunden[268], solange er es beurteilt hätte nach dem Vergnügen und dem Ergötzen, das es menschlichem Auge bereitet.

b) Probleme mit dem Anthropomorphismus

Ob du aber andererseits dem Wesen eines Gottes das geziemende Aussehen und die würdige Gestalt verliehen hast, indem du gefälliges[269] Material verwendet hast, die Gestalt eines Menschen von ungewöhnlicher Größe und Schönheit zum Vorschein gebracht hast, jedoch eben die eines Menschen[270], und alles andere so, wie du es tatest, geschaffen hast, das wollen wir uns jetzt näher ansehen[271]. Wenn du dich in diesen Punkten vor den hier Anwesenden zur allgemeinen Zufriedenheit verteidigst und sie überzeugst, dass du für den ersten und größten Gott die ihm anverwandte und geziemende Haltung und Gestalt herausgefunden hast, dann wirst du einen Lohn empfangen, der größer und vollkommener ist als der, den dir die Bewohner von Elis zahlten.

c) Die dominante Wirkung

53 Du siehst ja doch: Das ist kein belangloser Streitfall, und auch für uns liegt darin ein beträchtliches Risiko. Früher nämlich, als wir nichts genaues wussten, hat sich der eine von uns diese, der andere jene Vorstellung [<über> das <Un>sterbliche][272] gebildet, wie es einem jeden seinem Fassungsvermögen und seiner Naturanlage entsprechend vorschwebte[273] oder im Traum[274] vor Augen trat. Wenn wir je einige kleine, unbedeutende Bildwerke von früheren Künstlern zusammentrugen[275], haben wir uns doch nicht zu sehr auf sie verlassen und haben unser Denken nicht daran orientiert. Du aber hast durch die Macht deiner Kunst alle überwältigt, hast als Erstes die Griechen, dann alle anderen Menschen um dieses Wunderbild geschart[276], hast Göttliches überdeutlich sichtbar

[d) Historisches Exempel]

54 Ἆρ' οὖν οἴει τὸν Ἴφιτον καὶ τὸν Λυκοῦργον καὶ τοὺς τότε Ἠλείους διὰ χρημάτων ἀπορίαν τὸν μὲν ἀγῶνα καὶ τὴν θυσίαν ποιῆσαι τῷ Διὶ πρέπουσαν, ἄγαλμα δὲ μηδὲν ἐξευρεῖν ἐπ' ὀνόματι καὶ σχήματι τοῦ θεοῦ, σχεδόν τι προέχοντας δυνάμει τῶν ὕστερον, ἢ μᾶλλον φοβηθέντας μήποτε οὐ δύναιντο ἱκανῶς ἀπομιμήσασθαι διὰ θνητῆς τέχνης τὴν ἄκραν καὶ τελειοτάτην φύσιν;

[V. Die Verteidigungsrede des Pheidias (§ 55-83)]

55 Πρὸς δὴ ταῦτα τυχὸν εἴποι ἂν Φειδίας, ἅτε ἀνὴρ οὐκ ἄγλωττος οὐδὲ ἀγλώττου πόλεως, ἔτι δὲ συνήθης καὶ ἑταῖρος Περικλέους·

[1. Die Ausgangsfrage (§ 55)]

Ἄνδρες Ἕλληνες, ὁ μὲν ἀγὼν τῶν πώποτε μέγιστος· οὐ γὰρ περὶ ἀρχῆς οὐδὲ περὶ στρατηγίας μιᾶς πόλεως οὐδὲ περὶ νεῶν πλήθους ἢ πεζοῦ στρατοπέδου, πότερον ὀρθῶς ἢ μὴ διῴκηται, τὰ νῦν ὑπέχω λόγον, ἀλλὰ περὶ τοῦ πάντων κρατοῦντος θεοῦ καὶ τῆς πρὸς ἐκεῖνον ὁμοιότητος, εἴτε εὐσχημόνως καὶ προσεοικότως γέγονεν, οὐδὲν ἐλλείπουσα τῆς δυνατῆς πρὸς τὸ δαιμόνιον ἀνθρώποις ἀπεικασίας, εἴτε ἀναξία καὶ ἀπρεπής.

[2. Vorgänger (§ 56-57)]

56 Ἐνθυμεῖσθε δὲ ὅτι οὐκ ἐγὼ πρῶτος ὑμῖν ἐγενόμην ἐξηγητὴς καὶ διδάσκαλος τῆς ἀληθείας. οὐδὲ γὰρ ἔφυν ἔτι κατ' ἀρχὰς τῆς Ἑλλάδος οὐδέπω σαφῆ καὶ ἀραρότα δόγματα ἐχούσης περὶ τούτων, ἀλλὰ πρεσβυτέρας τρόπον τινὰ καὶ <τὰ > περὶ τοὺς θεοὺς ἤδη πεπεισμένης καὶ νομιζούσης ἰσχυρῶς.

gemacht, so dass niemand mehr, der das sieht, sich so leicht ein anderes Gedankenbild wird formen können.

d) Historisches Exempel

54 Glaubst du vielleicht, Iphitos[277], Lykurgos[278] und die damaligen Bewohner von Elis hätten aus Mangel an Geld zwar für den Wettkampf und das Opfer Zeus zu Ehren trefflich gesorgt, aber keine Weihstatue mehr in Auftrag geben können, die den Namen des Gottes getragen und seine Gestalt gezeigt hätte[279]? Dabei waren sie doch an Macht ihren Nachkommen möglicherweise noch überlegen! Verhält es sich nicht vielmehr so, dass sie befürchteten, niemals werde es gelingen, mit menschlicher Kunst das höchste und vollkommenste Wesen adäquat abzubilden?"

V. Die Verteidigungsrede des Pheidias (§ 55-83)

55 Darauf könnte Pheidias, der ja nicht auf den Mund gefallen war, aus einer redefreudigen Stadt stammte und zu den engsten Vertrauten des Perikles[280] zählte, etwa so antworten[281]:

1. Die Ausgangsfrage (§ 55)

„Ihr Griechen, von allen Prozessen[282], die je geführt wurden, ist dies der wichtigste. Denn nicht wegen der politischen Leitung oder des militärischen Kommandos in einer einzelnen Stadt, auch nicht wegen einer Schiffsflotte oder eines Landheeres, ob sie richtig geführt wurden oder nicht[283], muss ich jetzt Rede und Antwort stehen. Es geht vielmehr um den Gott, der über alles herrscht, und um den Versuch, ihn korrekt darzustellen[284]. Geschah das auf schickliche und treffende Art, ohne es an etwas fehlen zu lassen, was bei der Nachbildung des Göttlichen menschenmöglich ist? Oder war es würdelos und unangebracht?

2. Vorgänger (§ 56-57)

56 Bedenkt ferner, dass nicht ich es bin, der bei euch als erster Ausleger und Lehrer der Wahrheit auftrat, war ich doch noch gar nicht geboren in den frühesten Zeiten, als Griechenland noch keine eindeutigen und gesicherten Ansichten in diesen Fragen besaß. Vielmehr gehöre ich einer Phase an, als Griechenland gewissermaßen schon älter war, sich von Dingen[285], die die Götter näher betrafen, bereits hatte überzeugen lassen und fest an sie glaubte.

καὶ ὅσα μὲν λιθοξόων ἔργα ἢ γραφέων ἀρχαιότερα τῆς ἐμῆς τέχνης σύμφωνα ἦσαν, πλὴν ὅσον κατὰ τὴν ἀκρίβειαν τῆς ποιήσεως, ἐῶ λέγειν.

57 Δόξας δὲ ὑμετέρας κατέλαβον παλαιὰς ἀκινήτους, αἷς οὐκ ἦν ἐναντιοῦσθαι δυνατόν, καὶ δημιουργοὺς ἄλλους περὶ τὰ θεῖα, πρεσβυτέρους ἡμῶν καὶ πολὺ σοφωτέρους ἀξιοῦντας εἶναι, τοὺς ποιητάς, ἐκείνων μὲν δυναμένων εἰς πᾶσαν ἐπίνοιαν ἄγειν διὰ τῆς ποιήσεως, τῶν δὲ ἡμετέρων αὐτουργημάτων μόνην ταύτην ἱκανὴν ἐχόντων εἰκασίαν.

[3. Grenzen des Darstellbaren (§ 58-59)]

58 Τὰ γὰρ θεῖα φάσματα, λέγω δὲ ἡλίου καὶ σελήνης καὶ σύμπαντος οὐρανοῦ καὶ ἄστρων, αὐτὰ μὲν καθ' αὑτὰ φαινόμενα θαυμαστὰ πάντως, ἡ δὲ μίμησις αὐτῶν ἁπλῆ καὶ ἄτεχνος, εἴ τις ἐθέλοι τὰ σελήνης σχήματα ἀφομοιοῦν ἢ τὸν ἡλίου κύκλον· ἔτι δὲ ἤθους καὶ διανοίας αὐτὰ μὲν ἐκεῖνα μεστὰ πάντως, ἐν δὲ τοῖς εἰκάσμασιν οὐδὲν ἐνδεικνύμενα τοιοῦτον· ὅθεν ἴσως καὶ τὸ ἐξ ἀρχῆς οὕτως ἐνομίσθη τοῖς Ἕλλησι.

59 Νοῦν γὰρ καὶ φρόνησιν αὐτὴν μὲν καθ' αὑτὴν οὔτε τις πλάστης οὔτε τις γραφεὺς εἰκάσαι δυνατὸς ἔσται· ἀθέατοι γὰρ τῶν τοιούτων καὶ ἀνιστόρητοι παντελῶς πάντες. τὸ δὲ ἐν ᾧ τοῦτο γιγνόμενόν ἐστιν οὐχ ὑπονοοῦντες, ἀλλ' εἰδότες, ἐπ' αὐτὸ καταφεύγομεν, ἀνθρώπινον σῶμα ὡς ἀγγεῖον φρονήσεως καὶ λόγου θεῷ προσάπτοντες, ἐνδείᾳ καὶ ἀπορίᾳ παραδείγματος τῷ φανερῷ τε καὶ εἰκαστῷ τὸ ἀνείκαστον καὶ ἀφανὲς ἐνδείκνυσθαι ζητοῦντες, συμβόλου δυνάμει χρώμενοι, κρεῖττον ἤ φασι τῶν βαρβάρων τινὰς ζῴοις τὸ θεῖον ἀφομοιοῦν κατὰ σμικρὰς καὶ ἀτόπους ἀφορμάς. ὁ δὲ πλεῖστον ὑπερβαλὼν κάλλει καὶ σεμνότητι καὶ μεγαλοπρεπείᾳ, σχεδὸν οὗτος πολὺ κράτιστος δημιουργοῖς <τύπος> τῶν περὶ τὰ θεῖα ἀγαλμάτων.

All die Werke von Bildhauern und Malern, die älter sind als meine Kunst und die, einmal abgesehen von der Sorgfalt in der Ausführung, mit diesem Erkenntnisstand zusammenstimmen, will ich übergehen.

57 Ich begriff, dass eure althergebrachten Ansichten unantastbar waren[286]; man konnte sich ihnen unmöglich widersetzen. Es gab andere Künstler, spezialisiert auf das Göttliche und älter als wir, die sich auch viel weiser zu sein dünkten – die Dichter. Sie können durch ihre Dichtkunst jede Art von Vorstellung beim Menschen erzeugen; unsere handwerklichen Arbeiten sind auf diesen einzigen Eindruck beschränkt, der genügen muss[287].

3. Grenzen des Darstellbaren (§ 58-59)

58 Denn die göttlichen Erscheinungsbilder – damit meine ich hier die Sonne, den Mond, den ganzen Himmel und die Sterne – sind, so wie sie sich jeweils zeigen, höchst wunderbar[288]. Ihre Wiedergabe aber, wenn jemand denn die Sichel des Mondes oder das Rad der Sonne abbilden wollte, ist schlicht und kunstlos. Sie selbst, an sich betrachtet, stecken mehr als voll an Emotionalität und Intellektualität, in den Nachbildungen hingegen lassen sie von all dem keine Spur mehr erkennen, was vielleicht auch der Grund dafür ist, dass sich bei den Griechen schon von Anfang an eine solche Meinung (wie folgt) durchsetzte[289]:

59 Verstand und Denkvermögen direkt und an sich vermag ja kein Bildhauer oder Maler abzubilden, sind doch alle Menschen völlig außerstande, Derartiges zu sehen oder zu erforschen[290]. Das Wesen aber, in dem dies realisiert ist, erahnen wir nicht nur, sondern kennen es und nehmen folglich zu ihm unsere Zuflucht. Wir schreiben Gott also einen menschlichen Leib, den wir als eine Art Gefäß[291] für Denkvermögen und Vernunft auffassen[292], zu[293]. Aus purer Not und in Ermangelung eines besseren Beispiels versuchen wir so, mit Hilfe des Sichtbaren und Darstellbaren das Nichtdarstellbare und Unsichtbare zu gestalten[294], wobei wir uns der Evokationskraft des Symbols bedienen[295]. Damit fahren wir besser als einige von den Barbaren, die dem Vernehmen nach das Göttliche den Tieren[296] angleichen[297], auf der Basis von trivialen und absurden Beobachtungen[298]. Wer aber die anderen Menschen an Schönheit, Erhabenheit und Würde am meisten überragt, der dürfte wohl für die Künstler das bei weitem beste Muster für Statuen, die göttliches Wesen einfangen wollen, abgeben[299].

[4. Die Sehnsucht nach Nähe und „Handgreiflichkeit“ (§ 60-61)]

60 Οὐδὲ γὰρ ὡς βέλτιον ὑπῆρχε μηδὲν ἵδρυμα μηδὲ εἰκόνα θεῶν ἀποδεδεῖχθαι παρ' ἀνθρώποις φαίη τις ἄν, ὡς πρὸς μόνα ὁρᾶν δέον τὰ οὐράνια. ταῦτα μὲν γὰρ ξύμπαντα ὅ γε νοῦν ἔχων σέβει, θεοὺς ἡγούμενος μακαρίους μακρόθεν ὁρῶν· διὰ δὲ τὴν πρὸς τὸ δαιμόνιον ὁρμὴν ἰσχυρὸς ἔρως πᾶσιν ἀνθρώποις ἐγγύθεν τιμᾶν καὶ θεραπεύειν τὸ θεῖον, προσιόντας καὶ ἁπτομένους μετὰ πειθοῦς, θύοντας καὶ στεφανοῦντας.

61 Ἀτεχνῶς γὰρ ὥσπερ νήπιοι παῖδες πατρὸς ἢ μητρὸς ἀπεσπασμένοι δεινὸν ἵμερον ἔχοντες καὶ πόθον ὀρέγουσι χεῖρας οὐ παροῦσι πολλάκις ὀνειρώττοντες, οὕτω καὶ θεοῖς ἄνθρωποι ἀγαπῶντες δικαίως διά τε εὐεργεσίαν καὶ συγγένειαν, προθυμούμενοι πάντα τρόπον συνεῖναί τε καὶ ὁμιλεῖν· ὥστε καὶ πολλοὶ τῶν βαρβάρων πενίᾳ τε καὶ ἀπορίᾳ τέχνης ὄρη θεοὺς ἐπονομάζουσι καὶ δένδρα ἀργὰ καὶ ἀσήμους λίθους, οὐδαμῇ οὐδαμῶς οἰκειότερα τὴν μορφήν.

[5. Die Anthropomorphismen Homers (§ 62-63)]

62 Εἰ δ' ὑμῖν ἐπαίτιός εἰμι τοῦ σχήματος, οὐκ ἂν φθάνοιτε Ὁμήρῳ πρότερον χαλεπῶς ἔχοντες· ἐκεῖνος γὰρ οὐ μόνον μορφὴν ἐγγύτατα τῆς δημιουργίας ἐμιμήσατο, χαίτας τε ὀνομάζων τοῦ θεοῦ, ἔτι δὲ ἀνθερεῶνα εὐθὺς ἐν ἀρχῇ τῆς ποιήσεως, ὅτε φησὶν ἱκετεύειν τὴν Θέτιν ὑπὲρ τιμῆς τοῦ παιδός· πρὸς δὲ τούτοις ὁμιλίας τε καὶ βουλεύσεις καὶ δημηγορίας τοῖς θεοῖς, ἔτι δὲ ἐξ Ἴδης ἀφίξεις πρὸς οὐρανὸν καὶ Ὄλυμπον, ὕπνους τε καὶ συμπόσια καὶ μίξεις, μάλα μὲν ὑψηλῶς σύμπαντα κοσμῶν τοῖς ἔπεσιν, ὅμως δὲ ἐχόμενα θνητῆς ὁμοιότητος. καὶ δή

4. Die Sehnsucht nach Nähe und „Handgreiflichkeit" (§ 60-61)

60[300] Dass es besser gewesen wäre, überhaupt kein Standbild und kein Gemälde von Göttern bei den Menschen in Umlauf zu bringen[301], weil sie sich sozusagen allein auf die Erscheinungen am Himmel konzentrieren sollten, wird niemand ernsthaft behaupten wollen[302]. Denn die Himmelskörper verehrt ja, wer immer Verstand besitzt, und hält sie für selige Götter[303], erblickt sie jedoch nur aus der Ferne. Auf Grund des inneren Drangs auf das Göttliche hin beseelt alle Menschen aber das heftige Verlangen, die Gottheit aus der Nähe zu ehren und ihr zu dienen[304]; sie möchten zu ihr hinzutreten, sie flehend[305] berühren[306], ihr opfern und ihr Kränze aufs Haupt setzen können.
61 Es verhält sich damit ganz genau so wie mit kleinen Kindern, die man Vater und Mutter entrissen hat. Aus schrecklicher Sehnsucht und schmerzlichem Verlangen strecken sie oft im Traum die Hände nach den Eltern, die gar nicht zugegen sind, aus[307]. Ähnlich auch die Menschen: Sie lieben die Götter zu Recht wegen ihrer Wohltaten und der Verwandtschaft mit ihnen. Auf jede nur mögliche Weise wollen sie mit ihnen zusammen sein und sich mit ihnen unterreden. Viele von den Barbaren haben deshalb, aus Not und aus Mangel an künstlerischen Gestaltungsmitteln, Berge als Götter bezeichnet[308], auch nicht kultivierte Bäume[309] und unbehauene Steine[310], die, was ihre Gestalt angeht, doch in keiner Weise dem Göttlichen auch nur entfernt angemessen sind[311].

5. Die Anthropomorphismen Homers (§ 62-63)

62 Wenn ich bei euch wegen der (anthropomorphen) Darstellungsweise angeklagt werde, müsstet ihr eigentlich zuvor schon über Homer aufgebracht sein. Nicht genug damit, dass er die Gestalt des Zeus plastisch beschreibt in einer Weise, die der des bildenden Künstlers sehr nahe kommt[312], wenn er etwa vom lockigen Haupthaar des Gottes spricht[313] oder gleich zu Beginn seiner Dichtung von seinem Kinn, als er schildert, wie Thetis ihn um die Wiederherstellung der Ehre ihres Sohnes anfleht[314]. Außerdem stoßen wir bei Homers Göttern[315] auf Unterredungen, Beratungen, Versammlungen[316], ferner auf Reisen vom Ida zum Himmel und zum Olymp, auf Schlummer und Gelage und Beischlaf. Selbst wenn er das alles mit gewählten Worten in erhabenem Stil ausschmückt, besitzt es zugleich doch Ähnlichkeit mit den Vorgängen bei sterb-

γε καὶ ὁπότε ἐτόλμησεν ᾿Αγαμέμνονα προσεικάσαι τοῦ θεοῦ τοῖς κυριωτάτοις μέρεσιν εἰπών,

ὄμματα καὶ κεφαλὴν ἴκελος Διὶ τερπικεραύνῳ.

63 τὸ δέ γε τῆς ἐμῆς ἐργασίας οὐκ ἄν τις οὐδὲ μανείς τινι ἀφομοιώσειεν θνητῷ, πρὸς κάλλος ἢ μέγεθος συνεξεταζόμενον. ἀφ᾿ οὗ γε εἰ μὴ ῾Ομήρου πολὺ φανῶ κρείττων καὶ σοφώτερος ποιητής, τοῦ δόξαντος ὑμῖν ἰσοθέου τὴν σοφίαν, ἣν βούλεσθε ζημίαν ἕτοιμος ὑπέχειν ἐγώ. λέγω δὲ πρὸς τὸ δυνατὸν τῆς ἐμαυτοῦ τέχνης.

[6. Der Vorzug der Sprachkunst (§ 64-69a)]

[a) Die Leistungskraft der Sprache]

64 Δαψιλὲς γὰρ χρῆμα ποίησις καὶ πάντα τρόπον εὔπορον καὶ αὐτόνομον, καὶ χορηγίᾳ γλώττης καὶ πλήθει ῥημάτων ἱκανὸν ἐξ αὐτοῦ πάντα δηλῶσαι τὰ τῆς ψυχῆς βουλήματα, κἂν ὁποιονοῦν διανοηθῇ σχῆμα ἢ ἔργον ἢ πάθος ἢ μέγεθος, οὐκ ἂν ἀπορήσειεν ἀγγέλου φωνῆς πάνυ ἐναργῶς σημαινούσης ἕκαστα.

στρεπτὴ γὰρ γλῶσσ᾿ ἐστὶ βροτῶν, πολέες δ᾿ ἔνι μῦθοι,
φησὶν ῞Ομηρος αὐτός,
παντοῖοι, ἐπέων δὲ πολὺς νομὸς ἔνθα καὶ ἔνθα.

65 κινδυνεύει γὰρ οὖν τὸ ἀνθρώπινον γένος ἁπάντων ἐνδεὲς γενέσθαι μᾶλλον ἢ φωνῆς καὶ λέξεως τούτου δὲ μόνου κέκτηται θαυμαστόν τινα πλοῦτον. οὐδὲν γοῦν παραλέλοιπεν ἄφθεγκτον οὐδὲ ἄσημον τῶν πρὸς αἴσθησιν ἀφικνουμένων, ἀλλ᾿ εὐθὺς ἐπιβάλλει τῷ νοηθέντι σαφῆ σφραγῖδα ὀνόματος, πολλάκις δὲ καὶ πλείους φωνὰς ἑνὸς πράγματος, ὧν ὁπόταν φθέγξηταί τινα, παρέσχε δόξαν οὐ πολὺ ἀσθενεστέραν τἀληθοῦς.

lichen Menschen. In diesem Sinne wagt Homer es sogar, umgekehrt Agamemnon den charakteristischsten Merkmalen des Gottes anzugleichen, wenn er schreibt:

Gleich an Augen und Haupt dem am Blitze sich freuenden Zeus[317].

63[318] Was mein eigenes Werk angeht, wird wohl niemand, nicht einmal ein Verrückter, es mit irgendeinem Sterblichen vergleichen können, wenn seine Schönheit[319] und Größe mit berücksichtigt wird[320]. Wenn ich mich im Wettstreit mit Homer, der euch an Weisheit göttergleich zu sein scheint, nicht als der um vieles bessere und klügere Künstler beweise, bin ich deshalb bereit, jede Strafe auf mich zu nehmen, die ihr festsetzt. Ich beziehe mich natürlich nur darauf, was meiner Kunst möglich ist.

6. Der Vorzug der Sprachkunst (§ 64-69a)

a) Die Leistungskraft der Sprache

64 Verschwenderisch in ihren Mitteln ist nämlich die Dichtung, in jeder Hinsicht gut gerüstet und ganz eigenständig. Durch die Leistungskraft der Sprache und die Fülle an Wörtern ist sie imstande, von sich aus alle Regungen der Seele[321] offen zu legen. Und was immer dem Dichter durch den Sinn geht hinsichtlich der Wiedergabe von Gestalt, Aktion, Emotion und Größe, nie wird ihm dafür ein Bote fehlen, denn die Stimme bringt jede diesbezügliche Einzelheit vollkommen klar zum Ausdruck, sagt doch Homer selbst:

Schnell bewegt ist die Zunge der Menschen von allerlei Reden
und sehr groß der Worte Bereich nach jeglicher Richtung[322].

65 Tatsächlich läuft das menschliche Geschlecht eher Gefahr, an allen anderen Dingen Mangel zu leiden als an Stimme und Wortschatz; daran allein besitzt es einen schier unerschöpflichen Reichtum[323]. Jedenfalls hat es nichts von dem, was bis in seine Sinneswahrnehmung vordringt, ungenannt und unbezeichnet übrig gelassen, vielmehr drückt es sofort dem Wahrgenommenen das unmissverständliche Siegel eines Namens auf. Häufig stehen für einen einzigen Sachverhalt auch mehrere Lautbilder zur Verfügung[324]. Wenn jemand davon irgendeines ausspricht, verursacht er eine mentale Vorstellung, die nicht viel weniger präzise ist als die Realität.

πλείστη μὲν οὖν ἐξουσία καὶ δύναμις ἀνθρώπῳ περὶ λόγον ἐνδείξασθαι τὸ παραστάν.

[b) Homers Umgang mit der Sprache]

66 Ἡ δὲ τῶν ποιητῶν τέχνη μάλα αὐθάδης καὶ ἀνεπίληπτος, ἄλλως τε Ὁμήρου, τοῦ πλείστην ἄγοντος παρρησίαν, ὃς οὐχ ἕνα εἵλετο χαρακτῆρα λέξεως, ἀλλὰ πᾶσαν τὴν Ἑλληνικὴν γλῶτταν διῃρημένην τέως ἀνέμιξε, Δωριέων τε καὶ Ἰώνων, ἔτι δὲ τὴν Ἀθηναίων, εἰς ταὐτὸ κεράσας πολλῷ μᾶλλον ἢ τὰ χρώματα οἱ βαφεῖς, οὐ μόνον τῶν καθ' αὐτόν, ἀλλὰ καὶ τῶν πρότερον, εἴ πού τι ῥῆμα ἐκλελοιπός, καὶ τοῦτο ἀναλαβὼν ὥσπερ νόμισμα ἀρχαῖον ἐκ θησαυροῦ ποθεν ἀδεσπότου διὰ φιλορρηματίαν,
67 πολλὰ δὲ καὶ βαρβάρων ὀνόματα, φειδόμενος οὐδενὸς ὅ τι μόνον ἡδονὴν ἢ σφοδρότητα ἔδοξεν αὐτῷ ῥῆμα ἔχειν· πρὸς δὲ τούτοις μεταφέρων οὐ τὰ γειτνιῶντα μόνον οὐδὲ ἀπὸ τῶν ἐγγύθεν, ἀλλὰ τὰ πλεῖστον ἀπέχοντα, ὅπως κηλήσῃ τὸν ἀκροατὴν μετ' ἐκπλήξεως καταγοητεύσας, καὶ οὐδὲ ταῦτα κατὰ χώραν ἐῶν, ἀλλὰ τὰ μὲν μηκύνων, τὰ δὲ συναιρῶν, τὰ δὲ ἄλλως παρατρέπων.

[c) Homer als Sprachschöpfer]

68 Τελευτῶν δὲ αὐτὸν ἀπέφαινεν οὐ μόνον μέτρων ποιητήν, ἀλλὰ καὶ ῥημάτων, παρ' αὑτοῦ φθεγγόμενος, τὰ μὲν ἁπλῶς τιθέμενος ὀνόματα τοῖς πράγμασι, τὰ δ' ἐπὶ τοῖς κυρίοις ἐπονομάζων, οἷον σφραγῖδα σφραγῖδι ἐπιβάλλων ἐναργῆ μᾶλλον καὶ εὔδηλον, οὐδενὸς φθόγγου ἀπεχόμενος, ἀλλὰ ἔμβραχυ ποταμῶν τε μιμούμενος φωνὰς καὶ ὕλης καὶ ἀνέμων καὶ πυρὸς καὶ θαλάττης, ἔτι δὲ χαλκοῦ καὶ λίθου καὶ ξυμπάντων ἁπλῶς ζῴων καὶ ὀργάνων, τοῦτο μὲν θηρίων, τοῦτο δὲ ὀρνίθων, τοῦτο δὲ αὐλῶν τε καὶ συρίγγων·

Ungemein stark ausgeprägt sind also beim Menschen die Fähigkeit und das Vermögen, in Worten auszudrücken, was ihm vor Augen tritt.

b) Homers Umgang mit der Sprache

66 Die Kunst der Dichter ist noch einmal besonders eigenwillig, deswegen aber nicht zu tadeln[325]. Das gilt zumal für Homer, der die größtmögliche Freiheit der Rede für sich beansprucht. So wählt er nicht ein einziges sprachliches Idiom, sondern vermengt alle griechischen Dialekte, die bis dahin getrennt waren, miteinander: das Dorische, das Ionische und die Sprache der Athener[326]. Er vermischt sie noch viel kräftiger, als die Färber es mit ihren Farben tun[327], und er tut das nicht nur mit den Dialekten seiner eigenen Zeit, sondern auch mit denen früherer Generationen. Wenn er nur irgendeinen schon ausgestorbenen Ausdruck findet, greift er ihn begierig auf wie eine alte Münze aus einem irgendwo liegenden, herrenlosen Schatz[328], aus lauter Liebe zu den Wörtern[329].
67 So verfährt er auch mit vielen Worten aus fremden Sprachen[330]. Keines davon vermeidet er, wenn er der Meinung ist, es besitze Liebreiz und Ausdruckskraft. Dazu überträgt er Wörter, nicht nur benachbarte und eng miteinander verwandte, sondern auch solche, die weit auseinander liegen[331], um die Zuhörer zu entzücken und durch Erschütterung[332] zu bezaubern. Er belässt diese Wörter auch nicht einfach, wie sie sind, sondern er verlängert sie, er kürzt sie oder verändert sie auf sonstige Weise[333].

c) Homer als Sprachschöpfer

68 Zu guter letzt erweist Homer sich nicht nur als Schöpfer von Versen, sondern auch von Wörtern, die er nach eigener Eingebung ausspricht[334]. Manchmal legt er den Dingen einfach seine eigenen Bezeichnungen bei, ein andermal fügt er sie zu den üblichen Termini hinzu und drückt damit dem (alten) Siegel sozusagen ein noch einleuchtenderes, noch klarer konturiertes (neues) Siegel auf[335]. Keinen Laut übergeht er, sondern imitiert, kurz gesagt[336], die Stimmen von Flüssen und Wäldern, von Winden, Feuer und Meer[337], dazu noch von Erz und Stein[338] und überhaupt von ausnahmslos allen Lebewesen und Instrumenten, mal von Tieren und Vögeln, mal von Flöten und Pfeifen[339].

καναχάς τε καὶ βόμβους καὶ κτύπον καὶ δοῦπον καὶ ἄραβον πρῶτος ἐξευρὼν καὶ ὀνομάσας ποταμούς τε μορμύροντας καὶ βέλη κλάζοντα καὶ βοῶντα κύματα καὶ χαλεπαίνοντας ἀνέμους καὶ ἄλλα τοιαῦτα δεινὰ καὶ ἄτοπα τῷ ὄντι θαύματα, πολλὴν ἐμβάλλοντα τῇ γνώμῃ ταραχὴν καὶ θόρυβον·
69 ὥστε οὐκ ἦν αὐτῷ ἀπορία φοβερῶν ὀνομάτων καὶ ἡδέων, ἔτι δὲ λείων καὶ τραχέων καὶ μυρίας ἄλλας ἐχόντων διαφορὰς ἔν τε τοῖς ἤχοις καὶ τοῖς διανοήμασιν. ὑφ' ἧς ἐποποιίας δυνατὸς ἦν ὁποῖον ἐβούλετο ἐμποιῆσαι τῇ ψυχῇ πάθος.

[7. Vergleiche mit der bildenden Kunst (§ 69b-72)]

[a) Das unterschiedliche Material]

Τὸ δὲ ἡμέτερον αὖ γένος, τὸ χειρωνακτικὸν καὶ δημιουργικόν, οὐδαμῇ ἐφικνεῖται τῆς τοιαύτης ἐλευθερίας, ἀλλὰ πρῶτον μὲν ὕλης προσδεόμεθα, ἀσφαλοῦς μὲν ὥστε διαμεῖναι, πολὺν δὲ ἐχούσης κάματον πορισθῆναί τε οὐ ῥᾳδίας, ἔτι δὲ οὐκ ὀλίγων συνεργῶν.
70 Πρὸς δὲ αὖ τούτοις ἓν σχῆμα ἑκάστης εἰκόνος ἀνάγκη ἐργάσασθαι, καὶ τοῦτο ἀκίνητον καὶ μένον, ὥστε τὴν πᾶσαν ἐν αὐτῷ τοῦ θεοῦ ξυλλαβεῖν φύσιν καὶ δύναμιν. τοῖς δὲ ποιηταῖς πολλάς τινας μορφὰς καὶ παντοδαπὰ εἴδη περιλαβεῖν τῇ ποιήσει ῥᾴδιον, κινήσεις τε καὶ ἡσυχίας προστιθέντας αὐτοῖς, ὅπως ἂν ἑκάστοτε πρέπειν ἡγῶνται, καὶ ἔργα καὶ λόγους,

καὶ προσέτι οἶμαι τὸ † τῆς ἀπάτης † καὶ τὸ τοῦ χρόνου. μιᾷ γὰρ ἐπινοίᾳ καὶ ὁρμῇ τῆς ψυχῆς ἐνεχθεὶς ὁ ποιητὴς πολύ τι πλῆθος ἐπῶν ἤρυσεν, ὥσπερ ἐκ πηγῆς ὕδατος ὑπερβλύσαντος, πρὶν ἐπιλιπεῖν αὐτὸν καὶ διαρρυῆναι τὸ φάντασμα καὶ τὴν ἐπίνοιαν ἣν ἔλαβε. τὸ δέ γε ἡμέτερον τῆς τέχνης ἐπίπονον καὶ βραδύ, μόλις καὶ κατ' ὀλίγον προβαῖνον, ἅτε οἶμαι πετρώδει καὶ στερεᾷ κάμνον ὕλῃ.

Als erster erfunden hat er die Wörter ‚Getön‘[340], ‚Getöse‘[341], ‚Krachen‘[342], ‚Dröhnen‘[343], ‚Gerassel‘[344], und er spricht davon, dass Flüsse ‚rauschen‘[345], Geschosse ‚schwirren‘[346], Wogen ‚brüllen‘[347], Stürme ‚wüten‘[348], und von anderen, Schreck erregenden, unheimlichen Wunderdingen[349], die den Sinn mit erheblicher Verwirrung und Unruhe erfüllen.

69 Folglich litt Homer nie Mangel an Furcht einflößenden[350] Wörtern und an lieblichen, an sanften und an schroffen und an solchen, die unzählige weitere Nuancen an Klangfarbe und Sinngebung realisieren. Durch diese Kunst der Wortschöpfung verstand er es, in der Seele an Emotionen hervorzurufen, was immer er wollte[351].

7. Vergleiche mit der bildenden Kunst (§ 69b-72)[352]

a) Das unterschiedliche Material

Unsere Art von Kunst, Handarbeit nur und Handwerkertätigkeit, wird nie einen solchen Grad an Freiheit erreichen. Wir benötigen ja als Erstes ein Material, das fest sein muss, wenn es überdauern soll, das ermüdende Bearbeitung erfordert und nicht leicht zu besorgen ist[353]. Außerdem brauchen wir nicht gerade wenige Gehilfen[354].

70 Hinzu kommt: Der bildende Künstler ist gezwungen, für jede Darstellung ein einziges Modell anzufertigen, an dem nichts mehr bewegt werden kann und alles festliegt, so dass es in sich das ganze Wesen und die ganze Macht des Gottes birgt. Den Dichtern hingegen fällt es leicht, in ihr Dichtwerk viele Gestalten in mannigfachen Erscheinungsformen[355] einzubringen. Sie können ihre Figuren in Phasen der Bewegung und in Phasen der Ruhe auftreten lassen, ganz wie es ihnen jeweils passend scheint, in Aktion oder als Redner.

Dazu noch hat der Dichter, glaube ich, den Vorteil geringerer Kosten[356] und eines ökonomischeren Umgangs mit der Zeit. Wird seine Seele auch nur von einer einzigen Idee, von einem Impuls in Bewegung gesetzt, schöpft er daraus eine Überfülle an Worten wie aus einer übersprudelnden Wasserquelle, bevor das Gedankenbild und die Idee, die er gefasst hat, ihn wieder verlässt und zerfließt[357]. Unsere Technik aber ist mühsam und langsam. Nur in winzigen Schritten kommt sie voran, was, wie ich glaube, am Zwang zur mühsamen Arbeit mit steinhartem und starrem Material liegt.

[b) Visuelle und akustische Wahrnehmung]

71 Τὸ δὲ πάντων χαλεπώτατον, ἀνάγκη παραμένειν τῷ δημιουργῷ τὴν εἰκόνα ἐν τῇ ψυχῇ τὴν αὐτὴν ἀεί, μέχρις ἂν ἐκτελέσῃ τὸ ἔργον, πολλάκις καὶ πολλοῖς ἔτεσι. καὶ δὴ τὸ λεγόμενον, ὡς ἔστιν ἀκοῆς πιστότερα ὄμματα, ἀληθὲς ἴσως· πολύ γε μὴν δυσπειστότερα καὶ πλείονος δεόμενα ἐναργείας. ἡ μὲν γὰρ ὄψις αὐτοῖς τοῖς ὁρωμένοις συμβάλλει, τὴν δὲ ἀκοὴν οὐκ ἀδύνατον ἀναπτερῶσαι καὶ παραλογίσασθαι, μιμήματα εἰσπέμποντα γεγοητευμένα μέτροις καὶ ἤχοις.

[c) Menge und Größe]

72 Καὶ μὴν τά γε ἡμέτερα τῆς τέχνης ἀναγκαῖα μέτρα πλήθους τε πέρι καὶ μεγέθους, τοῖς δὲ ποιηταῖς ἔξεστι καὶ ταῦτα ἐφ᾽ ὁποσονοῦν αὐξῆσαι. τοιγαροῦν Ὁμήρῳ μὲν ῥᾴδιον ἐγένετο εἰπεῖν τὸ μέγεθος τῆς Ἔριδος, ὅτι

οὐρανῷ ἐστήριξε κάρη καὶ ἐπὶ χθονὶ βαίνει·

ἐμοὶ δὲ ἀγαπητὸν δήπουθεν πληρῶσαι τὸν ὑπὸ Ἠλείων ἢ Ἀθηναίων ἀποδειχθέντα τόπον.

[8. Ambivalenz und Eindeutigkeit im Gottesbild (§ 73-79)]

[a) Von Homer zu Pheidias]

73 Σὺ μὲν οὖν φήσεις, ὦ σοφώτατε τῶν ποιητῶν Ὅμηρε, πολὺ τῇ τε δυνάμει τῆς ποιήσεως καὶ τῷ χρόνῳ προέχων· σχεδὸν πρῶτος ἐπέδειξας τοῖς Ἕλλησι τῶν τε ἄλλων ἁπάντων θεῶν καὶ δὴ τοῦ μεγίστου θεῶν πολλὰς καὶ καλὰς εἰκόνας, τὰς μέν τινας ἡμέρους, τὰς δὲ φοβερὰς καὶ δεινάς. **74** ὁ δὲ ἡμέτερος εἰρηνικὸς καὶ πανταχοῦ πρᾷος, οἷος ἀστασιάστου καὶ ὁμονοούσης τῆς Ἑλλάδος ἐπίσκοπος· ὃν ἐγὼ μετὰ τῆς ἐμαυτοῦ τέχνης καὶ τῆς Ἠλείων πόλεως σοφῆς καὶ ἀγαθῆς βουλευσάμενος ἱδρυσάμην, ἥμερον καὶ σεμνὸν ἐν ἀλύπῳ σχήματι, τὸν

b) Visuelle und akustische Wahrnehmung

71 Was von allem aber das Schwierigste ist: Beim bildenden Künstler ist es erforderlich, dass ein und dasselbe Bild stets in seiner Seele bleibt, bis er sein Werk vollendet hat[358], und das kann häufig genug viele Jahre dauern. Was die Redewendung angeht, die Augen seien zuverlässiger als das Gehör[359], so mag sie vielleicht stimmen. Auf jeden Fall sind sie viel schwerer zu überzeugen, und sie verlangen ein Mehr an Eindeutigkeit[360]. Denn die visuelle Wahrnehmung stimmt mit den Dingen, die gesehen werden, direkt überein. Beim Gehör aber ist es nicht unmöglich, es aufzustacheln und zu überlisten, wenn man ihm Tongebilde[361], die durch Metrum und Klang bezaubern, zuführt[362].

c) Menge und Größe

72 Außerdem gibt es bei unserem Handwerk zwingende Grenzen hinsichtlich der Mengen- und Größenmaße[363]. Den Dichtern aber ist es gestattet, selbst diese nach Belieben zu steigern. Deshalb fällt es Homer leicht genug, von der Größe der Eris zu sagen:

> *Sie stemmte gegen den Himmel das Haupt und ging auf der Erde.*[364]

Ich aber muss bereits froh sein, den mir von den Eleern oder den Athenern zugewiesenen Raum ausfüllen zu dürfen[365].

8. Ambivalenz und Eindeutigkeit im Gottesbild (§ 73-79)

a) Von Homer zu Pheidias

73 Dem wirst du, Homer, zustimmen, du weisester der Dichter, herausragend durch die Gewalt deiner Dichtkunst und deine (frühe) Schaffenszeit[366]. Beinahe als Erster hast du den Griechen viele schöne Bilder von allen anderen Göttern und zumal von dem Größten unter ihnen vor Augen gehalten[367], einige sanft, andere furchteinflößend und schrecklich. **74** Unser Gott aber[368] ist friedlich und in jeder Hinsicht milde[369], passend zu seiner Rolle als Schirmherr eines von keinem Aufstand heimgesuchten, in Eintracht[370] lebenden Griechenlands[371]. Aufgrund meiner künstlerischen Einsicht und nach Beratung mit der weisen, guten Stadt der Eleer richtete ich sein Standbild auf, im Ausdruck sanft und erhaben, von heiterer Gestimmtheit; es zeigt ihn als Spender des Lebensunterhalts, des Lebens selbst und aller Güter, als den allen

βίου καὶ ζωῆς καὶ ξυμπάντων δοτῆρα τῶν ἀγαθῶν, κοινὸν ἀνθρώπων καὶ πατέρα καὶ σωτῆρα καὶ φύλακα, ὡς δυνατὸν ἦν θνητῷ διανοηθέντι μιμήσασθαι τὴν θείαν καὶ ἀμήχανον φύσιν.

[b) Titel für den größten Gott]

75 Σκόπει δέ, εἰ μὴ πάσαις ταῖς ἐπωνυμίαις ταῖς τοῦ θεοῦ πρέπουσαν εὑρήσεις τὴν εἰκόνα· Ζεὺς γὰρ μόνος θεῶν πατὴρ καὶ βασιλεὺς ἐπονομάζεται, Πολιεύς τε <καὶ Ὁμόγνιος> καὶ Φίλιος καὶ Ἑταιρεῖος, πρὸς δὲ τούτοις Ἱκέσιός τε <καὶ Φύξιος> καὶ Ξένιος <καὶ Κτήσιος> καὶ Ἐπικάρπιος καὶ μυρίας ἄλλας ἐπικλήσεις ἔχων πάσας ἀγαθάς,

βασιλεὺς μὲν κατὰ τὴν ἀρχὴν καὶ δύναμιν ὠνομασμένος, πατὴρ δὲ οἶμαι διά τε τὴν κηδεμονίαν καὶ τὸ πρᾷον, Πολιεὺς δὲ κατὰ τὸν νόμον καὶ τὸ κοινὸν ὄφελος, Ὁμόγνιος δὲ διὰ τὴν τοῦ γένους κοινωνίαν θεοῖς καὶ ἀνθρώποις, **76** Φίλιος δὲ καὶ Ἑταιρεῖος, ὅτι πάντας ἀνθρώπους ξυνάγει καὶ βούλεται φίλους εἶναι ἀλλήλοις, ἐχθρὸν δὲ ἢ πολέμιον οὐδένα οὐδενός, Ἱκέσιος δέ, ὡς ἂν ἐπήκοός τε καὶ ἵλεως τοῖς δεομένοις, Φύξιος δὲ διὰ τὴν τῶν κακῶν ἀπόφυξιν, Ξένιος δέ, ὅτι δεῖ μηδὲ τῶν ξένων ἀμελεῖν μηδὲ ἀλλότριον ἡγεῖσθαι ἀνθρώπων μηδένα, Κτήσιος δὲ καὶ Ἐπικάρπιος, ἅτε τῶν καρπῶν αἴτιος καὶ δοτὴρ πλούτου καὶ δυνάμεως.

[c) Ihre Realisierung im Bildwerk]

77 Ὅσον δὲ ἦν ἐπιδεῖξαι ταῦτα μὴ φθεγγόμενον, ἆρα οὐχ ἱκανῶς ἔχει κατὰ τὴν τέχνην; τὴν μὲν γὰρ ἀρχὴν καὶ τὸν βασιλέα βούλεται δηλοῦν τὸ ἰσχυρὸν τοῦ εἴδους καὶ τὸ μεγαλοπρεπές· τὸν δὲ πατέρα καὶ τὴν κηδεμονίαν τὸ πρᾷον καὶ προσφιλές· τὸν δὲ Πολιέα καὶ Νόμιμον ἥ τε σεμνότης καὶ τὸ αὐστηρόν· τὴν δὲ ἀνθρώπων καὶ θεῶν ξυγγένειαν αὐτό που τὸ

Menschen gemeinsamen Vater, Retter[372] und Beschützer, soweit es eben für einen Sterblichen, der darüber nachgesonnen hat, möglich war, die unbeschreibliche göttliche Natur im Abbild wiederzugeben.

b) Titel für den größten Gott

75[373] Erwäge nun, ob du nicht doch findest, dass dieses Standbild allen Beinamen des Gottes[374] gerecht wird. Denn unter den Göttern wird allein Zeus als ‚Vater' und ‚König' bezeichnet, als ‚Beschützer der Stadt', ‚Hüter der Sippe', ‚Garant der Freundschaft' und ‚Garant der Kameradschaft', überdies als ‚Hort der Schutzflehenden', ‚Gott der Zuflucht', ‚Schutzgottheit des Gastrechts', ‚Wahrer des Besitzes', ‚Fruchtbringer'[375], und er trägt unzählige weitere Zunamen, die alle etwas Gutes beinhalten.

‚König'[376] wird er genannt wegen seiner Herrschaft und Macht, ‚Vater'[377], denke ich mir, aufgrund seiner Fürsorglichkeit und Sanftmut, ‚Beschützer der Stadt'[378], weil er Gesetz und Gemeinwohl aufrecht erhält, ‚Hüter der Sippe'[379] wegen des engen Bandes der Verwandtschaft zwischen Göttern und Menschen, **76** ‚Garant der Freundschaft'[380] und ‚Garant der Kameradschaft'[381], weil er alle Menschen zusammenführt und will, dass sie untereinander Freunde seien und niemand dem andern feindlich oder kampfbereit begegnet, ‚Hort der Schutzflehenden'[382] als einer, der den Bittenden sein Ohr leihen und ihnen gnädig sein wird, ‚Gott der Zuflucht'[383], weil man sich vor allen Übeln zu ihm flüchten kann, ‚Schutzgottheit des Gastrechts'[384], weil man nicht achtlos gegenüber den Gästen sein darf und keinen von den Menschen als fremd ansehen soll, ‚Wahrer des Besitzes'[385] und ‚Fruchtbringer'[386], weil er die Früchte wachsen lässt und Reichtum und Macht spendet.

c) Ihre Realisierung im Bildwerk

77 Soweit es überhaupt möglich ist[387], so etwas darzustellen, ohne sich dabei der Sprache zu bedienen, geschieht das nicht in hinreichendem Umfang nach allen Maßstäben der Kunst (in meinem Standbild[388])? Seine Herrschaft und sein Königtum will die Wucht der Gestalt und ihre Majestät[389] zum Ausdruck bringen, seine Vaterrolle und seine Fürsorge das sanftmütige und freundliche Moment, den ‚Beschützer der Stadt' und den ‚Wahrer des Rechts'[390] die Erhabenheit und die Strenge, die Verwandtschaft von Göttern und Menschen irgendwie eben diese menschliche Erscheinung,

τῆς μορφῆς ὅμοιον ἐν εἴδει συμβόλου· τὸν δὲ Φίλιον καὶ Ἱκέσιον καὶ Ξένιον καὶ Φύξιον καὶ πάντα τὰ τοιαῦτα ἁπλῶς ἡ φιλανθρωπία καὶ τὸ πρᾷον καὶ τὸ χρηστὸν ἐμφαινόμενα· προσομοιοῖ δὲ τὸν Κτήσιον καὶ τὸν Ἐπικάρπιον ἥ τε ἁπλότης καὶ ἡ μεγαλοφροσύνη, δηλουμένη διὰ τῆς μορφῆς· ἀτεχνῶς γὰρ διδόντι καὶ χαριζομένῳ μάλιστα προσέοικε τἀγαθά.

[d) Das Gegenbild: Der Kriegs- und Wettergott]

78 Ταῦτα μὲν οὖν ὡς οἷόν τε ἦν ἐμιμησάμην, ἅτε οὐκ ἔχων ὀνομάσαι. συνεχῶς δὲ ἀστράπτοντα ἐπὶ πολέμῳ καὶ φθορᾷ πλήθους ἢ <καταχέοντα> ὄμβρων ὑπερβολὴν ἢ χαλάζης ἢ χιόνος, ἢ τανύοντα κυανῆν ἶριν, τοῦ πολέμου ξύμβολον, ἢ ἀστέρα πέμποντα ξυνεχεῖς σπινθῆρας ἀποβάλλοντα, δεινὸν τέρας ναύταις ἢ στρατιώταις, ἢ ἐπιπέμποντα ἔριν ἀργαλέαν Ἕλλησι καὶ βαρβάροις, ὥστε ἔρωτα ἐμβάλλειν πολέμου καὶ μάχης ἄπαυστον κάμνουσιν ἀνθρώποις καὶ ἀπειρηκόσιν·οὐκ ἦν διὰ τῆς τέχνης μιμεῖσθαι·οὐδέ γε ἱστάντα ἐπὶ πλάστιγγος ἀνθρώπων ἡμιθέων κῆρας ἢ στρατοπέδων ὅλων, αὐτομάτῳ ῥοπῇ κρινομένας· οὐ μὴ οὐδὲ παρὸν ἠθέλησά γ' ἄν ποτε.
79 Βροντῆς γὰρ εἴδωλον ἄφθογγον ἢ ἀστραπῆς ἢ κεραυνοῦ εἴκασμα ἀλαμπὲς ἐκ τῶν τῇδε ἐπιγείων μεταλλευμάτων ποῖον ἄν τι καὶ γένοιτο; ἔτι δὲ γῆν σειομένην καὶ κινούμενον Ὄλυμπον ὑπὸ νεύματι βραχεῖ τῶν ὀφρύων ἤ τινα νέφους περὶ τῇ κεφαλῇ στέφανον Ὁμήρῳ μὲν εἰπεῖν εὐμαρὲς καὶ πολλὴ πρὸς τὰ τοιαῦτα ἅπαντα ἐλευθερία, τῇ δέ γε ἡμετέρᾳ τέχνῃ παντελῶς ἄπορον, ἐγγύθεν ἐχούσῃ καὶ σαφῆ τὸν ἔλεγχον τῆς ὄψεως.

und zwar auf symbolische Weise[391], den ‚Garanten der Freundschaft', den ‚Hort der Schutzflehenden', den ‚Schutzgott des Gastrechts', den ‚Gott der Zuflucht' und alle ähnlichen Attribute schlechthin die Menschenliebe und Sanftmut und Güte, die (im Bild) zum Vorschein kommt[392]. Den ‚Wahrer des Besitzes' und den ‚Fruchtbringer' aber repräsentieren die Einfachheit und der Großmut, die sich in der Gestalt zeigen; der Gott gleicht nämlich, kurz gesagt, am ehesten jemandem, der das Gute gnädig schenkt und spendet.

d) Das Gegenbild: Der Kriegs- und Wettergott

78 Diese Attribute des Zeus also habe ich, soweit ich es vermochte, nachgebildet, denn in Worte fassen konnte ich sie nicht. Aber den Gott, der ständig Blitze schleudert[393], die Krieg und das Verderben von vielen ankündigen[394]; der ein Übermaß an Regen, Hagel und Schnee herunterschüttet[395]; der den blauschimmernden Regenbogen ausspannt als Zeichen zur Schlacht[396]; der ein Gestirn sendet, das fortwährend Funken sprüht, ein schreckliches Vorzeichen für Seefahrer oder Soldaten[397]; der heftigen Streit unter Griechen und Barbaren schickt, so dass unersättliche Gier nach Schlacht und Kampf müde, erschöpfte Männer überkommt[398] – den Gott konnte ich mit meiner Kunst nicht wiedergeben, der schließlich das Todeslos von Halbgöttern[399] und ganzen Heeren auf der Waagschale abwägt und nach deren zufälliger Neigung die Entscheidung fällt[400]; ja, selbst wenn es möglich gewesen wäre, hätte ich es doch niemals gewollt[401].

79 Eine lautlose Wiedergabe des Donners, oder des Blitzes und des Blitzschlags lichtloses Abbild, hergestellt aus Metallen, wie sie hier auf Erden vorkommen[402] – auf welchem Wege sollte so etwas sich wohl realisieren lassen[403]? Dann die Erde, wie sie bebt[404], der Olymp, wie er erschüttert wird vom leichten Zucken der Augenbrauen[405], oder der Kranz von Wolken auf dem Haupt[406] – Homer konnte das mühelos schildern und sich bei all diesen Dingen große Freiheiten herausnehmen. Für unsere Kunst aber wäre das völlig unmöglich, ist sie doch der Prüfung durch das Auge aus der Nähe und unverhohlen ausgesetzt.

[9. Edelmetall oder Ursubstanz: eine Frage des Materials (§ 80-83)]

80 Εἰ δ' αὖ τὸ τῆς ὕλης ἀσημότερον ἡγεῖταί τις ἢ κατὰ τὴν ἀξίαν τοῦ θεοῦ, τοῦτο μὲν ἀληθές τε καὶ ὀρθόν· ἀλλ' οὔτε τοὺς δόντας οὔτε τὸν ἑλόμενον καὶ δοκιμάσαντα ἐν δίκῃ μέμφοιτ' ἄν. οὐ γὰρ ἦν ἑτέρα φύσις ἀμείνων οὐδὲ λαμπροτέρα πρὸς ὄψιν, ἣν δυνατὸν εἰς χεῖρας ἀνθρώπων ἀφικέσθαι καὶ μεταλαβεῖν δημιουργίας. **81** ἀέρα γὰρ ἢ πῦρ ἐργάσασθαι καὶ τὴν ἄφθονον πηγὴν ὕδατος [ἕν τισι θνητοῖς ὀργάνοις] ὅσον τε ἐν ἅπασι τούτοις στερεὸν ἕρμα – λέγω δὲ οὐ χρυσοῦ καὶ λίθου, ταῦτα μὲν γὰρ σμικρὰ καὶ φαῦλα, ἀλλὰ τὴν πᾶσαν ἰσχυρὰν καὶ βαρεῖαν οὐσίαν – ἰδίᾳ τε ἕκαστον διακρίνοντα καὶ συμπλέκοντα εἰς γένεσιν ζῴων καὶ φυτῶν, οὐδὲ θεοῖς πᾶσι δυνατὸν ἢ μόνῳ τούτῳ σχεδὸν ὃν πάνυ καλῶς ποιητὴς προσεῖπεν ἕτερος,

Δωδωναῖε μεγασθενὲς ἀριστοτέχνα πάτερ.

82 οὗτος γὰρ δὴ πρῶτος καὶ τελειότατος δημιουργός, χορηγὸν λαβὼν τῆς αὑτοῦ τέχνης οὐ τὴν Ἠλείων πόλιν, ἀλλὰ τὴν πᾶσαν τοῦ παντὸς ὕλην. Φειδίαν δὲ ἢ Πολύκλειτον οὐκ ἂν εἰκότως ἀπαιτοῖτε πλέον οὐδέν, ἀλλὰ καὶ ταῦτα μείζω καὶ σεμνότερα τῆς ἡμετέρας χειρωναξίας.

83 Οὐδὲ γὰρ τὸν Ἥφαιστον Ὅμηρος ἐν ἄλλοις πεποίηκεν ἐπιδεικνύμενον τὴν ἐμπειρίαν, ἀλλὰ τεχνίτην μὲν θεὸν εὐπόρησεν ἐπὶ τὸ τῆς ἀσπίδος ἔργον, ὕλην δὲ ἑτέραν οὐκ ἐφίκετο εὑρεῖν. φησὶ γὰρ οὕτω·

χαλκὸν δ' ἐν πυρὶ βάλλεν ἀτειρέα κασσίτερόν τε
καὶ χρυσὸν τιμῆντα καὶ ἄργυρον.

ἀνθρώπων μὲν οὖν ἔγωγε οὐδενὶ παραχωρήσαιμ' ἂν κρείττονα ἐμοῦ ποτε γενέσθαι περὶ τὴν τέχνην, αὐτῷ δὲ τῷ Διί, δημιουργοῦντι τὸν ἅπαντα κόσμον οὐ χρὴ ξυμβάλλειν οὐδένα θνητόν.

9. Edelmetall oder Ursubstanz: eine Frage des Materials (§ 80-83)

80 Sollte aber jemand meinen, das Material sei zu wertlos und verstoße gegen die Würde des Gottes, so ist dies zutreffend und richtig[407]. Aber er dürfte kein Recht dazu haben, die Leute, die das Material bereitstellten, oder den, der es nahm und zuvor prüfte[408], zu tadeln. Denn einen anderen, besseren, für den Anblick prachtvolleren Werkstoff, der in die Hände von Menschen hätte gelangen und künstlerischer Gestaltung hätte gewürdigt werden können, gab es nicht. **81** Denn Luft oder Feuer zu bearbeiten sowie ‚die reichlich spendende Quelle des Wassers'[409] und das, was als feste Stütze[410] in alle vorfindlichen Dinge eingezogen ist[411] – ich rede nicht von Gold und Stein[412], denn das sind geringe, minderwertige Materialien, sondern von der ganz massiven und schweren Ursubstanz – , dabei jedes für sich auszusuchen und dann miteinander zu verflechten, so dass Lebewesen und Pflanzen entstehen[413], das wäre nicht einmal allen Göttern möglich, sondern eigentlich nur dem einen, einzigen, den sehr treffend ein anderer Dichter anredet mit:

Herr von Dodona[414]*, gewaltig an Macht,*
überaus kunstreicher Vater[415].

82 Denn er ist in der Tat[416] der erste und vollkommenste Künstler, und als Beschaffer der Mittel für sein Kunstwerk brauchte er nicht die Stadt der Eleer, sondern benutzte die ganze Materie des Weltalls. Von Pheidias oder Polykleitos[417] aber könnt ihr fairerweise mehr nicht verlangen[418]; schon das hier[419] ist streng genommen zu groß und erhaben für unser Handwerk.

83 Homer lässt ja nicht einmal den Hephaistos mit andern Materialien seine Fertigkeit beweisen. Zwar bringt Homer als Künstler für die Herstellung des Schildes einen Gott bei, es gelingt ihm aber nicht, für ihn ein besonderes Material zu finden. Er schreibt nämlich Folgendes:

Unzerstörbares Erz und Zinn jetzt warf er ins Feuer,
Gold von köstlichem Wert und Silber[420].

Ich für meinen Teil würde niemandem von den Menschen einräumen, dass er in der Bildhauerkunst je besser als ich werden könnte[421]. Aber mit Zeus selbst, dem Verfertiger des ganzen Kosmos, darf man kein menschliches Wesen vergleichen."

[10. Schlußnotiz: der Triumph des Künstlers (§ 84a)]

84 Ταῦτ' οὖν εἰπόντα καὶ ἀπολογησάμενον τὸν Φειδίαν εἰκότως ἐμοὶ δοκοῦσιν οἱ Ἕλληνες στεφανῶσαι ἄν.

[E. Peroratio: Die Stimme des Gottes (§ 84b-85)]

[I. Rekapitulation (§ 84)]

Ἴσως δὲ τοὺς πολλοὺς λέληθεν ὁ λόγος ὑπὲρ ὧν γέγονε, καὶ μάλα, ἐμοὶ δοκεῖν, φιλοσόφοις τε ἁρμόττων καὶ πλήθει ἀκοῦσαι, περί τε ἀγαλμάτων ἱδρύσεως, ὅπως δεῖ ἱδρῦσθαι, καὶ περὶ ποιητῶν, ὅπως ἄμεινον ἢ χεῖρον διανοοῦνται περὶ τῶν θείων, ἔτι δὲ περὶ τῆς πρώτης ἐπινοίας θεοῦ, ποία τις καὶ τίνα τρόπον ἐν τοῖς ἀνθρώποις ἐγένετο. πολλὰ δὲ οἶμαι καὶ περὶ δυνάμεως ἐρρήθη τοῦ Διὸς κατὰ τὰς ἐπωνυμίας. εἰ δὲ μετ' εὐφημίας τοῦ τε ἀγάλματος καὶ τῶν ἱδρυσαμένων, πολὺ ἄμεινον.

[II. „Schlußwort" (§ 85)]

85 Τῷ γὰρ ὄντι τοιοῦτος ἡμῖν προσορᾶν ἔοικε, πάνυ εὔνους καὶ κηδόμενος, ὥστ' ἔμοιγε μικροῦ φθέγγεσθαι δοκεῖ.

Τάδε μὲν οὕτως, Ἠλεῖοί <τε> καὶ ἡ σύμπασα Ἑλλάς, καλῶς καὶ προσηκόντως ἐπιτελεῖς, θυσίας τε θύουσα ἐκ τῶν παρόντων μεγαλοπρεπεῖς καὶ δὴ καὶ τὸν εὐκλεέστατον ἀγῶνα τιθεῖσα ὡς ἀπ' ἀρχῆς εὐεξίας καὶ ῥώμης καὶ τάχους, ὅσα τε ἑορτῶν καὶ μυστηρίων ἔθη λαβοῦσα διαφυλάττεις. ἀλλὰ ἐκεῖνο φροντίζων σκοπῶ, ὅτι

αὐτήν σ' οὐκ ἀγαθὴ κομιδὴ ἔχει, ἀλλ' ἅμα γῆρας
λυγρὸν ἔχεις αὐχμεῖς τε κακῶς καὶ ἀεικέα ἕσσαι.

10. Schlussnotiz: der Triumph des Künstlers (§ 84a)

84 Hätte Pheidias so gesprochen und sich mit solchen Worten verteidigt, hätten ihm die Griechen, wie mir scheint, billigerweise einen Kranz aufs Haupt gesetzt.

E. Peroratio: Die Stimme des Gottes (§ 84b-85)[422]

I. Rekapitulation (§ 84b)[423]

Möglicherweise ist vielen Hörern verborgen geblieben, wovon meine Rede handelte, obwohl sie, wie ich meine, sehr wohl auf Philosophen wie auf das Volk als Zuhörer abgestimmt war. Gehandelt wurde über die Errichtung von Weihestatuen, wie dabei am besten zu verfahren sei, über die Dichter, ob ihr Denken über das Göttliche positiv oder negativ zu bewerten sei, dazu über die erste Vorstellung von Gott überhaupt, wie sie aussieht und auf welche Weise sie bei den Menschen entstand. Vieles, glaube ich, wurde auch über die Macht des Zeus und seine damit korrespondierenden Beinamen gesagt. Wenn das auch noch verbunden war mit einem Loblied auf diese Statue und auf die, die sie errichtet haben, dann umso besser.

II. „Schlusswort" (§ 85)[424]

85 Denn wirklich scheint dieser Gott jetzt auf uns zu blicken, ganz Wohlwollen und Güte[425], so dass es mir um ein Haar so vorkommt, als würde er sagen[426]:

„Das alles nun, ihr Eleer und ihr Griechen insgesamt[427], habt ihr so, wie es ist, in angemessener Weise organisiert. Ihr bringt Opfer dar, die, gemessen an euren Mitteln, prachtvoll sind, und ihr habt vor allem von Anfang an diesen hochberühmten Wettkampf ausgerichtet, bei dem es auf Konstitution, Stärke und Schnelligkeit ankommt. Getreulich bewahrt ihr auch alle überkommenen Bräuche hinsichtlich der öffentlichen Feiern und der geheimen Riten. Aber eines kann ich nur mit Besorgnis betrachten[428]:

Selber[429] hast du doch keine Pflege, dass gut es dir täte!
Alles trifft da zusammen: erbärmliches Alter und übler
Schmutz und die schäbige Kleidung[430]."

D. Anmerkungen

1 Der Titel stammt wahrscheinlich nicht von Dion selbst, sondern von einem Herausgeber oder Redaktor seiner Reden, ist aber bei Photios und in der handschriftlichen Überlieferung belegt. Die Zweiteilung in einen allgemeineren Obertitel und einen thematisch engeren Untertitel begegnet z.B. auch in Or 6: „Diogenes oder Über die Gewaltherrschaft", in Or 7 („Die Euboiische Rede oder Der Jäger"), in den Diogenesreden Or 8-10 und in Or 56 („Agamemnon oder Von der Königsherrschaft"); vgl. G. KRAPINGER, Dion Chrysostomos 53, der einen Querverweis auf Ciceros *Cato Maior de senectute* (vgl. auch *Laelius sive de amicitia*) und Varros *Logistorici*, wo die Titel ebenfalls aus Eigenname und Themenschwerpunkt bestehen, anbringt.

2 Zur Prolalia (Gattung und Inhalt) vgl. M. MORTENTHALER, Olympikos 9-24; L. PERNOT, La rhétorique de l'éloge 559f.; näheres in E/I.2.

3 Zu § 1-16 vgl. L. LEMARCHAND, Observations critiques 20-29, der meint, ein Kopist habe zwei Redaktionen der Einführung miteinander kombiniert: A = § 1-2a.3b-5a.14-16*; B = § 2b.3a.5b-13* (weitere Eingriffe entdeckt Lemarchand in § 22*, 23-24, 43*, 47-48, 84*-85; vgl. zuvor schon L. LEMARCHAND, Les Œuvres d'avant l'exil, wo ähnliche Vorgänge für andere Reden postuliert werden). Dagegen wendet sich in seiner Besprechung des Redeanfangs zu Recht T. CHRISTOFFERSSON, Bemerkungen 30-43.

4 Vgl. Dion, Or 34,1: ... καὶ παρ' ὑμῖν καὶ παρὰ τοῖς ἄλλοις ...

5 Die Perfektform πέπονθα bezieht sich nicht nur auf die früheren Gelegenheiten, sondern auch darauf, dass sich bereits jetzt wieder, in Olympia während der Spiele, Zuhörer um Dion versammelt *haben* und erwartungsvoll auf ihn blicken. Vgl. zur hier schon angedeuteten Übertragbarkeit der im Folgenden geschilderten Vorgänge Dion, Or 72,13: „Weil sie (d.h. die Menschen) nun erwarten, auch von uns (d.h. von Dion als Redner) so etwas zu vernehmen, wie Äsop, Sokrates oder Diogenes (die Dion zuvor als echte Weise geschildert hat) es gesagt haben, kommen sie näher, werden zudringlich und können sich von keinem fern halten, den sie in dieser Aufmachung (d.h. in kynischer Wandertracht) erblicken, genauso wenig wie Vögel, wenn sie eine Eule sehen"; der relativ kurze Text der Oratio 72 diente vielleicht auch als Prolalia (vgl. Russell). Zu den zahlreichen Tiervergleichen bei Dion s. J. OESCH, Die Vergleiche 81-94, der aber nur einen Katalog bietet, keine Interpretation.

6 Übersetzung von τὸ λεγόμενον am Satzanfang, das hier mit Russell als Hyperbaton aufgefasst und mit πάθος verbunden wird; anders z.B. Cohoon, der adverbial übersetzt: „to use a familar saying", mit Berufung auf den in der Tat sehr ähnlichen Eingang von Platons *Gorgias*, wo Sokrates als Zweiter das Wort ergreift (447A): „Ist es tatsächlich so, wie das Sprichwort sagt (ἀλλ' ἦ τὸ λεγόμενον), dass wir nach dem Fest kommen und das Nachsehen haben?"

7 Anstelle von σοφωτέραν werden als Konjekturen σεμνοτέραν („ehrwürdiger"), κομψοτέραν („gewandter") oder εὐφωνοτέραν bzw. εὐφωνοτέραν τὴν αὐδήν („um nichts wohlklingender in Bezug auf den Gesang" [sc. als die anderen Vögel]) vorgeschlagen, vgl. die Apparate und E. WENKEBACH, Die Überlieferung der Schriften 58f.; A. DERGANC, Textkritische Bemerkungen 3-5; der Grund liegt u.a. darin, dass Dion wenig später die Eule sehr wohl als weise einstuft, doch darf man von Gebrauch und Entfaltung eines Bildfeldes nicht letzte logische Konsequenz erwarten.

8 Plutarch, Nikias 19,4, zitiert, was der Historiker Timaios von Tauromenion (FGH 566 F 100a) über den Spartaner Gylippos, der den Griechen Siziliens zur Hilfe kam, schreibt: ihm „seien, als er sich zeigte, wie einer Eule viele zugeflogen, die bereit waren, unter ihm zu kämpfen"; als Grund gibt er das Aussehen des Gylippos an: lange Haare, Stab und Umhang, was hier die Würde Spartas zum Ausdruck bringt, aber auch der Kleidung des kynischen Philosophen entspricht. Vgl. auch Diogenes Laert. 4,42 (Spottverse [σίλλοι] des Timon von Phleius über Arkesilaos von Pitane, den Begründer der mittleren Akademie): „Sie staunten über ihn, wie Finken rings um eine Eule, und wiesen auf ihn, den Toren, der der Menge zu gefallen suchte"; Lukian, Harmonides 1 (der Flötenspieler dieses Namens über seinen Lehrmeister Timotheos): „... und noch jetzt, wo immer du dich nur sehen lässt, läuft alles zusammen und drängt sich um dich her, wie die Vögel um die Nachteule."

9 Zu den beiden unterschiedlichen Erklärungen Dions und der Menge vgl. Aristot., Hist An 9(8),1 (609a 8-16): zwischen der Eule und den anderen Vögeln bestehen artspezifische Feindschaften; wenn sie die Eule umflattern – was der Volksmund fälschlich als „bewundern" (θαυμάζειν) interpretiert –, tun sie es, um nach ihr zu picken; siehe auch Aelian, Nat An 1,29: bei Nacht ist es der Ruf der Eule, der die anderen Vögel veranlasst, sich in ihrer Nähe niederzulassen; bei Tag nimmt sie mit ihrem Mienenspiel die anderen Vögel gefangen und flößt ihnen Schrecken ein. Umfassend informiert D'ARCY W. THOMPSON, A Glossary of Greek Birds 76-80.

10 Zum Pfau als bevorzugtem Thema antiker Beschreibungskunst („Ekphrasis") vgl. bes. die ausführliche Schilderung bei Aelian, Nat An 5,21; ferner die Nr. 24 (Ταῶνος) der 30 *Descriptiones*, die als rhetorische Übungsstücke unter dem Namen des Libanios überliefert sind (ed. R. FOERSTER [BSGRT], Bd. 8, S. 527,6 - 529,9), und Tertull., De pallio 3,1; zur Ekphrasis s. G. ANDERSON, Second Sophistic 144-155, sowie unten E/I.1 (Lit. dort in Anm. 2).

11 ἐπιδείκνυται, was rein sprachlich daran erinnert, dass Dion zu einer epideiktischen Rede ansetzt. Außerdem tut er mit der gelungenen Schilderung eines Pfaus im Folgenden genau das, was er verbal bestreitet: Er zeigt, dass er durchaus eine Prunkrede halten kann und den sophistischen Rhetoren darin um nichts nachsteht. Anders gesagt: Er könnte auch ein Pfau sein, wenn er wollte, verkleidet sich aber lieber als Eule. Synesios von Kyrene bemerkt denn auch von Dions frühen

Reden: „Dort bläht und spreizt er sich und beschaut sich selbst wie ein Pfau von allen Seiten und schwelgt gleichsam in den Glanzlichtern seiner Rede, denn nur darauf kommt es ihm an, sein erstrebtes Ziel ist nur der Wohlklang" (Dion 3,3; nach der Zählung und Übers. in der zweisprachigen Ausgabe von K. TREU, SQAW 5; vgl. auch DERS., Kommentar 44).

12 Vgl. Achilleus Tatios 1,16,2 (der Sprecher hat sich gerade in Leukippe verliebt, die „zufällig" an einem Pfau vorbeigeht): „‚Das macht der Vogel', sagte ich, ‚keineswegs ohne Bedacht, sondern deshalb, weil er verliebt ist! Denn immer dann, wenn er auf seine Geliebte anziehend wirken möchte, putzt er sich auf diese Weise auf'" (Übers. K. PLEPELITS, BGL).

13 Wir sagen: „er schlägt ein Rad".

14 M hat ἄντρον („Höhle", bevorzugt z.B. von Emperius; vgl. die Übers. bei Kraut 269: „gleich einer reizenden Grotte") anstelle von θέατρον, doch wird letzteres auch bestätigt durch Achilleus Tatios 1,16,2: καὶ τὸ θέατρον ἐπιδεικνύναι τῶν πτερῶν, und wohl auch durch Horaz, Sat 2,2,26: der Pfau als *rara avis*, der „mit dem bunten, ausgespreizten Schweif ein prächtiges Schauspiel (*spectacula*) bietet".

15 Der Vergleich mit dem Theater bezieht sich auf den Halbkreis, den die Schwanzfedern bilden, der Vergleich mit dem gemalten Sternenhimmel auf ihr farbliches Muster; zu letzterem Ovid, Met 15,385: „der Vogel der Juno, der Sterne trägt im Schweif".

16 Für σώματι konjiziert von Arnim χρώματι („Farbe"), was zu weiteren Eingriffen in den Text zwingt (vgl. 155 seine Bemerkung zu σύν γε τῷ λοιπῷ σώματι: „his verbis corruptelam inesse puto, unde tota sententia obscuratur"); A. DERGANC, Textkritische Bemerkungen 6, bezieht, von Arnims Konjektur aufnehmend und weiterführend, den ganzen Satz ausschließlich auf den Pfauenschwanz: „... Bewundernswert ist dieser schon wegen der sonstigen Färbung, die ganz nahe kommt mit Azur gemischtem Golde, und besonders, da sich am Ende der Federn sozusagen Augen oder Ringe befinden ..."

17 Gemeint sind die „Pfauenaugen"; vgl. Achilleus Tatios 1,16,3: „... auf seinen Federn wächst sogar Gold, und rund um das Gold verläuft in konzentrischem Ring Purpur, und es ist dies das Auge auf der Feder".

18 Vgl. Aelian, Nat An 5,21: „Er gestattet den Anwesenden, sich an seinem Anblick zu sättigen; er wendet und dreht sich herum und lässt wohl überlegt die Vielfalt seines Gefieders sehen ..."

19 Drastischer Aelian, Nat An 5,21: „Wenn er aber jemand erschrecken will, richtet er seine Schwanzfedern auf und erzeugt einen Ton, und die Dabeistehenden fürchten sich, als würden sie den Klang des Schildes eines Hopliten vernehmen."

20 Nach Or 47,16 hat ein Sophist Dion als Nachtigall bezeichnet, um ihn zu beleidigen.

21 Die Nachtigall wird so früh schon tätig, weil sie angeblich als einziger Vogel nie schläft, vgl. Aelian, Var Hist 12,20, unter Berufung auf Hesiod (vgl. Frag. 312 M.-W.) und mit Anspielung auf den Mythos von Prokne und Philomela, die zur Strafe in Nachtigall und Schwalbe

Prokne und Philomela, die zur Strafe in Nachtigall und Schwalbe verwandelt wurden.

22 Auf das Sehen (Kontrast: unansehnliche Eule vs. prächtiger Pfau) folgt nun mit der Nachtigall und dem Schwan in § 4 das Hören (Kontrast: unangenehme Stimme der Eule vs. herrlicher Gesang von Nachtigall und [sterbendem] Schwan); wenn man die Eule auf den (selbststilisierten) Kyniker Dion und den Pfau auf die sophistischen Rhetoren deutet, kann man mit Cohoon hinter Nachtigall und Schwan die Dichter erkennen. Schwan und Nachtigall vergleicht mit den Sophisten Themistios, Or 27 (366C; zu den Abhängigkeitsverhältnissen s. J. SCHAROLD, Dio Chrysostomus und Themistius); vgl. auch Basil., Ep 20.

23 Übersetzung von εὐγήρως, vgl. die Definition des Begriffs bei Aristot., Rhet 1,5,15 (1361b 28; darin auch ἀλυπία, s.u.). P hat stattdessen εὔγηρυς, „wohllautend".

24 Zum sprichwörtlichen „Schwanengesang" vgl. bes. Platon, Phaed 84E-85B: Schwäne sind als Diener des Orakelgotts Apollon prophetisch begabt und verspüren deshalb nicht nur das Nahen ihres Todes, sondern sehen auch das Glück im Jenseits voraus und singen aus diesem Grund – und nicht etwa, wie das Volk meint, aus Trauer – jetzt erst ihr schönstes Lied. Das vielfach bezeugte Motiv begegnet u.a. mehrfach bei Aelian, nämlich in Nat An 2,32; 5,34; 11,1 (bes. eindrucksvoll, wenn auch ohne die Todesnähe); im jüdisch-hellenistischen Schrifttum wird es rezipiert in 4 Makk 15,21, vgl. H.J. KLAUCK, 4. Makkabäerbuch (JSHRZ III/9), Gütersloh 1989, 745; allgemein D'ARCY W. THOMPSON, A Glossary of Greek Birds 179-186; J. POLLARD, Birds in Greek Life and Myth 144-147.

25 Vgl. Aelian, Nat An 5,34: „Der Schwan stimmt sich also selbst den Grabgesang an, zur Wegbegleitung bei der Abreise ..."

25 Wortspiel mit ἀλύπως und ἄλυπον.

27 Zum – fast schon übertrieben – poetischen Klang der Schlussworte vgl. Homer, Il 2,459-463; Emperius macht aus dem Text von „am Ufer eines Flusses" an drei Verse, Russell vermutet eine Parodie sophistischer Redekunst.

28 Das Gegenüber von Sehen (Pfau) und Hören (Nachtigall und Schwan) aus § 3f. wird aufgenommen und auf die reale Situation übertragen. Vgl. zu Sehen vs. Hören, Augen vs. Ohren auch Or 32,42; 33,49.

29 Textgestaltung nach Russell (mit Reiske); in den Codices, die τοῦτο δὲ ταῶς ποικίλους τοῦτο δὲ ὡς πολλοὺς σοφιστάς lesen, ist der Vergleich offensichtlich in Unordnung geraten. Eine ähnliche Momentaufnahme von den Isthmischen Spielen in Or 8,9; vgl. auch 27,5f.

30 Bei Plutarch, Virt Prof 6 (Mor 78E), wird Theophrast wegen seiner vielen Schüler bewundert. Vgl. auch Dion, Or 4,35: die so genannten Sophisten mit ihrer großen Schar von Anhängern, mit Or 4,14: der Kyniker Diogenes hat keine Schüler und keine Begleiter, anders als die Sophisten, Flötenspieler und Chorleiter.

31 Der sokratische Gestus des „Ich weiß, dass ich nichts weiß“; vgl. zur Imitation des Sokrates bei Dion (massiert in Or 13) K. DÖRING, Exemplum Socratis, hier bes. 91-94.

32 δαιμονίας, adjektivisch gebraucht; vgl. zu δαίμων und δαιμόνιον bei Dion J. PUIGGALI, La démonologie, der als Hauptbedeutung den persönlichen Schutzgeist eruiert, was aber gerade in Or 12 nicht aufgeht; vgl. auch in E/II.2b.

33 Statt ὑφ' ἧς liest Russell <καὶ> τύχης und zieht es zu βουλήσεως am Schluss von § 5, m.E. ohne zwingenden Grund.

34 Zur Verbindung der Athena mit der Eule, einem mythologischen Motiv, vgl. J. POLLARD, Birds in Greek Life and Myth 143f.

35 Geschickt wird hier schon der erste Hinweis auf den großen Bildhauer, der im Hauptteil der Rede eine wichtige Rolle spielen wird, untergebracht. Auch auf den historisch gesicherten Prozess, den man ihm in Athen gemacht hatte, mag im Folgenden schon angespielt sein, und zwar durch die Erwähnung der Darstellung seiner selbst auf dem Schild der Athena, was – historisch unzutreffend – bei Plutarch, Pericl 31,4, als der eigentliche Prozessgrund ausgegeben wird; vielleicht steht die betonte Feststellung, dass hinsichtlich der Eule das Volk zustimmte, auch im Dienst der Entlastung des Pheidias.

36 Vgl. Aristoph., Eq 1092f.: „... und ich sah von der Burg sie leibhaftig niedersteigen, und auf der Schulter saß ihr die Eule“. Angesprochen ist das Standbild der Athena Parthenos auf der Akropolis, vgl. dazu C. HÖCKER / L. SCHNEIDER, Phidias 62-82. Nach der Wiedergabe ihres Kopfes (der bereits mehr als $2^1/_2$ Meter maß) auf Goldmedaillons in der Leningrader Eremitage (Abb. ebd. 71) saß die Eule auf der rechten oder eher linken Wange ihres Helmes, vgl. J. LIEGLE, Der Zeus des Phidias 414f.; J. FINK, Die Eule der Athena Parthenos, der sich auch gegen die Zuordnung der Eule zu einer anderen Statue der Athena und gegen die Annahme ihrer selbständigen statuarischen Darstellung ausspricht.

37 Mit Pheidias wurde schon in der Antike ein kahlköpfiger, nur mit einem Mantel bekleideter Greis, der einen Stein emporhebt, identifiziert, während Perikles sich als Theseus unter den Amazonenkämpfern befunden haben soll, vgl. Plutarch, Pericl 31,3(4); aber inzwischen scheint sicher, „dass irgendwelche Porträtzüge mit der Intention und der ursprünglichen Rezeption des Werkes nicht zu vereinbaren sind“, so C. HÖCKER / L. SCHNEIDER, Phidias 80; ähnlich auch P.A. STADTER, A Commentary on Plutarch's Pericles, Chapel Hill 1989, 294: „The self-portrait is not mentioned in fifth- or fourth-century sources, and surely is invented ... a single post-classical tradition with no basis in fact“.

38 Aus der reichen Literatur zur Fabel sei nur genannt: G.-J. VAN DIJK, Αἶνοι, Λόγοι, Μῦθοι. Fables in Archaic, Classical und Hellenistic Greek Literature. With a Study of the Theory and Terminology of the Genre (Mn.S 166), Leiden 1997, hier bes. 412-414; M.-L. DESCLOS, „Le renard dit au lion...“ (*Alcibiade majeur,* 123A) ou Socrate à la manière d'Ésope, in: B. Cassin, / J.-L. Labarrière (Hrsg.), L'animal

dans l'Antiquité (Bibliothèque d'histoire de la philosophie. Nouvelle série), Paris 1997, 395-422.

39 Der aus der Mistel, die auf der Eiche wächst, hergestellt wird; vgl. Athenaios, Deipnosoph 10 (451D). S.A. NABER, Animadversiones criticae 83, plädiert für die Streichung von τὸν ἰξόν, weil das neben φάρμακον eine unnötige Verdoppelung darstelle, aber Dion legt auch sonst eine ausgesprochene Vorliebe für doppelte Umschreibungen eines einzigen Sachverhalts an den Tag. – Eine ausführlichere Fassung dieser Fabel, verbunden mit einer Eingangsreflexion über die Funktion von Fabeln überhaupt und einer Schlussanwendung auf sokratisch-kynische Philosophen, bietet Dion in Or 72,13-16. Mit der Schwalbe (teils für ursprünglicher gehalten; schon das Nisten im Haus bei Dion passe besser zu ihr) statt der Eule als „Heldin" begegnet die Erzählung auch in CFA 39a (vgl. die Version aus PRyl 493 in CFA I/2, 188f.); zur Traditionsgeschichte B. PERRY, Demetrius of Phalerum and the Aesopic Fables, in: TAPA 93 (1962) 287-346, hier 315-319: die Version mit der Eule dürfte doch die ältere sein, trotz des Nistens im Haus in Or 72,14, das wohl erst bei der Übertragung der Grundgestalt von der Eule auf die Schwalbe eingefügt wurde.

40 Weil man aus seinen Produkten u.a. Vogelnetze herstellen kann; eine ausgeführte Version dieser hier nur angedeuteten Fabel, wiederum mit der Schwalbe anstelle der Eule, in CFA 39b.

41 Die zur Stabilisierung der Flugbahn am Schaft der Pfeile angebracht werden. Vgl. zu diesem Fabelmotiv Aischylos, Myrmidonen Frag. 139 (aus den Scholien zu Aristoph., Av 807f.): „So wird in einer libyschen Fabel uns erzählt: Getroffen vom Geschoss des Bogens, sprach der Aar, als er die Vorrichtung der Federn sah am Pfeil: ‚So – nicht von andern – durch die eignen Federn werde ich überwältigt ...'" (Übers. O. WERNER, TuscBü); dazu G.-J. VAN DIJK, Αἶνοι, Λόγοι, Μῦθοι (s. Anm. 38) 169-171.

42 Diese zeitliche Differenzierung dient auch dazu, die sichtliche Spannung zwischen den verschiedenen Rollen, die der Eule bislang zugeschrieben wurden, abzumildern: Früher war die Eule weise, jetzt, nach all den negativen Erfahrungen, hat sie den in § 1 geschilderten Anschein der Ärmlichkeit, Dürftigkeit und Unwissenheit angenommen. Das wiederum bereitet die Anwendung im nächsten Paragraphen vor: Früher waren die Philosophen wirklich weise, ein Mann wie Dion hingegen kokettiert damit, nur noch Reste dieses alten Wissens weitergeben zu können. Es kommt eine Verfallstheorie ins Spiel, die aber mit einem gehörigen Schuss Ironie versehen ist.

43 Zwei wesentliche Beweggründe der Philosophie werden angedeutet: die Suche nach der (theoretischen) Wahrheit und nach dem (praktischen) Nutzen (letzteres ist als τὸ σύμφερον insbesondere ein Ziel der Stoa).

44 Παραλαμβάνω ist terminus technicus für den Traditionsvorgang in denkerischen und religiösen Kontexten, vgl. die Stellensammlung und die Literatur bei H.J. KLAUCK, Herrenmahl und hellenistischer Kult.

Eine religionsgeschichtliche Untersuchung zum ersten Korintherbrief (NTA NF 15), Münster [2]1986, 300-302.

45 Dions Erscheinungsbild (σχῆμα) ist angesprochen, das ihn als Wanderphilosophen ausweist; vgl. die oben schon erwähnte Or 72, die Περὶ τοῦ σχήματος überschrieben ist; ferner Or 32,22: schäbiger Mantel, keine schöne Stimme, etc.; dazu A.J. MALHERBE, Paul and the Popular Philosophers 103f.

46 Was hier negiert wird, ist als παρρησία, „Freimut", ein Ideal der antiken Redekultur, im politischen Bereich und in der Philosophie, wo sich u.a. die Kyniker für ihre oft provozierenden Äußerungen darauf berufen; Russell verweist auf Pseudo-Longinos, De sublimitate 44,4 (das ganze Kap. 44 ist aufschlussreich, weil dort ein *Philosoph* die Redegewalt früherer, republikanischer Zeiten mit dem jetzigen Zustand geistiger Versklavung kontrastiert), und auf Cicero, Att 9,3 (2a),2, wo ἀπαρρησίαστον vorkommt.

47 Dion denkt, nicht ohne Spott, an andere, „echte" Sophisten.

48 Die von G. MUSSIES, Dio Chrysostom and the New Testament 76, konstatierte Nähe zu den Anforderungen der Jesusnachfolge in Mk 10,29 parr ist frappierend. Dort werden um der Nachfolge willen Häuser, Geschwister, Eltern, Kinder und Äcker verlassen (zu den „Gräbern der Vorfahren" bei Dion vgl. das Wort von der Selbstbestattung der Toten in Mt 8,21f. par). Philo von Alexandrien sagt Ähnliches von den Proselyten, die zum Judentum übertreten (SacrAC 129: „Diese haben Kinder, Eltern und Geschwister, Nachbarschaft und Freundschaft hinter sich gelassen, um an Stelle des irdischen das himmlische Erbe zu finden"). Die Gemeinsamkeiten gehen darauf zurück, dass Bekehrung in der Antike im nichtjüdischen und nichtchristlichen Kontext fast immer mit der Hinwendung zur Philosophie in bestimmter Ausprägung verbunden war. „Alles verlassen" kommt im Übrigen auch in militärischen Kontexten vor, vgl. den Empfehlungsbrief eines *beneficiarius* für seinen Laufburschen POxy 32,10-12: „Denn er hat verlassen seine Familie, seinen Besitz und seine Geschäfte und ist mir gefolgt"; weniger deutlich ist die von Russell herangezogene Stelle Pseudo-Demosthenes, Or 11,9.

49 Vgl. A. DERGANC, Textkritische Bemerkungen 8: „nach Babylon" gehört zu „ihnen nachzufolgen", „in Baktra" etc. zu „dort zu bleiben".

50 Ninos galt als Gründer nicht Babylons, sondern der Stadt Ninive; deshalb wird teils mit einer Textverderbnis gerechnet, εἰς τὴν Βαβυλῶνα getilgt und stattdessen ἐν τῇ Νίνου („in der Stadt des Ninos", d.h. Ninive) gelesen, aber dann bleibt Semiramis, die legendäre babylonische Königin mit ihren luxuriösen „hängenden Gärten", funktionslos. Wahrscheinlich nahm Dion es nicht so genau.

51 Auch Zariaspa genannt, Hauptstadt von Baktrien (heute Turkestan), an der Seidenstraße gelegen und daher im Westen bekannt.

52 Hauptstadt des alten Persien; stand zu Dions Zeit unter parthischer Hoheit.

53 Παλιβόθροις (oder Pataliputra) ist eine Korrektur von Geel (1840) für Παλιμβάθροις u.ä. in den Handschriften; es handelt sich um eine

indische Hauptstadt am Ganges mit einer prunkvollen Residenz, wo sich 305 v.Chr. Megasthenes, der ein Werk Τὰ Ἰνδικα schrieb, aufhielt.

54 Der Nachfolgegedanke wird ad absurdum geführt: Diese Lehrer begeben sich, wenn sie reisen, nicht auf entbehrungsreiche Wanderschaft, sondern suchen Plätze auf, die wegen ihrer exotischen Pracht in sagenhaftem Ruf standen; das Geld dafür nehmen sie von ihren Anhänger, s. die nächste Anm.

55 Vgl. den Besitzverzicht in neutestamentlichen Nachfolgetexten, der allerdings den Armen zugute kommt (Mk 10,21 u.ö.).

56 Im Hintergrund dieser Übertreibung steht die Tatsache, dass die Erlangung der εὐδαιμονία erklärtes Ziel aller philosophischen Schulen in hellenistisch-römischer Zeit war. Im Neuen Testament lautet die korrespondierende Verheißung z.B. „... der wird Hundertfältiges dafür erhalten und ewiges Leben ernten" (Mt 19,29) oder „... und du wirst einen Schatz im Himmel haben" (Mt 19,21).

57 Umschreibung der extrem knappen Diktion; wörtlich nur: „sowohl Freiwilligen anvertrauend als auch Unfreiwillige überredend ..."; während der erste Ausdruck sicher die Lehrer meint (vgl. Russell 168: „ἐπιτρέπειν is a standard word for committing people to the care of teachers", mit Belegen aus Platon), bleibt die Frage offen, ob sich „Unfreiwillige" weiterhin auf die Lehrer bezieht (so Cohoon) oder aber auf die Söhne, was hier (mit Elliger) bevorzugt wurde.

58 Zu diesen „asymmetrischen Gegenbegriffen" vgl. V. LOSEMANN, DNP I, 439-443 (mit Lit.); zu ihrem Vorkommen bei Dion N. MÉTHY, Dion Chrysostome et la domination romaine 175; als neuen Beitrag zum „Bild" (im mehrfachen Sinn) der Barbaren jetzt B. BÄBLER, Fleissige Thrakerinnen und wehrhafte Skythen. Nichtgriechen im klassischen Athen und ihre archäologische Hinterlassenschaft (Beiträge zur Altertumskunde 108), Leipzig 1998, hier bes. 3-13 (zur Forschungsgeschichte, mit reichhaltigen Literaturangaben).

59 Zitat aus Hesiod, Op 312, einer wegen ihrer realistischen Wahrnehmung der Wirklichkeit viel diskutierten und auch -kritisierten Stelle.

60 πλοῦτος ἀρετῇ ist von Arnims Konjektur für das unverständliche λόγος ἀρετῇ der Handschriften, das man andernfalls wohl (mit Geel u.a.) in λόγοις ἀρετή verbessern müsste: die Tugend folgt auf die umfassende Bildung; aber Dions eigentliche Pointe geht dann verloren.

61 Der sentenzartige Abschluss legt, indem er das Hesiodzitat adaptiert, noch einmal die treibenden Kräfte hinter diesem Schulbetrieb frei: Auch die Schüler agieren nur um des in Aussicht gestellten künftigen Gewinns willen.

62 Ein erster „Blick" auf die gewaltige Zeusstatue des Pheidias im Tempel zu Olympia, die sonst von einem Vorhang verhüllt, aus Anlass des Festes aber von außen zu sehen war; Dion sprach möglicherweise auf den Tempelstufen.

63 Dion spielt mit der Ironie des falschen Rats.

64 Anspielung auf Dions durch mühevolles Wanderleben geschwächte Gesundheit.

65 Statt ἀλλὰ γὰρ ἀνάγκη (ἐστίν) ... bevorzugte Geel (54: „Locum vexatum") wie jetzt wieder Russell ἀλλ' ἀγαπᾶν ἀνάγκη ..., was noch die Nuance einbringen würde, dass diese Notwendigkeit *gern* akzeptiert wird.

66 ἕωλον (Reiske, statt βῶλον), eigentlich „morgendlich", „übernächtigt", „vom Vorabend übrig"; im Folgenden χήτει („aus Mangel", nur im Dativ gebräuchlich) für δή τι (erneut mit Reiske).

67 Ein weiterer Seitenhieb Dions auf seine Zeitgenossen und Konkurrenten um die Gunst des Publikums. Zum Ganzen vgl. das „Selbstporträt", das Dion in der Alexandrinischen Rede von sich entwirft (Or 32,11): „Aber einen Mann zu finden, der in aller Offenheit klar und ohne Hintergedanken spricht, der nicht um des Ruhmes und Gewinns willen nur so tut, sondern aus Wohlwollen und Fürsorge für die anderen bereit ist, sich notfalls auch auslachen zu lassen und das lärmende Durcheinander der Menge zu ertragen, ist nicht leicht. Es wird nur einer außerordentlich glücklichen Stadt zuteil. So selten sind edle, freigesonnene Menschen, so häufig Schmeichler, Schwindler und Sophisten" (dazu A.J. MALHERBE, Paul and the Popular Philosophers 45f.); ferner Or 38,1 und Or 49,3-14, wo Dion aus Anlass der Ablehnung eines angetragenen Amtes in seiner Heimatstadt vom Philosophen als zuverlässigem politischen Berater handelt und Beispiele dafür gibt.

68 Zu dieser speziellen Technik des Vogelfangs vgl. Aristot., Hist An 9(8),1 (609a 16f.): „... deshalb fangen auch die Vogelfänger mit ihrer Hilfe allerhand kleinere Vögel"; J. POLLARD, Birds in Greek Life and Myth 104.

69 Erneut das gleich in § 14 in vollem Klang orchestrierte sokratische Motiv.

70 Zu dieser Form der „Menschenjagd" und des „Menschenfangs" durch Sophisten vgl. Platon, Soph 223B; Xenophon, Cyneg 13,9: „Denn die Sophisten jagen reiche und junge Leute, die Philosophen aber bieten allen ihre Gesellschaft und Freundschaft an (πᾶσι κοινοὶ καὶ φίλοι)".

71 Eine platonische Reminiszenz, vgl. ἀνεπιστημοσύνη in Platon, Charm 170A/B u.ö. (Russell).

72 Dion wendet sich mit einer vor Ironie triefenden *captatio benevolentiae* an seine Zuhörer, denn im Folgenden unterstellt er ihnen, sie hätten wohl auch der Unkenntnisbehauptung des Sokrates Glauben geschenkt und dessen sophistischen Gegner bewundert.

73 Vgl. Platon, Apol 20C; 23B.

74 Hippias von Elis, Sophist, den zwei platonische Dialoge, *Hippias minor* und *Hippias major* (letzterer in der Echtheit umstritten), im Disput mit Sokrates zeigen; er trat erfolgreich auch in Olympia (nahe bei Elis) auf (vgl. Platon, Hipp min 363C), wie Gorgias, der Dritte in dieser Reihe, was für Dion ein Grund gewesen sein dürfte, gerade diese beiden in seiner Olympischen Rede zu erwähnen.

75 Von Akragas, Schüler des Gorgias und Figur in Platons Dialog *Gorgias*.

76 Von Leontinoi, ca. 480-380 v.Chr., nicht zuletzt finanziell sehr erfolgreicher Redelehrer, der auch als Wanderredner unterwegs war (wie

Dion) und u.a. in Delphi und Olympia (!) sprach; Titelfigur von Platons gleichnamigem Dialog. In seinem „Lobpreis der Helena" hat er u.a. die bezwingende Macht der Redekunst gewürdigt: sie vollbringt „göttliche Taten, vermag sie doch Schrecken zu stillen, Schmerz zu beheben, Freude einzugeben und Rührung zu mehren"; vgl. T. BUCHHEIM, Gorgias von Leontinoi: Reden, Fragmente und Testimonien (PhB 404), Hamburg 1989 (zur Olympischen Rede 74-77; zum Zitat aus der „Helena" 8f.).

77 Dieser Gegensatz wird im Folgenden entfaltet; zur ersten Kategorie gehören Seher- und Redekunst, zur zweiten die sophistische Technik und das Schmeicheln.

78 Vgl. Or 19,4: „So ist es mir also mit den Sophisten und fast mit allen Rednern ergangen ... so bewundere und achte ich auch jeden, der nur einigermaßen reden kann, eben weil ich selbst dazu nicht imstande bin"; Or 33,3.

79 Die systematische Selbstverkleinerung, die Dion hier betreibt und die fast bis zu dem sprichwörtlichen „unaccustomed as I am to public speaking" reicht, hat Methode, vgl. M. CUVIGNY, Discours Bithyniens 79: „... il affecta lui même l'ignorance et essaya de se comporter dans ses entretiens comme autrefois Socrate, qui désormais devint et resta le modèle majeur sur lequel il se régla ... Il continuera à jouer la même comédie après son exil ...". In Or 42,2 gesteht Dion sogar ein, dass seine Hörer dieses Gestus' auch überdrüssig werden können: „Denn niemals habe ich vorgegeben, ein großer Redner oder Denker zu sein oder mehr zu verstehen als die große Menge, vielmehr habe ich gerade auf diesem Punkt bei jeder Gelegenheit bestanden und erst, wenn ich die falschen Erwartungen widerlegt hatte, mit meiner Rede begonnen. Aber viele haben diese Widerlegung für ein Zur-Schau-Stellen gehalten"; dennoch gilt, was M. CUVIGNY, a.a.O. 80, schreibt: „... cette humoristique affectation d'ignorance était particulièrement goûtée. Le public participait de bon coeur au jeu ..."

80 Zum langen Haar und zum Bart als – oft belächeltes – Erkennungsmerkmal des Philosophen bei Dion vgl. Or 34,2; 35,2f.11f.; 47,25; 72,2: „Erblicken sie aber jemanden nur im Übergewand, mit langem Haar und Bart, ist es ihnen unmöglich, in Gegenwart eines solchen Mannes ruhig zu bleiben und still vorbeizugehen. Nein, man tritt auf ihn zu, reizt ihn, macht sich über ihn lustig oder beschimpft ihn, ja manchmal vergreift man sich sogar an ihm und versucht, ihn wegzuschleppen ... Dabei wissen sie doch genau, dass dies die den so genannten Philosophen eigentümliche und gewissermaßen sogar vorgeschriebene Kleidung ist"; Dion selbst soll eine (nicht erhaltene) Lobrede auf das Haar geschrieben haben, und die 21. Diatribe seines römischen Lehrers Musonius Rufus handelt über die Haartracht, vgl. A. JAGU, Musonius Rufus: Entretiens et Fragments (SMGP.KR 5), Hildesheim 1979, 95f.; aus anderer Perspektive, von der Zuhörerschaft her, arbeitet Dion mit diesem Erkennungsmerkmal in Or 36,17. Nachdem die Menge in Olbia am Schwarzen Meer sich für Dions Rede vor dem Zeustempel (!) versammelt hat, heißt es von ihr: „Jedem Philoso-

phen hätte bei diesem Anblick das Herz höher geschlagen. Alle trugen sie nach uralter Sitte langes Haar und einen wallenden Bart, wie Homer die Griechen beschreibt"; vgl. K. TREU, Zur Borysthenitica 150.

81 Homer, Od 1,376; 2,141; gemeint ist mit dieser homerischen Formel, die eine Drohung Telemachs an die Adresse der Freier ankündigt, im jetzigen Kontext das Reden Dions. Das Zitat hat gliedernde Funktion, insofern Dion bislang auf Homerreminiszenzen verzichtet hat, sie ab hier aber häufig einflicht und seine Rede am Ende von § 85 auch mit einem Zitat aus der Odyssee ausklingen lässt, vgl. M. MORTENTHALER, Olympikos 25; zum häufigen Gebrauch dieses Verses Nachweise bei E. WENKEBACH, De Dionis Prusaei elocutione 245f.

82 Mit dem Neutrum von δραστέον und πειρατέον und mit der Pluralform ἡμῖν lenkt Dion von den Angeredeten (ὑμῖν) zu sich selbst und zu dem, was er jetzt tun wird, über.

83 Die Verbesserung von ἀτοπωτέρων in ἀκοπωτέρων („weniger ermüdend", „erfrischender") durch Cohoon ist nicht nur unnötig, sondern sogar geeignet, den Sinn zu verfälschen.

84 Hören und Sehen (im Sinn von „vernehmen" mit der Rede zu verbinden) stehen nicht zufällig nebeneinander, sondern nehmen die frühere Paarbildung auf und führen sie fort (s. Anm. 22, 28).

85 Man beachte die Assonanz von πλανώμενος und ἀλώμενος. In der Sache unternimmt Dion einen eleganten Brückenschlag von seinem scheinbar ungeordneten Redefluss zu seinen unruhigen äußeren Lebensumständen. Das unsystematische Vorgehen ist im Übrigen wieder charakteristisch für das sokratische Philosophieren.

86 Vgl. Or 47,8: „Das sind schlicht die Worte eines Vagabunden und Schwätzers."

87 Ἴστρος, die Donau, bes. in ihrem Unterlauf.

88 Il 13,4f.; Dion hatte ein verloren gegangenes Geschichtswerk Τὰ Γετικά verfasst, vgl. H. HAUPT, Dio Chrysostomus als historiker (sic), hier 398f. Der Umgang mit den Namen ist etwas verwirrend. Von den Römern werden die Geten, wohl ein Teil des thrakischen Volkes, den Dakern zugerechnet. Ihr Siedlungsgebiet lag zwischen der unteren Donau und dem Ostbalkan. Dion bringt sie auf dem Umweg über die Moesi in der bulgarischen Donauebene mit Homers Mysern in Verbindung, die an sich in Kleinasien zu suchen sind. Kaiser Trajan führte zwei Dakerkriege, den ersten 101/02 n.Chr., den zweiten 105/06 n.Chr.; der zweite endete mit der Besetzung des ganzen Gebiets und seiner Umwandlung in eine römische Provinz.

89 Die Manuskripte haben an der Stelle noch folgendes Textstück: ἄλλο δὲ οὐδὲν χρὴ πολυπραγμονεῖν οὐδὲ ἀκούειν οὐδενὸς ἀλλ' ἢ μόνον σάλπιγγος ἱερᾶς καὶ τῶν μακαρίων κηρυγμάτων, ὡς ὅδε μὲν νικᾷ πάλην παίδων, ὅδε δὲ ἀνδρῶν, ὅδε δὲ πυγμήν, ὅδε δὲ παγκράτιον, ὅδε δὲ πένταθλον, ὅδε δὲ στάδιον, ἑνὶ βήματι σχεδὸν εὐδαίμων γενόμενος, αὐτόν τε καὶ τὴν πατρίδα καὶ τὸ σύμπαν ἀποφήνας γένος ἀοίδιμον („Es ist erforderlich, sich um nichts anderes zu kümmern und auf nichts anderes zu hören als auf die heilige Trompete allein und die freudigen Ankündigungen, dass dieser Wettkämpfer

den Ringkampf für Knaben gewonnen hat, ein anderer den für Männer, ein dritter den Allkampf, wieder ein anderer den Fünfkampf, ein anderer schließlich den Wettlauf – mit einem Schlag ist so einer sozusagen glücklich geworden und hat sich selbst, das Vaterland und sein ganzes Geschlecht hochberühmt gemacht“). Der Abschnitt, der wohl an die Erwähnung einer Festgesandtschaft anknüpfen will und Abläufe bei den Olympischen Spielen schildert, passt nicht hierher und wird von den Herausgebern durchweg getilgt; manche bringen ihn in § 25 (nach καὶ λόγων oder ἐνθάδε ἥκοντας) oder in § 26 (am Zitatende nach ἐλέλιξεν Ὄλυμπον [so Emperius] oder am Ende des Paragraphen nach τὰ νῦν) unter.

90 Homer, Il 21,50 (Übers. H. RUPÉ, TuscBü), von dem Priamossohn Lykaon, den Achilles gleich töten wird; dort in der 3. Pers. statt in der 1. Pers., die Dion neu einführt.

91 Das grammatisch harte Satzstück in eckigen Klammern wird teils als Einschub verdächtigt.

92 Anspielung auf Xenophon, An 6,1,8, wo diese Situation im Tanz nachgestellt wird.

93 Oder „von nicht-militärischen Service-Einheiten“, wenn wir die verschiedentlich vorgeschlagene Negation bei πολεμικοί aufnehmen (bei Thukyd. 3,17,3 hat jeder Hoplit einen ὑπηρέτης [„Diener“] bei sich). Dion bietet hier lebendige Schilderung der Zusammensetzung eines größeren Heeres, die, wenn man die weiteren Momentaufnahmen in § 19 hinzunimmt, auf ihre Weise mit der Schilderung des Pfaus in der Einleitung vergleichbar ist.

94 Von Arnim setzt πάντα δὲ ὅπλων in Klammern, Russell verteidigt die Wendung; stilistisch ist das dreifache πανταχοῦ zu beachten, dem bei Beibehaltung dieses Glieds die dreifache Anapher von πάντα entspricht.

95 Geschildert wird vermutlich die Situation zu Beginn von Trajans 2. Dakerkrieg, für den das Heer in Moesien, Dions „Getenland“, Aufstellung nahm, aber das ist, zumal im Blick auf die Datierung der Rede, umstritten (s. die Einleitung); vgl. L. ROSSI, Trajan's Column and the Dacian Wars (Aspects of Greek and Roman Life), London 1971; K. STROBEL, Untersuchungen zu den Dakerkriegen Trajans. Studien zur Geschichte des mittleren und unteren Donauraumes in der Hohen Kaiserzeit (Ant. I/33), Bonn 1984 (zur Bedeutung dieses Unternehmens ebd. 13: „Völlig zu Recht können die beiden großen Eroberungskriege Trajans gegen das wirtschaftlich, politisch und militärisch machtvolle Dakerreich unter seinem fähigen und entschlossenen König Decebalus ... als das größte militärische Unternehmen Roms seit den Schlachten der Bürgerkriege bezeichnet werden“).

96 Dieses Kontrastbild stammt aus Homer, Il 1,11-15: „... weil der Atride den Priester des Gottes hatte beleidigt, Chryses; er war zu den schnellen Schiffen Achaias gekommen, freizukaufen die Tochter, und bot unendliche Buße, hielt in den Händen die Binde des treffenden Phoibos Apollon oben am goldenen Stab ...“; Dion widmet dieser Episode seine Or 61.

97 D.h. die Römer und die Daker respektive. Kritik an der römischen Eroberungspolitik klingt an, was zu Dions prinzipieller Akzeptanz der römischen Dominanz als „kleinerem Übel“ keinen Widerspruch bildet. Vgl. zur Stelle H. SIDEBOTTOM, Philosophers' attitudes 253-256.

98 Dieses Gelübde, dessen Einlösung anscheinend an den Zeustempel in Olympia gebunden war, wird nirgends näher spezifiziert; es könnte, aber das bleibt Vermutung, mit der Beendigung von Dions Exilierung zu tun haben. Auf ein Gelübde, das er in Seenot ablegte, führt Ailios Aristid., Or 43,2, seine Zeusrede zurück: „... ich versprach, einen *Hymnus* zu singen (ὕμνον ἐρεῖν) für Zeus, aber *in Prosa* (ἄνευ μέτρου)“.

99 Das bildet eine Inklusio mit dem Beginn des Abschnitts II, wo Dion bereits sagte: „Ich komme direkt vom Istros ...“; davon eingeschlossen wird der Rückblick auf die Vorgeschichte von Dions Kommen nach Olympia.

100 Vgl. den gegenläufigen Tadel, den Jesus in Mk 8,33 gegenüber Petrus ausspricht: „Du sinnst nicht die Dinge Gottes, sondern die Dinge der Menschen.“

101 Das Göttliche bezieht sich auf die Erfüllung des Gelübdes, das (wichtige) Menschliche auf den bevorstehenden Krieg, dessen Zeuge Dion nun doch nicht werden kann. In diesem § 20 ist ein Kontrast zwischen dem „friedlichen Betrachter“ und seinem faktischen Ziel, dem Zeusheiligtum in Olympia, auf der einen Seite und der hektischen Atmosphäre in einem Heerlager zu Beginn eines Krieges auf der anderen nicht nur angelegt, sondern wird, was Dion angeht, auch schon zugunsten des friedlichen Moments entschieden. Das weist voraus auf die spätere Interpretation, die Pheidias seinem Zeusbild gibt: Mit Absicht hat er nur die menschenfreundlichen, schützenden und gütigen Züge herausgestellt und alles Gewaltsame und Kriegerische, das Zeus bei Homer durchaus anhaftet, ausgeblendet, vgl. § 75-79; dazu P. DESIDERI, Tipologia e varietà di funzione 3940; J.L. MOLES, Dio Chrysostom, Greece, and Rome 182.

102 In der Gerichtsrede hat die *narratio* die Aufgabe, den strittigen Sachverhalt darzulegen, ehe der Redner in die Beweisführung eintritt. In der epideiktischen Rede ist eine *narratio* nicht unbedingt erforderlich, doch erfüllt hier die Themenangabe in § 21-26 eine ähnliche Funktion.

103 Die hymnischen Elemente werden durch die Prädikationen des Zeus in § 22 angedeutet und in § 75ff. entfaltet.

104 Erinnert in der Formulierung an das Odysseezitat am Ende von § 15, zu Beginn des Proömiums.

105 Dürfte sich präzise auf die militärischen Verhältnisse beziehen und nicht nur allgemein auf die Lebensweise. Im Übrigen lässt die potentielle Landesbeschreibung ein festes Schema erkennen, dem Dion wohl in seinen *Getica* folgte.

106 Hesiod, Theog 886: Ζεὺς δὲ θεῶν βασιλεύς ...; vgl. H. SCHWABL, RE Suppl. XV, 1445-1448.

107 Pindar, Pyth 6,23-25: „Am meisten den Kronossohn, den tiefstimmigen Vorsteher (πρύτανιν) von Blitzen und Götterkeilen, unter den Göttern verehren!" (Übers. D. BREMER, TuscBü).

108 Homer, Il 1,544 u.ö.: πατὴρ ἀνδρῶν τε θεῶν τε ...; aufgenommen z.B. von Cicero, Nat Deor 2,64: *pater divomque hominumque*; vgl. H. SCHWABL, RE Suppl. XV, 1009-1013.

109 Anspielung auf Il 4,83f.: „... oder versöhnt nun beide feindlichen Völker Zeus, der dem Menschengeschlechte zum Ordner des Krieges bestellt ist?" und Vorgriff auf den nur noch friedlichen und milden Gott von § 74, vgl. M. MORTENTHALER, Olympikos 33.

110 S. die vorstehenden, ausgewählten Belege; eine ausführlichere Liste von Zeus-Epitheta in § 75f., s. dort.

111 Nur indirekt geschieht sie, weil Dion dafür den Umweg über das längere Zitat aus Hesiod wählt, s. im Folgenden.

112 In § 24 schließt sich die Museninvokation aus dem Eingang von Hesiods *Erga* an. Aber auch Hesiods *Theogonie* schildert in Z. 1-21 die Tätigkeit der Musen, in Z. 22-35 erzählt Hesiod von seiner eigenen Berufung und Inspiration durch sie, in Z. 36-103 fährt er mit einem Hymnus fort und wiederholt in Z. 104-115 ihre Anrufung. Hesiods „Dichterweihe" entwickelt sich in der Folgezeit zum Bezugspunkt für die Reflexion der Dichter und Literaten über ihren eigenen Standort.

113 Bezieht sich auf den Schiffskatalog der Ilias, den Homer in Il 2,484-493 gleichfalls, und das ist der springende Punkt, mit einer Anrufung der Musen einleitet (vgl. die erschöpfende Studie von E. VISSER, Homers Katalog der Schiffe, Stuttgart 1997).

114 Anders Kraut 276, der mit „namenlos" übersetzt und ἀνώνυμοι im Text postuliert, unter Berufung auf Z. 3 im anschließenden Hesiodzitat, aber dort steht eine andere Vokabel.

115 Beim Wettstreit der Dichter kommt diesmal Hesiod besser weg; in Or 2,6-8 hingegen sieht der junge Alexander nur Homers Dichtungen als edel, groß und königlich an, während Hesiod geeignet sei für Hirten, Baumeister und Bauern. Vgl. die Schrift *Certamen Homeri et Hesiodi*, in der Hesiod, der „zu Landbau und Frieden aufruft", über Homer, „der Kriege und Metzeleien darstellt", den Sieg davonträgt; dazu K. HELDMANN, Die Niederlage Homers im Dichterwettstreit mit Hesiod (Hyp. 75), Göttingen 1982 (Zitat 12 und 47; zu Dion bes. 45-53 und 68f.).

116 Hesiod, Op 1-8 (Übers. nach O. SCHÖNBERGER, RecUB).

117 Die in Z. 3-7 mehrfach variierte Umkehrung der Verhältnisse ist ein vielverhandeltes paränetisches Thema, das auch im Alten und Neuen Testament begegnet, vgl. nur 1 Sam 2,4-10; Lk 1,51-53.

118 Seit ca. 570 v.Chr. war die Durchführung der Olympischen Spiele mit den sportlichen Wettkämpfen im Zentrum und musischen Begleitveranstaltungen, über die wir nichts näheres wissen, den Bewohnern von Elis, in deren Gebiet das Tempelareal lag, anvertraut, vgl. Or 31,111. Sie hatten nach der Mitte des 5. Jh. Pheidias mit der Ausführung der Zeusstatue beauftragt.

119 Zu ἔνδοξος vgl. J.J. POLLITT, The Ancient View of Greek Art 167-169.

120 An θρησκεία haben sich schon mehrere Editoren gestoßen, vgl. nur E. WENKEBACH, De Dionis Prusaei elocutione 252f.; vielleicht ist doch Russells Vorschlag, stattdessen θείας (alternativ θεσπεσίας) zu lesen, der Vorzug zu geben; der Satz lautet dann: „... ganz besonders des wahrhaft göttlichen und beseligenden Bildes des Gottes".

121 Näheres über die Statue des Zeus in Olympia, die in allen Listen zu den sieben Weltwundern zählt, in E/III. Hier sei nur verwiesen auf ihre Beschreibung bei Paus. 5,11,1-8, und auf Quintil. 12,10,9: „Pheidias indes gilt eher für die Abbildung von Göttern als von Menschen als der bessere Künstler, in Elfenbeinarbeiten jedoch als weithin ohne Rivalen, selbst wenn er nichts außer der Athene in Athen oder dem olympischen Zeus in Elis geschaffen hätte, dessen Schönheit sogar dem längst eingewurzelten Bild frommer Verehrung noch neue Eindringlichkeit verliehen zu haben scheint (bzw. der überlieferten Form der Religionsausübung noch etwas hinzugefügt zu haben scheint; lat.: *adiecisse aliquid etiam receptae religioni videtur*). So sehr ist die Majestät des Werkes der des Gottes gleichgekommen" (Übers. H. RAHN); ferner Cicero, Orator 2,8f.; Epiktet, Diss 1,6,23. Eine Differenzierung bringt E.I. FAULSTICH, Hellenistische Kultstatuen 83-85, an: die Zeusstatue des Pheidias in Olympia sei ursprünglich ein Weihebild gewesen, das zur Betrachtung in einem Schatzhaus aufgestellt wurde (wie die Athena Parthenos), und kein Kultbild, vor dem man Opfer und Riten vollzog; allerdings hätten die Römer in der frühen Kaiserzeit die Statue als Kultbild und das Gebäude als Tempel angesehen.

122 Von den verschiedenen Belegen für diese Überlieferung ist von der Zeit (erste Hälfte des 1. Jh.n.Chr.) und vom Sitz im Leben (Material für den Unterricht in Rhetorenschulen) her am interessantesten, was Valerius Maximus in seinen „Facta et dicta memorabilia" schreibt; es heißt dort in 3,7, ext. 4: „Auch Pheidias bezog sich treffend auf Homers Verse. Nachdem er sein Bild des olympischen Zeus vollendet hatte, das herrlichste, wunderbarste Kunstwerk, das menschliche Hand je schuf, fragte ihn ein Freund, wohin er denn das Auge seines Geistes gerichtet habe, dass er imstande gewesen sei, das Antlitz des Jupiter gleichsam vom Himmel herabzuholen und in die Züge aus Elfenbein zu bannen. Seine Antwort war, in folgenden Versen habe er Belehrung gefunden ..." (folgt Il 1,528-530); vgl. außerdem z.B. Plutarch, Aem 28,2; s. auch die übernächste Anm.; vgl. noch S. FERRI, Il discorso di Fidia 169f., der aber zu unmittelbar auf den historischen Pheidias zurückschließt.

123 Zum Text dieser Stelle vgl. H. VAN HERWERDEN, Ad Dionem Chrysostomum 76.

124 Il 1,528-530; vgl. zu den schon angeführten Belegen noch Strabo 8,3,30: Der Maler Panainos, ein Neffe und Mitarbeiter des Pheidias, fragt diesen, nach welchem Modell er die Zeusstatue anfertigen wolle, und Pheidias antwortet ihm mit den besagten Versen aus der Ilias; dort aber auch leise Kritik an der Größe der Statue: Zeus, der sitzend

dargestellt war, berührte mit dem Kopf fast die Decke des Tempels, was den Eindruck erweckte, dass, wenn er sich erheben wollte, das Tempeldach in Gefahr geriet.

125 Eine *propositio* (verwandt mit der *partitio*, die eigentlich aus einer Folge von Propositionen besteht), ist die thesenartige Formulierung des Hauptthemas, die nach den Regeln der antiken Rhetorik seltener am Ende des Proömiums, häufiger am Ende der *narratio* steht. Als Hauptaufgabe der anschließenden Durchführung wird hier der Vergleich zwischen Homers Dichtkunst, insbesondere hinsichtlich ihrer religiösen Implikationen, und der Zeusstatue des Pheidias, eine typische Synkrisis also, angekündigt, verbunden mit der vorbereitenden Frage nach der Entstehung menschlicher Gottesvorstellungen überhaupt. Vgl. zur *propositio* R. VOLKMANN, Rhetorik 167f.; H. LAUSBERG, Handbuch § 289: „Die *narratio* ist also parteiisch-vereindringlichende Detaillierung des nüchtern-knapp in der *propositio* Ausdrückbaren".

126 Die in § 25 entwickelte Alternative wäre, sich mit dem bloßen Betrachten zu begnügen, was Dion als philosophisch gestimmter Redner natürlich nicht favorisiert.

127 Der Abschluss mit einem Nominalsatz und τὰ νῦν ist abrupt, so dass teils οὖσιν oder γεγόνασιν ergänzt oder ein Textverlust vermutet wird. Russell fügt hier die in § 17 getilgte Momentaufnahme von den sportlichen Wettkämpfen – als mögliches Kontrastprogramm zum philosophischen Unterricht – an, was nicht recht zu überzeugen vermag. Emperius bringt hier die Zwischenreflexion aus § 43b unter (s. dort).

128 Die religionsphilosophischen und theologischen Ausführungen Dions, die hier einsetzen, werden in der älteren Forschung meist auf Poseidonios von Apameia, den zweiten Hauptvertreter der mittleren Stoa neben Panaitios von Rhodos, zurückgeführt, vgl. bes. H. BINDER, Dio Chrysostomus und Posidonius 13-46; zustimmend aufgenommen von K. REINHARDT in seinen grundlegenden Studien, vgl. nur den großen Poseidonios-Artikel von 1953 aus seiner Feder in RE XXII, 558-826, hier 808-814. W. THEILER, Poseidonios, schreibt § 27-37 und § 60f. der Olympischen Rede ohne weiteres Poseidonios zu (als Frag. 368f.); vgl. I, 291-294; II, 275-287; trotz des gelehrten Aufwandes bleibt aber unsicher und dürfte aufgrund der mangelhaften Quellenlage auch nicht zu klären sein, was an diesen Passagen nur von Poseidonios stammen kann und was einfach allgemein stoisch ist (eine gute Stellensammlung zur Gottesfrage aus stoischem Schrifttum bei A.A. LONG / D.N. SEDLEY, The Hellenistic Philosophers I, 323-333; II, 321-332); außerdem ist der Beitrag, den die Quellensuche für die Interpretation der Rede Dions leistet, gering.

129 Vgl. Platon, Phaedr 246E: ὁ μὲν δὴ ἡγεμὼν ἐν οὐρανῷ Ζεύς.

130 S.o. Anm. 58.

131 Vgl. beispielshalber Cicero, Leg 1,24: „Daher kann man mit Recht sowohl von unserer Verwandtschaft mit den himmlischen Göttern als auch von entsprechender Herkunft und Abstammung sprechen. Des-

halb gibt es unter so vielen Arten kein Lebewesen außer dem Menschen, das irgendeine Kenntnis von Gott hat, und unter den Menschen gibt es kein noch so gesittetes und noch so wildes Volk, das auch dann, wenn es keine Ahnung davon hätte, welchen Gott man haben soll, nicht trotzdem wüsste, dass man einen Gott haben muss“ (Übers. R. NICKEL, TuscBü).

132 Vgl. die Wiedergabe der epikureischen Position bei Cicero, Nat Deor 1,44: „Denn da der Glaube an die Götter durch keine Einrichtung, keine Sitte und kein Gesetz zustande gebracht worden ist und eine ausnahmslose feste Übereinstimmung besteht, muss man notwendigerweise einsehen, dass es Götter gibt, da wir ja uns angeborene, besser gesagt in uns entstandene Vorstellungen von ihnen haben; das aber, worin die Natur aller übereinstimmt, muss notwendig auch wahr sein; folglich muss man die Existenz von Göttern eingestehen“ (Übers. W. GERLACH / K. BAYER, TuscBü); die stoische Position u.a. ebd. 2,13: „Daher steht bei allen Menschen auf der ganzen Welt die Hauptsache fest; allen ist ja angeboren und gleichsam in die Seele eingemeißelt: es gibt Götter“; ähnlich Seneca, Ep 117,6.

133 Anspielung auf den Verdacht, die Religion gehe auf einen geschickten Betrug durch Kultfunktionäre zurück; der „Mystagoge“ führt, wie der Name sagt, die Adepten in die Mysterien ein, begleitet sie durch den Einweihungsritus hindurch.

134 In den Manuskripten steht καὶ χαρᾶς („ohne Täuschung *und* ohne *Freude*“), was kaum Sinn macht (E. WENKEBACH, Die Überlieferung der Schriften 57, ändert deshalb in καὶ φλυαρίας [„*und* ohne *Faselei*“], W. THEILER, Poseidonios I, 291, in γλισχρᾶς [„ohne *kleinlichen* Betrug“]). Übernommen wurde hier Russells κεκράτηκε; das anschließende διά wurde mit Russell beibehalten und nicht wie bei Cohoon durch ἐδήλου ersetzt.

135 Ein schon bei Platon angelegter, dann vor allem in der Stoa ausgearbeiteter Gedanke, vgl. Kleanthes, Zeushymnus Z. 4: ἐκ σοῦ γὰρ γένος ἐσμέν; Aratos, Phainomena 5: τοῦ γὰρ καὶ γένος εἰμέν; zitiert in Apg 17,28.

136 Dass die ersten Generationen den Göttern näher standen, führt Dion auch in Or 30,26f. aus; vgl. Platon, Phileb 16C: „Unsere Vorfahren, von besserer Art als wir und näher bei den Göttern wohnend ...“

137 Vgl. Apg 17,27: „... denn keinem von uns ist er (Gott) fern“; Seneca, Ep 41,1: *prope est a te deus, tecum est, intus est*; Ep 95,47.

138 Das Stück in eckigen Klammern fehlt in einem Teil der Handschriften und ist möglicherweise zu tilgen (so z.B. Kraut 278); auch können die grammatikalischen Beziehungen anders gesehen werden, indem man z.B. „hinsichtlich des Göttlichen“ mit „Verständnis“ zusammen nimmt oder παρά statt περί liest: Einsicht etc. werden *vom* Göttlichen geschenkt.

139 Man denke nur an das „Zunehmen“ und „Abnehmen“ des Mondes.

140 Zum Nebeneinander von Sehen und Hören s. Anm. 22, 28, 84.

141 Der Autor dieser Zeilen ist Redner!

142 Vgl. Gen 1,19f.: Adam gibt den Geschöpfen ihre Namen.

143 Im Hintergrund steht stoische Erkenntnistheorie.

144 Dass Menschen „gesät“ und „gepflanzt“ werden, ist eine zunächst befremdliche Vorstellung, die aber z.B. dem Mythos von den „Spartoi“ (entsprossen aus den von Kadmos in die Erde gesäten Drachenzähnen; fünf von ihnen werden zu Stammvätern der thebanischen Adelsgeschlechter; von Dion erwähnt in Or 4,23) zugrunde liegt; aus dem biblisch-jüdischen Schrifttum vgl. Sach 10,9; Jer 31,27f.; 4 Esr 8,41; äthHen 62,8.

145 Zum ganzen § 29 vgl. Cicero, Nat Deor 2,86 (stoische Position): „Für alles aber, worüber die Natur waltet, ist der Sämann, der Pflanzer und sozusagen der Vater, der Erzieher und Ernährer das Weltall, und es nährt und erhält alles ...“

146 Die Textgestaltung weicht in diesem Paragraphen erheblich von der bei von Arnim ab, der einen Vorschlag seines Lehrers Wilamowitz auf nimmt und πρῶτοι etc. in den Dativ setzt, während hier durchgängig mit den Handschriften der Nominativ beibehalten wird; im Einzelnen vgl. Russell 180.

147 Insgesamt eine plastische Illustration des Diktums von der „Mutter Erde“ (auch der Name der Göttin „De-meter“ wird so erklärt), außerdem eine Schilderung von wahrhaft „paradiesischen“ Zuständen; vgl., auch zu Einzelheiten bei Dion, bes. Lukrez, Rer Nat 5,805-822: „... viel Wärme und Nässe war noch auf den Fluren ... die Natur ließ milchähnlichen Saft aus der Öffnung der Adern fließen ... Darum erhielt die Erde den Namen Mutter und trägt ihn mit Recht ...“

148 Dass Früchte „automatisch“ wachsen und die Erde ohne menschliches Mühen „von selbst“ tätig wird, ist Zeichen des Idealzustands in einer goldenen Zeit des Anfangs oder des Endes, vgl. Hesiod, Op 117f.; Homer, Od 9,108f.; Babrius, Fab Prooem 12; Philo, Op Mund 40-43.80f.167; Sib 1,297; Mk 4,28; dazu B. GATZ, Weltalter, goldene Zeit und sinnverwandte Vorstellungen (Spudasmata 16), Hildesheim 1967.

149 Weil diese Worte ein Metrum aufweisen, vermuten Cohoon u.a. ein Zitat aus einem unbekannten Lyriker; zum Bild Lukrez, Rer Nat 5, 946-951; zur Übers. Kraut 279.

150 Zur Textgestaltung (ἠρτημένοι, ἀρδόμενοι oder πειρώμενοι?) vgl. E. WENKEBACH, Beiträge zur Textkritik 100.

151 Der Vergleich ist so zu vervollständigen: wie kleine Kinder es mit der Muttermilch tun; in § 31 findet er durch Heranziehung eines Neugeborenen seine Fortsetzung. Was ihm letztlich zugrunde liegt, ist die Einstufung der frühesten Phase der Menschheitsgeschichte als „Kindheit“ der Menschen (Russell).

152 Nämlich die feuchte Atemluft anstelle des zuvor ins Spiel gebrachten aufgeleckten Schlamms.

153 „hervorkommt“ o.ä. wäre für ἐκπέσῃ, eigentlich „herausfallen“, wohl zu schwach; vgl. (auch zur Bewertung der Lage eines Neugeborenen überhaupt) Seneca, Ep 102,26: „... auch damals bist du unter großer Anstrengung deiner Mutter ausgetrieben worden (*expulsus es*). Du seufzst, du jammerst: gerade auch dieses Weinen ist eine Verhaltens-

weise des Neugeborenen. ... Als du aus der warmen und weichen Umhüllung des Mutterleibes hinausgeschickt worden warst (*emissum*), wehte dich ein freierer Wind an, dann verletzte dich die Berührung einer harten Hand, noch zart und ohne Kenntnis von der Welt befandest du dich betäubt in unbekannter Umgebung“ (Übers. M. ROSENBACH).

154 Das könnte auch ganz konkret gemeint sein in dem Sinn, dass man Neugeborene auf die Erde legte, um sie mit der Mutter Erde in Kontakt zu bringen.

155 ψύξας (H. VAN HERWERDEN, Ad Dionem Chrysostomum 77) oder περιψύξας (Russell) statt des εἰσψύξας der Codices (dazu G. HIGHET, Lexical Notes 65); die Vorstellung erklärt sich von stoischen Konzeptionen her: die Seele (ψυχή) entsteht bei der Geburt durch Kühlung (ψύχω) des πνεῦμα (als feinste, feuerförmige Materie gedacht) mittels der Luft, vgl. bes. Plutarch, Stoic Rep 41 (1052F-1053D) = SVF II 806; die Etymologie (ψυχή von ψύχω) ist bereits vorstoischen Ursprungs, vgl. ansatzweise Platon, Cratyl 399D; deutlicher Aristot., De anima 1,2 (405b 28); s. L. FRANÇOIS, Essai sur Dion Chrysostome 104f.

156 Die Atemluft ist gemeint; zum Gedanken vgl. Gen 2,7: Gott haucht dem Menschen Lebensodem ein, und dieser wird erst so zu einem lebendigen Wesen; s. auch Philo, Spec Leg 1,388: „... die Luft, deren jedes lebende Wesen bedarf; auch sie ist ein Nährmittel ...“

157 Der Satzteil von ἐπινοοῦντες bis τὸ δαιμόνιον steht in den Manuskripten an dieser Stelle nach πάσχοντες; von Arnim schlägt im Apparat vor, ihn in der Mitte hinter ὑπερβολῆς unterzubringen, während Russell ihn ans Ende des Paragraphen nach διανοεῖσθαι platziert. Immerhin können wir festhalten, dass λογίζεσθαι, διανοεῖσθαι und ἐπινοοῦντες, die dann noch näher beieinander stünden, zur Sprache der Philosophie gehören. Zu ἀγαπᾶν in Verbindung mit δαιμόνιον bemerkt Russell 182 zu Recht, dies sei gebräuchlich im biblisch-jüdischen und christlichen Schrifttum, „but it is striking in a pagan author“; vgl. den Überblick bei T. SÖDING, Das Wortfeld der Liebe im paganen und biblischen Griechisch. Philologische Beobachtungen an der Wurzel ΑΓΑΠ-, in: EThL 68 (1992) 284-330, bes. 296-298. Eine Erklärung für den Befund könnte vielleicht darin zu suchen sein, dass ἀγαπᾶν einerseits zunehmend auch auf familiäre Beziehungen angewendet wird, Dion andererseits gerade (in § 27) das Verhältnis von Göttern und Menschen als Verwandtschaftsrelation bestimmt hatte.

158 Vgl. zu diesem teleologischen Argument z.B. Plutarch, Superst 12 (171A); Apg 14,17; bei Dion u.a. noch Or 40,35-39.

159 Zu warm oder zu kalt bzw. zu feucht oder zu trocken; vgl. Xenophon, Mem 4,3,8f.: „Und dass die Sonne sich nach der Wintersonnenwende wieder nähert und das eine zum Reifen, das andere, dessen Zeit vorüber ist, zum Dörren bringt ... Und dass die Sonne ... sich allmählich nähert, so dass wir fast unbemerkt zu den Extremwerten in beiden Richtungen gelangen ...“

160 Dazu bes. schön Manilius, Astronomica 2,105-108: „Wer will danach noch bezweifeln, dass Mensch und Himmel verwandt sind? Ihn hob Natur heraus und gab ihm die Sprache, den großen Scharfsinn sowie den beflügelten Geist, zu welchem allein sich Gott herablässt, bei welchem er wohnt und sich selbst erforscht sieht" (Übers. W. FELS, RecUB).

161 Beim folgenden Vergleich mit einem Mysterienritual dürften die Mysterien von Eleusis das Leitbild abgeben; zu Details vgl. W. BURKERT, Antike Mysterien. Funktionen und Gehalt, München 1990; H.J. KLAUCK, Die religiöse Umwelt des Urchristentums. I: Stadt- und Hausreligion, Mysterienkulte, Volksglaube (KStTh 9,1), Stuttgart 1995, 84-95. Ähnliche Anwendungen von Mysterienmetaphorik auf die Welt finden sich z.B. bei Plutarch, Tranq An 20 (477C/D): „Der Kosmos ist ein hochheiliger und Gott höchst angemessener Tempel. In ihn wird der Mensch durch Geburt eingeführt ... Da das Leben eine Einweihung in diese Dinge ist und eine vollendete Mysterienfeier..."; mehr individuell ausgerichtet ist Plutarch, Frag. 178 (aus einem Traktat „Über die Seele"; dazu mit näheren Hinweisen H.J. KLAUCK, Plutarch von Chaironeia: Moralphilosophische Schriften [RecUB 2976], Stuttgart 1997, 190-197). Weitere Mysterienvergleiche bei Dion: Or 4,90; 17,5; 36,33-35; 38,38; 45,9; über die Mysterienmetaphorik in der Philosophie informiert sehr gut C. RIEDWEG, Mysterienterminologie bei Platon, Philon und Klemens von Alexandrien (UaLG 26), Berlin 1987. Vgl. zu den Stellen bei Dion schon J. BURCKHARDT, Ueber den Werth des Dio Chrysostomus 105: „Uebrigens sind die betreffenden Aussagen nicht ohne antiquarischen Werth, weil sie uns Einzelnes vom Hergang der Mysterien verrathen ..."

162 παραδούς (teils korrigiert zu παραδοίη, von Russell um εἰσάγοι ergänzt, vgl. zum Text der Stelle überhaupt E. WENKEBACH, Quaestiones Dioneae 29f.), dürfte gewählt sein, weil παραδιδόναι in anderen Bedeutungen (Überliefern von geheimen Formeln und Inhalten) zur Mysterienterminologie gehört, s. H.J. KLAUCK, Herrenmahl (s.o. Anm. 44) 300-302.

163 Die Manuskripte haben in einem Fall οἶκον (P), sonst μῦθον, von den Editoren (z.B. Geel, Emperius) in μυχόν („Versteck", „verborgener Ort im Innern") verbessert, was zum geheimen Charakter des Mysterienrituals passt, doch s. die nächste Anm.

164 Das Telesterion („Weihehaus") in Eleusis fasste ca. 3000 Besucher; wenn daran gedacht ist, trifft οἶκος den Sachverhalt besser als μυχός.

165 Resümee der drei Bestandteile eines Mysterienkults: δρώμενα (was agiert wird, rituelle Tänze z.B.), δεικνύμενα (was vorgezeigt wird, Kultstatuen u.ä.) und λεγόμενα (was gesagt wird, in Form von liturgischen Zurufen und Deuteworten). Zum Nebeneinander von Sehen und Hören s. Anm. 22, 28, 84, 140.

166 In Eleusis schlug zu nächtlicher Stunde aus dem Anaktoron, einem kleinen Gebäude in der Mitte des Telesterions, das man sich als überdimensionalen Herd vorstellen kann, plötzlich eine große Flamme empor und erhellte das Innere. Vgl. Plutarch, Frag. 178 (s. Anm. 161):

„Umherirren und ermüdendes Laufen im Kreis stehen am Anfang, dazu noch ängstliches Gehen im Dunkel ohne Ziel ... Danach aber schimmert dem Wanderer ein wundervolles Licht entgegen ...“; Dion, Or 36,34: die Dichter, die den Mysteriendienern gleichen und sich im Vorraum aufhalten, erleben doch mit, „wie aus dem Dunkel ein Strahl des Feuers bricht“.

167 θρόνωσις (nicht θρονισμός wie hier) bei Platon, Euthydem 277D, von den Mysterien der Korybanten: „... wenn die Priester den Einzuweihenden auf den Thron setzen ... ein Reigen- und Tanzspiel, mit dem sie dich umgeben, um dich im weiteren Verlauf erst der eigentlichen Weihe teilhaftig zu machen“; Θρονισμοὶ μητρῷοι als Buchtitel, bezogen auf den Kult der Magna Mater, bei O. KERN, Orphicorum Fragmenta, Berlin 1922, 298. In Eleusis bzw. im Eleusinion in Athen wurde bei der Einweihung der Initiand mit verhülltem Haupt auf einen fellbedeckten Hocker gesetzt, aber das war nur die erste (wie übrigens auch bei Platon!), nicht die höchste der drei Weihestufen, während bei Dion mit dem Thronismos eher der Höhepunkt gemeint zu sein scheint. Dion geht mit den Versatzstücken aus den Kulten anscheinend recht frei um und arrangiert sie zu einem eigenen, interessegeleiteten Bild. Vgl. schon C.A. LOBECK, Aglaophamus sive de theologiae mysticae Graecorum causis libri tres, Königsberg 1829, Repr. Darmstadt 1968, 116: „Ut cetera Eleusiniis conveniant, certe non convenit initiati θρόνωσις, quam Plato Corybantiis tribuit, Eleusiniis nemo ... Eaque distinctio non tam ad Dionis locum pertinet, in quo communes quaedam utriusque generis notae comparent ...“; zum Text vgl. M. GRAF, In Dionis Prusaensis orationes 30, der statt περιχορεύειν den Optativ περιχορεύοιεν lesen möchte.

168 Zu παθεῖν s. Aristot., Frag. 15 Rose: „Die Mysten sollen nicht etwas lernen (μαθεῖν), sondern etwas erleiden (παθεῖν)“.

169 Zu ὑπονοῆσαι vgl. ὑπόνοια in § 29.

170 An sich waren die Mysterien von Eleusis zunächst nur den Athenern, dann den übrigen Griechen und schließlich auch den Römern zugänglich. Die Einweihung von Fremden blieb lange Zeit eine Ausnahme. Das hat sich zur Zeit Dions bereits geändert. Er unterstreicht diesen Zug zudem besonders stark, weil er bei der Übertragung auf eine Gottheit, die bei dem kosmischen Mysterienspiel (dazu auch Seneca, Ep 90,28) Regie führt, im nächsten Paragraphen eine möglichst universale Sachaussage anzielt.

171 Die Funktionen des „Exegeten“ und des „Hermeneuten“ sind nicht auf Mysterienkulte einzuschränken, sondern haben sogar bevorzugt im Orakelwesen ihren Ort. Das eleusinische Kultpersonal bestand aus Hierophant („der die heiligen Dinge vorzeigt“), Daduchos („Fackelträger“) und Hierokeryx („Herold des Heiligen“).

172 Angesprochen ist das eben schon erwähnte, geräumige Telesterion, das Dion nur deshalb klein und für eine geringe Besucherzahl bestimmt nennen kann, weil er Welt und Menschheit als Kontrast dagegen hält.

173 Der Rundtanz aus dem „Thronismos“ wird damit aufgenommen und angewandt.

174 Vgl. Pseudo-Aristot., De mundo 6 (399a 18-23): „Nach dem Auftakt nämlich, der von oben kommt, von dem wohl treffend so benannten Chorführer, kreisen ewig die Sterne und der ganze Himmel, zieht die alles erleuchtende Sonne ihre doppelte Bahn, indem sie durch Auf- und Niedergang Tag und Nacht scheidet ...“ (Übers. O. SCHÖNBERGER, RecUB).

175 Vgl. Pseudo-Aristot., De mundo 6 (400b 6-9): „Was auf dem Schiff der Steuermann, auf dem Wagen der Lenker, im Reigen der Chorführer, im Staat das Gesetz, im Lager der Feldherr, das ist Gott in der Welt ...“

176 M. MORTENTHALER, Olympikos 56-58, verweist auf weitere, appellativ eingesetzte Tiervergleiche bei Dion in Or 1,19f.; 40,40f. und auf § 51 weiter unten.

177 Die Einbeziehung der Tier- und vor allem auch der Pflanzenwelt in den „teleologischen Gottesbeweis“ baut auf einem allgemeinen Ordnungsdenken auf (vgl. Pseudo-Aristot., De mundo 7 [401a 9f.], von den Pflanzen: „sie alle entstehen, reifen und vergehen im Gehorsam gegen Gottes Satzungen“; Marc Aurel 5,1), folgt dann aber speziell stoischen Denkmustern, die monistisch und pantheistisch angelegt sind, auch wenn Dion gelegentlich – besonders bei den Pflanzen – überakzentuiert: Alles, was existiert, hat in abgestufter Weise Anteil an der Allnatur, wird vom Logos bzw. Pneuma durchwaltet und ist durch das Band der Sympathie miteinander verknüpft. Vgl. Epiktet, Diss 1,14,3-5: „Denn woher kommt es, dass die Pflanzen, jede zur bestimmten Zeit, gleichsam auf Gottes Wink, wenn er spricht, dass sie blühen sollen, Blüten hervorbringen ...? ... Du räumst ein, dass die Pflanzen und unsere Leiber mit dem Ganzen verknüpft seien ...“ (Übers. R. MÜCKE); Simplicius, In Enchiridion Epicteti 95,25ff., der (unter neuplatonischem Einfluss) sogar die Steine mit berücksichtigt: „Von Natur aus wenden sich nicht die Menschen allein, sondern auch die unvernünftigen Lebewesen und die Pflanzen und die Steine und schlechthin alles Seiende, ein jedes nach der ihm eigenen Fähigkeit, dem Gott zu“ (jetzt bei I. HADOT, Simplicius: Commentaire sur le *Manuel* d'Épictète [PhAnt 66], Leiden 1996, als XXXVIII, 172-175); Manilius, Astronomica 2,99-102: „So schließlich heben das Vieh und die stummen Wesen auf Erden, wenn sie auch sich und ihr Lebensgesetz sicher nimmer begreifen, dennoch, indem die Natur sie zum kosmischen Vater zurückruft, hoch ihre Seelen, beachten den Himmel sowie die Gestirne ...“; beliebte Einzelbeispiele: Elefanten verehren Sonne und Mond (Aelian, Nat An 7,44); eine Pflanze, *heliotropium* genannt, bewegt sich mit der Sonne (Plinius d.Ä., Nat Hist 2,109). Trotz aller Verständnishilfen gilt die Einschränkung bei W. THEILER, Die Vorbereitung des Neuplatonismus, Berlin / Zürich [2]1964, 143: nur „paradox übertreibend kann er (Dion) davon sprechen, dass (§ 35) die Tiere auch Gott erkennen und ehren“.

178 SVF II 708-711: Pflanzen sind nicht ἔμψυχα, sie haben nur eine φύσις (im Unterschied zur Theorie des Aristoteles, vgl. 709).

179 Für ὡς δὴ καὶ ταῦτα konjiziert von Arnim ὅμως δὲ καὶ αὐτά.

180 Dass dies bewusst geschähe, wie die personalisierte Sprache nahe legen könnte, ist durch die voranstehende Qualifizierung der Pflanzen als „ohne jede Vorstellung" etc. ausgeschlossen; die rhetorische Übertreibung zielt in der Sache darauf, dass auch die Pflanzen dem göttlichen Weltgesetz folgen.

181 D.h. Zeus, vor dessen Tempel und Statue die Rede gehalten wird.

182 Vgl. zum antiepikureischen Abschnitt P. FORNARO, Dione Crisostomo (12, 35 ss.).

183 Der etwas undurchsichtige Satz, der zu der anschließenden Polemik überleitet, will besagen: An sich sollte es auf Seite der Menschen mangelnde Einsichtsfähigkeit hinsichtlich des Göttlichen nicht geben, vor allem nicht angesichts der vorhandenen Gotteserkenntnis in der Tier- und Pflanzenwelt, aber das erweist sich als rückwärts gewandtes Wunschdenken, wenn man sich Inhalte und Attraktivität der epikureischen Philosophie näher ansieht.

184 Die Epikureer mit ihrem Weisheitsideal sind anvisiert, die in der Antike teils als Atheisten galten. Tatsächlich haben sie seit Epikur an der bloßen Existenz von Göttern festgehalten, diese aber streng von der Menschenwelt geschieden und in fernen Intermundien lokalisiert; vgl. nur D. OBBINK, The Atheism of Epicurus, in: GRBS 30 (1989) 187-223. Die Stoa sah durch Epikur und seine Schule vor allem die für sie zentrale Lehre von der göttlichen Vorsehung bedroht und reagierte entsprechend allergisch, hier ordnet sich Dions Attacke ein; vgl. zu ihr L. FRANÇOIS, Essai sur Dion Chrysostome 96-98.

185 Homer, Od 12,173-177; bei Dion auch in Or 33,41 verwendet.

186 Zu beachten ist wiederum das Nebeneinander von Ohren und Augen, Hören und Sehen; vgl. Anm. 165 (mit den dortigen Rückverweisen).

187 Homer, Il 5,126f. (Athena zu Diomedes): „Auch das Dunkel entfernt' ich den Augen dir, welches sie deckte, dass du sowohl den Gott wie den sterblichen Menschen erkennest"; Il 14,342f.: Zeus umgibt Hera und sich für eine Liebesnacht im Freien mit goldenen Wolken; vgl. Dion, Or 11,21.

188 Das ἄλυπον („unbekümmert") der Codices klingt für den Kontext zu positiv. Übersetzt wurde die Konjektur ἄτοπον; Russell denkt außerdem an ἀνόσιον („unheilig).

189 Vgl. Epikur, Menoec 128: „Darum nennen wir auch die Lust Anfang und Ende des gelungenen Lebens"; doch definiert Epikur diese „Lust" näherhin als Abwesenheit von Schmerz; Dion kolportiert hier eine verzerrte, aber verbreitete, teils verständliche, teils böswillige Wahrnehmung der Lustlehre Epikurs; s. auch Or 4,101f.

190 Russell bevorzugt für ἢ ψόφοις die Partizipialform ὑποψοφοῦσι (Übers. dann: „mit laut lärmenden Zimbeln und nächtlich gespielten Flöten").

191 Die Polemik besteht im Schlusssatz darin, dass Dion die Philosophenschule als einen orgiastischen Kult- und Mysterienverein orientali-

scher Gottheiten mit ihren spezifischen Musikinstrumenten und ihren nächtlichen Feiern karikiert; vgl. Dion, Or 4,112f.

192 Auf die berüchtigte Kykladeninsel Gyara wurde z.B. Musonius Rufus, der Lehrer Dions, von Kaiser Nero verbannt, vgl. Philostratos, Vit Ap 7,16.

193 Dieser Paragraph gibt die epikureische Position im Wesentlichen zutreffend, wenn auch aus feindseliger Perspektive wieder (vgl. nur das Selbstreferat des Velleius bei Cicero, Nat Deor 1,18-56). Die Existenz der Götter in Zwischenwelten ist richtig getroffen (vgl. Cicero, Divin 2,40: „... denn Epikur hat die Götter selbst, zum Scherz, so eingeführt, ... als wohnten sie ... zwischen zwei Welten, aus Furcht vor dem Untergang"), ebenso die Leugnung jeder Vorsehung und planvollen Lenkung der Welt (vgl. die Kritik bei Cicero, Nat Deor 1,121: „Epikur aber hat jedes religiöse Gefühl mit Stumpf und Stil aus den Herzen der Menschen herausgerissen, als er den unsterblichen Göttern Hilfsbereitschaft und liebevolle Zuneigung absprach"). Dass man die Dinge im Kreis der Anhänger Epikurs ganz anderes wertete, zeigt z.B. der Lobpreis Epikurs in den Proömien zu den einzelnen Büchern von Lukrez, Rer Nat.

194 Vgl. die ähnliche Zwischenreflexion in § 16. Mit der Wegmetaphorik, fortgesetzt auch weiter unten durch die „Kurskorrektur" der Steuerleute, will Dion nach dem anti-epikureischen Ausfall wieder zur Frage der Gotteserkenntnis zurückfinden. Vgl. ähnlich, aber wiederum auf den spezifischen Kontext bezogen (im ersten Teil der Rede tritt ein Jäger auf), Or 7,129: „Wenn wir es in diesem Punkt wie die Jäger machen, werden wir wahrscheinlich nicht fehlgehen: Wenn sie eine erste Spur aufgenommen haben und beim Verfolgen der Spur auf eine zweite, deutlichere und frischere stoßen, dann folgen sie dieser, ohne sich zu bedenken, und kehren, haben sie ihren Fang gemacht, zur ersten zurück."

195 Platon, Theaet 172D/E: „Die andern reden immer unter Zeitdruck – denn das abrinnende Wasser drängt sie –, und sie können sich nicht ihre Themen nach eigenen Wünschen aussuchen, sondern der Gegner steht daneben und übt Zwang auf sie aus. Denn man muss sich streng an den vorgegebenen Aufriss der Punkte halten ..." (Übers. E. MARTENS, RecUB). Die Wasseruhr diente der Zumessung der Redezeit, die für jedes Plädoyer vor Gericht zugestanden wurde, vgl. die Beschreibung bei Aristot., Resp Athen 67,2-4. Dion gibt damit auch zu verstehen, dass er keine dikanische, sondern eine epideiktische Rede hält.

196 Cicero, Nat Deor 2,12: „Daher steht bei allen Menschen auf der ganzen Welt die Hauptsache fest: Allen ist ja angeboren und gleichsam in die Seele eingemeißelt: Es gibt Götter."

197 Auch in § 27f. spricht Dion nicht nur von der angeborenen Idee, sondern auch von den vielen äußeren Zeugnissen in der Natur, die hinzu kommen. Die angeborene Idee ist also mehr zu verstehen als inhaltsleere Fähigkeit zur Begriffsbildung, die erst in der Interaktion mit den realen Begebenheiten zur Vorstellung von einem göttlichen Wesen in,

hinter und über allem führt. Der Begriff ὑπόληψις, den Dion hier wählt, erinnert nicht zufällig an die πρόληψις, einen philosophischen Fachterminus für Vorbegriffe, die bei der Strukturierung der Erfahrungswelt eingesetzt werden, vgl. in unserem Zusammenhang Cicero, Nat Deor 1,43: „Denn wo gibt es ein Volk oder eine Menschenart, die nicht auch ohne eine Belehrung einen bestimmten Vorbegriff (*anticipationem*) von den Göttern besäße, den Epikur ‚Prolepsis', d.h. eine bestimmte, in der Seele vorauserfasste Vorstellung von einer Sache nennt."

198 Man beachte die Kongruenz von ἀέανον und πηγήν (Russell).

199 Vgl. Cicero, Leg 1,24: „Unter den Menschen gibt es kein noch so gesittetes und noch so wildes Volk, das auch dann, wenn es keine Ahnung davon hätte, welchen Gott man haben sollte, nicht trotzdem wüsste, dass man einen Gott haben muss."

200 Vgl. die „angeborene Begierde" und die „erworbene Meinung" bei Platon, Phaedr 237D.

201 Statt δι' ἑτέρων (eine Konjektur für das δι' οὐδετέρων der Manuskripte) hat Cohoon καὶ δὴ οὐκ ἑτέρως.

202 Alle Manuskripte außer M haben das ἤ, das von Arnim tilgt.

203 Wahrscheinlich stecken hinter dieser Trias die Philosophie (Logos), die Dichtung (Mythos) und die Gesetzgebung (Ethos) als die drei Größen der *theologia tripertita*, deren Umrisse noch deutlicher zutage treten werden; dass das Gesetz (Nomos) auch durch das Brauchtum (Ethos) vertreten werden kann, verwundert nicht, und die Unterscheidung der beiden Größen in Or 75 (Περὶ νόμου) und Or 76 (Περὶ ἔθους) ist keine Gegeninstanz, da Dion Eigenschaften des Ethos aus Or 76 einerseits dem Nomos, andererseits aber auch dem Mythos zuweist, vgl. M. MORTHENTHALER, Olympikos 65-67; zu Or 75 und 76 vgl. R. ANASTASI, Ethos e Nomos.

204 κυρίους dürfte hier gewählt sein wegen der Korrespondenz zu ἀδεσπότοις. Die innere Position in diesem Chiasmus nehmen ἀγράφοις und ἐγγράφοις ein, die an die Tradition vom ungeschriebenen Gesetz im Kontrast zum positiven Recht anknüpfen.

205 Nach Seneca, Ep 94,38, hat Poseidonios gelehrt: ein Gesetz „befehle, es erörtere nicht"; vgl. W. THEILER, Poseidonios II, 394.

206 Russell liest τὰ μέν statt τῶν μέν und gibt dem Schlusssatz folgenden Sinn: In manchen Punkten legten die Dichter und Gesetzgeber gemeinsam richtig aus, in anderen Punkten gingen sie gemeinsam in die Irre. Doch kann man andererseits mit M. MORTENTHALER, Olympikos 63, auf Dions Borysthenitische Rede verweisen, wo im Mysterienvergleich den alten Dichtern die Rolle von Dienern, die draußen stehen und gelegentlich einen Blick ins Innere erhaschen oder einen Laut vernehmen, zugestanden wird; Homer und Hesiod gewinnen dadurch teils Einblicke in die Wahrheit, andere, spätere Dichter nicht (Or 36,32-38). Wieder anders seinerzeit Geel 82f., der [ποιητῶν καὶ νομοθετῶν] in Klammern setzte und die Übereinstimmung mit der Wahrheit den Gesetzgebern, die Verirrung den Dichtern zuwies.

207 Im Griechischen feminine Dualformen.

208 Das ποιητικόν der Handschriften ist durch πειστικόν oder παραμυθητικόν (Russell) zu ersetzen.

209 Faktisch hatten (vgl. Herodot 2,53,2) Dichter wie Hesiod und Homer an der Ausgestaltung des griechischen Götterhimmels größeren Anteil als Gesetzgeber wie Solon etwa (anders in Israel, wo der Gottesglaube vom Gesetzgeber Mose wesentlich befördert wurde). Mit Überredung, zwanglosem Zuspruch etc. ist die narrative Form der mythischen Dichtung angesprochen, die eingängiger ist und damit menschenfreundlicher als trockene Gesetzesparagraphen.

210 κοινωνοῦντες τῆς Ἑλλάδος ist im Deutschen nur schwer wiederzugeben, da zwei Gesichtspunkte darin komprimiert sind: a) das Teilhaben an Griechenland, seiner Kultur, seinem geistigen Erbe, besonders auch seiner Sprache, b) die gemeinschaftliche Verbundenheit derer, die dieses Privileg genießen, untereinander. Stich 41 übersetzt schwungvoll, aber sehr frei: „so weit die griechische Zunge klingt".

211 πατρῷος heißt eigentlich „von den Vätern ererbt", enthält also das Moment, dass dieser Gott als Stammes- und Familiengott von den früheren Generationen überkommen ist und das ererbte Recht schützt. Nach Platon, Euthyd 302C, kamen Attribut und Funktion in Athen zunächst Apollon als Stammvater des Volkes zu und nicht Zeus, der stattdessen als „Schirmherr des Hauses" definiert wird. Dion hat πατρῷος, bezogen auf Zeus, aber eher im Sinn des homerischen Epithetons „*Vater* der Götter und Menschen" verstanden.

212 Das Neutrum unterstreicht die Allgemeingültigkeit dieser Sentenz. Vgl. das Gebot der Elternehrung im biblischen Bereich und Plutarch, Frat Am 4 (479F): „... dass die Natur und das Gesetz, das die Vorgaben der Natur aufbewahrt, nächst den Göttern den Eltern die vornehmsten und größten Ehren zuerkennt, und es gibt nichts, was Menschen tun könnten, das den Göttern willkommener wäre, als wenn sie ihren Erzeugern und Ernährern ‚alte Wohltaten, in jungen Jahren als Darlehen empfangen', freudig und bereitwillig zurückzahlen" (mit Zitat aus Platon, Leg X 717B/C; Übers. H.J. KLAUCK, RecUB); reiches kulturgeschichtliches Material zur Elternehrung bei R. BOHLEN, Die Ehrung der Eltern bei Ben Sira. Studien zur Motivation und Interpretation eines familienethischen Grundwertes in frühhellenistischer Zeit (TThSt 51), Trier 1991.

213 D.h. für die Ehrung und den Dank gegenüber den Eltern; es verhält sich damit wie mit der Gotteserkenntnis selbst: Erst kommt die Natur, genauer die angeborene und in Interaktion mit Primärerfahrungen ausgebildete Haltung, dann treten verstärkend vermittelnde Instanzen wie Dichtkunst und Gesetz hinzu. Entsprechende Aussagen aus Schriftstellern (Hesiod z.B.) und Gesetzeskorpora („Zehn Gebote") sind bei Bohlen (s. die vorige Anm.) gesammelt.

214 Dion reflektiert damit die Grenzen positiven Rechts, das keine Begründung mitliefert; vgl. Anm. 205.

215 Versuch einer Wiedergabe des in eckigen Klammern stehenden, wohl korrupten Satzes, von dem Russell 74 lakonisch bemerkt: „nondum sanata", vgl. Geel 83: „Aliena sententia ... scholium, quod paulum ab-

erravit“. Dass die Dichter bei dieser Deutung besser wegkommen, korrespondiert mit dem relativen Vorsprung, der ihnen auch in § 40 zugestanden wird. Man könnte aber auch so übersetzen bzw. im Text ändern: „Auch in den Erzählungen und Mythen über die Götter werden diese beiden Postulate *nicht* wesentlich besser eingelöst“; dann liefe der Absatz darauf hinaus, die Notwendigkeit der ersten, angeborenen Erfahrung gegen alle späteren Vermittlungen erneut zu unterstreichen.

216 Zwischen ἧττον und οἷς μέλει vermutet von Arnim eine Lücke, die etwa so aufzufüllen wäre: ὅθεν καὶ πολλοὶ τῶν σοφιστῶν („... woher auch viele der Sophisten [rühren], die nur interessiert sind an ...“).

217 D.h. die Länge der Rede, nicht ihr korrekter und wirkungsvoller Aufbau; alternativ könnte mit πλήθους die Menge der Zuhörer gemeint sein.

218 Erhellend ist zu dieser sprichwörtlichen Wendung der Querverweis bei Russell auf Aulus Gellius 1,9,8: „Heutzutage geht es sogar so weit, dass diejenigen, welchen es plötzlich einfällt, ungewaschenen Fußes sich zu den Philosophen zu wenden, in der Hinsicht ohne Ziel und Plan, ohne wissenschaftliche Vorbildung sind“; in der Sache stehen die „ungewaschenen Füße“, die semantisch übrigens mit dem folgenden Verb δι-εξ-ίασι („hindurch gehen“) kompatibel sind, für die fehlende Vorbereitung; Hintergrund bildet das Gastmahl, an dem man nicht ohne vorheriges Waschen der Füße teilnahm, vgl. Lk 7, 44; Joh 13,5.

219 Zu Macht und Gefährlichkeit der Zunge vgl. Spr 18,21: „Tod und Leben stehen in der Gewalt der Zunge“; Sir 28,11-26 u.ö.; Jak 3,1-12.

220 Dion hat also nicht unbedingt das „gemeine Volk“ als primären Adressaten im Auge, sondern verbündet sich mit den Vertretern der Bildungsschicht unter seinen Zuhörern.

221 Zu den Doppelkomposita συν-εξ-ανύειν und συν-εκ-πονεῖν zieht Russell selbst die σύν-Komposita bei Paulus heran; er nennt Röm 8,22; vgl. auch Röm 6,4.6.8.

222 Dieser Abschnitt § 43b ist für sich betrachtet nicht so problematisch. Er setzt die Zwischenbemerkungen über Irrwege und Umwege oder, mit einem Bild, über das „Mäandern“ der Rede und des Gedankengangs aus §16 und § 38 fort, und er vertieft sie noch durch eine Metareflexion über Zusammensetzung und Verhalten des Publikums sowie über die Praxis anderer, minderwertiger Redner. Seine Positionierung und seine Länge wirken dennoch etwas befremdlich; deswegen hat Emperius den Absatz ans Ende von § 26, zur *propositio* also, versetzt. Verteidigt wird die jetzige Stellung (mit leichten Abstrichen) von H. VAN HERWERDEN, Observationes 141.

223 Zur Textgestaltung: In diesem Paragraphen wird <τοῦ> von Russell, <εἴτε> über Cohoon, Russell u.a. von Capps übernommen; beide Ergänzungen sind von Stilistik und Sinn her gefordert.

224 Die Wertung der σκιαγραφία ist aus Platon, Crit 107C/D, übernommen (wir begnügen uns „mit einem ungenauen und täuschenden Schattenbild“), wo sie überdies in Kontext auch auf die Erkenntnis-

problematik übertragen wird. In der Spätantike wurde σκιαγραφία mit σκηνογραφία, der Bühnendekoration, identifiziert (so für unsere Stelle A.S. FERGUSON, *Or.* XII. 44, mit etwas anderer Textgestaltung). Vgl. zu unserer Passage, vor allem zur Schattenmalerei und dem Gegenstück, der Genauigkeit, J.J. POLLITT, The Ancient View of Greek Art 117-125.247-254; in den größeren Rahmen des Vergleichs zwischen Literatur und bildender Kunst hinsichtlich ihres Realitäts- und ihres Fiktionalitätsgehalts stellt Dions Distinktionen W. TRIMPI, Muses of One Mind 155-163.

225 Vgl. Quintil. 12,10,4, in dem Abschnitt über die bildenden Künste, wo auch weitere von den Namen, die Dion in § 45 nennt, auftauchen: „Der erstere (Zeuxis) soll die Technik von Licht- und Schattengebung erfunden, der zweite (Parrhasios) die Linienführung verfeinert haben".

226 Dieser Gedanke, dass das Endprodukt schon im Holzklotz oder Steinblock steckt und der Künstler sozusagen nur seine Freilegung vornimmt, auch bei Cicero, Divin 2,48: „Eben sie (die Häupter von Figuren) entstehen doch durch Wegmeißeln, und es wird an ihnen nichts hinzugefügt; vielmehr erkennt man dann, wenn viel weggemeißelt ist und die Gesichtszüge hervortreten, dass im Innern vorhanden gewesen sein muss, was jetzt kunstvoll ausgebildet ist" (Übers. C. SCHÄUBLIN, TuscBü).

227 Nicht so sehr als Verbessern von Fehlern gedacht, sondern mehr als Veränderungen am ursprünglichen Vorhaben; vom biblischen Griechisch her ist der profane Gebrauch von μετάνοια an dieser Stelle auffallend.

228 Auch diese Auffächerung des ganzen Gebietes der darstellenden Kunst nach verwendeten Materialien und Techniken in sechs Gruppen durch eine Liste mit kommentierenden Zwischenbemerkungen, die für Abwechslung sorgen, darf als rhetorische Glanzleistung gelten.

229 Bildhauer aus Athen oder Lemnos, Schüler des Pheidias, noch Ende des 5. Jh.v.Chr. tätig; Schöpfer zahlreicher athenischer Götterbilder. Bei Quintil. 12,10,8 in einem Atemzug mit Pheidias genannt.

230 Von mehreren Namensträgern ist sicher Polykleitos aus Argos gemeint, ca. 450-410 v.Chr. tätig, bes. als Erzgießer einer der berühmtesten antiken Bildhauer; erwähnt sei auch sein Goldelfenbeinbild der Hera in ihrem Tempel zu Argos; als seine Spezialität galt aber die Darstellung von Menschen. Von ihm sagt Plinius d.Ä., Nat Hist 34,55: *solusque hominum artem ipsam fecisse artis opere iudicatur* („von ihm als einzigem Menschen wird gesagt, er habe die Kunst selbst durch ein Kunstwerk dargestellt", nämlich durch eine Statue, die als modellhaft galt).

231 Hier wohl Aglaophon der Ältere aus Thasos, ca. 6./5. Jh.v.Chr.; wird als Vater und Lehrer des Polygnotos angesehen; beide zusammen werden auch bei Quintil. 12,10,3 als Vertreter archaischer Kunst genannt, die nach wie vor „aus einem etwas eigenartigen Kennerehrgeiz, wie mir scheint" ihre Liebhaber finden.

232 Sohn des Aglaophon, gleichfalls aus Thasos, arbeitete zwischen 480 und 440 v.Chr.; hauptsächlich Maler. Er versah z.B. die Stoa Poikile

in Athen mit mythologischen Szenen (nach Plinius d.Ä., Nat Hist 35,59, tat er es unentgeltlich).

233 Maler aus Herakleia, Schaffensperiode ca. 435-390 v.Chr.; zu ihm ausführlich Plinius d.Ä., Nat Hist 35,61-66.

234 Mit sprechendem Namen („kunstreich“); sagenhafter Ahnherr der athenischen Handwerker und Künstler, vielleicht aus Kreta, wo jedenfalls ein Teil der ihn betreffenden Mythen angesiedelt ist; noch Paus. 9,40,3 zählt eine Reihe von Holzstatuen auf, die er ihm zuschreibt. In der Siebener-Liste bei Dion wird Daidalos nicht nur durch Schlussstellung und Zeitangabe hervorgehoben, sondern auch durch den bestimmten Artikel, der bei den anderen fehlt.

235 Evtl. ist für diese Übers. αὑτούς statt αὐτούς zu lesen (Russell).

236 Unwillkürlich fühlt man sich an Sokrates erinnert, dem gerade dies, religiöse Innovationen vorzunehmen (Platon, Apol 24B: er führe anstelle der hergebrachten Götter der Polis δαιμόνια καινά ein), zum Vorwurf gemacht wurde. Die Gefahr eines Asebie-Prozesses ist auch schon im vorigen Paragraphen mit den „darauf ausgesetzten Strafen“ angesprochen.

237 συνηγορέω bedeutet auch „Verteidiger, Anwalt, Fürsprecher (συνήγορος) sein“.

238 Die Parallelführung von Hören und Sehen, die sich bisher schon durchhielt (vgl. § 5; § 16; § 28; § 33; Anm. 186 mit den Rückverweisen), wird hier auf ihren Kernpunkt zurückgeführt. Auch die Verben werden mit Absicht verschränkt: ἐπιδεικνύντες passt besser zu δι᾿ ὄψεως als zu δι᾿ ἀκοῆς, bei ἐξηγούμενοι liegen die Dinge genau umgekehrt. Ziel ist der Aufweis der Analogie von Sprachkunst und bildender Kunst: Auch Dichter und Redner „malen“ mit Worten, und Maler und Bildhauer setzen oft Texte um. Vgl. die berühmte Horazstelle: *ut pictura poiesis* (Ars poetica 361); ferner das dem Simonides (6. Jh.v.Chr.) zugeschriebene Diktum: „Ein Gedicht ist ein sprechendes Gemälde, ein Gemälde ein stummes Gedicht“, hier zitiert nach Rhet ad Her 4,39; vgl. Plutarch, Aud Poet 3 (17F/18A) u.ö.; vgl. auch Gal 3,1.

239 Das will sagen: Auch wer nie zu einer Buchrolle greifen oder einem Vortrag folgen wird, und das dürfte die Mehrzahl sein, hat doch täglich Götterstatuen vor Augen, ob er will oder nicht.

240 Die drei Adjektive im Genitiv des Femininums schließen grammatikalisch nirgendwo wirklich an und sind evtl. zu tilgen, wenn nicht die bei de Budé im Apparat verzeichnete Ergänzung Reiskes <τοῖς ἐκ> weiterhilft.

241 Bei dieser Zählung der Philosophie als vierter Quelle anstatt als fünfter bleibt die erste, naturgegebene Quelle ausgeblendet; man darf sich also durch die unterschiedlichen Zählungen nicht zu sehr irritieren lassen.

242 Damit hat Dion das Schema der *theologia tripertita* zweckgebunden auf fünf Glieder (in der Anordnung 1 [angeborene Idee] + 4 [Poesie, Recht, Kunst, Philosophie]) erweitert; das Zustandekommen dieser

Anordnung lässt sich erklären, s. E/II.1; richtig urteilt in Bezug auf die Fünfzahl bereits C. EHEMANN, Die XII. Rede 7.

243 Die Manuskripte haben ἢ λόγων, sicher eine Korruptel. Russell hält keinen von den Verbesserungsvorschlägen für überzeugend. Er transferiert λόγων versuchsweise nach vorn und schlägt als Möglichkeit vor: ἔχειν <τῶν> ὑπὲρ αὐτῶν λόγων, λέγω ..., was die sinngemäß sowieso angesprochene Götter*lehre* auch sprachlich zum Ausdruck bringt.

244 ἐξηγητής und προφήτης sind religiös besetzte Titel; sie finden z.B. im Orakelwesen Verwendung, wo nach Platon, Tim 71E/72B, die Propheten zu „Richtern über die gottbegeisterten Weissagungen" und zu „Dolmetschern der rätselvollen Stimme und Erscheinung", d.h. dessen, was die Seher (μάντεις) verkünden, bestellt werden; in diesem Verbund konnte auch Exegeten die Aufgabe des Erklärens und Deutens der Orakel- und Prophetensprüche zufallen.

245 In seiner vierten Rede diskutiert im 2. Jh.n.Chr. auch der Neuplatoniker Maximos von Tyros (zu ihm s. auch Anm. 271) das Verhältnis von Dichtkunst und Philosophie in Bezug auf die Gotteserkenntnis und nimmt bei prinzipieller Gleichstellung beider Größen nur eine zeitliche Verschiebung an: „Denn was ist die Dichtkunst anders als Philosophie, alt an Zeit, metrisch in der Wortfügung, mythologisch im Ausdruck? Und was ist die Philosophie anders als Dichtkunst, jünger an Zeit, ungebundener in der Wortfügung, klarer im Ausdruck?" (Or 4,1); vgl. auch seine Or 26 über Homer als Philosophen.

246 Hinweis auf die beschränkte Redezeit, die auch mit den vielen Beschäftigungsmöglichkeiten beim großen Fest zusammenhängt.

247 ἤ statt τε mit Wilamowitz.

248 Das Programm wird so nicht durchgeführt. Es fehlt im Folgenden dem ersten Augenschein nach die Philosophie, und die Dichtung kommt nur in der Homerrezeption des Pheidias zur Geltung. Aber dies dürfte Absicht sein, denn in der künstlichen Brechung wird aus dem Blickwinkel des „Pheidias" in der Sache nicht nur die Synkrisis zwischen Poesie und Kunst durchgeführt, sondern „Pheidias" erweist sich, je länger je mehr, auch als Träger des philosophischen Gedankenguts, vgl. I. CHIRASSI, Il significato religioso 281: „egli, filosofo ed artista insieme"; außerdem versteht sich der Urheber der ganzen Rede, Dion, als Vertreter der Philosophie, die somit immer präsent ist.

249 τοιγαροῦν („daher also") ergibt keine logische Verbindung; der ganze Rest des Paragraphen ist schwer durchschaubar, so dass sich der Verdacht auf tiefergehende Textverderbnis nahe legt.

250 Am ehesten dürfte Dion dabei an die Explikation der ersten, angeborenen Idee denken.

251 Hier fällt das Wort σύγκρισις, die technische Bezeichnung für das, was Dion mit Bezug auf Künstler und Dichter im Text durchführt; aus der Situation heraus kommt es, genau wie im Folgenden angedeutet, zugleich zu einer verdeckten Synkrisis zwischen Philosophie einerseits und Poesie und Kunst andererseits, in der die Philosophie, vertre-

ten durch Dion, trotz der Beeinflussung der Hörer durch den Anblick der Zeusstatue den Sieg davonträgt; s. auch die nächste Anm.

252 Sollte dies der Grund dafür sein, dass vom Philosophen nicht weiter gesprochen wird? Aber Text und Übersetzung sind unsicher; von Arnim z.B. schiebt zwischen εἰ und πρὸς σύγκρισιν ein μή ein. Vgl. zur Stelle M. MORTENTHALER, Olympikos 70f., die den Satz so versteht: Der Philosoph kann im folgenden Vergleich in den Hintergrund treten, weil sich in der philosophisch grundierten Interpretation, die Pheidias für seine Zeusstatue bietet, sein Standpunkt als der richtige durchsetzt.

253 Wegen ihres besonderen Gewichts und ihrer Länge gliedern wir die Verteidigungsrede des Pheidias als eigenen Punkt V aus der Darstellung seines „Prozesses" aus.

254 Zum Attribut σεμνός hier sowie in § 74 und § 77 s. J.J. POLLITT, The Ancient View of Greek Art 233-236.

255 Die imaginierte Gerichtsverhandlung im Folgenden spielt auf eine Episode oder sogar auf zwei Episoden von unterschiedlicher Zuverlässigkeit an, die in die Überlieferung über Pheidias Eingang gefunden haben. Gesichert ist, dass Pheidias in Athen vor Gericht gestellt wurde, weil er sich, so der Vorwurf eines Mitarbeiters, durch Unterschlagung von Gold, das für die Statue der Athena Parthenos auf der Akropolis bestimmt war, bereichert habe. Ob das von Anfang an aus politischen Gründen geschah, um letztlich den Auftraggeber Perikles zu treffen, oder ob an dem Vorwurf etwas dran war und die politische Thematik erst später zur Entlastung des Künstlers damit verbunden wurde, ist schwer zu entscheiden; vgl. Plutarch, Pericl 31,2f., mit dem Kommentar von P.A. STADTER, Plutarch's Pericles (s. Anm. 37) 284-297; Philochoros FGH 328 F 121, mit Jacobys ausführlichem und gründlichen Kommentar (IIIb [Supplement] / I, 484-496; IIIb [Supplement] / II, 391-401). Bei Philochoros wird auch die zweite Episode schon angedeutet: Durch freiwillige Wahl der Verbannung oder durch Flucht mit Hilfe einflussreicher Freunde kam Pheidias aus Athen frei und ging nach Elis, wo er die Zeusstatue schuf. Hier wurde ihm später aus dem gleichen Grund der Prozess gemacht, den er mit dem Verlust beider Hände (Seneca d.Ä., Contr 8,2) oder mit seinem Leben bezahlte. Diese Verdoppelung des athenischen Prozesses ist leicht als unhistorische Zutat zu entlarven.

256 Der afrikanische Thujabaum, vgl. Theophrast, Hist Plant 5,4,2 (zu beiden); 5,3,7: er „gleicht der wilden Zypresse ... Sein Holz ist gegen Verfaulen völlig gefeit, und besonders fest ist seine Wurzel".

257 Im Inneren der Statue befand sich eine komplizierte Holzkonstruktion, die das ganze Gewicht der Gold- und Elfenbeinplatten zu tragen hatte. Mit drastischer Anschaulichkeit wird dieser Sachverhalt beschrieben bei Lukian, Gallus 24: „Ich ... verglich mich mit jenen berühmten kolossalischen Bildern eines Pheidias, Myron und Praxiteles, deren jedes von außen ein herrlicher aus Elfenbein oder Gold wunderschön gearbeiteter Jupiter oder Neptun ist, der in majestätischer Stellung den Donnerkeil oder den mächtigen Dreizack in der Rechten hält. Wenn

man aber ins Inwendige hinein schaut, sieht man nichts als Querhölzer und Keile und Nägel, die ins Innere hinein getrieben sind, und eine Menge Balken und Hebel und Pech mit Leim vermischt, kurz, einen gestaltlosen hässlichen Anblick, von den Mäusen und Ratten nichts zu bedenken, die oft zu ganzen Haushaltungen darin nisten und ihr Wesen haben" (Übers. C.M. WIELAND). Der Text folgt an dieser Stelle der Verbesserung bei von Arnim (die Manuskripte haben: πρὸς τὴν ἐν τῇ ἐργασίᾳ μόνιμον ὕλην καὶ ἀδιάφθορον).

258 Man muss sich das Unternehmen als eine Art Bauhütte vorstellen, in der Pheidias die Leitung innehatte, aber mit weiteren Künstlern, Handwerkern und Hilfskräften zusammenarbeitete.

259 Mit Russell wird von Arnims Ergänzung <ἀπολαβόντι> aus dem Apparat in den Text aufgenommen, seine Bezweiflung von καὶ τελεώτατον indes nicht berücksichtigt.

260 Zwar bedeutet ἀγών auch „Prozess", doch dürfte die Wortwahl hier zusätzlich motiviert sein durch den Anklang an den großen Agon, die Olympischen Spiele, zumal ἀγών in der Bedeutung „Wettkampf" zu Beginn von § 49 vorkam. Dafür, diese Verbindung herzustellen, spricht auch, dass die in § 49 mit εἰ γάρ τις begonnene Konstruktion erst mit εἰ οὖν aufgegriffen und fortgeführt wird.

261 Die Opfer fanden im Tempelhof im Freien statt, weshalb den Opfertieren der Blick auf die Statue im Innern nicht möglich war.

262 Zur Fiktion der Freiwilligkeit des Opfertieres vgl. Plutarch, Quaest Conv 8,8,3 (729F): „Auch heute noch hütet man sich sehr entschieden davor, ein Tier zu schlachten, ehe es nicht, mit einer Trankspende übergossen, zustimmend nickt."

263 Russell bringt die alte Konjektur ἰκτίνων („Weihe", „Hühnergeier") wieder zu Ehren, weil das besser zu den wilden Tiere passe; darüber kann man aber geteilter Meinung sein. Geel 93 erwähnt ablehnend außerdem noch γυπῶν („Geier") und sympathisiert selbst mit κάπρων („Eber").

264 Diese drei Tiere wurden normalerweise nicht geopfert und waren unter den Opfertieren in Olympia somit gar nicht anzutreffen. Der hypothetische Vergleichspunkt liegt hier lediglich in dem zähmenden, beruhigenden Effekt. Innertextlich ist dieses Quartett (den Stier eingeschlossen) mit der Aussage über die Gotteserkenntnis der Tiere in § 35 zu verbinden.

265 Das verdächtige ἐπιβαλλόμενος, das von Arnim im Apparat durch ἔτι λαμβάνων ersetzt, behält Russell, der die seltene Bedeutung „wrapping himself in" ansetzt, bei.

266 Ein echtes „Gnadenbild"! Doch vgl. auch, was Hesiod, Theog 98-104, ganz analog als Wirkung der *Dichtkunst* ausgibt: „Hat aber frisches Leid eines Menschen Seele verwundet, siecht er, Trauer im Herzen, dahin. Doch wenn dann ein Sänger, musenbegeistert, die ruhmvollen Taten von früheren Menschen preist und die Seligen, die den Olympos bewohnen, verherrlicht: Bald vergißt er den Kummer und keinerlei Sorge beschwert ihm länger den Sinn. So rasch hat der Göttinnen

(die Musen sind gemeint) Gunst ihn verwandelt" (Übers. A. VON SCHIRNDING, TuscBü).

267 Homer, Od 4,221, von einem Zaubermittel, das Helena, die es in Ägypten kennen lernte, in den Wein tut.

268 Hephaistos, der göttliche Handwerksmeister, konnte entweder Pheidias als unerwünschten Rivalen empfinden und entsprechend kritisch beurteilen, oder er fühlte sich als Schutzgottheit der Kunsthandwerker zur Aufsicht berufen.

269 Geel 96 möchte ἐπιτερπεῖ durch ἐπικήρῳ („hinfällig", „vergänglich") ersetzen.

270 πλὴν ἀνδρός, schwierig einzuordnen und deswegen auch schon gestrichen, wird von Russell zum Vorstehenden gezogen: „and displaying the form of a man, preeminent in size and beauty, but still the form of a man".

271 Die Fragestellung lautet ähnlich in der zweiten Rede des Maximos von Tyros (der in 2,10 auch Pheidias erwähnt), aus der im Folgenden einige Parallelen notiert werden. Dabei ist zu berücksichtigen, dass Maximos wahrscheinlich die Olympische Rede Dions kannte und dass er, anders als Dion, von einem platonischen, transzendenten Gottesbild aus argumentiert, was die vorhandenen Berührungen in anderem Licht erscheinen lässt. Zu Text und Übers. vgl. jetzt M.B. TRAPP, Maximus Tyrius: Dissertationes (BSGRT), Stuttgart 1994; DERS., Maximus of Tyre: The Philosophical Orations, Oxford 1997.

272 πᾶν τὸ θνητόν („das ganze Geschlecht der Sterblichen" bzw. „alles Vergängliche", in diesem Sinn von A. DERGANC, Textkritische Bemerkungen 11, als Apposition zu ἰδέαν aufgefasst), hier unübersetzt gelassen, kann zur Not in einer *constructio ad sensum* mit „wir" als Subjekt von ἀνεπλάττομεν oder von ἰνδαλλόμενοι verbunden werden; Budé und von Arnim klammern die Worte ein, Wilamowitz verbessert sie zu παντόθεν, Cohoon (nach Capps) zu πᾶν τὸ θεῖον (bei Elliger übersetzt), Russell sympathisiert mit περὶ τὸ ἀθάνατον (nach E. WENKEBACH, Beiträge zur Textkritik 101), was oben übersetzt, aber mit Absicht nicht in den Text eingetragen wurde.

273 Zum Gebrauch des nicht gerade häufigen ἰνδαλλόμενοι vgl. Sextus Emp., Adv Math 9,45, wo der Verf. Anhänger Epikurs sagen lässt, „der Anfang der Erkenntnis des Daseins Gottes sei entstanden aus den während des Schlafes gebildeten Vorstellungen (ἰνδαλλομένων)".

274 Vgl., gleichfalls epikureisch, Lukrez, Rer Nat 5,1169-1171: „Es waren natürlich schon damals dem menschlichen Geiste herrliche Göttergestalten von wundersam riesigem Wuchse teils im Wachen erschienen, jedoch noch öfter im Traume" (Übers. H. DIELS, TuscBü).

275 Das συλλέγοντες der Manuskripte, bei Emperius und von Arnim ausgelassen, lässt sich mit Cohoon sinnvoll in συλλέγομεν verbessern.

276 Statt ξυνέλεξας, das ihm zu schwach erscheint, bringt Russell die alte Konjektur ξυνήλλαξας („hast ... die Griechen ... versöhnt") ins Spiel; dagegen bereits Geel 99; anderer Vorschlag: ἔθελξας („hast verzaubert") bzw. bei H. VAN HERWERDEN, Ad Dionem Chrysostomum 77: ἐξέπληξας („hast erschüttert").

277 Der Sage nach König von Elis, der nach langer Pause die Olympischen Spiele wieder neu ins Leben gerufen habe, vgl. Paus. 5,4,5; 8,5; 9,4.

278 Gleichfalls sagenhafter spartanischer Gesetzgeber, der Iphitos bei der Wiederbelebung der Spiele und der Einführung des Olympischen Friedens geholfen haben soll, vgl. Plutarch, Lycurg 1,1f., wo aber auch Zweifel an der zeitlichen Einordnung laut werden, und 23,2: Lykurgos „trat mit Iphitos in Verbindung und half ihm bei der Einrichtung des Festes, das so mehr Ansehen und Dauerhaftigkeit gewann"; bei Dion noch erwähnt in Or 2,44f.59; 22,2; 25,3.

279 Natürlich gab es schon lange vor Pheidias Zeusstatuen in Olympia, wenn auch nicht in dieser Größe und in dieser beherrschenden Stellung, und die im Folgenden referierten Bedenken der Stiftergeneration sind eine Rückprojektion Dions; vgl. E. KUNZE, Zeusbilder in Olympia, in: A&A 2 (1946) 95-113.

280 Mitzuhören ist: der sich seinerseits vor allem auf Grund seiner Redegabe in Athen an der Macht halten konnte. Auch die Charakterisierung des Pheidias als „nicht auf den Mund gefallen" und Athens als einer „redefreudigen Stadt" evozieren das Bild einer Diskursgesellschaft, deren demokratische Verfassung wesentlich auf dem gesprochenen Wort beruhte.

281 Den Kunstgriff, Pheidias per Prosopopoiie selbst reden zu lassen, verwendet auch Themistios in seiner kurzen Or 25 (309d-311a). Er wird das Dion abgeschaut haben.

282 S. Anm. 260.

283 Das waren die Normalfälle, für die ein Amtsinhaber in der Polis zur Verantwortung gezogen wurde.

284 Für ὁμοιότης („Ähnlichkeit") würde von Arnim lieber ὁμοίωσις („Ähnlichmachen") sehen.

285 Die auf Schwartz zurückgehende Einfügung von <τά> ist wohl notwendig. Es kann hier nicht um die Überzeugung von der Existenz von Göttern gehen, denn die ist nach Dion angeboren. Es sind also bereits Momente der späteren Ausgestaltung durch Dichter u.a. angesprochen.

286 Das Asyndeton παλαιὰς ἀκινήτους ist hart; besser wäre mit Russell entweder <τὰς> παλαιάς, was die Zugehörigkeit von παλαιάς zu δόξας klar macht, oder die Reihung παλαιὰς <καὶ> ἀκινήτους.

287 Das ist entweder kunsttheoretisch zu verstehen: im Unterschied zur Literatur lässt sich in der bildenden Kunst Mehrschichtiges und Gegensätzliches nicht (oder nur schwer) auf einmal darstellen, oder es zielt auf die anthropomorphe Gestaltung der Götterbilder, die schon angesprochen war und von der weiter die Rede sein wird.

288 Auch Pheidias orientiert sich also – ein kompositorisch wichtiger Zug – an der ersten, von Natur aus gegebenen Gottesvorstellung, vgl. § 28.

289 Nämlich, so ist aus dem Zusammenhang zu ergänzen, dass man die Götter menschengestaltig und nicht anders darstellen solle; οὕτως weist also auf das Folgende voraus, vgl. M. MORTENTHALER, Olympikos 156f.. Die Übersetzung mit „Das ist vielleicht auch der Grund,

weshalb die Griechen sie von Anfang an für Götter gehalten haben" (Elliger; gemeint sind Sonne und Mond etc.) ergibt keinen Sinn. Gleiches gilt für Cohoon, der οὕτως durch οὔπω ersetzt: „was vielleicht auch der Grund dafür ist, dass die Griechen sie (Sonne und Mond etc.) in der Anfangszeit *noch nicht* für Götter hielten".

290 J. WEGEHAUPT, De Dione Chrysostomo Xenophontis sectatore 22, vergleicht zur ganzen Passage Xenophon, Mem 3,10,1-5, wo Sokrates an einen Maler u.a. die Frage richtet, wie Künstler schöne Gestalten bilden wollen und ob sie das Wesen der Seele darstellen können.

291 Zum Körper als Gefäß für etwas Wertvolleres vgl. Cicero, Tusc 1,52: „Denn der Körper ist eine Art von Gefäß und Behälter der Seele" (Übers. O. GIGON, TuscBü); 2 Kor 4,7: „Wir tragen diesen Schatz in irdenen Gefäßen ..."

292 Zu προσάπτοντες vgl. E. WENKEBACH, De Dionis Prusaei elocutione 237.

293 Vgl. die ähnliche Begründung im Traktat des Neuplatonikers Porphyrios über die Götterbilder (bei Eusebios, Praep Ev 3,7,3): καὶ ἀνθρωποειδεῖς μὲν ἀπέτυπον τοὺς θεοὺς ὅτι λογικὸν τὸ θεῖον.

294 Zuversichtlicher klingt, was Maximos Tyr., Or 2,3, schreibt: Die Griechen ehren die Götter „mit dem, was unter den Dingen auf Erden am schönsten ist, mit der reinsten Materie: der menschlichen Gestalt, in exakter künstlerischer Darstellung ... Wenn nämlich die menschliche Seele Gott am nächsten und ähnlichsten ist, wird man doch das, was ihr am meisten gleicht, den Gott, nicht mit einer völlig unpassenden Hülle umgeben."

295 Vgl. Maximos Tyr., Or 2,2: „Für sich betrachtet, bedarf die Natur des Göttlichen keiner Weihestatuen oder Standbilder. Aber das Menschengeschlecht, das ganz schwach ist und vom Göttlichen so weit entfernt wie der Himmel von der Erde, fertigt sich diese Symbole (σημεῖα) an, mit deren Hilfe es die Namen der Götter und die Kunde von ihnen festhält."

296 Maximos Tyr., Or 2,5: die Ägypter „verehren einen Ochsen und einen Vogel und einen Bock und die Geschöpfe des Nilflusses" (die Krokodile, von denen die anschließende Anekdote handelt).

297 Zwischen ἀφομοιοῦν und κατὰ σμικράς vermutet von Arnim eine Lücke.

298 Polemik gegen den Tierkult, den man vor allem in Ägypten beheimatet sah, war verbreitet, nicht nur, aber vor allem auch im hellenistischen Judentum; vgl. etwa Plutarch, Is et Os 71-75 (379D-381D); Juvenal, Sat 15,1-13; Philo, Decal 76-81; Weish 13,10.14; 15,14-19. Vgl. bes. auch die Diskussion, die Apollonios bei Philostratos, Vit Ap 6,19, mit dem Ägypter Thespesion führt: Letzterer verteidigt die heimatliche Sitte und und greift Pheidias wegen seiner anthropomorphen Götterfiguren explizit an. Sein Argument: auch Pheidias habe die Götter im Himmel nicht mit eigenen Augen gesehen. In seiner Antwort unterscheidet Apollonios zwischen Nachahmung (μίμησις), die in der Tat nicht direkt möglich sei, und Phantasie (φαντασία), mit deren Hil-

fe man die gesuchten Daten finde; dazu W. TRIMPI, Muses of One Mind 103f.

299 Das ist der Sinn des Satzes, wenn man der Verbesserung von δημιουργός in den Handschriften in δημιουργοῖς <τύπος> durch Schwartz folgt (mit Russell). Andernfalls besagt der Satz: „Derjenige Mensch aber, der an Schönheit, Würde und Erhabenheit alle weit übertrifft, der dürfte wohl mit Abstand der beste Schöpfer von Götterbildern sein“ (Elliger, ähnlich Stich), was nur zu halten ist, wenn man ihn exklusiv auf Homer als herausragenden Künstler bezieht.

300 Zu § 60f. wird im Folgenden die Kommentierung bei W. THEILER, Poseidonios II, 282-287, ausgewertet.

301 Die hier angesprochene bilderkritische Tendenz hätte an sich sogar in der Fluchtlinie stoischen Denkens gelegen. So wird z.B. der stoischen Gründerfigur Zenon die Ablehnung von Heiligtümern für die Götter zugeschrieben; an ihre Stelle solle der Nous treten, vgl. SVF I 146; auch Pseudo-Heraklit, Ep 4,2; Apg 17,25.29; Plutarch, Numa 8,13f.: im Anschluss an Pythagoras habe König Numa „den Römern verboten, ein menschen- oder tiergestaltiges Bild eines Gottes zu errichten. Tatsächlich gab es bei ihnen früher *weder eine gemalte noch eine plastische Darstellung eines Gottes*, sondern in den ersten hundertsiebzig Jahren haben sie zwar stets Tempel und Kapellen errichtet, aber kein Bild eines Gottes herstellen lassen, weil es nicht erlaubt sei, das Höhere in minderwertigem Stoff nachzubilden, und nicht möglich, das Höchste anders zu erfassen als durch Denken“ (Übers. K. ZIEGLER, BAW; dieses Zitat ist auch insofern wichtig, als hier deutlich zwischen Tempel einerseits und Götterbild andererseits, damit auch zwischen Tempelkritik und Bilderkritik unterschieden wird, was nicht immer genügend Berücksichtigung findet; s. im Folgenden); vgl. Maximos Tyr., Or 2,2: „Menschen mit starkem Gedächtnis, die mit ihrer Seele direkt in den Himmel hineinreichen und dem Göttlichen begegnen können, haben vielleicht keinen Bedarf an Weihestatuen. Aber diese Sorte kommt unter den Menschen nicht so häufig vor ...“

302 Genau diese Behauptung wurde aber aufgestellt, oder allgemeiner: die in sich konsequente Möglichkeit einer anikonischen („bildlosen) Gottesverehrung, wie sie z.B. das Judentum propagierte (vgl. die Fremdwahrnehmung bei Tacitus, Hist 5,5,4; s. auch 2,78,3), wurde durchaus erörtert. So schreibt Herodot 1,131,1f. über die Perser: „Es ist bei ihnen nicht üblich, *Götterbilder*, Tempel und Altäre zu errichten. Sie behaupten sogar, wer das tue, sei ein Tor. Sie glauben nämlich nicht, wie mir scheint, dass die Götter wie bei den Griechen *menschenähnliche Wesen* sind. Dem Zeus pflegen sie auf den *Gipfeln der Berge* zu opfern und *bezeichnen das ganze Firmament als Zeus*. Sie opfern auch der *Sonne, dem Mond*, der Erde, dem Feuer, dem Wasser, den Winden ...“ (Übers. J. FEIX, TuscBü; alle Motive, die Dion in § 60 anspricht, kommen hier vor); ferner Berossos FGH 680 F 11; Strabo 15,4,13; Cicero, Rep 3,14; Plinius d.Ä., Nat Hist 2,14f. (Übers. G. WINKLER / R. KÖNIG, TuscBü): „Ich halte es deshalb für ein Zeichen

menschlicher Schwäche, nach dem Bild und der Gestalt der Gottheit zu suchen ...“; näheres in E/II.2c.

303 Maximos Tyr., Or 2,8, spricht von der Verehrung der Sonne, und auch der sonst so skeptische Plinius d.Ä., Nat Hist 2,13, gesteht zu: „Dass die Sonne der ganzen Welt Seele und, deutlicher, ihr Geist sei, dass sie die oberste Herrschaft der Natur und eine Gottheit sei, ziemt sich zu glauben“. Vgl. T. BARTON, Ancient Astrology, London 1994, 111: „For most schools of thinkers, the stars' divine nature was self-evident“; erinnert sei nur daran, dass die fünf damals bekannten Planeten römische Götternamen tragen, die auf ältere griechische Götternamen zurückgehen. Allerdings ist das Aufblühen der Astralreligion erst ein Phänomen der hellenistischen Zeit, insofern für den Autor Dion nahe liegender als für seinen Sprecher Pheidias.

304 Was, wie schon angedeutet, nicht unbedingt durch Götterbilder geschehen müsste. Das Judentum lehnte zwar die bildliche Repräsentation Gottes ab, akzeptierte aber mehrheitlich Tempel und Opferkult; vgl. die Begründung dafür bei Philo, Spec Leg 1,66f.: „Als das höchste und wahrhafte Heiligtum der Gottheit ist das ganze Weltall zu betrachten ... Außerdem aber gibt es ein von Menschenhand erbautes Heiligtum; denn der Drang der Menschen, die zu frommen Zwecken beitragen und durch Opfer der Gottheit ihren Dank für das Gute, das sie betroffen, aussprechen oder für ihre Sünden Verzeihung und Vergebung erbitten wollen, durfte in seiner Betätigung nicht gehemmt werden“ (Übers. I. HEINEMANN).

305 In μετὰ πειθοῦς (eigentlich „mit Überredungskunst“) ist der Gedanke enthalten, dass man auf diese Weise die Götter entweder in ihrem Zorn zu beschwichtigen sucht oder von ihnen eine Bitte erfüllt bekommen will.

306 Dieses „Berühren“ wird gern mit Apg 17,27 verglichen: „Sie sollten Gott suchen, ob sie ihn denn ertasten (ψηλαφήσειαν) und finden könnten“ (z.B. bei W. THEILER, Poseidonios II, 283); doch darf man nicht übersehen, dass bei Dion ganz realistisch an das Berühren einer Statue gedacht ist, während es in der Areopagrede um einen geistigen Erkenntnisakt, der metaphorisch umschrieben wird, geht.

307 Zugleich der gängige Gestus beim Gebet! Dieser anrührende Vergleich mit den elternlosen Kindern gehört zu Dions glücklichsten Eingebungen in der ganzen Rede. Aber das kann nicht darüber hinwegtäuschen, dass Dion das Bedürfnis nach Götterstatuen zwar akzeptiert, aber als im Grunde kindliche Haltung und träumerische Anwandlung der Menschen hinstellt.

308 Vgl. Maximos Tyr., Or 2,1 (Olymp und Ida als frühe Abbilder des Zeus); 2,7 (der Atlas); 2,8.

309 Vgl. Maximos Tyr., Or 2,1: „So ehrt einer von den Schäfern den Pan, indem er für ihn eine hohe Tanne auswählt oder eine tiefe Höhle, und die Landleute ehren den Dionysos, indem sie im Garten behauen einen wild wachsenden Baumstumpf, als bäuerliches Kultbild“; 2,8: die Eiche bei den Kelten.

310 Vgl. Maximos Tyr., Or 2,1: die Araber verehren einen Steinquader (wohl ein Exemplar der so genannte βαίτυλοι, hinter denen sich Meteoriten verbergen, vgl. W. FAUTH, KP I, 806-808). Die Pointe besteht bei Dion darin, dass man aus diesen „Rohmaterialien" durch Bearbeitung Götterstatuen aus Holz oder Stein herstellen und ihnen Menschengestalt geben kann. Zur Verehrung des Numinosen in der Natur vgl. im Übrigen noch Seneca, Ep 41,3: „Wenn du einen von alten und über die übliche Größe hinaus gewachsenen Bäumen bestandenen Hain siehst ... – die Erhabenheit des Waldes, das Geheimnisvolle des Ortes ... wird in dir den Glauben an göttliches Walten wecken. Wenn eine Höhle, tief aus den Felsen ausgewaschen, den Berg über sich trägt ..., wird sie deine Seele durch eine Ahnung von Gottesfurcht erbeben lassen ... Manche Seen hat entweder schattiges Dunkel oder unergründliche Tiefe geheiligt"; auch Maximos Tyr., Or 2,1, hebt die Flüsse als Objekte der Verehrung bei verschiedenen Völkern eigens hervor, außerdem in 2,4 noch das Feuer bei den Persern.

311 Mit Cohoon wird τὴν μορφήν statt τῆς μορφῆς gelesen.

312 Cohoon liest (nach Capps) <ταύτης> τῆς δημιουργίας, was zur Folge hat, das sich der Ausdruck dann präzise auf die Zeusstatue in Olympia bezieht.

313 Il 1,529f.: „Und die ambrosischen Locken des Herrschers wallten ihm nieder vom unsterblichen Haupt".

314 Die Meergöttin Thetis bittet Zeus darum, die Trojaner so lange siegen zu lassen, bis die Griechen sich besinnen und ihrem Sohn Achilles, der sich wegen erlittenen Unrechts grollend vom Kampf fern hält, Genugtuung widerfahren lassen, vgl. bes. Il 1,500f.: „Und sie setzte sich ihm gegenüber, berührte die Knie jetzt mit der Linken ihm, fasste ihn unter dem Kinn mit der Rechten ..."

315 Die folgende Liste mit sieben Bestandteilen ließe sich Stück für Stück aus den Epen belegen; man vgl. beispielhalber nur aus dem Umfeld der Thetis-Episode Il 1,493f.: die Götter *kehren heim zum Olymp*; 1,531: Thetis und Zeus *beraten sich*; 1,601f.: die Götter *halten Mahl*; 1,606: sie gehen nach Hause, um *sich auszuruhen*; 1,610f.: Zeus *schläft* bei Hera. Genügen mag darüber hinaus die generelle Bemerkung, dass die Götterwelt bei Homer nach dem Muster der Adelsgesellschaft einer archaischen Zeit modelliert ist. Zur Textgestaltung: Capps und Russell sind der Ansicht, dass die Liste ein Verb benötigt und schlagen <ἔνεμε> (Homer „teilte zu") vor.

316 Allgemein akzeptiert ist Reiskes Verbesserung βουλεύσεις καὶ δημηγορίας statt βουλήσεις καὶ δημουργίας in den Codices.

317 Il 2,478; im folgenden Vers vergleicht Homer Agamemnon, der den kampfesmüden Griechen voran in die Schlacht zieht, hinsichtlich seines Schwertgurtes mit Ares und hinsichtlich seiner breiten Brust mit Poseidon; Dions „Pheidias" konzentriert sich nicht ohne Absicht auf Zeus und auf das Haupt, vgl. M. MORTENTHALER, Olympikos 100f.

318 Im folgenden Paragraphen sind kleinere Eingriffe in den Text erforderlich: Gegen die Manuskripte wird οὐδέ vor θνητῷ und θεοῦ nach μέγεθος gestrichen, σωφρονέστερος durch σοφώτερος ersetzt; ἀφ' οὗ

γε εἰ wird allerdings gegen von Arnim beibehalten, ἀφ' οὗ auch nicht zu ὅπου (Cohoon) geändert.

319 Zur Schönheit als wichtigste Qualität beim Kunstwerk s. J.J. POLLITT, The Ancient View of Greek Art 191-196.

320 „Pheidias" spielt auf die enormen Ausmaße seiner Zeusstatue und die dabei getriebene Prachtentfaltung an; vor allem die Größe schließt einen Vergleich mit menschlichen Maßen aus.

321 Russell übersetzt anders: „whatever the poet wants", ob mit Recht, bleibt fraglich.

322 Il 20,248f.; zum ganzen Abschnitt vgl. W.A. MONTGOMERY, Dio Chrysostom as a Homeric Critic 23-27.

323 Im Folgenden wagt Dion sich ansatzweise auf das Gebiet der Sprachphilosophie vor. Was er dazu aus stoischer Grundeinstellung heraus andeutet, klingt eher „naturalistisch" (Sprache entstand φύσει, von Natur aus) als „konventionalistisch" (Sprache entstand θέσει, durch Setzung). Die Diskussion der Grundoptionen wird bekanntlich schon in Platons *Kratylos* ausgiebig geführt. Die Stoa hielt für einen bestimmten Bestand an alten Grundwörtern, teils lautmalerischer Art, an einer Korrespondenz von wahrgenommener Sache, Vorstellungsgehalt und Lautbild fest; vgl. zur stoischen Sprachtheorie, die ansonsten mehr an Sprachgestalt und Sprachverwendung als an Sprachentstehung interessiert gewesen zu sein scheint, K. BARWICK, Probleme der stoischen Sprachlehre und Rhetorik (ASAW.PH 49,3), Berlin 1957, hier bes. 29-33; K. HÜLSER, Die Fragmente zur Dialektik der Stoiker. Neue Sammlung der Texte mit deutscher Übersetzung und Kommentaren. Bd. 1-4, Stuttgart-Bad Cannstatt 1987/88. In der Grundannahme nähert sich Dion damit, wohl ungewollt, Epikur an, der die These, eine oder mehrere Geistesgrößen hätten die Sprache bewusst geschaffen, heftig bekämpft; vgl. u.a. Lukrez, Rer Nat 5,1028-1090, und A.A. LONG / D.N. SEDLEY, The Hellenistic Philosophers I, 97-101. Für das Folgende ist auch die fast wörtliche Parallele in § 28 („Was in ihre Sinneswahrnehmung Eingang fand, belegten sie mit einem Zeichen...") zu beachten; sie unterstreicht, dass „Pheidias" im Grunde Inhalte der voranstehenden religionsphilosophischen Erörterung wiederholt.

324 Dabei denkt Dion wohl nicht an die Vielzahl menschlicher Sprachen, sondern an das Phänomen der Synonymie, das er sich selbst bei seinen Aufzählungen weidlich zunutze macht.

325 Geel 109 möchte die gleiche Sinngebung über ἀνεπίπληκτος statt ἀνεπίληπτος erreichen.

326 Das Attische, mit anderen Worten; es fehlt, wie oft schon bemerkt wurde, das Äolische, das Dion in Or 11,23 Homer, der dort außerdem noch die Sprache der Götter kennt (vgl. 10,24), gleichfalls gebrauchen lässt. Vgl. Pseudo-Plutarch, De vita et poesi Homeri 8 (s. J.J. KEANEY / R. LAMBERTON [Hrsg.], *[Plutarch]*: Essay on the Life and Poetry of Homer [ACSt 40], Atlanta 1996, 70f.): „Homer verwandte eine vielfältige Diktion, in dem er Idiome aus allen Dialekten der Griechen

miteinander mischte, woraus hervorgeht, dass er ganz Griechenland und jedes seiner Völkerschaften besuchte".

327 Verglichen werden hier Gewebe, *Textilien*, und sprachliche Erzeugnisse, *Texte*, die ähnlich „gesponnen" werden und die man „einfärben" kann.

328 Hier liegt die verbreitete Metapher von der „Wortmünze" zugrunde, die zur Schatzsuche expandiert wird.

329 Die Verbesserung von φιλοχρηματίαν („Liebe zum Geld") in φιλορρηματίαν durch Geel 111 (im Kommentar, nicht im Text) wird in den Editionen durchweg akzeptiert, allerdings um den Preis einer Neuprägung, denn φιλορρηματία ist sonst nirgends belegt (was eine Recherche mit dem TLG bestätigte). Könnte man nicht doch mit „Liebe zum Geld" auskommen, wenn man das Wort im Kontext der Gier nach alten Wortmünzen aus einem herrenlosen Wortschatz metaphorisch versteht?

330 Ging es in § 66 u.a. um die „Archaismen" Homers, so jetzt um seine „Barbarismen"; vgl. Pseudo-Plutarch, De vita et poesi Homeri 14.

331 Dies ist eine exakte Definition der Metapher, und zwar der konventionellen Metapher und der kühnen, schöpferischen Metapher. Nach Aristoteles sollen Metaphern zwar nach Möglichkeit auf Analogie beruhen, aber die Kunst besteht darin, die Analogie auch in weit auseinander liegenden Gebieten aufzuspüren, vgl. Rhet 3,11,5 (1412a 12f.): „das Ähnliche auch in weit auseinanderliegenden Gebieten zu erkennen"; zum Einfluss aristotelischen Gedankenguts auf Dions Literaturkritik vgl. Z. RITOÓK, Some Aesthetic Views; s. neben Aristoteles, aber auf dieser Linie auch Demetrios, De elocutione 78-90 (in der Neuausgabe und -übersetzung von D.C. INNES, LCL 199, Cambridge, Ma. / London 1995, 398-407). Zur Metapher bei Homer vgl. Pseudo-Plutarch, De vita et poesi Homeri 19f.

332 Vgl. Pseudo-Longinos, De sublimitate 15,2 (bei R. BRANDT, Pseudo-Longinos: Vom Erhabenen, Darmstadt 1966, 60f.): „Aufgabe im Dichtwerk ist die Erschütterung (ἔκπληξις)".

333 Das bezieht sich, so attraktiv die Deutung auch wäre, nicht mehr auf die Metaphern (so aber Cohoon und Elliger), selbst wenn diese expandiert, kondensiert oder anderweitig variiert werden können. Es ist vielmehr an Eingriffe gedacht, die vom Metrum gefordert sind (vgl. Russell); durch Längung, Kürzung oder sonstigen Änderungen werden Wörter in den Hexameter eingepasst. Besprechung dieser Technik und Beispiele bei Aristot., Poet 21 (1458a 1-7; dort in unmittelbarem Anschluss an die Behandlung der Metapher); Pseudo-Plutarch, De vita et poesi Homeri 9-13.

334 Vgl. Aristot., Poet 21 (1457b 33f.): „Erfunden ist, was, ohne dass es von Menschen so gebraucht würde, vom Dichter selbst hingesetzt wird. Einige Bezeichnungen scheinen solcher Art zu sein ..." (Übers. O. GIGON, RecUB); zur Behandlung der sprachlichen Neuschöpfung in der Stoa vgl. K. BARWICK, Probleme (s. Anm. 323) 80-87.

335 Zum Siegel s. schon § 65.

336 Zur abwechslungsreichen, kunstvollen Gestaltung der folgenden langen Liste vgl. ihre Analyse in E/I.6.

337 Vgl. Dion, Or 53,7: „Homer habe alles gekonnt und geradezu alle Laute nachgeahmt, sogar die von Flüssen, Winden und Wellen", dort Platon in den Mund gelegt (vgl. Resp III 396B); die Rede Nr. 53 hat Homer zum Thema und zeigt Dions Vertrautheit mit der antiken Homerkritik und -philologie.

338 Gedacht ist z.B. an den Klang von Waffen, die auf Rüstungen schlagen, an das Bersten oder Aufprallen von Steinen etc.

339 Genauer: von Doppelrohrflöte und Pan- oder Hirtenflöte.

340 Il 16,105.794 (vom Helm); 19,365 (vom Knirschen der Zähne); Od 6,82 (vom Hufgetrappel).

341 Das Verb βομβέω in Il 13,530 (wie des Öfteren verbunden mit πεσοῦσα: etwas fällt unter Geklirr zu Boden); 16,118; Od 8,190 (vom Geräusch eines steinernen Diskus beim Aufprall); 12,204; 18,397; das Substantiv βόμβος findet sich bei Homer nicht, wird ihm aber in einer Aufzählung von onomatopoetischen Wörtern, wo auch Dions δοῦπον und ἄραβον begegnen, bei Pseudo-Plutarch, De vita et poesi Homeri 16, zugeschrieben.

342 Il 10,532.535 u. 17,175 (vom „Getrappel" der Pferde); Il 12,338 (vom Schlachtenlärm); Il 20,66 (vom Lärm beim Streit der Götter); Il 15,379 (vom Donnern des Zeus).

343 Il 4,455 (vom Wasserfall); Il 9,573 u. 11,364 (vom Geschosshagel); Il 16,635 (Vergleich mit dem Niederkrachen gefällter Bäume); Od 5,401 (vom „Brausen" des Meeres); Od 16,10 (vom Stampfen von Füßen).

344 Nur Il 10,375 (vom „Klappern" der Zähne).

345 Il 5,599; 18,403; 29,325.

346 Il 1,46.49 (von Apollons Pfeilen).

347 Il 14,394.

348 Il 14,499; Od 5,485 (vom „Dräuen" des Winters).

349 Dahingestellt bleibe, ob man τῷ ὄντι θαύματα durch καί abtrennen soll, wie Russell meint, der eine Anspielung auf Aeschines, Ctesiphon 167, entdeckt.

350 Die Verbesserung von φανερῶν in den Manuskripten zu φοβερῶν wird von allen Editoren akzeptiert.

351 Instruktiv ist hier zum Vergleich Pseudo-Longinos, De sublimitate 10,6, wo der Autor zu Il 15,634-628 ausführt: Homer „zeichnet das Bild (εἰκονογραφεῖ) von Seeleuten, die beim Nahen jeder Woge von neuem in vielfacher Todesgefahr schweben. Er zwingt sogar Präpositionen, die sonst unvereinbar sind, wider ihre Natur zusammen und verkettet sie miteinander: ‚unterm Tode heraus' (ὑπὲκ θανάτοιο)! Mit dem anfallenden Leiden (πάθει) hat er das Wort gleicherweise auf die Probe gestellt; durch das Zusammenpressen des Wortes hat er das Leiden (πάθος) ausgestaltet und fast der Sprache den Ausdruck von Gefahr eingeprägt"; dazu M. BOEDER, Visa est Vox 71-73.

352 Aus der entgegengesetzten Richtung unternimmt Dion einen solchen Vergleich auch in Or 4,85-87.

353 Man denke an die exotischen Hölzer (§ 49) und an das Elfenbein.

354 Zur „Bauhütte“ des Pheidias s. Anm. 258.

355 Die Verbesserung von παντοδαπὰς ἐπειδή in παντοδαπὰ εἴδη geht auf Causabon zurück.

356 Die textliche Lage ist sehr schwierig: Soll man mit P πρόσεστιν lesen oder mit den anderen Codices προσέτι? Was ist für τῆς ἀπάτης (so die Handschriften), das „Täuschung“ bedeutet und die an sich passende Übersetzung mit „Einbildungskraft“ nicht hergibt, evtl. einzusetzen? Verstärkt wird das Wirrwarr noch dadurch, dass nicht klar ist, ob sich τὸ τῆς ἀπάτης und τὸ τοῦ χρόνου auf etwas bezieht, was der Dichter darstellen bzw. an seinen Figuren sichtbar machen kann, oder auf ein Charakteristikum seiner Arbeitsweise. Entsprechend vielfältig ist die Zahl der Vorschläge. Cohoon z.B. ändert mit Capps in τῆς χαλεπότητος („Schwierigkeitsgrad“, unter Berufung auf Platon, Crit 107E). Russell sympathisiert mit Geels τῆς δαπανῆς, was oben übersetzt wurde. Wiederum anders M. MORTENTHALER, Olympikos 109f. (unter Berufung auf A. DERGANC, Textkritische Bemerkungen 12f., und mit textkritischer Diskussion in Anm. 397), die τῆς ἀπάτης verteidigt und es „auf die Hervorrufung von zahlreichen Vorstellungsbildern innerhalb kürzester Zeit“ deutet; vgl. auch die Wiedergabe bei H. SCHRADE, Dio Chrysostomos 209: „... dazu kommt noch die Täuschung der Einbildungskraft und die Freiheit in der Zeit“; ähnlich Kraut 297; Stich 51.

357 Dion spricht hier vom Vorgang dichterischer Inspiration. Ein Basiswerk antiker Inspirationstheorie ist Platons *Ion*, vgl. nur zum Bildgebrauch bei Dion Ion 534A/B: „Denn es sagen ja doch zu uns die Dichter, dass sie von honigfließenden Quellen aus irgendwelchen Musengärten und -triften die Lieder pflücken und uns bringen ...“ (Übers. H. FLASHAR, RecUB).

358 Vgl. Cicero, Orator 2,8f., im Rahmen eines Vergleichs der Redekunst mit der bildenden Kunst: „Auf keinem Gebiet ist etwas so schön, dass nicht jenes noch schöner wäre, dem es – gewissermaßen wie einem Gesicht die Wachsmaske – nachgebildet ist; jenes, das weder mit den Augen noch mit den Ohren noch mit irgendeinem Sinn aufgenommen werden kann, das wir vielmehr allein im Geiste erfassen. So sehen wir zwar nichts in ihrer Art Vollkommeneres als die Bildwerke des Pheidias ... Auch hat jener Künstler, als er die Gestalt des Zeus oder der Athene bildete, nicht irgendein Modell betrachtet, von dem er dann die Ähnlichkeit herleitete; ihm schwebte vielmehr im Geiste ein Bild außergewöhnlicher Schönheit vor, das er anschaute und auf das konzentriert er nach diesem Vorbild seine Künstlerhand lenkte“ (Übers. B. KYTZLER, TuscBü).

359 Ein „geflügeltes“ Wort, das aber z.B. auch in der Hochschätzung der Autopsie bei den antiken Historikern einen konkreten Haftpunkt findet; vgl. bes. Heraklit FVS 22 B 101a: „Augen sind genauere Zeugen als Ohren“, zitiert bei Polybios 12,27,1; dann Herodot 1,8,2; 2,99,1; Lukian, Hist Conscr 29: „Den Ohren darf man weniger trauen als den Augen. Ich schreibe daher hier nur nieder, was ich gesehen, nicht was ich gehört habe“ (nach H. HOMEYER, München 1965, 133; ebd. 233

weitere Belege); Seneca, Ep 6,5: *quia homines amplius oculis quam auribus credunt.* Rezipiert auch bei Philo von Alexandrien, teils gegen das Alte Testament, vgl. Fug 208; Sacr 78. Kritik daran bei Strabo 2,5,11. In der Literatur bes. wirksam wurde die Fassung, die Horaz, Ars poet 180-183, dem Grundsatz gab. Zum Gebrauch in der Redekunst s. Lysias, Or 24,14: „Ihr aber – wie es sich für verständige Leute gehört –, vertraut eher euren Augen als den Worten dieses Mannes da!“

360 Oder: „Anschaulichkeit“, im Griech. ἐνάργεια, ein Fachausdruck in Rhetorik und Kunsttheorie, den die Lateiner u.a. mit *perspicuitas* und *evidentia* wiedergaben; vgl. den Gebrauch des dazu gehörenden Adjektivs ἐναργής bzw. Adverbs in § 26, 35, 64 und 68. Es geht dabei um die spezifische Leistung der Sprache, mit Worten zu malen und vor dem *geistigen* – nicht dem *leiblichen*, das sich damit nicht zufrieden gäbe – Auge des Hörers eindrückliche Bilder entstehen zu lassen.

361 μιμήματα (so Wilamowitz) statt ῥήματα bzw. μὴ ῥήματα in den Handschriften (Russell verteidigt ῥήματα; dann wäre – weniger gesucht – einfach mit „Worte“, „Reden“ zu übersetzen). Weitere notwendige Verbesserungen in diesem Paragraph sind δυσπειστότερα für δυσπιστότερα und ἐναργείας für ἐνεργείας.

362 Zur Verführungskraft der Musik bei Dion, besonders, wenn es um Aufführungen vor großen Menschenmassen geht, vgl. Or 32,46-49.60.69f.; dazu P. DESIDERI, Tipologia e varietà di funzione 3912f.

363 Was gemeint ist, explizieren die folgenden Beispiele: Homer kann die Gestalt einer Göttin vom Erdboden bis zum Himmel reichen lassen; Pheidias muss mit der Höhe vom Boden bis zu Dach des Tempels auskommen (und schöpft sie voll aus!); auch hinsichtlich des Materialaufwandes setzen seine Auftraggeber ihm Grenzen.

364 Il 4,443, von der personifizierten Feindschaft bzw. vom Streit, der aus kleinen Anfängen ins Unermessliche wächst.

365 Nämlich mit der Zeusstatue im Tempel zu Olympia bei den Eleern und mit der Statue der Athena Parthenos auf der Akropolis in Athen.

366 Über seinen Sprecher Pheidias bedient Dion sich der Technik der Apostrophe, der Weg- oder Hinwendung zu einem außertextlichen Adressaten.

367 Mit Russell kehren wir zu dem ἐπέδειξας der meisten Codices zurück und folgen der Korrektur in ἐπιδεῖξαι nicht.

368 „Pheidias“ spricht von seiner Statue.

369 Dion bzw. „Pheidias“ unterschlägt, dass auf dem Thron und der Basis der Zeusstatue sehr wohl kriegerische und gewaltsame Szenen aus dem Mythos dargestellt waren.

370 Eintracht (Homonoia / Concordia) ist ein zentrales Thema in den politischen Reden Dions, in denen er immer wieder die Wiederherstellung einer fundamentalen Eintracht, die freundschaftliche Konkurrenz nicht ausschließt, zwischen kleinasiatischen Griechenstädten beschwört; zitiert sei nur das Gegenbild in Or 48,16: „Das Wort Zwietracht (στάσιν) soll man bei euch nicht einmal nennen, niemand spreche es aus!“ Vgl. zu Dion A. BRAVO GARCÍA, Notas sobre el tema de

la concordia; O. ANDREI, Il tema della concordia; C.P. JONES, The Roman World 83-94; G. SALMERI, La politica e il potere 90-95, sowie allgemein D. KIENAST, Die Homonoiaverträge in der römischen Kaiserzeit, in: JNG 14 (1964) 51-64; DERS., Zu den Homonoia-Vereinbarungen in der römischen Kaiserzeit, in: ZPE 109 (1995) 267-282; bes. A.R.R. SHEPPARD, *Homonoia* in the Greek Cities of the Roman Empire, in: AncSoc 15-17 (1984-86) 229-252, der vor einer Idealisierung dieses Konzepts warnt: Es diente nicht zuletzt dazu, im Interesse der römischen Herrschaft und der lokalen Führungsschichten Ruhe und Ordnung aufrecht zu erhalten, auf Kosten von Partizipation und Diskussionskultur; vgl. auch M.H. QUET, Rhétorique, culture et politique 53-56.

371 Mehrere Bezüge sind möglich: a) Pheidias arbeitete noch vor dem peloponnesischen Krieg, der Griechenlands Kernstaaten entzweite; b) während der Zeit der Spiele sollte in ganz Griechenland Frieden herrschen; c) Dion könnte aus seiner eigenen Zeit heraus die *pax Romana* assoziieren, vgl. Russell.

372 Zu Zeus als „Soter" vgl. H. SCHWABL, RE Suppl. XV, 1055-1057.

373 Die drei Ergänzungen im Text in der ersten Liste (von Cohoon z.B. nicht übernommen) ergeben sich aus Dions anschließender Erläuterung der einzelnen Titel, wo er auch auf die drei im Text vermissten eingeht, und aus der fast wörtlichen Parallele zur ganzen Passage in seiner ersten Königsrede (Or 1,39f.); dort vergleicht Dion den „guten König", den idealen irdischen Herrscher, mit Zeus, dem Herrn des Alls, der den Königen auf Erden „ihre Gewalt und Vollmacht" verleiht (Or 1,45); zu den beträchtlichen ideologischen Implikationen dieser Analogie vgl. A. CHARLES-SAGET, Un miroir du prince 123f.

374 Zur Vielzahl der Namen Gottes siehe als klassischen Text den Eingang des Zeushymnus des Kleanthes: „Erhabenster der Unsterblichen, *vielnamiger*, stets alles beherrschender Zeus, Herr über die Natur, der du alles nach dem Gesetz lenkst, sei mir gegrüßt!" (SVF I 537,1-3); vgl. Xenophon, Symp 8,9. Analog über die weibliche Gottheit Aischylos, Prometheus 209f.: „Themis heißt sie, auch Gaia, ist trotz *vieler Namen* eine Einzige nur". Das Verhältnis zwischen dem Zeushymnus des Kleanthes und dem Olympikos des Dion bestimmt L. FRANÇOIS, Dion Chrysostome critique d'art 112, folgendermaßen: „Qu'est-ce, au total, que notre texte du sophiste, sinon la paraphrase de cette vigoureuse poésie?"

375 Die ganze Liste mit Titeln für Zeus umfasst bis hierher elf Glieder, die in drei Gruppen mit wachsendem Umfang (2 + 4 + 5) angeordnet sind; im weiteren Verlauf von § 75 und in § 76 gibt Dion zu den einzelnen Titeln knappe Erläuterungen, wobei er „Garant der Freundschaft" und „Garant der Kameradschaft" sowie „Wahrer des Besitzes" und „Fruchtbringer" zusammenfasst. Nicht nur zu den einzelnen Titeln (dazu in den folgenden Anmerkungen einiges mehr), auch zur Liste insgesamt liegt Vergleichsmaterial vor, das zeigt, dass Dion hier (wie schon in § 22 und in Or 1,39f., der ersten Königsrede, wo er aus den Attributen des Zeus das königliche Moment heraushebt, hier da-

gegen das gütige und väterliche) einer festen Tradition folgt. Besonders auffällig ist die enge Parallele in der pseudo-aristotelischen Schrift *De mundo* (dazu s. schon Anm. 174, 175, 177), die um 80 n.Chr. entstanden sein könnte und deren philosophische Orientierung als Eklektizismus auf peripatetischer Grundlage zu charakterisieren ist; die entsprechende Passage muss ganz hierher gesetzt werden (De mundo 7 [401a 12-27], mit Heraushebung der wörtlichen Übereinstimmungen): „Einer ist Gott, doch trägt er viele Namen, weil er nach all dem Geschehen genannt wird, das er selbst immerfort erneuert. Nennen wir ihn doch Zeus und den ‚Durchwaltenden', indem wir die Namen nebeneinander gebrauchen, als wollten wir sagen ‚der, durch (διά) den wir leben (ζῆν)' [ein Wortspiel mit den Akkusativformen von Ζεύς, dazu ausführlich H. SCHWABL, RE SUPPL. XV, 1353-1358]. ‚Sohn des Kronos und der Zeit' heißt er, weil er aus einer grenzenlosen Ewigkeit in die andere schreitet. Der ‚Blitzende', der ‚Donnerer', der ‚Heitere', ‚Äthergott', ‚Herr des Donnerkeils' heißt er und auch ‚Regengott' nach Regenfällen, Blitzschlägen und anderen Wettererscheinungen. ‚Fruchtbringer' (Ἐπικάρπιος) heißt er von den Feldfrüchten, ‚Städtebeschützer' (Πολιεύς) von den Stadtgemeinden, auch ‚Schutzgott von Geschlecht, Haus und Stamm' (Ὁμόγνιος) und ‚Gott der Väter' (die Editionen haben Πατρῷος, die Handschriften Πάτριος), weil er an diesen Gemeinschaften Anteil hat. Desgleichen ist er der ‚Schützer von Gemeinschaft (Ἑταιρεῖος) und Freundschaft (Φίλιος), Gastrecht (Ξένιος), Heerzug und Sieg', ‚Reiniger', ‚Rächer', ‚Hort der Schutzflehenden' (Ἱκέσιος) und ‚Herr der Sühnopfer', wie die Dichter sagen, ‚Retter' und wahrer ‚Befreier', mit einem Wort: Der ‚Himmlische', ‚Irdische', nach jedem Wesen und jeder Lage benannt, weil er auch von allem selbst der Urheber ist." Im Vergleich mit Dion fällt auf, dass dieser von den Aspekten des Zeus als Wettergott (vgl. H. SCHWABL, RE Suppl. XV, 1014-1017) nur das „Fruchtbringen" beibehält und alles andere, vor allem alles Gewaltsame ausspart, worauf er in § 79 noch eingehen wird. Die Tendenz, nur die fürsorgliche, väterliche Schutzgottheit erscheinen zu lassen, wird überdeutlich. Ähnliche Listen noch im Zeushymnus des Ailios Aristeides (Or 43,29f.; dazu vgl. J. AMANN, Die Zeusrede des Ailios Aristeides [TBAW 12], Tübingen 1931, 99-109; H. SCHWABL, RE SUPPL. XV, 1372-1379); bei Cornutus bzw. Kornutos, Theologiae graecae compendium 9 (bes. 9,14-15 ed. Lang, 1891; gemeinsam sind: Soter, Polieus, Homognios, Xenios, Ktesios; vgl. H. SCHWABL, RE Suppl. XV, 1350f.), und in der Diatribe 15a des Musonius Rufus (78,6-13 ed. Hense, 1905: Homognios, Xenios, Philios; vgl. A. JAGU, Musonius Rufus [s. Anm. 80] 71).

376 S.o. § 22 mit Anm. 106; ferner z.B. Hesiod, Theog 923; Op 667.

377 S.o. § 22 mit Anm. 108; öfter als „Patroos" oder „Patrios", z.B. Platon, Leg IX 881D; vgl. M.P. NILSSON, Geschichte der griechischen Religion. Bd. 1 (HAW V 2,1), München [3]1967, 402f.

378 „Polieus", u.a. ein Beiname des Zeus als Schutzgott Athens, Paus. 1,24,4; vgl. M.P. NILSSON, a.a.O. 153f.; H. SCHWABL, RE Suppl. XV, 1052f.

379 „Homognios" als Götterepiteth bei Platon, Leg V 729C; vgl. H. SCHWABL, RE Suppl. XV, 1051f.

380 Zeus „Philios" bei Platon, Phaedr 234E; vgl. M.P. NILSSON, a.a.O. 808-810.

381 Zu „Hetaireios" vgl. Herodot 1,44,2 (mit dem erzählenden Kontext: ein Jagd*gefährte* tötet versehentlich auf der Eberjagd den Sohn des Lyderkönigs Kroisos; dieser ruft Zeus als Entsühner, als Gott des Herdes und als „Hetaireios" an); vgl. M.P. NILSSON, a.a.O. 416.

382 „Hikesios" z.B. bei Sophokles, Philoktet 484; vgl. M.P. NILSSON, a.a.O. 419; H. SCHWABL, RE Suppl. XV, 1027-1030.

383 Zeus „Phyxios" hatte nach Paus. 2,21,2 einen Altar an der Agora in Argos. Das Attribut besagt eigentlich, dass sich Asylsuchende zu ihm (seinem Altar, seinem Tempel, seinem Standbild) flüchten konnten. Dion gibt dem eine Wendung auf menschliches Leid allgemein hin.

384 „Xenios": vgl. schon Homer, Od 9,470f.: „Zeus ist der strafende Hort für den Flüchtling wie für den Gastfreund; Zeus, der Gastliche, hilft auch den Gästen, zeigen sie Ehrfurcht" (Übers. A. HEUBECK, TuscBü); vgl. M.P. NILSSON, a.a.O. 419f.

385 „Ktesios": Zeus als Gott und Schützer des Haushalts, mit einem eigenen häuslichen Altar, vgl. Aischylos, Supp 445; Ag 1038; vgl. M.P. NILSSON, a.a.O. 403f.; H. SCHWABL, RE SUPPL. XV, 1051.

386 Zeus „Epikarpios", z.B. bei Plutarch, Stoic Repug 30 (1048C), neben „Ktesios" und „Charidotes". Ausführlicheres zu den verschiedenen Titeln findet sich in den großen Werken von A.B. COOK, Zeus: A Study in Ancient Religion, Bd. 1-3; Cambridge 1914-1940; L.R. FARNELL, The Cults of the Greek States. Bd. 1-5, Oxford 1896-1909.

387 Gelesen wird mit Y und Cohoon ὅσον δέ; andere Manuskripte haben ὅσου δέ und ὡς οὐδέν; von Arnim u.a. konjizieren ὅτου δέ; dann wäre der ganze Satz auf den Künstler Pheidias zu beziehen, aber gerade die Frageform weist eher auf das Standbild zurück, s. die nächste Anm.

388 Der Gedanke ist aus dem Beginn von § 75 wieder aufzunehmen, gegen andere Übersetzungen und Deutungen.

389 Zur Herkunft von μεγαλοπρεπές aus der Rhetorik (!) und zur Weiterverwendung in der Kunstkritik s. J.J. POLLITT, The Ancient View of Greek Art 196-198.

390 „Nomimos", wohl als weiterer Titel für Zeus gedacht, der in der obigen Liste fehlt; vgl. von den Göttern allgemein Platon, Leg XII 954A.

391 ἐν εἴδει συμβόλου wird bei von Arnim zwar noch im Text gelassen, im Apparat aber angezweifelt und dort durch αἰνίττεται διὰ συμβόλου (darauf „wird angespielt durch ein Symbol") ersetzt; Cohoon hat ὂν ἤδη σύμβολον (das Ähnliche, „das schon ein Symbol ist"), Russell erwägt eine Streichung.

392 Satzabtrennung anders als bei von Arnim mit Cohoon und Russell zwischen ἐμφαινόμενα und προσομοιοῖ.

393 Zu diesem Zeusattribut, einem seiner wichtigsten, vgl. H. Schwabl, RE Suppl. XV, 1018-1020; natürlich wäre – gegen „Pheidias“ – seine Ausführung technisch möglich gewesen, gibt es doch im 6. bis 4. Jh. genügend Beispiele für Darstellungen des blitzeschwingenden Zeus, vgl. nur E. Simon, RE Suppl. XV, 1423f.1429f.; H. Schrade, Dio Chrysostomos 211; zur Absicht dieser Negation s.u.

394 Mit J.L. Moles, Dio Chrysostom, Greece, and Rome 182f., kann man überlegen, inwiefern sich in dieser Absage an den kriegerischen Zeus eine Kritik Dions am Dakerfeldzug Trajans, dessen Heerlager er nach § 18-20 um des Besuchs beim olympischen Zeus willen verlassen hat, verbirgt (auch wenn Moles in anderen Punkten seine anregende Interpretation etwas überzieht).

395 Übernommen wurde die ursprünglich von Schwartz vorgeschlagene Ergänzung <καταχέοντα>. Russell bringt als weitere Möglichkeit <τεύχοντα> („entstehen lassen“) ins Spiel, während Cohoon durch ἢ ἐπ᾽ ὄμβρων ὑπερβολῇ mit dem voranstehenden Satzteil koordiniert. Blitz, Regen und Krieg nebeneinander in Il 10,5-8: „Wie der hohe Gemahl der lockigen Hera den Blitz wirft, wenn er unendlichen Regen sendet oder den Hagel oder ein Schneegestöber, so dass weiß wird von Schnee das Gefilde, oder auch den Rachen des Kriegs, des verderblichen, öffnet ...“

396 Il 17,547f.: „Wie wenn Zeus den purpurnen Regenbogen am Himmel ausspannt, dass er den Menschen als Zeichen des Krieges erscheine...“

397 στρατιώταις, ἢ statt στρατιώτῃ, das von Arnim einklammert. Zum Inhalt Il 4,75-77: „Gleichwie ein Stern, den der Sohn des verschlagenen Kronos gesendet, Schiffern oder dem weiten Lager der Völker zum Zeichen hell erglänzt und im Flug unzählige Funken umhersprüht ...“

398 Il 11,3f.: „Zeus aber sandte hinab zu den schnellen Schiffen Achaias Eris, die schreckliche Göttin, das Zeichen des Kampfes in Händen“; 11,11f.: sie „rüstete jeglichen Mannes Brust mit Kraft, unermüdlich im Streite zu stehen und zu kämpfen“. Im Folgenden wird mit von Arnim und Russell eine Textumstellung vorgenommen.

399 Konkret sind es Achill und Hektor in Il 22,210-213.

400 Il 8,69-72: „... richtete Vater Zeus nun aus die goldene Waage, warf zwei Lose hinein des trauerbringenden Todes, ... fasste die Mitte und wog ...“; vgl. 22,210-213.

401 Mit der vorstehenden Aufzählung werden alle Aspekte des Zeusbildes bei Homer (dazu H. Schwabl, RE Suppl. XV, 1258-1266), die sich mit einem philosophisch reflektierten Gottesbegriff nicht vereinbaren lassen, aus der Interpretation des Bildwerks ausgeblendet; vgl. M. Mortenthaler, Olympikos 37: „Wenn Pheidias aber behauptet, er hätte dies alles auch gar nicht darstellen wollen ..., dann ist die Ablehnung der homerischen Auffassung vom blitzeschleudernden und kriegerischen Göttervater (78) als dem höchsten Gotte unangemessen freilich kaum mehr verhohlen, bleibt aber dennoch verhüllt in einen letzten Schleier gewollter Distanz“; zur Gesamttendenz L. François, Dion Chrysostome critique d'art 111: „Et le Zeus des philosophes, sans

cesser d'être lui-même, se rapprochait du commun des fidèles; il venait à eux."

402 Oder vielleicht besser: „hergestellt aus Material, wie es in unseren unterirdischen Erzgruben vorkommt", mit ὑπογείων (Cohoon, der gezielt an die Silberminen von Laurion denkt) statt ἐπιγείων (von Russell verdächtigt).

403 Vgl. aber, was Plinius d.Ä., Nat Hist 35,96, über den Maler Apelles sagt: „... womit er die Verse Homers ... übertroffen zu haben scheint. Er malte auch das, was außerhalb des Bereiches der Malerei liegt, Bilder wie Donner, Wetterleuchten und Blitze ..."

404 Vgl. die kombinierte Aktion in Il 20,56-58: „Furchtbar *donnerte* Zeus, der Vater der Menschen und Götter, aus der Höhe herab; doch *erschütterte* unten Poseidon weit die unendliche Flur ..."

405 Il 1,528-530: „Sprach es und nickte ihr zu mit den dunkeln Brauen ...; es erbebten die Höhen des Olymps"; in § 25f. wurde gerade diese Stelle noch als Orientierungspunkt für die Zeusdarstellung des Pheidias herangezogen.

406 Il 15,153: „... und um ihn die Hülle der duftenden Wolken gebreitet".

407 Immerhin geht es um Gold und Elfenbein.

408 Die „Leute", die Gold und Elfenbein besorgten bzw. finanzierten, sind die Eleer; „der, der es nahm", ist Pheidias selbst. Vgl. dazu Lukian, Hist Conscr 51, der dieses Faktum zu einer Parallelisierung von Geschichtsschreibung und bildender Kunst benutzt: „Insgesamt muss man dafürhalten, dass der, der Geschichte schreibt, dem Pheidias oder dem Praxiteles oder Alkamenes oder einem anderen von diesen gleichen sollte; denn auch jene schufen nie das Gold oder Silber oder Elfenbein oder ein anderes Material, sondern es kam vor und war ihnen im Vorhinein zur Verfügung gestellt von den Eleern, den Athenern oder den Argeiern, die es sich beschafft hatten; die aber bildeten nur und sägten und polierten, und klebten und brachten in ein Gleichmaß und verzierten es mit Gold; und das war für sie die Kunst, das Material nach Bedarf zu verwenden. Derart ist denn auch etwa die Aufgabe des Geschichtsschreibers ..."; Übers. nach M. BOEDER, Visa est Vox 46f.

409 Diese Wendung könnte, so die meisten Herausgeber, aus einem unbekannten lyrischen Werk stammen; angesprochen wäre damit der Ozean.

410 Die Verbesserung von ἔργμα in den Handschriften zu ἕρμα („Stützbalken, Träger, Ballast, Gewicht, Schwerpunkt") u.a. bei Geel 120 gewinnt noch an Plausibilität durch Euripides, Hel 854: die Leichen der Feiglinge „bleiben liegen auf der harten Erde (ἐφ' ἕρμα στερεὸν γῆς)".

411 Bei dieser Übersetzung wird der Nebensatz als Umschreibung des Elements „Erde", das man nach Luft, Feuer und Wasser auch erwarten würde, verstanden. Thema des Paragraphen wäre folglich die Erschaffung der Welt aus den vier Urelementen, die als Werk des höchsten Gottes mit den beschränkten Gestaltungsmöglichkeiten des menschlichen Künstlers, der auf andere Materialien angewiesen ist, kontrastiert

wird. Sehr klar wirkt Dions Gedankengang allerdings nicht, was wieder damit zusammenhängt, dass er auf komplexe philosophische Lehren nur im Vorbeigehen anspielt (vgl. den ausführlichen, aber exotisch „verkleideten" Schöpfungsmythos in Dions Borysthenitischer Rede [Or 36,39-60]; dazu nur G. MOROCHO, Exégesis de un mito oriental; zu den literarischen Aspekten G. HIGHET, The Huntsman; F. JOUAN, Les thèmes romanesques). Das hat auch zu den Textunsicherheiten in diesem Paragraphen geführt. Mit Emperius und von Arnim ist beim hier vertretenen Verständnis ἔν τισι θνητοῖς ὀργάνοις („mit irgendwelchen menschlichen Werkzeugen"), was den impliziten Gegensatz explizit machen will, aber auf Kosten des Sinns des Nebensatzes, zu streichen.

412 Hier kommt wieder das Material für Götterstatuen in den Blick.

413 So nach der Textgestaltung bei von Arnim: συμπλέκοντα εἰς γένεσιν ζῴων anstelle der Manuskriptlesart ἐμπλέκοντα εἰς ταὐτὸ γένος καὶ ζῴων. Man vergleiche, was Cohoon auf anderer Textgrundlage daraus macht: „and to select each kind of material and entwining them together to compose every species, both of animals and of plants".

414 Dodona war der Sitz eines alten Zeusorakels, vgl. Herodot 2,52,1-3; 55,1-3; 57,1-3.

415 Pindar, Frag. 57 Snell; öfter zitiert, mehrfach z.B. bei Plutarch.

416 Die Eingangswendung οὗτος γὰρ δὴ ist mit derjenigen identisch, die schon in § 22 eine erste Liste von Prädikationen einleitete. Dadurch entsteht eine großräumige Ringkomposition, die sich um die Hauptteile der Rede legt, vgl. M. MORTENTHALER, Olympikos 40.

417 Zu ihm, der auch in Olympia arbeitete, s.o. § 45 mit Anm. 230.

418 Kraut 301f. klammert dieses und das folgende Textstück als sekundäre Glosse ein, weil Pheidias so nicht von sich selbst sprechen könne; er übersieht, dass letztlich der Autor Dion spricht.

419 Nicht auf das Gesamtwerk der beiden (so Cohoon) oder auf die Zeusstatue in Olympia zu beziehen, sondern auf die Materialien Gold und Silber, s. im Folgenden.

420 Il 18,474f.; Kontext ist Homers Schilderung der Anfertigung des Schildes des Achilles durch den Schmiedegott Hephaistos (zu ihm s.o. § 52 mit Anm. 268), ein rhetorisches Standardbeispiel für eine gelungene Ekphrasis.

421 Hier wird der Kunstgriff der Prosopopoiie erneut greifbar: So von sich selbst in aller Öffentlichkeit zu reden hätte dem historischen Pheidias die Bescheidenheit eigentlich verbieten sollen; Dion aber kann ihn ohne weiteres so reden lassen, weil er die Werturteile späterer Zeiten mit reflektiert.

422 Die Kürze der *peroratio* fällt, wie in der Einleitung schon festgestellt, auf. Doch sieht z.B. Cicero, Inv 1,52,98, für den Schluss als „Ausgang und Abrundung der ganzen Rede" drei Möglichkeiten vor: die Aufzählung (*enumeratio*), die Empörung (*indignatio*) und das Wehklagen (*conquestio*). Davon realisiert die Rekapitulation in § 84 die *enumeratio*, und § 85 klingt in einer Wehklage (s.u.) aus.

423 Die folgende Zusammenfassung wichtiger Redeinhalte setzt von Arnim komplett in eckige Klammern, mit der Begründung im Apparat: „spuria esse, docet sententiarum conexus"; auch Russell meint, zumindest zum Vortrag sei dieses Stück nicht geeignet. Darüber kann man am Schluss einer so langen Rede geteilter Meinung sein, vgl. das soeben zur *enumeratio* bei Cicero Gesagte. Auf jeden Fall passt die Rekapitulation in die verschriftlichte Fassung. Verteidigt wird sie von T. CHRISTOFFERSSON, Bemerkungen 46-48, und – mit scharfer Kritik an von Arnim – von L. PERNOT, La rhétorique de l'éloge 590.

424 Das Schlusswort gehört Zeus: ein kühner letzter Rückgriff auf das rhetorische Mittel der Prosopopoiie, hier, wo der Redner einem Gott das Wort erteilt, entsprechend vorsichtig eingeleitet. Vgl. dazu, was Quintil. 9,2,31 von der Prosopopoiie sagt: „Ja, sogar Götter vom Himmel herab- und aus der Unterwelt heraufzurufen, ist bei dieser Ausdrucksform statthaft."

425 Dazu ist der situative Kontext zu bedenken: „Kolossale Kultbilder in der *cella* konnten bei geöffneten Tempeltüren, und aus einer tieferen Position gesehen, möglicherweise den Eindruck erwecken, das Bild würde wie in einer Epiphanie aus der Tempeltür heraustreten", so B. GLADIGOW, Zur Ikonographie und Pragmatik römischer Kultbilder, in: Iconologia Sacra. Mythos, Bildkunst und Dichtung in der Religions- und Sozialgeschichte Alteuropas (FS K. Hauck), Berlin 1994, 9-24, hier 19.

426 Stich 56 verkennt die Prosopopoiie, wenn er übersetzt: „Scheint es (das Götterbild) uns doch in Wirklichkeit so den Beschauer anzublicken, voll Wohlwollen und Fürsorge, dass man schier glauben möchte, es spreche", und das Folgende den Redner direkt und nicht im Medium der Figurenrede sagen lässt.

427 So mit leichtem Eingriff die zugegeben schwierige Manuskriptlesart Ἠλεῖοί <τε> καὶ ἡ σύμπασα Ἑλλάς, an deren Stelle von Arnim ὦ σύμπασα Ἑλλάς vorschlägt; mit ihm lese ich ἐπιτελεῖς und διαφυλάττεις.

428 Es folgt ein Zitat aus Od 24,249f.; ein überraschender Effekt des Zitats besteht, ganz abgesehen von seinem Inhalt, schon darin, dass „Zeus" nicht nur selbst spricht, sondern auch noch selbst Homer zitiert, von dem zuvor „Pheidias" ausführte, wie sehr er für das gängige anthropomorphe Bild von Zeus, in das sich auch sein Reden einfügt, verantwortlich zeichnet, vgl. G.A. KENNEDY, The Art of Rhetoric 578: „Zeus quotes the very Homer who has contributed to his own conceptualization!" Zur ständigen Verwendung Homers bei Dion allgemein, zu seiner guten Kenntnis Homers und zur Autorität, die Homer für ihn besitzt, vgl. A. OLIVIERI, Gli studi omerici di Dione Crisostomo; J.F. KINDSTRAND, Homer in der Zweiten Sophistik 13-44.113-162; A.M. MILAZZO, Variazione e tecnica allusiva; F. MESTRE, Homère, entre Dion Chrysostome et Philostrate.

429 Gegen das Homerzitat, wo αὐτόν steht (so auch die Mehrzahl der Handschriften mit Dions Rede), schreibt Dion bewusst αὐτήν (so zwar nur wenige Textzeugen, aber αὐτόν [bei Geel und Emperius

noch bevorzugt] dürfte Angleichung an den gängigen Homertext sein; der umgekehrte Vorgang ließe sich nur schwer erklären). Damit entfällt die Möglichkeit, die Verse auf Dion selbst und die sichtbaren Folgen seines Wanderlebens zu beziehen (so aber Elliger 804 Anm. 69: „In den Versen redet er sich selbst an"). Die Verse sind vielmehr auf Hellas anzuwenden, das im einleitenden Vokativ der Zeusrede angesprochen wird. Zur daraus folgenden Interpretation s. die nächste Anm.

430 Od 24,249f., von Odysseus über seinen greisen Vater Laertes gesagt, hier auf Griechenland übertragen. Da man eher eine schwungvolle, der Länge der Einleitung und der Rede entsprechende *peroratio* erwartet hätte, wird dieser Schluss oft als unbefriedigend empfunden, bis hin zu der Vermutung, analog zu anderen Reden sei auch der Schluss der Olympischen Rede beim Überlieferungsvorgang verstümmelt worden; vgl. G. HIGHET, Mutilations 76f., der meint, man müsse für den verloren gegangenen Schlussteil wenigstens 40 weitere Paragraphen ansetzen („To bring the speech to an end proportionate to those parts which are extant, forty further paragraphs would scarcely suffice"). Doch kann man diesem Decrescendo gegen Ende hin auch Sinn abgewinnen, wenn man die politischen Absichten Dions bedenkt. Er weiß um die Unumgänglichkeit der römischen Herrschaft und will sich damit arrangieren (vgl. N. MÉTHY, Dion Chrysostome et la domination romaine; J. PALM, Rom, Römertum und Imperium 16-30), er sieht aber auch mit Bedauern die politische Ohnmacht der kulturell überlegenen Nation der Griechen, deren einstiger Glanz durch die stets präsenten literarischen und künstlerischen Erzeugnisse der Vergangenheit schmerzlich im Bewusstsein wachgehalten wird (vgl. Or 31,159f.: „Mit Griechenlands Herrlichkeit ist es vorbei, schmählich ist sie untergegangen ... Eher noch zeugen die Steine von Glanz und Größe Griechenlands, die Trümmer der Gebäude ..."). Daraus gewinnt Dion den Appell, sich wenigstens in den überschaubaren, kleinen Bereichen des Lebens in den Städten um Eigenständigkeit und Würde zu bemühen. Auf den Schluss von Or 12, so verstanden, passt also, was P. DESIDERI, Dione di Prusa fra ellenismo e romanità 3902, generell ausführt: „E in realtà quello che più nettamente si delinea in Dione come valore duraturo dell'eredità ellenica, al di là del rimpianto per un passato che non può tornare, è proprio il fatto che questo passato, come i monumenti e gli scrittori dei tempi migliori continuano a reppresentarlo di fronte agli occhi e alla mente, finisce per costituire nel suo complesso un modello ideale di comportamento, capace non tanto di far misurare la decadenza politica e morale del presente, quanto di orientare nel compito difficile di affrontare il futuro"; vgl. zur Deutung des Schlusses auf Vergangenheit und gegenwärtige politische Lage Griechenlands auch I. CHIRASSI, Il significato religioso 283f. Eine besonders weit reichende politische Interpretation unternimmt J.L. MOLES, Dio Chrysostom, Greece, and Rome 183, vor allem auf Grund der Fortsetzung des Zitats in Od 24,257 („Welchem Mann gehörst du als Helfer?"), was Griechenland

in die Rolle eines unfreien Sklaven und Rom in die des Sklavenhalters einrücken lasse; außerdem entdeckt er eine zusätzliche „allusion to Dio himself, old and unkempt“, schon aufgrund der Namensähnlichkeit („It is also Δίων who makes Δία speak“). Die Klage am Schluss der Rede entspreche so dem klagenden Lied der Eule (= Dion) in § 1 und § 8. Noch einen Schritt weiter führt diese Interpretation S. SWAIN, Hellenism and Empire 201f., der auch die von Odysseus gelobte Gartenarbeit des Laertes in Od 24,226-247 mit einbezieht: damit sei das Lob des Zeus für die Mühe der Griechen um eine angemessene Gestaltung der Opfer und Feste zu vergleichen; nur gelte leider, „that Greece is tending her garden as well ‚as present cirumstances allow‘ for someone else's benefit. Her shameful apparel is due to her subjection to a master“. Kritik an der „politischen“ Interpretation übt A. BILLAUT, Dion Chrysostome 218f.; er stellt selbst den Alterungsprozess Griechenlands, der sich aus dem Alter der Zeusstatue – nicht des Gottes selbst – ergebe, in den Mittelpunkt; doch ist die von ihm postulierte Korrelation von statuarischer Kunst und Zeiterfahrung (Statuen überdauern die Zeit, aber nicht unbeschädigt und nicht ewig) nur ein Aspekt von Dions Denken.

E. Interpretationen

(H.J. Klauck)

I. Zur rhetorischen und literarischen Gestalt der Rede

In rhetorisch-literarischer Hinsicht lässt sich Dions Olympikos charakterisieren als epideiktische Rede, die sich stellenweise einem Prosahymnus annähert, mit einer zur Einführung vorausgeschickten Prolalia, mit Synkrisis, dreifacher Prosopopoiie und Dichterzitaten als tragenden Gestaltungsmitteln und mit kunstvoll durchgeführter *elocutio* bei insgesamt mittlerer, teils gemischter Stillage. Diese Komponenten gilt es nun der Reihe nach zu entfalten.

1. Das Redegenus

Literatur: J. AMANN, Die Zeusrede des Ailios Aristeides (TBAW 12), Tübingen 1931. – R. BRUCKER, ‚Christushymnen' oder ‚epideiktische Passagen' 36-173. – A. HÖFLER, Der Sarapishymnus des Ailios Aristeides (TBAW 27), Stuttgart 1935. – G. JÖHRENS, Der Athenahymnus des Ailios Aristeides (Habelts Dissertationsdrucke. Reihe Klassische Philologie 32), Bonn 1981. – M. LATTKE, Hymnus. Materialien zu einer Geschichte der antiken Hymnologie (NTOA 19), Freiburg (Schweiz) / Göttingen 1991. – L. PERNOT, La rhétorique de l'éloge (grundlegend!), bes. 216-238: L'éloge des dieux. – D.A. RUSSELL / N.G. WILSON, Menander Rhetor. Edited with Translation and Commentary, Oxford 1981. – D.A. RUSSELL, Aristides and the Prose Hymn, in: Ders. (Hrsg.), Antonine Literature, Oxford 1990, 199-219.

Neben der Gerichtsrede und der Beratungs- oder Volksrede bildet die epideiktische Rede (lat. *genus demonstrativum*) die dritte Größe innerhalb der spätestens seit Aristoteles vorgenommenen Klassifikation der Redegenera (ausführlich dazu Pernot). Ihr sozialer Ort ist die Festversammlung, ihr Inhalt „praise and blame", Lob und Tadel. Behandelt wurde in den Handbüchern wegen ihres hohen Gebrauchswerts bevorzugt die Gerichtsrede, so dass hinsichtlich der epideiktischen Rede ein Theoriedefizit besteht. Außerdem fungiert die Epideiktik als ein Sammelbecken für alles, was nicht eindeutig der Gerichtsrede oder Volksrede zugeordnet werden kann, und sie dringt ihrerseits in die beiden anderen Gattungen ein, z.B. in der Form der Invektive gegen einen persönlichen Gegner vor Gericht oder einen politischen Gegner im Rat. Dass die Grenzen verschwimmen, ist nicht als Missgeschick zu betrachten, sondern entspringt teils bewusster Absicht, hat doch Isokrates in seiner Rede „Über den Frieden" festgestellt, eine Volksrede müsse gleichzeitig *anklagen*, *loben* und *zureden* (Or 8,27), also die drei Gattungen in sich vereinen.

Diese Vermischung der Genera betreibt, selbst wenn es nicht sofort auffällt, auch Dion in seiner Olympischen Rede[1]. Zwar herrscht der epideiktische Redegestus vor, wie es sich von der Situation her – ein Auftritt des Redners bei der Festversammlung in Olympia – nahe legt. Aber in § 49-83 inszeniert Dion eine förmliche Gerichtsverhandlung, der Pheidias sich stellen muss. Hier kommen Elemente der forensischen Rede fiktiv zum Einsatz, und nicht zufällig begegnet verstärkt auch forensisches Vokabular („zur Verantwortung ziehen", „Rechenschaft ablegen", „prüfen", „Prozess" in § 49f., „verteidigen", „überzeugen" in § 52, „angeklagt werden" in § 62, etc.). Schließlich enthält die Rede insgesamt auch ein starkes deliberatives Moment. Zwar heißt es im Resümee in § 84, dass „ein Loblied auf diese Statue" vorgetragen worden sei, was der Epideiktik entspricht, aber das wird dort nur als ein Ziel unter anderen deklariert. Es ging mindestens ebenso sehr darum, das Denken der Dichter über das Göttliche zu bewerten und über die Herkunft der Gottesvorstellung bei den Menschen nachzusinnen, und das geschah erkennbar in der Absicht, das Publikum in diesen Fragen für die Sicht des Redners zu gewinnen. Er übernimmt damit die Aufgaben eines Beraters seiner Zuhörer in weltanschaulichen Fragen. Ausgeführt wird dieses Programm vor allem in den Variationen zur *theologia tripertita* im Mittelteil der Rede.

Mit dieser leitenden Absicht hängt es auch zusammen, dass die Rede sich nicht zu einem reinen Loblied auf Zeus entwickelt, dass sie mit anderen Worten keinen reinen Prosahymnus darstellt, auch wenn sie Elemente eines solchen enthält, insbesondere in den Zeusepiklesen der Paragraphen 22 und 75f. (vgl. in § 22 die Wen-

---

[1] Vgl. ihre Charakterisierung durch M. MORTENTHALER, Olympikos 41: „harmonische Synthese von theologisch-kunsthistorischem Vortrag und enkomiastischer Festrede".

dung τήν τε φύσιν αὐτοῦ καὶ τὴν δύναμιν ὑμνῆσαι λόγῳ βραχεῖ, „sein Wesen und seine Macht in einer kurzen Rede zu besingen"), aber auch in der indirekten Museninvokation in § 23f. (s.u.). Der Hymnus bedient sich metrisch gebundener Sprache, ist also im Versmaß gehalten. Er stellt die geeignete Form für den Lobpreis von Gottheiten dar, während dem Preis von Menschen das in Prosa gehaltene Enkomion vorbehalten bleibt. Aber Quintilian führt unter den Stoffen für epideiktische Reden auch ein Lob der Götter auf (3,7,7-9), für das man, auch wenn er es nicht ausdrücklich hinzusetzt, gehobene Prosa verwendet. Schon das hymnische Gebet an die personifizierte Philosophie, das Cicero im Proömium zum 5. Buch seiner Tusculanen anstimmt (Tusc 5,5f.), ist als Prosahymnus zu bewerten (s. Brucker 211-217).

In ausgebildeter Form finden wir den Prosahymnus als Form des Götterlobs im 2. Jh.n.Chr. bei Ailios Aristeides in seinen Reden auf Athena, Asklepios, Herakles, Dionysos, Zeus, Sarapis und Poseidon (Or 37-46; vgl. Amann, Höfler, Jöhrens, Russell). Die Zeusrede, die vom Thema her am nächsten an Dions Olympikos herankommt, leitet er mit der Bemerkung ein, dass er versprochen habe, „einen Hymnus auf Zeus vorzutragen, *aber in Prosa*" (Or 43,2). Es schließt sich eine Anrufung der Musen an (43,6; vgl. 38,4), Homer wird evoziert (43,15.22), andernorts auch ausführlich zitiert (37,5f.). Am Schluss steht eine Liste der Ehrennamen und Epitheta, die Zeus beigelegt werden (43,29f.), was eine Parallele in der Rede auf Athena (37,26f.) hat. Die Sarapisrede beginnt mit einem Seitenhieb auf die Dichter, die es nicht nur leichter als die Redner haben, wenn sie über die Götter etwas sagen wollen, sondern es sich oft genug auch zu leicht machen (45,1-3), und mit einer umfänglichen Rechtfertigung des Götterlobs in Prosa (45,4-13). Die Rede auf Poseidon, den Bruder des Zeus, hält Ailios Aristeides im Übrigen in Korinth aus Anlass der Isthmischen Spiele, weil Krankheit ihn daran hinderte, bei den Olympischen Spielen aufzutreten (46,1f.). Die vielfältigen Berührungen mit Dion liegen auf der Hand.

Vom Ende des 3. Jahrhunderts stammen die beiden Traktate über die epideiktische Rede, die uns unter dem Namen des Menander Rhetor überliefert sind (s. Russell / Wilson). Der erste Traktat bespricht im ersten Buch (333-344) die (Prosa-) Hymnen auf Götter und unterteilt sie in acht Kategorien, der zweite zeichnet beispielhalber nach, wie eine Rede zu Ehren des Apollon

Smintheus entsteht (437-446), mit der unvermeidlichen Liste der Epiklesen als Abschluss (445,25-446,13). Nach dreigeteilter Einleitung mit Rekurs auf Homer, Hesiod, Pindar und die Musen setzt der Hauptteil so ein:

> Apollon Smintheus, wie sollen wir dich anreden? Als Sonne, Spender des Lichts und Quelle der Strahlkraft des Himmels? Als Verstand (wie in der Rede derer, die Theologie treiben), der alles Himmlische durchdringt und durch den Äther bis hierher gelangt? Als Erschaffer (δημιουργόν) des Alls oder als zweite Kraft (δύναμιν)? Durch dich hat der Mond seinen Schein ... (438,11-18).

Als Dynamis, als eine der Kräfte bzw. die oberste Kraft des Zeus hatte Ailios Aristeides auch Athena charakterisiert (Or 37,28). Das ist ein stoischer Kunstgriff, den auch Dion kennen musste. Er erlaubt es, nominell an vielen Göttern festzuhalten, sie aber konzeptuell zu reduzieren auf Manifestationen einer einzigen ordnenden, aber immer noch weltimmanenten Macht. Der Gattungsvergleich zum Stichwort „Prosahymnus“ führt so unversehens mitten hinein in die noch aufzurollende religionsphilosophische Thematik.

An weiteren Gattungselementen im Olympikos, die eine besondere Affinität zum epideiktischen Redegenus haben, können wir noch benennen: die gelungene Ekphrasis[2], d.h. die Beschreibung des Pfaus in § 2f., in gewisser Weise aber auch die eingestreuten Schilderungen von Eindrücken, die das Zeusbildnis des Pheidias weckt (z.B. § 77), und die Invektive gegen die Epikureer in § 36f., die nicht mehr dem „praise“ dient, sondern dem Gegenteil, dem „blame“[3].

2. Die Prolalia

Literatur: G. ANDERSON, The Second Sophistic 53-55. – M. CUVIGNY, Le curieux *Discours 72* de Dion de Pruse. – M. MORTENTHALER, Olympikos 9-24. – K. MRAS, Die προλαλιά bei den griechischen Schriftstellern, in: WSt 64

---

[2] Vgl. zu dieser vielverhandelten Technik D.P. FOWLER, Narrate and Describe: The Problem of Ekphrasis, in: JRS 81 (1991) 25-35; G. BOEHM / H. PFOTENHAUER (Hrsg.), Beschreibungskunst – Kunstbeschreibung. Ekphrasis von der Antike bis zur Gegenwart (Bild und Text), München 1995; M. BOEDER, Visa est Vox 29-49; B. ZIMMERMANN, Poetische Bilder. Zur Funktion der Bildbeschreibung im griechischen Roman, in: Poetica 31 (1999) 61-79.

[3] Vgl. S. KOSTER, Die Invektive in der griechischen und römischen Literatur (BKP 99), Meisenheim am Glan 1980.

(1949) 71-81. – H.G. NESSELRATH, Lucian's Introductions, in: D.A. Russell (Hrsg.), Antonine Literature, Oxford 1990, 111-140.– L. PERNOT, La rhétorique de l'éloge 546-568. – DERS., Lucien et Dion de Pruse 114. – D.A. RUSSELL / N.G. WILSON, Menander Rhetor. Edited with Translation and Commentary, Oxford 1981. – D.A. RUSSELL, Greek Declamation, Cambridge 1983, 77-79.

Menander Rhetor kommt im zweiten Traktat auf die λαλιά zu sprechen (388,17-394,31) und bezeichnet sie als besonders nützlich für den Sophisten. Im Unterschied zu den großen, formalen Reden fällt die Lalia einfacher und kürzer (393,24-26) aus. Sie ist in lockerem Plauderton gehalten und braucht keinem strengen Aufbauschema zu folgen (391,19-29). Wir könnten sie mit unserem Essay vergleichen. Als Beispiel für den passenden Tonfall werden Xenophon und Dion Chrysostomos angeführt (390,1f.). An möglichen Themen werden aufgezählt: ein Enkomion auf einen Statthalter (389,3-390,13), Ratschläge hinsichtlich der Eintracht (390,14-17), die Begrüßung der Heimatstadt bei der Rückkehr nach langer Abwesenheit (391,29-392,9) und die Abschiedsrede bei der Abreise (393,31-394,12). Diese Liste könnte an Dions Werk abgelesen sein.

Wenn eine Lalia als Einleitung verwendet wird, nennt man sie Prolalia (s. Mras; der Terminus ist allerdings erst in byzantinischen Texten wirklich belegt). Der Redner setzt sie ein, um die Aufmerksamkeit eines durch andere Angebote abgelenkten Publikums zu gewinnen, und benutzt die Gelegenheit zur humorvollen Vorstellung der eigenen Person. Diese Prolalia heißt im Lateinischen *praefatio*. Sie hat Plinius der Jüngere im Blick, wenn er bei dem Redner Isaeus zunächst die „sauberen, schlichten, anziehenden, bisweilen auch wuchtigen, erhabenen Einführungen (*praefationes*)" besonders lobt (Ep 2,3,1), ehe er auf die eigentliche Rede eingeht mit den Worten: „Die Einleitung ist sachgemäß, die Darlegung der Streitfrage klar, die Auseinandersetzung mit dem Gegner scharf, die Schlussfolgerungen kühn, der rednerische Schmuck unvergleichlich" (3,3; hier liegt der übliche Vierschritt zugrunde: *exordium, narratio, argumentatio, peroratio*). Ausgeführte Beispiele für *praefationes* finden sich unter den *Florida* des Apuleius.

Als Exponent für beide Formen, die selbstständige Lalia und die Prolalia, die sich ihrerseits wieder verselbständigen kann, gilt Lukian von Samosata (s. Pernot, Nesselrath). Zwei seiner kleinen Stücke, „Bacchus" und „Hercules", werden in den Handschriften mit dem Etikett Προλαλιά versehen. Von den großen Reden Dions haben neben dem Olympikos eine Prolalia die Erste Tarsische Rede (33,1-16), die Alexandrinische Rede (32,1-24) und die Rede, gehalten in Kelainai in Phrygien (35,1-12). Des Weiteren werden die „Ansprache in der Vaterstadt" (Or 42), die Rede über Nestor (Or 57)[4] und die Rede „Von der äußeren Erscheinung" (Or 72, mit einer Fabel Äsops über die Eule; s. Cuvigny) als Einführungen betrachtet, die entweder aus Versehen von ihrem Redekorpus abgetrennt worden sind oder von vornherein zur mehrfachen Verwendung gedacht waren.

Für den Olympikos bedeutet das zunächst, dass seine Einführung in § 1-15 kein isoliertes Phänomen darstellt, weder innerhalb der Reden Dions noch in der Rhetorik und Literatur seiner Zeit. Allerdings gilt es einem Missverständnis zu wehren. Zwar kann die Prolalia dazu tendieren, vom Inhalt der folgenden Rede völlig abzusehen (vgl. Cuvigny 53, aus Anlass von Or 72: „sans aucun rapport avec ce qui va suivre"), aber auf Or 12 trifft das gerade nicht zu. Schon die Erwähnung des Pheidias in § 6 würde als inhaltliche Klammer genügen. Tatsächlich reichen die Verbindungslinien weiter. Die von Pheidias geschaffene Eule der Athena ist wohl der innere Grund dafür, dass Dion in der Einleitung die Eule überhaupt bemüht. Außerdem gibt er Beispiele für das Schauen (z.B. das Betrachten des Pfaus) und das Hören (auf Nachtigall und Schwan, auf die Worte von Philosophen und Sophisten), womit er bereits eine grundlegende semantische Opposition der ganzen Rede, die um das dichterische bzw. philosophische Wort und um die bildende Kunst kreist, vorwegnimmt.

3. Die Synkrisis

Literatur: F. FOCKE, Die Weisheit Salomos. Ein Beitrag zur Geschichte des jüdischen Hellenismus (FRLANT 22), Göttingen 1913, 11-19. – DERS., Synkrisis, in: Hermes 58 (1923) 327-368. – C. FORBES, Comparison, Self-Praise and Irony: Paul's Boasting and the Conventions of Hellenistic Rhetoric, in: NTS 32 (1986) 1-30. – D.H.J. LARMOUR, Making Parallels: *Synkrisis* and Plutarch's ‚Themistocles and Camillus', in: ANRW II/33.6 (1992) 4154-4200 (Lit.). – M.T. LUZZATTO, Tragedia greca e cultura ellenistica. – T.W. SEID, Synkrisis in Hebrews 7: The Rhetorical Structure and Strategy, in: S.E.

---

[4] So H. VON ARNIM, Leben und Werke 410f.; vgl. auch 438-447.

Porter / D.L. Stamps (Hrsg.), The Rhetorical Interpretation of Scripture (JSNT.SS 180), Sheffield 1999, 322-347.

Aristoteles kennt in seiner Rhetorik ein (ἀντι-) παραβάλλειν, ein „Gegenüberstellen“, das zum Zweck des συγκρίνειν, des „Vergleichens“, geschieht. Bei der forensischen Rede sieht er dieses Vergleichen, griechisch „Synkrisis“ oder lateinisch *comparatio* genannt[5], für die *peroratio* vor. Eine knappe Konfrontierung der gegensätzlichen Standpunkte gegen Ende hin kann, so die Überlegung, dabei helfen, den Streitfall noch einmal auf den Punkt zu bringen[6]. Wichtiger ist für unsere Zwecke die Verwendung der Synkrisis in der Lobrede. Hier dient sie nach Aristoteles der *amplificatio*, der Ausweitung und Steigerung: Hat der Redner das Gefühl, das sein Stoff nicht ganz ausreicht oder dass ihm noch einige Effekte fehlen, zieht er andere Größen zum Vergleich heran[7]. Fast notwendigerweise geht mit dem Vergleichen eine Wertung einher; als Ergebnis wird Gleichwertigkeit, Überlegenheit oder Unterlegenheit konstatiert. Das erkennt man z.B. an dem oft zitierten, nur dem Titel nach bekannten „Vergleich von Erbsenpüree und Linsenbrei“ des Meleagros von Gadara (um 100 v.Chr)[8], in dem es darum gegangen sein dürfte, welche von den beiden Speisen am wenigsten genießbar sei. Den konsequenten Endpunkt dieser agonistischen Entwicklungslinie bildet die Dramatisierung der Synkrisis zu einem Redewettstreit, wo Vertreter der gegensätzlichen Positionen auftreten und ihre Gesichtspunkte in direkter Rede vortragen. Aus der „Vergleichsübung“ ist eine „Streitrede“ geworden[9].

Die Synkrisis im umfassenden Sinn hat seit Aristoteles einen festen Platz in der Rhetorik. Sie wird im Unterricht eingeübt[10] und geht deshalb als fester Bestandteil in die Progymnasmata ein. Genannt sei hier nur der Abschnitt über die Synkrisis (Kap. 10 [112,22-115,12]) im Werk des Aelius Theon, eines Rhetors aus

---

[5] Quintil. 9,2,100.

[6] Rhet 3,19,5 (1419b 33-35).

[7] Rhet 1,19,38f. (1368a 10-29).

[8] Bei Athenaios, Deipnosoph 4 (157B).

[9] Gute Hinweise dazu bei M. EBNER, Leidenslisten und Apostelbrief. Untersuchungen zu Form, Motivik und Funktion der Peristasenkataloge bei Paulus (FzB 66), Würzburg 1991, 98-108.

[10] Vgl. Quintil. 2,4,21.

dem 1./2. Jh. n.Chr., auf den wir weiter unten aus Anlass der Prosopopoiie zurückkommen müssen. Von der Rhetorik aus dringt sie auch in weitere Wissensbereiche wie Literaturkritik und Geschichtsschreibung vor. Miteinander verglichen werden in der Literaturkritik die großen Tragiker (Euripides und Aischylos in den „Fröschen" des Aristophanes), die Komödiendichter (Aristophanes und Menander bei Plutarch[11]), die Epiker (Homer und Hesiod im „Wettstreit zwischen Homer und Hesiod"), die Historiker (Herodot und Thukydides bei Theophrast[12]) und nicht zuletzt die berühmten Redner selbst (Demosthenes und Cicero bzw. Hypereides und Demosthenes im Traktat „Über das Erhabene"[13]; weitere Beispiele in den literaturkritischen Essays des Dionysios von Halikarnass). Aus der Geschichtsschreibung sind besonders bekannt die vergleichenden Zusammenfassungen, mit denen Plutarch jedes Paar seiner Doppelbiographien beschließt (s. Larmour). Die Streubreite und den Variationsreichtum der Synkrisis erkennt man auch daran, dass ein anonymer jüdisch-hellenistischer Autor, der um die Zeitenwende in Alexandrien schreibt, sie in eigenwilliger Weise als Konstruktionsprinzip des dritten Teils seiner Schrift „Weisheit Salomons" einsetzt (in Weish 11,5-14; 16,1-19,17 werden in sieben Anläufen die Plagen der Ägypter verglichen mit Wohltaten für das Volk Israel, s. Focke; Elemente der Synkrisis zuvor schon in der Beispielreihe in Weish 10).

Es wäre verwunderlich, wenn ein geborener Redner wie Dion die Synkrisis nicht einsetzen würde. Ehe wir uns Or 12 zuwenden, sei ein Überblick über Stellen seines Werks gegeben, wo er den rhetorischen Vergleich verwendet.

4,123: Ein Vergleich (παραβάλλειν) des Ruhms mit einem Rad, näherhin mit dem mythischen Rad des Ixion.

6,35: Diogenes will sich nicht weiter mit dem persischen König vergleichen (παραβάλλειν); der Abstand ist zu groß, weil sich der König in einer zu elenden Lage befindet (ähnlich Epiktet, Diss III 22,60).

8,2: Der Mensch Antisthenes wird mit seinen eigenen Lehren verglichen (παραβάλλειν).

---

[11] Als Epitome in Moralia 853A-854D.

[12] Nach Cicero, Orator 12,39.

[13] Pseudo-Longinos, De sublimitate 12,4f.; 34,1-4.

18,13:	Nach der Empfehlung, sich auch mit den Rednern, die vor kurzem erst gewirkt haben, vertraut zu machen, fügt Dion hinzu: „Man vergleicht sich (παραβάλλει) lieber mit einem anderen, wenn man überzeugt ist, dass der Vergleich (συγκρινόμενος) nicht schlechter, sondern vielleicht sogar besser für uns ausfällt."
31,126f.:	In alten Zeiten durften die Rhodier sich noch mit Spartanern und Athenern vergleichen (συνεκρίνετο). Heute sollen sie sich nicht mit den Besten von damals, aber auch nicht mit den Schlechten der Gegenwart, sondern mit Personen mittlerer Güte messen (παραβάλλειν).
32,25-28:	Dion vergleicht das Volk von Alexandrien mit mächtigen Herrschern, was er später παρέβαλον (in § 60) nennt.
32,39:	Dion will sich nicht mit den großen Rednern und Dichtern vergleichen (παραβάλλειν), da er nur Bescheidenes und Geringes zu sagen hat.
36,10-13:	„Welcher Dichter scheint euch besser zu sein, Homer oder Phokylides?", mit anschließendem Vergleich, der günstiger für Phokylides ausfällt.
47,6:	Dion nimmt einen Vorwurf vorweg, den man gegen ihn vorbringen könnte: „Was soll das? Warum vergleichst (παραβάλλεις) du dich mit Homer, Pythagoras und Zenon?"
52:	Dion vergleicht die Behandlung des Philoktetstoffes durch die drei großen Tragiker Aischylos, Euripides und Sophokles (s. Luzzatto).
55:	Thema der Rede ist ein Vergleich zwischen Homer und Sokrates; παραβάλλειν z.B. in § 9f.
66,11:	Vergleich (παραβάλλειν) der Liebhaber von Knaben (die es „vergleichsweise" besser haben) mit Liebhabern des Ruhms (die sich für ihr Lieblingsobjekt noch mehr verausgaben müssen).

Ohne Frage beherrscht Dion die Technik der Synkrisis. Unsere These, dass sie in der Olympischen Rede ein tragendes Konstruktionsprinzip abgibt, gewinnt dadurch an Plausibilität. Das Substantiv σύγκρισις begegnet in 12,48: der wahre Philosoph bedarf keiner Ermunterung, selbst dann nicht, „wenn es zu einem *Vergleich* zwischen ihm und den Verfertigern von Weihestatuen und Versen (d.h. Bildhauern und Dichtern) kommen sollte". Das Verb παραβάλλειν treffen wir in § 25 an: Pheidias habe sich für sein Standbild an der homerischen Dichtung *orientiert*, und die verwandte Verbform συμβάλλειν kommt in § 83 vor: „Aber mit Zeus selbst, dem Verfertiger des ganzen Kosmos, darf man kein menschliches Wesen *vergleichen*." Hinzunehmen sollten wir noch die Beobachtung, dass der Streitfall, in den sich Pheidias verwickelt sieht, als forensisches Kräftemessen umschrieben wird (ἀγών in den §§ 50.53.55), in Analogie zum gleichzeitig ablaufenden sportlichen Wettkampf (ἀγών in den §§ 49.54.85).

Auch das Vokabular stützt also die Behauptung, dass die Olympische Rede Züge einer agonistischen Synkrisis trägt. Doch ist die tatsächliche Reichweite der Synkrisis damit noch nicht erschöpfend bestimmt. Ein Vergleich zwischen Pfau und Eule und parallel dazu zwischen den erfolgreichen Sophisten und Dion, dem zerlumpten Wanderprediger, beherrscht bereits die Prolalia. Das ganze Ausmaß der Synkrisis definiert die Propositio in § 26: Das dichterische Werk Homers und die Zeusstatue des Pheidias werden miteinander verglichen, was beim fiktiven Prozess in Form eines Redeagons mit einem Ankläger und einem Angeklagten, der sich verteidigt (ἀπολογεῖσθαι in § 84), geschieht. Aber damit wiederum soll verglichen werden, was der menschlichen Vorstellung über das Göttliche sonst noch Form verleiht und zur Darstellung verhilft, „zumal wir uns ja im Moment in der Vorlesung eines Philosophen befinden" (§ 26). Wer sich bei der Synkrisis als der Beste erweist und im Wettkampf den Sieg davonträgt, sagt etwas versteckt, aber für den aufmerksamen Leser deutlich genug § 47: der Philosoph ist „vielleicht der verlässlichste und vollkommenste Ausleger und Verkünder der unsterblichen Natur".

Daran, dass Dion es sich leisten kann, diesen Leitgedanken so in den Hintergrund zu rücken, ohne dass er letztlich untergeht, erweist sich seine ganze Meisterschaft als Redner und Autor. Sein genialer Kunstgriff besteht darin, „Pheidias" letztlich zum Träger philosophisch-stoischen Gedankenguts umzufunktionieren. Die Technik, die er dazu anwendet, bezeichnet man in der Rhetorik als Prosopopoiie oder Ethopoiie.

4. Die Prosopopoiie

Literatur: H.M. HAGEN, 'Ηθοποιία. Zur Geschichte eines rhetorischen Begriffs, Diss. phil., Erlangen 1966. – M. HELZLE, Der Stil ist der Mensch. Redner und Reden im römischen Epos (Beiträge zur Altertumskunde 73), Stuttgart 1996, bes. 22-36. – H. LAUSBERG, Handbuch. – M. PATILLON / G. BOLOGNESI, Aelius Théon: Progymnasmata (CUFr), Paris 1997, 70-73. – L. PERNOT, La rhétorique de l'éloge 399-403. – D.A. RUSSELL, Greek Declamation, Cambridge 1983, 87-105. – DERS., *Ethos* in Oratory and Rhetoric, in: C. Pelling (Hrsg.), Characterization and Individuality in Greek Literature, Oxford 1990, 197-212, bes. 207-209 (zu Dion, Or 7). – R. VOLKMANN, Rhetorik.

Allgemein gesagt, geht es bei der im Folgenden zu besprechenden Technik um die glaubwürdige Fingierung von wörtlichen Reden textinterner Personen. Doch müssen wir uns zunächst um die Begriffsklärung bemühen, da zwei Ausdrücke im Raum stehen, Prosopopoiie und Ethopoiie, und der Sprachgebrauch sehr uneinheitlich aussieht.

Prosopopoiie kommt von πρόσωπον und ποιεῖν und bedeutet wörtlich „Person machen", „Person darstellen", Ethopoiie entsprechend von ἦθος und ποιεῖν, „Charakter machen", „Charakter zum Ausdruck bringen". Wahrscheinlich wurden die beiden Begriffe zunächst einfach synonym verwendet (Volkmann 290 Anm. 3). Im Lateinischen stehen zwei Äquivalente mit unterschiedlichem Bedeutungsumfang zur Verfügung: *sermocinatio*, zu definieren als „die der Charakterisierung natürlicher (historischer oder erfundener) Personen dienende Fingierung von Aussprüchen, Gesprächen und Selbstgesprächen oder unausgesprochenen gedanklichen Reflexionen der betreffenden Personen" (Lausberg § 820), und *fictio personae*, Personifikation, das heißt „die Einführung nichtpersonhafter Dinge als sprechender sowie zu sonstigem personhaften Verhalten befähigter Personen" (Lausberg § 826), unter Einschluss also auch von personhaftem Verhalten ohne direkte Rede.

Im Anschluss an die späteren Progymnasmata geht nun eine Tendenz in der Forschung dahin, die Ethopoiie mit der *sermocinatio* gleichzusetzen und die Prosopopoiie mit der *fictio personae*, eingeschränkt allerdings auf Fälle, wo das Vaterland z.B. oder die Mutterstadt tatsächlich zu reden beginnen[14]. Doch deckt das den Befund in den Quellen keineswegs vollständig ab, wie anhand von

[14] Ein berühmtes Vorbild gibt Platon, Kriton 50A-54D, ab, wo durch den Mund des Sokrates die Gesetze selbst sprechen.

zwei Autoren, Quintilian und Aelius Theon, gezeigt sei. Quintilian schreibt im Abschnitt über die Gedankenfiguren (9,2,29-58; Übers. H. Rahn):

> **29** Noch mehr Kühnheit und – mit Ciceros Worten – stärkere Lungenkraft[15] verlangt die Erfindung von Personen, die so genannte Prosopopoiie (*quae* προσωποποιίαι *dicuntur*); denn aufs wunderbarste verleiht sie der Rede nicht nur Abwechslung, sondern zumal auch erregende Spannung. **30** Durch sie bringen wir einmal die Gedanken unserer Gegner so zum Vorschein, als ob sie mit sich selbst sprächen ... Schließlich können wir so Ratschläge, Scheltworte, Klagen, Lob und Jammern geeigneten Personen in den Mund legen. **31** Ja, sogar Götter vom Himmel herab- und aus der Unterwelt herauf zu rufen ist bei dieser Ausdrucksform statthaft. Auch Städte und Völker erhalten Sprache. Und es gibt manche, die nur dann von Prosopopoiie sprechen, wenn wir Verkörperung und Redegabe erfinden[16]; wenn es sich um erdichtete Gespräche von Menschen handelt, sprechen sie lieber von Dialogen (διαλόγους), was manche lateinisch mit *sermocinatio* wiedergegeben haben. ... **37** Es findet sich auch Rede, die unbestimmten Personen in den Mund gelegt wird: ‚hier wird jemand ...‘ oder ‚hier könnte jemand sagen‘ ... Diese Form kommt durch eine Mischung von Figuren zu Stande, wenn zu der Prosopopoiie noch die Auslassung hinzukommt; ausgelassen ist nämlich, wer spricht. Zuweilen verwandelt sich die Prosopopoiie in einer Art von Erzählform ... **58** Die Nachahmung fremder Charakterzüge, die so genannte Ethopoiie oder, wie andere lieber wollen, Mimesis (*quae* ἠθοποιία *vel* ... μίμησις *dicitur*) kann schon zu den gelinderen Gefühlswirkungen gezählt werden...

In Kenntnis eines abweichenden Sprachgebrauchs plädiert Quintilian also dafür, Prosopopoiie als Oberbegriff zu verwenden, die das fingierte Reden von Menschen, Göttern, Städten und Völkern einschließt. Die Ethopoiie schränkt er demgegenüber auf die Nachahmung von Charakterzügen ein. Das deckt sich im Übrigen mit seinen früheren Ausführungen zur Prosopopoiie im Abschnitt über die Beratungsrede (3,8,49-54), wo er noch hinzu setzt, „dass meistens zu Übungszwecken poetische und historische Themen gestellt werden, etwa die Worte des Priamus bei Achilles oder die des Sulla, als er in einer Volksversammlung die Diktatur niederlegt“ (53).

---

[15] Vgl. Cicero, Orator 25,85; die „stärkere Lungenkraft“ bezieht sich darauf, dass die entsprechenden Abschnitte in der Rede in anderem Tonfall vorgetragen wurden.

[16] Also im Fall der echten Personifikation.

Ähnlich sieht der Befund bei Aelius Theon aus. Aus seinen Progymnasmata zitieren wir Anfang und Schluss von Kap. 8 „Über die Prosopopoiie“ (115,11-20; 117,34f.; s. Patillon):

> Die Prosopopoiie ist die Einführung einer Person, die Worte ausspricht, die zu ihr und zu den vorliegenden Sachverhalten passen, auf unstrittige Weise: welche Worte z.B. ein Mann zu seiner Frau sagen mag zum Zeitpunkt der Abreise, oder wie ein Feldherr seinen Soldaten Mut zuspricht im Angesicht der Gefahr. Oder, um klar definierte Personen zu wählen, welche Worte Kyros sprach, als er gegen die Massageten marschierte, oder welche Datis, als er nach der Schlacht bei Marathon den Großkönig traf. ... Diese Übung eignet sich am meisten von allen für (die Herstellung von) Ethos und Pathos (Τοῦτο τὸ γύμνασμα μάλιστα πάντων ἠθῶν καὶ παθῶν ἐπιδεκτικόν ἐστιν).

Bei Theon erfahren wir auch noch, dass zwei Spielarten der Prosopopoiie eingeübt wurden. Einmal ging es um soziale Typen. Der Schüler sollte sprechen „wie ein Feldherr, ein Seeräuber, ein ungezogener Sohn, ein alter Vater usw. reden muss“ (Lausberg § 823). Besonders beliebt aber war zum anderen die Vergegenwärtigung von historischen oder mythologischen Personen durch fiktive Reden (Lausberg § 1148). Nehmen wir aus Demetrios, De elocutione 265f., wo die verstorbenen Ahnen[17] und das heimatliche Griechenland (eine „sprechende“ Personifikation) als Beispiele dienen, noch hinzu, dass die Prosopopoiie eine Passage nicht nur „lebendiger und kraftvoller wirken“ lässt, sondern sie „mehr noch in ein förmliches Drama verwandelt“. Diese Dramatisierung realisiert sich z. B. beim Einsatz der Prosopopoiie zum Zweck der Inszenierung eines Redeagons in der Synkrisis.

Es spricht manches dafür, es bei dem umfassenderen Sprachgebrauch von Quintilian und Theon zu belassen (mit Pernot 399: „la prosopopée est la figure de pensée par laquelle l’orateur cesse de parler en son propre nom et prête fictivement sa voix à un autre locuteur, quel qu’il soit“). Ein Weiteres kommt hinzu. Bei Theon wurde das Begriffspaar Ethos und Pathos gebraucht, das sich durch Logos zu einer bekannten Trias vervollständigen lässt.

---

[17] Für die Fiktion von Reden Verstorbener wurde auch εἰδωλοποιία als spezifischer Fachausdruck geprägt; doch benutzt Pseudo-Longinos, De sublimitate 15,1, diesen Begriff im allgemeinen Sinn von „Bilderzeugung durch Phantasie“, vgl. M. BOEDER, Visa est Vox 66f.; als „Produktion von Bildern“ begegnet εἰδωλοποιία auch bei Dion in § 45; s. auch ἐποποιία („Kunst der Wortschöpfung“) in § 69.

Aristoteles hat in seiner Rhetorik (1,2,3-6 [1356a 1-20]) die Beweismittel innerhalb der Argumentation einer Gerichtsrede den drei Bereichen Ethos, Pathos und Logos zugeordnet. Mit Ethos ist die Erzielung eines glaubwürdigen Selbstbildnisses des Redners gemeint, später auch die Erarbeitung von Charakterbildern des Angeklagten, der Zeugen und selbst der Richter bzw. des Publikums. Beim Pathos handelt es sich um die Beeinflussung der Emotionen der Adressaten im gewünschten Sinn und beim Logos um den Einsatz von rationalen Mitteln[18]. Man kann Ethopoiie auch so verstehen – und kommt damit vermutlich sogar der ursprünglichen Bedeutung nahe (s. Hagen) –, dass damit primär die Erzeugung von Ethos, daneben auch von Pathos[19], in dem soeben angesprochenen Sinn gemeint ist[20]. Berührungspunkte bestehen insofern, als die Fingierung von Reden in rhetorischen und narrativen Texten oft genug im Dienst der Charaktererzeugung steht. Jedenfalls wäre das ein weiteres Argument dafür, nicht Ethopoiie unbesehen als Oberbegriff zu wählen oder ausschließlich ihr das Reden von Personen zuzuordnen. Der Terminus sollte eher der Charakterzeichnung vorbehalten bleiben[21].

Gehen wir damit zu Dion über, der ein schlechter Redner wäre, wenn er nicht um dieses Kunstmittel wüsste. Wir beschränken uns auf die Reden 1-11, denn dort können wir – mit Ausnahme von Or 5, dem „Libyschen Märchen" – förmlich darauf warten, dass eine der Personen, die in der Rede vorkommen, das Wort ergreift, vor allem wenn wir Figurenrede im umfassenden Sinn von „dialogloser Rede, Selbstgespräch (oder unausgesprochener gedanklicher Reflexion) und Dialog" (Lausberg § 823) auffassen (wörtliche Zitate z.B. aus Homer bleiben als eigene Kategorie

---

[18] Vgl. M.H. WÖRNER, Das Ethische in der Rhetorik des Aristoteles (Alber-Reihe Praktische Philosophie 33), Freiburg i.Br. / München 1990, 285-362.

[19] Dafür ist auch παθοποιία oder ἠθοποιία παθική belegt.

[20] Dieses Verständnis favorisiert G. NASCHER, Art. Ethopoeia, in: Historisches Wörterbuch der Rhetorik 2 (1994) 1512-1516.

[21] An Lit. vgl. noch L.S. COSGRIFF, The *ethopoiia* of Plato's „Republic", Diss. University of North Carolina, Chapel Hill 1994 (University Microfilms); C. HEUSCH, Die Achilles-Ethopoiie des Codex Salmasianus. Untersuchungen zu einer spätlateinischen Versdeklamation (SGKA NF I/12), Paderborn 1997, bes. 19-34.

ausgeklammert, zu ihnen s.u. 5). Wir stoßen dann in Or 1-11 auf folgende Beispiele:

1,53-84:	In seiner ersten Königsrede erzählt Dion, wie er bei Wanderungen auf der Peloponnes in unwegsames Waldgebiet geriet und dort eine ältere Frau traf, der von der Göttermutter die Wahrsagekunst verliehen worden war. Sie setzt zu einer prophetischen Rede an, die bis zum Ende von Or 1 reicht.
1,69-76.83:	In die Rede der Frau werden mehrere Dialoge zwischen Hermes und Herakles eingeblendet.
2:	Die zweite Königsrede ist von vornherein dialogisch angelegt. Sie zeigt den jungen Alexander im Gespräch mit seinem Vater Philipp und mündet gegen Ende in eine Rede Alexanders ein (in § 49-78). Das knappe Schlusswort gehört wieder Philipp (§ 79).
3,1:	Sokrates redet.
3,26f.:	Hippias und Sokrates werden in einem kurzen Dialog gezeigt.
3,29-41:	Ein Fragesteller (vermutlich Polos aus Platons Gorgias) und Sokrates führen einen Dialog.
4:	Die vierte Königsrede konfrontiert den Kyniker Diogenes mit Alexander dem Großen. In § 16-81 führen sie ein längeres Gespräch, und in § 82 setzt Diogenes zu seiner Rede über die drei Geister der Habsucht, der Lust und des Ehrgeizes an, die bis § 139 und damit bis zum Schluss des Ganzen reicht.
6:	In der Rede „Diogenes oder Über die Gewaltherrschaft“ werden bereits mehrfach Gedankengänge des Titelhelden oder Aussprüche von ihm in indirekter Rede vorgetragen, ehe er in § 17-25 in zwei Anläufen direkt zu reden beginnt. Es folgen wieder Passagen in indirekter Rede, ehe eine zusammenhängende Ausführung des Diogenes in direkter Rede in § 35-62 den Schlusspunkt setzt.
7,10-63:	Die berühmte novellistische Einlage im Euboikos wird als Erzählung des Jägers, dem Dion begegnet ist, dargeboten. Sie enthält in sich wieder Reden vor Gericht, die das zweifelhafte Ethos des Klägers und den erfreulichen Charakter des Verteidigers illustrie-

	ren. In der anschließenden Idylle ist Dion selbst einer der Gesprächspartner.
8,11-35:	„Über die Tugend" äußert Diogenes sich während der Isthmischen Spiele zuerst in einem kurzen Dialog und hält dann einen längeren Schlussmonolog.
9:	Die dritte Rede über Diogenes zeigt ihn wieder bei den Isthmischen Spielen. Indirekte Rede, direkte Rede (in § 3) und Dialog (in § 11-20) wechseln sich ab.
10:	Die vierte Diogenesrede „Über die Sklaven" ist durchgehend als Dialog gestaltet. Diogenes spricht mit einem Mann, der sich auf der Suche nach einem entlaufenen Sklaven befindet.
11,37-124a:	Die ganze Wahrheit über Homer und den trojanischen Krieg wird von einem ägyptischen Priester enthüllt, zunächst in indirekter Rede, dann ab § 40 in einer langen direkten Rede, die aber diesmal nicht am Ende steht, weil Dion selbst in § 124b-154 die Auswertung vornimmt.

Die 12. Rede schließt sich hier in mehrfacher Hinsicht gut an, weil sie die Techniken, die bereits erkennbar werden, konsequent aufgreift und anwendet. Dass die Prosopopoiien am Ende einer Rede stehen, hat offenbar Methode. Auch das letzte Drittel der Olympischen Rede mit dem Redeagon setzt sich aus drei Prosopopoiien zusammen. Der Vertreter der Anklage, der als Erster zu Wort kommt, bleibt anonym; es spricht in § 50-54 „jemand", eine unbestimmte Person, was von Quintilian als Möglichkeit ausdrücklich vorgesehen war (9,2,37). Es folgt die Verteidigungsrede des Pheidias (§ 55-83), einer historischen Person also, die neben mythologischen Größen bevorzugte Träger von Prosopopoiien waren. Besonders hervorzuheben ist darin die Apostrophe, die direkte Hinwendung zu Homer in § 73 (bei Quintilian wird die Apostrophe in 9,2,38f. im unmittelbaren Anschluss an die Prosopopoiie behandelt). Ein knappes und vorsichtig eingeführtes Schlusswort, in dem noch einmal Homer zitiert wird, bleibt Zeus vorbehalten (§ 85). Das mag überraschend und kühn wirken, ist aber bei Quintilian ebenfalls miteingeplant (9,2,31). Der Effekt der Prosopopoiien besteht nicht zuletzt dahin, dass die Synkrisis dadurch dramatische Qualität gewinnt.

Daneben finden sich auch noch kleinere Beispiele für weniger markante Prosopopoiien: Die Eule in den Fabeln Äsops in § 7f. redet, indirekt und direkt. In indirekter Rede werden geboten der bekannte Ausspruch des Sokrates, dass er nichts wisse, in § 14 und Kernelemente der Lehre der Epikureer in § 36.

In dem Zusammenhang als Letztes noch ein Wort zur Trias Ethos, Pathos und Logos, die bereits angesprochen wurde, bezogen auf Dions Rede. Zwar gewinnen diese Größen ihre eigentliche Bedeutung in der forensischen Rhetorik, aber in modifizierter Form kann man auch eine epideiktische Rede daraufhin befragen. Zweifelsfrei liegt auf der Hand, dass Dion in Or 12 kräftig an seinem eigenen Charakterbild arbeitet. Hier wäre alles anzuführen, was zur Erstellung seiner *persona* als zerlumpter kynischer Wanderprediger mit turbulenter Vergangenheit einerseits und als wahrer Philosoph, der mit Autorität spricht und Vertrauen verdient, andererseits beiträgt. Auch das Ethos des Publikums kommt vor, etwa in den häufigen Anreden, die bestimmte Einstellungen bei den Hörern aufs Korn nehmen, aber auch im versteckten Appell an die Gebildeten unter Dions Zuhörern in § 43b. Schließlich wird auch für Pheidias als textinterner Hauptredner ein Ethos skizziert, das mit dem Bild des wahren Philosophen konvergiert. Pathos wird u.a. erzeugt durch das anrührende Bild von den kleinen Kindern, die im Traum nach ihren Eltern suchen (§ 61), oder durch die friedliche Stimmung, die über der Beschreibung und Interpretation der Zeusstatue durch ihren Schöpfer Pheidias liegt. Der Argumentation mit dem Logos ist der Mittelteil mit den Variationen zur dreigeteilten Theologie gewidmet, da diese einen Gegenstand des religionsphilosophischen Diskurses darstellt.

5. Die Zitate

Literatur: C. AFFHOLDER, L'exégèse morale d'Homère chez Dion de Pruse. – H. VON ARNIM, Leben und Werke II, 359-366 (Indices zu Homer und weiteren Autoren). – P. HAGEN, Quaestiones Dioneae 42-65: De Dionis studiis Homericis.– J.F. KINDSTRAND, Homer in der Zweiten Sophistik. – J. MOLING, Dio von Prusa und die klassischen Dichter. – A.M. MILAZZO, Variazione e tecnica allusiva nelle citazioni omeriche di Dione Crisostomo. – C.D. STANLEY, Paul and the Language of Scripture. Citation Technique in the Pauline Epistles and Contemporary Literature (MSSNTS 74), Cambridge 1992, 267-291: Citation technique in Greco-Roman literature.

Wir hatten oben die Dichterzitate ausgeklammert, obwohl sie teils so eingesetzt werden, dass der Eindruck entsteht, Homer selbst oder eine seiner Erzählfiguren würde sprechen (vgl. die Worte Nestors aus Il 1,260-274 bei Dion in Or 57,1). Der Unterschied besteht darin, dass diese Reden anders als bei der Prosopopoiie nicht vom Autor fingiert werden, sondern aus einem vorgegebenen, im Wortlaut fixierten Werk übernommen sind.

Geht man dem weiter nach, stößt man auf den etwas überraschenden Tatbestand, dass sich die antike Rhetoriktheorie mit dem Zitat nicht intensiver beschäftigt zu haben scheint. Das mag wieder mit der vorherrschenden Orientierung an der forensischen Rede zusammenhängen, wo Dichterzitate lediglich als ein äußeres Beweismittel unter anderen dienten, aber keine zentrale Rolle übernehmen konnten. Quintilian geht nur beiläufig darauf ein, wenn er im Abschnitt über *auctoritas* bemerkt, man könne auch berichten, „was andere Stämme, Völker, weise Männer, berühmte Mitbürger, bedeutende Dichter über etwas gedacht haben" (5,11,36), fügt dann aber doch – mit leichtem Seitenhieb auf die Philosophie – hinzu: „Denn mit Sentenzen der Dichter *sind ja nicht nur die Reden erfüllt*, sondern sogar die Schriften der Philosophen, die, auch wenn sie alles für geringer halten als ihre eigenen Lehren und Werke, es doch nicht verschmäht haben, die Autorität von zahlreichen Versen in Anspruch zu nehmen" (5,11,40).

Dass Reden geradezu „mit Sentenzen der Dichter erfüllt" sind, trifft eher auf die symbuleutische und epideiktische Beredsamkeit zu, auf die Gebiete also, auf denen Dion sich fast ausschließlich betätigte. Man hat denn auch in seinen Reden allein 105 Homerzitate gezählt, 69 aus der Ilias und 36 aus der Odyssee (Moling 117). Homer war seine Bibel, aus der er zitiert wie die frühchristlichen Autoren aus dem Alten Testament. Hesiod ist siebenmal vertreten (Moling 133f.). Weitere Zitate entnimmt Dion den Lyrikern und Dramatikern (s. die Liste bei von Arnim).

In der Olympischen Rede übernehmen, und deshalb kommen wir hier darauf zu sprechen, einige Zitate aus Homer und Hesiod nicht nur rahmende, sondern auch tragende Funktion. Die Rahmung der eigentlichen Rede (abzüglich der Prolalia) geschieht in § 15fin mit der homerischen Formel „Wenn euch dies vorzüglicher und besser zu sein scheint" (Od 1,376; 2,141) und in § 85 mit den Zeus in den Mund gelegten Worten, die ursprünglich Odysseus in Od 24,249f. über seinen greisen Vater Laertes sagte. Man sieht daran auch schon, dass Dion mit den Zitaten frei umgeht und sie seinen eigenen Aussageabsichten dienstbar macht, bis hin zu Eingriffen in den Wortlaut, dass er aber andererseits teils auch Kenntnisse ihres ursprünglichen Kontextes voraussetzt, wie im Fall des Schlusszitats gezeigt (vgl. die Anmerkungen zu § 85).

Wichtig ist sodann die Museninvokation, die Dion in § 23f. vornimmt, aber nicht direkt, sondern in der Brechung durch das längere Zitat aus Hesiod, Op 1-8. Dem schließt sich in § 26 fast unmittelbar die Stelle aus Il 1,528-530 an, die der Überlieferung nach dem Pheidias die ideelle Vorlage für die Gestaltung seiner Zeusstatue gab. Beide Zitate stehen in der *narratio*, machen also einen wesentlichen Bestandteil der Umschreibung des zu verhandelnden Sachverhalts aus.

Die weiteren wörtlichen Zitate haben nicht mehr diesen hohen Stellenwert, verstärken aber, zumal der Löwenanteil aus Homer genommen ist, die mythologische Grundtonart, die mit Rahmung und *narratio* angestimmt wurde. Direkt zitiert werden noch:

- Il 21,50 in § 17 (Dion im Heerlager ist unbewaffnet wie der Priamossohn Lykaon);
- Od 4,221 in § 52 (die Wirkungen des Zaubermittels der Hera werden dem Zeusbild zugeschrieben);
- Il 2,478 in § 62 (der Vergleich Agamemnons mit Zeus);
- Il 20,248f. in § 64 (über die Redefähigkeit der Menschen);
- Il 4,443 in § 72 (vom Ausmaß der personifizierten Feind schaft);
- Il 18,474f. in § 83 (die Anfertigung des Schildes des Achilles durch Hephaistos);
- Pindar, Frag. 57 Snell, in § 81 (Anrede des Zeus als „Herr von Dodona" und „kunstreicher Vater").

Nicht mehr zitiert, aber als Kontrastbild referiert wird in § 21 das Auftreten des Apollopriesters Chryses im griechischen Heerlager aus Il 1,11-15. Ähnlich verhält es sich mit der Wiedergabe von zwei Erzählszenen mit Zeus als Akteur aus Il 1,529f. und Il 1,500f. in § 62. Die Zeusepiklesen in § 22 und § 75f., aber auch die ausgeblendeten Aspekte des homerischen Zeusbildes in § 78 und die künstlerisch nicht realisierbaren Details in § 79 können durchgehend mit Homer, dazu noch je einmal mit Hesiod und Pindar, belegt werden (vgl. die Anmerkungen zur Übersetzung). Außerdem werden folgende Stellen aus Homer mehr oder minder deutlich aufgegriffen:

- Il 2,459-463 in § 5 (Naturschilderung);
- Il 2,484-493 in § 23 (Schiffskatalog);
- Od 12,173-177 in § 36 (Verschließen der Ohren mit Wachs);
- Il 5,126f. und Il 14,342f. in § 36 (Verdunkeln der Augen).

Hinzu kommt noch:

- die allgemeine Beschreibung der homerischen Götterwelt in § 62;
- die Aufzählung der extravaganten und lautmalerischen Vokabeln Homers in § 68.

Wir erreichen damit das weite Feld der Anspielungen, die man definieren kann als „kulturelle Kommunikationseinheiten“, geeignet zur „elliptischen Verständigung“[22]. Sie sind nicht so leicht zu erfassen wie die Zitate und können außerdem von vornherein unterschiedlich deutlich ausfallen. Letztlich führt uns das zu der Einsicht, dass auch Dions 12. Rede ein Text über Texte ist. Der Begriff „Intertextualität“ droht derzeit zwar zu einem Modewort zu verkommen, aber das ändert nichts daran, dass er in eine richtige Richtung weist. Dions Rede öffnet „Echoräume“ (R. Barthes) und gewinnt von ihnen her volleren Klang, und dieser Klangerfahrung können wir uns nur annähern, wenn wir so weit wie möglich den Bildungskontext rekonstruieren, den ein solcher Text als selbstverständlich voraussetzt.

6. Die Elocutio

Literatur: M. CYTOWSKA, De Dionis Chrysostomi rhythmo oratorio. – R. BRUCKER, ‚Christushymnen‘ oder ‚epideiktische Passagen‘ 174-210. – J. DUBOIS U.A., Allgemeine Rhetorik (Rhétorique générale, Paris 1970, dt. von A. Schütz) (UTB 128), München 1970 (eine Neufassung der Figurenlehre). – H. LAUSBERG, Handbuch. – J. MARTIN, Antike Rhetorik. Technik und Methode (HAW II/3), München 1974. – C. OTTMERS, Rhetorik (Sammlung Metzler 283), Stuttgart 1996. – G.O. ROWE, Style, in: S.E. Porter (Hrsg.), Handbook of Classical Rhetoric in the Hellenistic Period 330 B.C.-A.D. 400, Leiden u.a. 1997, 121-157. – R. VOLKMANN, Rhetorik.

---

[22] F. RODI, Anspielungen. Zur Theorie der kulturellen Kommunikationseinheiten, in: Poetica 7 (1975) 115-134, hier 115.

Im genetischen Prozess der Erstellung einer Rede gilt die *elocutio* als mittlere Stufe nach *inventio* (Auffindung des Stoffes nach bestimmten Suchkriterien) und *dispositio* (effektvolle Anordnung und Gliederung), vor *memoria* (Einstudieren der Rede) und *pronuntiatio* oder *actio* (ihr Vortrag). Dem Stoff soll in der *elocutio* eine möglichst gewinnende sprachliche Gestalt verliehen werden. In den Handbüchern, die den Hergang analytisch nachvollziehen und daraus Rezepte für die Zukunft destillieren, wird in dem der *elocutio* gewidmeten Abschnitt der „Redeschmuck“ behandelt, d.h. die Tropen und die sprachlichen Figuren phonetischer, syntaktischer, semantischer und pragmatischer Art. Dieser Bereich, der zu einer allgemeinen Stilistik überleitet, ist in der Rhetorik besonders gut ausgebaut und nimmt in den Standardwerken, antik wie modern, entsprechend viel Platz ein.

Streng genommen müssten wir jetzt die ganze Olympische Rede in ihrem griechischen Original – Lautfiguren z.B. sind anders überhaupt nicht erkennbar – unter diesem Aspekt analysieren, was sich, wenn wir allen Feinheiten nachspüren wollten, zu einer eigenen, nur schwer lesbaren Monographie auswachsen würde. Wir müssen uns darauf beschränken, die Vorgehensweise exemplarisch anhand eines ausgewählten Abschnitts zu demonstrieren. Jedes Textstück käme dafür in Frage; wir entscheiden uns für **§ 68**, wo „Pheidias“ die Sprachkraft Homers behandelt, um zu sehen, wie Dion das Reden über Sprache sprachlich gestaltet. Eine strukturierte Wiedergabe des griechischen Textes soll helfen, die Phänomene besser zu erkennen:

1						Τελευτῶν δὲ
2	αὐτὸν	**ἀπέφαινεν**				
3			οὐ μόνον	μέτρων	ποιητήν,	
4			ἀλλὰ καὶ	ῥημάτων	[.......],	
5					παρ' αὐτοῦ	φθεγγόμενος,
6			τὰ μὲν ἁπλῶς			τιθέμενος
7				ὀνόματα τοῖς πράγμασι,		
8			τὰ δ' ἐπὶ τοῖς κυρίοις			ἐπονομάζων,
9				οἷον	σφραγῖδα σφραγῖδι	
10					↓	ἐπιβάλλων
11					ἐναργῆ μᾶλλον	
12				καὶ	εὔδηλον,	
13			οὐδενὸς	φθόγγου		ἀπεχόμενος,
14			ἀλλὰ		ἔμβραχυ	
15				ποταμῶν τε		μιμούμενος
16		**φωνὰς**				

Ia				
17	καὶ	ὕλης		
18	καὶ	ἀνέμων		
19	καὶ	πυρὸς		
20	καὶ	θαλάττης,		
Ib				
21	ἔτι δὲ	χαλκοῦ		
22	καὶ	λίθου		
23	καὶ	ξυμπάντων ἁπλῶς		
24			ζῴων	
25		καὶ	ὀργάνων,	
Ic				
26	τοῦτο μὲν		θηρίων,	
27	τοῦτο δὲ		ὀρνίθων,	
28	τοῦτο δὲ		αὐλῶν τε	
29	καὶ		συρίγγων·	
II				
30			καναχάς τε	
31	καὶ		βόμβους	
32	καὶ		κτύπον	
33	καὶ		δοῦπον	
34	καὶ		ἄραβον **πρῶτος**	ἐξευρὼν
IIIa				
35	καὶ			ὀνομάσας
36		ποταμούς τε	μορμύροντας	
37	καὶ	βέλη	κλάζοντα	
38	καὶ	βοῶντα	κύματα	
39	καὶ	χαλεπαίνοντας	ἀνέμους	
IIIb				
40	καὶ	ἄλλα τοιαῦτα	δεινὰ	
41		καὶ	ἄτοπα τῷ ὄντι	
42		θαύματα,		πολλὴν
43			ἐμβάλλοντα τῇ γνώμῃ	
44				ταραχὴν
45			καὶ	θόρυβον·

Das ganze Textstück besteht aus einem einzigen Satz mit αὐτὸν ἀπέφαινεν, „er erweist sich", in Z. 2 als konjugiertem Verb. Subjekt ist Homer, auf den sich auch das Prädikativum πρῶτος im Nominativ in Z. 34 bezieht. Das einleitende Partizip τελευτῶν δέ in Z. 1 ist entgegen dem, was die Übersetzung mit „Zu guter letzt" nahe legt, persönlich konstruiert: „Indem er (sc. Homer) aber zu Ende kommt, erweist er sich als ..." Auf Homer beziehen sich überhaupt alle neun Partizipien im Nominativ, die im Schaubild nach rechts herausgerückt sind. Klanglich sind sie miteinander verbunden durch Homoioteleuton: In Z. 1, 8, 10, 34 enden sie auf -ων, in Z. 5, 6, 13, 15 auf -μενος. Durch ἐπί in ἐπ-ονομάζων Z. 8 und ἐπι-βάλλων Z. 10 kommt noch ein anaphorisches oder besser, da die Partizipien nachgestellt sind, epiphorisches Moment herein. In Z. 13 steht ἀπεχόμενος am Ende des Teilsatzes, während in Z. 15 mit μιμούμενος ein langer neuer Teilsatz beginnt. Noch deutlicher fällt der Chiasmus in **II** und **IIIa** aus: ἐξευρών beschließt in Z. 34 die Strophe **II**, ὀνομάσας eröffnet in Z. 35 die Strophe **III**, beide Partizipien sind nur durch ein καί voneinander getrennt. Da statt ἐξευρών auch einfaches εὑρών genügen würde, liegt eine Emphase vor.

Eine leichte Antithese (und somit eine Gedankenfigur) ergibt sich aus „nicht nur" Z. 3 und „sondern auch" Z. 4. Noch deutlicher stehen sich antithetisch gegenüber „Keinen Laut lässt er aus" in Z. 13 und „sondern imitiert ... Stimmen" in Z. 15. In Z. 4 ist ποιητήν, „als Schöpfer", aus Z. 3 zu ergänzen; das Fehlen des Worts in Z. 4 ist als Ellipse den Kürzungsfiguren zuzuordnen. In Z. 5 schließt παρ' αὐτοῦ asyndetisch an. Z. 6f. und Z. 8 verlaufen teilweise parallel. In Z. 9 beginnt ein Vergleich, der bis Z. 12 reicht. Darin eingebettet ist mit σφραγῖδα (Acc.) und σφραγῖδι (Dat.) eine Epanalepse oder *geminatio*, die aufgrund des wechselnden Kasus gleichzeitig ein Polyptoton darstellt (Gleichheit des Wortes bei unterschiedlicher syntaktischer Funktion). Die Epitheta ἐναργῆ (eigentlich metaphorisch „im Lichte stehend") und εὔδηλον, die untereinander Synonyme bilden, sind durch σφραγῖδι ἐπιβάλλων von ihrem Bezugswort σφραγῖδα getrennt, was man als Hyperbaton bezeichnet. An weiteren Synonymen treffen wir in dem Textstück noch an: φθόγγος Z. 13 und φωνή Z. 16, δεινός Z. 40 und ἄτοπος Z. 41 (wieder Epitheta) sowie ταραχή Z. 44 und θορυβός Z. 45.

Die vielen φωνάς, „Laute“, die Homer imitiert, listen die Teilstrophen **Ia**, **Ib** und **Ic** in Form einer *enumeratio* auf, was Strophe **II** und **IIIa** fortsetzen. Zur Aufzählung dient meist καί, in **Ic** auch τοῦτο mit μέν und δέ. Es entsteht so ein großes Polysyndeton. Zu Beginn ist erneut ein Hyperbaton zu verzeichnen, da ποταμῶν in Z. 15 weit nach vorn gezogen wird. Eine Anhäufung von gleichen Kasusendungen nennt man ein Homoioptoton. Wir haben es in Z. 15, 18, 23-29 mit -ων, in Z. 17 und 20 mit -ης, in Z. 21f. mit -ου und in Z. 32-34 mit -ον. Im Verbund mit den Homoioteleuta der Partizipienreihe entsteht daraus die Steigerungsfigur der Paromoiosis (Lausberg § 732).

Die durch „ausnahmslos alle“ in Z. 23 verallgemeinerten Begriffe „Lebewesen“ Z. 24 und „Instrumente“ Z. 25 werden in **Ic** einer *distributio* unterzogen: „Lebewesen“ wird aufgefächert in „(wilde) Tiere“ und „Vögel“, „Instrumente“ in „Flöten“ und „Pfeifen“. Die Wörter in **II** besitzen zusätzlich lautmalerische Kraft.

Besonders kunstvoll ausgestaltet sind die Zeilen 36 bis 39. Die je zwei Teilsätze in Z. 36f. und Z. 38f. bilden untereinander ein Isokolon. Im ersten Paar sind die Partizipien nachgestellt, im zweiten Paar vorangestellt, woraus ein Chiasmus resultiert. Die Endungen -ους und -οντας in Z. 36 bilden mit den Endungen -οντας und -ους in Z. 39 ein doppeltes Homoioptoton, wozu auch κλάζ-οντα in Z. 37 und βο-ῶντα in Z. 38 zu vergleichen ist. Mit „Brüllen“ und „Wüten“ erreichen wir das Gebiet der Tropen: Ein Verhalten von Menschen oder von wilden Tieren wird analog auf Naturgewalten übertragen, ein sprachlicher Kunstgriff, den wir als „Metapher“ bezeichnen. Weniger klar tritt der metaphorische Charakter beim „Rauschen“ der Flüsse und beim „Schwirren“ der Geschosse zutage. Dennoch nähern sich diese Metaphern fast einer Personifikation der Naturgewalten an.

Das Partizip ὀνομάσας aus Z. 35 regiert auch die generalisierende Schlussstrophe **IIIb**, wodurch ein Zeugma gegeben ist, aber eines der komplikationsfreien Art. Auf die Epitheta und Synonyma in diesem Teilstück haben wir bereits hingewiesen. Ein weiteres Hyperbaton ist zu verzeichnen, da πολλήν ungewöhnlich weit weg von ταραχήν nach vorn rückt. Die „Wunderdinge“ können wir erneut als Metapher einstufen, denn θαῦμα meint an sich staunen- und schreckenerregende Vorkommnisse, auch Kunststücke von Gauklern und Trickbetrügern, während es hier auf die Sprachkunst Homers Anwendung findet.

Unser Textstück trägt beschreibenden Charakter. Es fehlen daher vor allem Figuren der Publikumszugewandtheit wie Anreden (vgl. aber § 1: „ihr Männer“, § 25: „ihr Männer von Elis“ oder, im Munde des Pheidias, § 55: „ihr Griechen“), Apostrophe (vgl. die Hinwendung des Pheidias zu Homer in § 73) und Fragen (vgl. § 23: „Soll ich bei Hesiod beginnen?“). Wir sehen daran, dass wir mit dieser Etüde unseren Gegenstand noch keineswegs erschöpft haben. Das wäre auch gar nicht möglich, da es in der gesamten Rhetoriktradition nie einen fest umrissenen, verbindlichen Katalog von Tropen und Redefiguren gab, was den Theoretikern die Möglichkeit eröffnete, einer förmlichen Klassifizierungswut zu verfallen[23], und den heutigen Analysten instand setzt, immer neue Arkana aus den Tiefen von Lausbergs Handbuch hervorzuholen. Uns ging es nur um den Nachweis der ausgefeilten Arbeit, die bei Dion auch in der *elocutio* steckt, und für diesen Zweck dürfte das eine Beispiel genügen.

Trotz der umfassenden Behandlung, die ihm immer wieder gesondert zuteil wird, steht der *Redeschmuck* letztlich in einer Reihe mit drei anderen Stilprinzipien, nämlich der *Korrektheit der Sprache*, der *Deutlichkeit* des Ausdrucks und der *Angemessenheit* der Sprachgestalt in Bezug auf den Inhalt der Rede, die Redesituation und die Person des Redners. Teils damit verbunden, teils aber auch als selbständiger Topos wird als Schlussteil der Darstellung der *elocutio* in der Regel eine Stillehre entwickelt, auf die wir noch kurz eingehen müssen.

Eine anfängliche Zweiteilung der Stile hat spätestens im 1. Jh. v.Chr. – zu vergleichen ist vor allem die *Rhetorica ad Herennium* – einer Dreiteilung Platz gemacht, die sich durchsetzen sollte[24]. Drei Stilebenen werden unterschieden:

– der schlichte oder einfache Stil (ἰσχνός bzw. *subtilis* oder *humilis*),

---

[23] R. BARTHES, Die alte Rhetorik, in: Ders., Das semiologische Abenteuer (L’aventure sémiologique, Paris 1985, dt. von D. Hornig) (es 1441), Frankfurt a.M. 1988, 15-101, hier 87f., spricht unter dem Zwischentitel „Die entfesselte Systematik“ von „einer richtiggehenden Einteilungswut“ und fragt: „Warum diese Wut der Abgrenzung, der Benennung, diese trunkene Betätigung der Sprache an der Sprache?“

[24] Vgl. K. SPANG, Art. Dreistillehre, in: Historisches Wörterbuch der Rhetorik 2 (1994) 921-972.

- der mittlere Stil (μέσος bzw. *medius*, auch *mediocris*),
- der große oder großartige Stil (μεγαλοπρεπής, auch ὑψηλός bzw. *gravis, robustus, grandis*).

Demetrios fügt in *De elocutione* noch einen vierten Stil an, den er δεινός, „gewaltig“, nennt. Den mittleren Stil bezeichnet er dafür, was für uns wichtiger ist, als γλαφυρός, d.h. „elegant“. Kriterien für die Bestimmung der Stilhöhe sind die Gedanken (der Stoff, der Inhalt, das Thema), die Ausdrucksweise und die Wortfügung.

Die Zuordnung der drei Stile zu den drei Aufgaben des Redners, der belehren (*docere*), unterhalten (*delectare*) und bewegen (*movere*) soll, wirkt ebenso künstlich wie ihre Korrelation mit den drei Redegenera. Weiter führt ihre Verbindung mit den Redeteilen, etwa dergestalt, dass man für das *exordium* einen eher schlichten, sachlichen Stil empfiehlt, für die *peroratio* hingegen zulässt, „alle Schleusen der Beredsamkeit zu öffnen“ (Quintil. 6,1,51). Daraus folgt, dass die Mischung von Stilen innerhalb einer Rede nicht die Ausnahme, sondern die Regel sein dürfte (s. Brucker), selbst wenn eine Stilebene vorherrscht.

Dion behandelt in der Olympischen Rede einen erhabenen Gegenstand, aber die Situation, in der er das tut, ist nicht nur von Erhabenheit geprägt, sondern von buntem Festtagstreiben, und auch seine Selbststilisierung als armer Wanderphilosoph würde nicht zum Gestus des Erhabenen passen, sondern sogar das *genus humile* erfordern. Der erhabene Stil alleine wäre also dem gesamten Redekontext nicht voll angemessen. Dion trägt dem Rechnung, indem er die Stile mischt. Er baut Passagen ein, die sich zu erhabenem Tonfall steigern, z.B. die Zeusepiklesen, und er bringt Stücke in schlichtem Plauderton. Auf das Textstück, das wir exemplarisch behandelt haben, würden beide Charakterisierungen aber nicht recht passen. Der Redeschmuck wird darin wohlüberlegt eingesetzt und trotz aller Feinheiten nicht zum Exzess gesteigert. Homers Naturschilderungen sind ein edler, aber nicht unbedingt erhabener Gegenstand. Am besten ließe sich das einfangen mit der Kategorie des „Eleganten“ bei Demetrios, die dort die mittlere Stilebene vertritt. Diese mittlere Lage mit ihrem Hang zur Eleganz gibt die Klammer ab, die Dions 12. Rede in stilistischer Hinsicht zusammenhält.

Durch diese Behandlung der rhetorischen und literarischen Aspekte der Rede dürfte unsere Ausgangsthese an Plausibilität ge-

wonnen haben. Sie kann nun als Definition wiederholt werden: Dions Olympikos ist eine epideiktische Rede, die sich stellenweise einem Prosahymnus annähert, mit einer zur Einführung vorausgeschickten Prolalia, mit Synkrisis, dreifacher Prosopopoiie und Dichterzitaten als tragenden Gestaltungsmitteln und mit kunstvoll durchgeführter *elocutio*, bei insgesamt mittlerer, teils gemischter Stillage.

II. Zu religionsphilosophischen und theologischen Aspekten der Rede

Mehrfach sind wir in den kommentierenden Anmerkungen auf die *theologia tripertita* zu sprechen gekommen. Die genaueren Umrisse dieses Konstrukts und seine Herkunft gilt es nun im Zusammenhang zu erörtern, zumal die Rezeption bei Dion vor diesem Hintergrund mehr Transparenz gewinnt. Außerdem stehen Fragen nach der Gottesvorstellung überhaupt und nach der Legitimation anthropomorpher Götterbilder an, die in den größeren Rahmen stoischer Theologie einzuordnen sind. Ihre Behandlung bildet den Schwerpunkt der folgenden Ausführungen. Als aufschlussreich wird sich schließlich noch ein knapper Vergleich der Olympischen Rede mit der ersten Königsrede (Or 1) erweisen.

1. Die dreigeteilte Theologie

Literatur: A.S. BECKER, The *Theologia Tripertita* in Dio Chrysostom's Olympian Oration. – H. BINDER, Dio Chrysostomus und Posidonius 21-46. – B. CARDAUNS, M. Terentius Varro: Antiquitates Rerum Divinarum. Teil I: Die Fragmente, Teil II: Kommentar (AAWLM.G, Einzelveröffentlichung), Wiesbaden 1976, bes. Frag. 6-22 und den Kommentar S. 139-150. – P. DESIDERI, Religione e politica nell'Olimpico di Dione 145-151. – K. DÖRING, Antike Theorien über die staatspolitische Notwendigkeit der Götterfurcht, in: A&A 24 (1978) 43-56, hier 53f. – J.C. FREDOUILLE, La théologie tripartite, modèle apologétique (Athénagore, Théophile, Tertullien), in: D. Porte / J.-P. Néraudau (Hrsg.), Res Sacrae (FS H. Le Bonniec) (CollLat 201), Brüssel 1988, 220-235. – Y. LEHMANN, Varron théologien et philosophe romain (CollLat 237), Brüssel 1997, 193-225: La *Theologia tripertita* de Varron: sources et signification. – G. LIEBERG, Die theologia tripertita in Forschung und Bezeugung, in: ANRW I/4 (1973) 63-115. – J. PÉPIN, La théologie tripartite de Varron, in: REAug 2 (1956) 265-294. – DERS., Mythe et allégorie. Les

origines grecques et les contestations judeó-chrétiennes, Paris ²1976, 13-32 u. 276-392.

a) Inhalt und Herkunft

Abweichend von dem sonst üblichen Vorgehen beginnen wir die Besprechung der *theologia tripertita* mit Dions Alters- und Zeitgenossen Plutarch, der in seinem *Amatorius* an einer Stelle schreibt (18 [763C]):

> Was bei uns zur Vorstellung (εἰς ἔννοιαν) wird, hat, abgesehen von der sinnlichen Erfahrung (δι' αἰσθήσεως), vom Ursprung her als Beglaubigung (πίστιν) den *Mythos*, das *Gesetz* und den *Logos*. Für unsere Anschauung (δόξης) über die Götter sind uns somit in jeder Hinsicht zu Führern und Lehrern geworden die *Dichter*, die *Gesetzgeber* und drittens die *Philosophen*. Dass es Götter gibt, das halten sie gemeinsam fest. Über ihre Zahl aber und ihre Ordnung, ihr Wesen und ihre Macht gehen ihre Meinungen weit auseinander.

Das Aussageziel dabei lautet, in Einklang mit dem Gesamtthema des „Dialogs über die Liebe", in dem der Textauszug steht, und in politische Metaphorik gekleidet:

> Die drei Fraktionen (στάσεις), die über die Götter nachdenken, unterscheiden sich also sehr in ihrer Stimmabgabe und finden es sehr schwierig, den Kandidaten der anderen Partei zu akzeptieren. Hinsichtlich eines Gottes aber haben sie sich übereinstimmend eine feste Meinung gebildet: Den Eros zählen die Herausragendsten unter den Dichtern, Gesetzgebern und Philosophen zu den Göttern (763D).

Als Vertreter der drei Kategorien nennt Plutarch sodann noch Hesiod (für die Dichter), Platon (für die Philosophen) und Solon (für die Gesetzgeber).

Etwa zur gleichen Zeit behandelt die unter Plutarchs Moralia mitlaufende doxographische Schrift *De placitis philosophorum* des Aëtios (um 100 n.Chr.) die Frage: „Woher die Menschen die Vorstellung (ἔννοιαν) von Göttern genommen haben" (SVF II 1009). Der Autor führt ihr Entstehen zurück auf τὸ φυσικόν, das Naturerleben und seine Deutung, eine Domäne der Philosophen, auf τὸ μυθικόν, das mythische Erzählen, eine Domäne der Dichter, und auf τὸ νομικόν, was er näher definiert als die Gesetze und Bräuche der *Städte*. Hier stoßen wir auf eine erste wichtige Ergänzung zu Dion, der wie Plutarch nur von den *Gesetzgebern* sprach. Diese sanktionieren und ordnen aber oft nur, was sie an religiöser Praxis bereits vorfanden. Die gesamte Polisreligion mit ihren Opfern,

Festen, Tempeln und Priestern gehört also mit zu diesem dritten oder, bei anderer Zählung, zweiten Bereich.

Fügen wir hier noch Strabo an, der im 1. Jh.v.Chr. einen anderen, verwandten Traditionsstrang zur Geltung bringt. In 1,2,8 seiner Geographie behandelt er zunächst den Umgang von Dichtern einerseits und Städten bzw. Gesetzgebern andererseits mit den mythischen Überlieferungen, ehe er auch auf die Philosophie eingeht, die zu seiner eigenen Zeit die Führung in religiösen Fragen übernommen hat. Aber Philosophie ist nur für wenige geeignet, während die Dichtkunst unter anderem „die Theater füllt", nämlich mit den Dramen, die mythische Stoffe verarbeiten. Vor allem aber geht es Strabo um den Aufweis der Tatsache, dass die Politik die Mythen braucht, um den Leuten Furcht einzuflößen und so ihr Verhalten zu steuern. Darin berührt er sich mit Polybios, der in einer berühmt-berüchtigten Passage (6,56,6-12) der Religion speziell bei den Römern die Aufgabe zuschreibt, die Menschen „durch dunkle Angstvorstellungen und eine gut erfundene Mythologie im Zaum zu halten".

Damit sind wir auf einem Umweg dort angelangt, wo die Suche nach der *theologia tripertita* gewöhnlich einsetzt: bei römischen Autoren und ihrer Rezeption durch Augustinus, über den allein wir noch von ihrer Argumentation Kenntnis haben. In seinem „Gottesstaat" zitiert er in 4,27 den Oberpriester Quintus Mucius Scaevola (Konsul im Jahre 95 v.Chr.), der die Götterüberlieferung eingeteilt habe in diejenige der Dichter, diejenige der Philosophen und diejenige der Staatsmänner, und er nennt dabei zugleich schon seine Quelle, das Werk *Antiquitates Rerum Divinarum* des Universalgelehrten Marcus Terentius Varro (116-27 v.Chr.; s. Cardauns).

Mit Varros Werk setzt Augustinus sich in Buch 6 von *De Civitate Dei* umfänglich auseinander. Die drei Arten (*genera*) von Theologie hat Varro demnach, teils unter Beibehaltung der griechischen Termini, als *unum mythicon, alterum physicon, tertium civile* (6,5 [Frag. 7 Cardauns]) bzw. als *theologiam mythicen, physicen, politicen* (6,12 [Frag. 6 Cardauns]) bezeichnet. Zu verteilen sind sie auf Dichter, Philosophen und Volk und analog dazu auf Theater, Welt und Stadt (6,5 [Frag. 10 Cardauns]). Von der *theologia civilis* heißt es näherhin, sie sei die, „welche die Bürger in den Städten, vor allem die Priester, zu kennen und zu verwalten haben; bei ihr geht es darum, welche Götter man öffentlich verehrt und welche Riten und Opfer der Einzelne zu vollziehen hat“ (6,5 [Frag. 9 Cardauns]). Bemerkenswert ist auch die Umschreibung der philosophischen Theologie. Sie beschäftigt sich damit, welche Götter es gibt, wo sie sich aufhalten, wie ihre Beschaffenheit aussieht, ob sie zeitlich oder ewig sind (6,5 [Frag. 8 Cardauns]: *dii qui sint, ubi, quod genus, quale est; a quodam tempore an a sempiterno fuerint dii*), ob sie z.B. mit Heraklit aus dem Feuer stammen, mit Pythagoras aus der Zahl oder mit Epikur aus den Atomen. Allerdings entleert sie auch, wie Augustinus später ausführt (vgl. 6,8; 7,5 u.ö.), durch allegorische Interpretation die herkömmliche Götterlehre jeglichen Inhalts und reduziert sie auf Naturphänomene.

Wie andere Väter vor ihm (s. Fredouille), setzt Augustinus die *theologia tripertita*, die er, vielleicht vermittelt über Tertullian, bei Varro kennen gelernt hat, polemisch und apologetisch ein (ausführlich dazu Pépin). Seinen römischen Gewährsleuten unterstellt er, sie würden insgeheim mit der philosophischen Aufhebung des Götterglaubens sympathisieren, aber aus Gründen der Staatsräson offiziell an der politischen Theologie als einzig richtiger festhalten. Ob er damit das Richtige getroffen hat, ist so eindeutig nicht. Es kann auch sein, dass ein Denker wie Varro sich darum bemühte, philosophische Einsicht und traditionellen Götterglauben miteinander zu versöhnen, so gut es ging, und sei es um den Preis einer unterschiedlichen Wahrnehmung der Sachverhalte durch eine kleine Bildungsschicht und die Mehrzahl der Bevölkerung. Die naturphilosophische Interpretation, für den Privatgebrauch bestimmt, ermöglichte es den Gebildeten, die herkömmlichen Formen der Götterverehrung nicht nur zu dulden, sondern sich aktiv daran zu beteiligen. Dion steht von seinen stoischen Denkvoraussetzungen her vor einem ähnlichen Problem; darauf müssen wir im nächsten Punkt zurückkommen.

Die Materialbasis, über die wir damit verfügen, ist einerseits relativ schmal und selektiv, weist andererseits doch eine gewisse Streubreite auf, wenn wir z.B. den Bogen von Varro bis zu Plutarch schlagen. Das erschwert die Suche nach den Ursprüngen dieses Denkmusters. Als Begründer oder Erfinder der *theologia tripertita* werden häufig die „üblichen Verdächtigen“ genannt, vor allem Poseidonios und daneben noch Panaitios als Vertreter der mittleren Stoa (vgl. nur Binder). Doch lässt sich die favorisierte stoische Herleitung nicht wirklich belegen, und manches spricht dafür, sich der Position Godo Liebergs anzuschließen. Er hält es für evident, „dass man die Dreiteilung nicht als Doktrin eines bestimmten griechischen Denkers oder einer bestimmten philosophischen Schule, die in der Folge von späteren Denkern oder Schulen übernommen und abgewandelt worden wäre, sondern als universale Denkform verstehen muss, mit deren Hilfe mindestens seit der Zeit der hellenistischen Philosophie das antike Denken die durch Gesetz, Mythos und Spekulation vermittelte religiöse Wirklichkeit in ihrer Vielschichtigkeit und Verschiedenartigkeit besser zu erfassen suchte“ (Lieberg 107; ganz ähnlich Lehmann 211).

b) Die Rezeption bei Dion

Dass Dion das so umschriebene Konzept der *theologia tripertita* gekannt und verwendet hat, wird in der Forschung nicht bestritten (vgl. nur Desideri), und es gewinnt sogar noch an Wahrscheinlichkeit, wenn man den Herkunftsbereich so weit fasst, wie eben geschehen, und auf präzisere Ableitungen verzichtet. Der diesbezügliche Befund in Or 12 wirkt zunächst sicher verwirrend, aber es dürfte doch möglich sein, darin ein gewisses System zu erkennen.

Dion führt verschiedentlich Zählungen ein, zum ersten Mal in § 27, wo er die „angeborene“, d.h. aus dem Zusammenspiel von natürlicher Anlage und primären Erfahrungen entstandene Gottesidee ausdrücklich als ersten Haftpunkt (πρῶτον) bezeichnet. Zu dieser ersten Quelle (πρώτην ... πηγήν) tritt in § 39 eine zweite (δευτέραν) hinzu. Sie wiederum setzt sich aus drei Größen zusammen, aus Logos, Mythos und Ethos (λόγοις τε καὶ μύθοις καὶ ἔθεσι), was man am besten auflöst als rationale Argumentation, mythisches Erzählen und religiöses Brauchtum (s. Becker) – womit wir bei der herkömmlichen *theologia tripertita* angelangt wären.

In § 40f. geht Dion auf die Dichter, die für die Mythen einstehen, und die Gesetzgeber, die das Brauchtum sanktionieren, ein, nicht aber auf die Philosophen, die den Logos zu vertreten hätten. In § 42f. entsteht daraus die erste Schwierigkeit: Die Gotteserkenntnis von Natur aus (ἀπὸ τῆς φύσεως) wird wie bisher als erste (πρώτη) gezählt, aber daneben stellt Dion jetzt die von den Dichtern herrührende Gottesvorstellung als zweite (δευτέρα) und die von den Gesetzgebern kommende als dritte (τρίτη) Größe. Das hält er auch in § 44 durch, wo er drei Entstehungsfaktoren (τριῶν

... γενέσεων) für die Wahrnehmung des Göttlichen resümiert: „die natürliche Erkenntnis sowie die von den Dichtern und die von den Gesetzgebern vermittelte" (ἐμφύτου, ποιητικῆς, νομικῆς). Hier reiht Dion als vierten Faktor (τετάρτην φῶμεν) die bildende Kunst ein, die man im System der *theologia tripertita* wohl in der mythischen Abteilung unterbringen würde, auch wenn sie Auswirkungen auf das religiöse Brauchtum hat.

Noch einmal anders sieht die Zählung in § 47 aus. Dort möchte Dion von der „einfachen, ältesten Vorstellung" absehen, fügt aber „zu den drei genannten (πρὸς τοῖς τρισὶ τούτοις) Interpreten und Lehrern", nämlich Dichtern, Gesetzgebern und bildenden Künstlern, als viertes (τέταρτον) den Philosophen hinzu, der damit endlich die Bühne betritt. Da aber eingangs die angeborene Vorstellung eingeklammert wurde, entsteht kein echter Widerspruch zur Einreihung der Kunst als vierter Größe in § 44. Genau genommen erhalten wir eine Fünfergruppe, in der aber die älteste Gottesidee als Nr. 1 eine eigene Kategorie bildet. Das Quartett von Dichtung, Gesetzgebung, Kunst und Philosophie kann dann je nach Bedarf als Nr. 2 bis 5 oder auch gesondert als Nr. 1 bis 4 gezählt werden.

Was ist hier im Vergleich zur traditionellen *theologia tripertita* geschehen? Dion hat zwei Dinge getan: Er hat zum einen die Reflexion über die primären Quellen der menschlichen Gotteserkenntnis, die selbstverständlich einen zentralen Gegenstand der Religionsphilosophie ausmacht, von der Philosophie abgetrennt und dem Ganzen vorangestellt. Er hat zum andern der bildenden Kunst, die bei der mythischen Theologie mitlief, zu ihrer Emanzipation verholfen, womit er angesichts ihrer Bedeutung sowohl für die visuelle Umsetzung der Mythen wie auch für die praktische Ausübung der Religion in der Polis gar nicht einmal Unrecht hat. Auf diesem Weg entstehen bei ihm aus dem Dreiermodell die neuen Figuren mit vier und fünf Gliedern, in variierender Zuordnung.

Die Synkrisis sollte nun streng genommen davon handeln, welche der vier sekundären Bearbeitungen des Gottesbildes seiner ursprünglichen, echten Fassung am nächsten kommt. Den Gesetzgeber schließt Dion in § 48 aber vom Vergleich aus, während er den Philosophen dort noch im Spiel halten will. Das löst er im weiteren Verlauf zwar nicht ein, sondern vergleicht nur den Poeten Homer und den Künstler Pheidias miteinander, aber auch dafür gibt es Gründe. Obwohl Dion dem Philosophen den wichtigsten Teil seiner Aufgaben durch die Ausgliederung der natürlichen Gotteserkenntnis weggenommen hat, erkennt er ihm dennoch – oder eben deshalb – bereits in § 47 vorab schon die Siegespalme zu (der Philosoph „ist vielleicht der verlässlichste und vollkommenste Ausleger und Verkünder der unsterblichen Natur“). Im fingierten Wettstreit der Redner wächst in seine Rolle Pheidias hinein. Der philosophierende Bildhauer Pheidias fungiert im Text als Sprachrohr des philosophierenden Redners Dion, der die ganze Rede vorträgt (und für die Partie, wo „Pheidias“ spricht, vielleicht einen anderen Tonfall wählt, s.o.).

2. Gottesbild und Götterbilder

a) Das stoische Gottesbild

Literatur: A.A. LONG / D.N. SEDLEY, The Hellenistic Philosophers, bes. I, 274-279.323-333; II, 271-277.321-332. – D. FURLEY, Cosmology III: The Early Stoics, in: The Cambridge History of Hellenistic Philosophy, Cambridge 1999, 432-451. – J. MANSFELD, Theology, ebd. 452-478. – G. MOROCHO GAYO, Exégesis de un mito oriental en Dión de Prusa (zur Borysthenitischen Rede). – D.A. RUSSELL, Dio Chrysostom: Orations 19-23.89-107.211-247 (zur Borysthenitischen Rede: Einführung, Text, Kommentar). – M. TRAPP, Plato's *Phaedrus* in Second-Century Greek Literature, in: D.A. Russell (Hrsg.), Antonine Literature, Oxford 1990, 141-173, hier 148-155.

Dion hat Reden gehalten, die nicht mit philosophischen Traktaten zu verwechseln sind (sofern er auch solche verfasst hat, sind sie nicht erhalten geblieben). Deshalb können wir von ihm auch keine systematische Darlegung des philosophischen Denkrahmens, auf den er sich ständig bezieht, erwarten. Was er dennoch dazu sagt, ist deutlich genug. Vor allem in der Borysthenitischen Rede (Or 36) erweist er sich als überzeugter Anhänger der Stoa[25]. Eine Darlegung seiner eigenen Kosmologie in der Ich-Form beginnt er dort in § 29 mit dem Verweis auf „die unsrigen“, d.h. auf die Schulrichtung, zu der er sich selbst zählt. Dass es nur die Stoiker sein

---

[25] Mit negativer Wertung hält diesen Sachverhalt auch für Or 12 fest P. WENDLAND, Posidonius Werk Περὶ θεῶν, in: AGPh 1 (1888) 200-210, hier 208: „Jedenfalls ist es interessant zu sehen, wie unter dem rhetorischen Flitter des Schönredners der bekannte Ideenkreis der Stoa verborgen ist.“

können, geht aus dem Folgenden hervor: Die vielfältigen Phänomene im Weltall sind zurückzuführen auf ein einziges beseelendes Prinzip, auf eine einzige Kraft (§ 30). Die vorgetragene Lehre zielt darauf ab, „das Geschlecht der Menschen mit dem Göttlichen in eine harmonische Verbindung zu bringen und alles Vernunftbegabte in einem Begriff zusammenzufassen" (§ 31), und dieser Begriff lautet „Logos". In religiöser Sprache kann man das oberste Prinzip auch als den „weisesten und ältesten Herrscher und Gesetzgeber" bezeichnen, als „Lenker des gesamten Himmels und Herrn über alles, was ist", oder mit den Dichtern als „Vater der Götter und Menschen" (§ 32). Die Dichter – genauer gesagt nur zwei von ihnen: Homer und Hesiod – vergleicht Dion in § 33f. mit Kultpersonal, das während der Mysterienfeier draußen bleiben muss und vor der Tür zum innersten Heiligtum steht, dort aber „einen Hauch göttlichen Wesens und göttlicher Wahrheit" mitbekommt, der durch die Türe dringt, „wie aus dem Dunkel ein Strahl des Feuers" bricht. Man kann, mit anderen Worten, in den Mythen der Dichter die ein oder andere Andeutung der Wahrheit finden, die erst den Adepten der Philosophie im ganzen Umfang zugänglich sein wird.

In § 32-60 der Borysthenitischen Rede, die Dion in seiner Heimatstadt Prusa vorträgt, referiert er einen kosmologischen Mythos, den er von persischen Magiern gehört haben will. Der Mythos handelt von dem Sonnenwagen mit seinen vier Pferden und mit dem obersten Gott als Lenker. Wenn man die exotische Einkleidung außer Acht lässt, erkennt man zunächst massive Anleihen bei Platons *Phaidros* (s. Trapp). Von Platon hat Dion das Motiv vom Himmelswagen entlehnt, daneben auch die Übung, einen Text mit einer längeren mythischen Erzählung zu schließen. Aber inhaltlich nimmt Dion gegenüber Platon wesentliche Veränderungen vor, die auf eine stoische Reinterpretation hinauslaufen. In § 51-53 können wir als Sachaussage die stoische Lehre von der Ekpyrosis identifizieren, vom Weltenbrand, bei dem alles Bestehende wieder vom Feuer, aus dem es anfangs entstand, verschlungen wird. Übrig bleibt allein der reine Geist oder Verstand (νοῦς), der mit dem schaffenden Feuer (πῦρ τεχνικόν) gleichgesetzt werden kann (§ 55). Die Entstehung einer neuen Welt in ursprünglicher Frische und Schönheit schildert Dion in § 56-60 in mythischer Sprache als Folge der Liebesvereinigung von Zeus und Hera (naturphilosophisch gesehen von Feuer und Luft, in die sich das sich das schaffende Feuer als Erstes verwandelt).

Um dieses Ergebnis abzusichern, können wir auch noch eine Passage aus der Mahnung zur Eintracht mit Nikaia heranziehen, die Dion an die Adresse der Nikomedier richtet (Or 40). Sein soziales Projekt untermauert er mit einem kosmologischen Argument: „Seht ihr nicht am ganzen Himmel und in den göttlichen, seligen Wesen an ihm (d.h. den Gestirnen) eine ewige Ordnung, Eintracht und Besonnenheit, die man sich schöner und erhabener nicht vorstellen kann?“ (§ 35). Die vier Elemente werden angeführt, deren Harmonie den ganzen Kosmos erhält, und dann setzt Dion noch hinzu, dass die Weisen das vorherrschende Element, das die alles durchwaltende und beseelende Kraft trägt, Äther oder Feuer nennen (§ 37). Im weiteren Verlauf wird die wunderbare Ordnung beschworen, die sich im regelmäßigen Kreislauf der Gestirne und in der Tierwelt (unter Einschluss der Ameisen und Bienen) manifestiert (§ 38-41; die Rede bricht dann unvollendet ab).

Dass Dion sich auch eine Schwierigkeit des stoischen Ordnungsdenkens einhandelt, nämlich die Herkunft des Schlechten und Bösen zu erklären, verrät er in der Rede an die Alexandriner (Or 32), wo er in § 32 alles Segensreiche und Heilsame auf das Wirken der Götter zurückführt. Sie teilen nur Gutes in reicher Fülle aus, und zwar an alle, die es anzunehmen bereit sind. „Das Schlechte aber hat einen anderen Ursprung, als stammte es aus einer anderen Quelle, einer in unserer Nähe“. Es ist unser eigenes Werk, es resultiert aus unserem Tun, es wird verursacht durch die Dummheit der Menschen, die sich in den segensreichen Plan der Gottheit nicht widerspruchslos einfügen wollen. Schon im Zeushymnus des Kleanthes wurde das Böse, das Menschen aus eigenem Impuls vollbringen, dem Zugriff der Gottheit entzogen, dann allerdings doch wieder dem großen Ganzen dienstbar zu machen versucht (SVF I 537, Z. 17-25).

Die Marginalisierung des Theodizeeproblems hängt in der Stoa auch damit zusammen, dass sie dem Göttlichen als vornehmste Aufgabe die Pronoia zuweist, die Vorsehung oder Fürsorge, die immer nur das Beste will und auf das Gelingen des Gesamtplans abzielt. Jedes Misslingen und alle Unglücksfälle kann sie somit allenfalls als unvermeidliche Umwege mit in Kauf nehmen, aber nicht ursächlich mit dem lenkenden Prinzip zusammenbringen. Alles andere würde zur „Lenkung des Alls durch die Hand des ersten und besten Gottes", so Dion in der dritten Königsrede (Or 3,50), nicht passen. Die Fürsorge exemplifiziert Dion dort am Beispiel der Sonne, die, „selbst ein Gott und den Menschen an Glückseligkeit überlegen, sich dennoch nicht weigert, uns durch die Zeiten hindurch zu dienen und alles zu tun, um uns am Leben zu erhalten" (§ 73; vgl. § 57). Sie ist in § 82 gemeint mit dem „allerschönsten und strahlendsten Gott", der „seine Sorge für die Menschen nie vernachlässigt".

Die Betonung der göttlichen Fürsorge dürfte auch ein Grund dafür sein, dass die religiöse Sprache der Stoiker auf den heutigen (christlichen oder nachchristlichen) Betrachter oft theistisch wirkt und den Gedanken suggerieren könnte, es liege ihr ein personales und transzendentes Gottesbild zugrunde. Der Eindruck verstärkt sich sogar noch bei den Stoikern der Kaiserzeit, bei Epiktet, Seneca und eben bei Dion in seinem Olympikos (in philosophiegeschichtlicher Sicht würde das bedeuten, dass sie unter verstärkten Einfluss des Mittelplatonismus geraten sind). Dennoch müssen wir auch in ihrem Fall daran festhalten, dass der kosmologische Denkrahmen der Stoa letztlich nur eine pantheistische Gottesvorstellung zulässt.

Etwas vergröbert und pointiert, kann man die stoische Kosmologie und die darauf basierende Theologie mit vier Begriffen charakterisieren: Monismus, Materialismus, Pantheismus und Immanenz. Das Sein wird als Einheit gedacht. Zwar kennt die Stoa zwei erste Prinzipien (ἀρχαί), das Tätige (τὸ ποιοῦν) und das Leidende (τὸ πάσχον), doch führt sie beide wieder zusammen, insofern sie für beide ein materielles Substrat postuliert, ein feines Feuer, das alles durchwirkt und stofflicher Träger auch des formgebenden Prinzips ist (und das nicht mit dem irdischen Feuer als einem der vier Elemente verwechselt werden darf; man könnte es auch als intelligente Energie bezeichnen, die aber nicht ohne ein materielles Pendant existieren kann). Damit ist zugleich gesagt, dass es nichts über die so entstandene Welt hinaus gibt, keine Ideenwelt und keinen transzendenten Schöpfergott. Die belebende, feurigwarme, schöpferische Kraft, die dem ganzen All immanent ist, kann wahlweise bezeichnet werden als Pneuma (Geist), als Logos oder Nous (Weltvernunft), als Physis (Weltgesetz), und auch Vorsehung und Schicksal dienen im Grunde als Umschreibung dafür.

Hier erreichen wir auch den Ort für die theologische Rede im engeren Sinn. Man kann das Feuer, das am Anfang war und am

Ende allein noch übrig sein wird, im Rahmen einer religiösen Weltsicht als Zeus bezeichnen, und man kann für andere, untergeordnete Kräfte im Kosmos andere Götternamen verwenden, bis man das ganze Pantheon, dem die Dichter in ihren Werken geordnete Form verliehen haben, abgeschritten hat. Aber wir haben von Dion schon gehört, dass die Dichter nur schwache Reflexe der eigentlichen Wahrheit vermitteln. Die stoische Gottes- oder Götterrede gewinnt vor dem skizzierten Hintergrund einen eigenartig schwebenden, fast metaphorischen Charakter, so entschieden die Stoa und mit ihr Dion auch an der Existenz von Göttern festhielt (vgl. Furley 449: „But we must not forget that this picture is to a considerable extent metaphorical in the Stoic system. God is not transcendent, but immanent. The providence of God is another way of describing the course of nature itself").

b) Das „Göttliche" in der Olympischen Rede

Literatur: P. Boyancé, Les preuves stoïciennes de l'existence des Dieux d'après Ciceron, in: Hermes 90 (1962) 45-71. – M. Frede, Monotheism and Pagan Philosophy in Later Antiquity, in: P. Athanassiadi / M. Frede (Hrsg.), Pagan Monotheism in Late Antiquity, Oxford 1999, 41-67. – B. Gladigow, Art. Polytheismus, in: HRWG 4 (1998) 321-330. – B. Lang, Art. Monotheismus, ebd. 148-165 (weitere Lit.).

Nähern wir uns mit diesem Wissen, das wir nicht nur dem stoischen Denkrahmen entnommen, sondern auch aus Dions anderen Reden abgesichert haben, seiner Olympischen Rede, die für Hans von Arnim gerade wegen ihrer Vermittlung von stoischer Theologie und persönlicher Frömmigkeit „zu den wichtigsten Denkmälern der antiken Religionsgeschichte" gehört[26]. Wir treffen darin als Erstes auf einen differenzierten Sprachgebrauch, der sich zwar der Systematisierung entzieht, aber doch nach verschiedenen Schwerpunkten gliedern lässt:

---

[26] Leben und Werke 477; voraus geht: wir sehen hier „einen frommen Menschen in dieser (sc. der stoischen) Lehre Befriedigung seines religiösen Bedürfnisses und Andacht und Erhebung suchen".

– θεοί, „Götter"

Mit großer Selbstverständlichkeit verwendet Dion in Or 12 ca. 20-mal den Plural „Götter" (θεοί, nur bei den Musen in § 23 auch θεαί, „Göttinnen"), unterschiedslos mit Artikel und ohne Artikel, oft in unspezifischem Sinn: Athena ist die schönste und weiseste unter den Göttern (§ 6); wer sich den Sophisten anschließt, lässt die Heiligtümer der (heimatlichen) Götter hinter sich zurück (§ 10; vgl. dazu Or 38,9, wo Dion „alle Götter" anruft, „eure", d.h. die der Nikomedier, und „ihre", d.h. die der Einwohner von Nikaia); von den Göttern haben die Menschen Verstand und Vernunft mitbekommen (§ 32); die Epikureer nehmen uns unsere Götter weg (§ 37); die Menschen besitzen eine einfache, älteste Vorstellung hinsichtlich der Götter (§ 47); manche Völker bezeichnen fälschlich Bäume und Steine als Götter (§ 61); die Dichter allgemein sind die Urheber von Erzählungen und Mythen über die Götter (§ 43); Homer insbesondere zeichnet das Leben und Treiben der Götter nach (§ 62; vgl. § 73); die Künstler versuchen sich an der Darstellung von Göttern (§ 45; vgl. § 56; § 60). Ausdrücklich als „selige Götter" bezeichnet werden die Gestirne am Himmel (§ 60; vgl. § 34), was für einen Stoiker nahe liegt, da sie aus reinem Feuer und somit aus göttlichem Urstoff bestehen. Auch die mehrfache Betonung einer engen Verwandtschaft zwischen Göttern und Menschen (§ 61; § 75; § 77) ist zwar nicht zwingend auf eine stoische Fundierung angewiesen, wird aber schlagartig klarer, wenn man sie auch als Partizipation an einem gemeinsamen schöpferischen Substrat verstehen kann. Die Menschen haben im Vergleich zur Natur und zur Tierwelt zudem einen besonders hohen und reinen Anteil an Logos oder Nous mit bekommen, weswegen sie den Göttern besonders nahe stehen. Das erleichtert auch die Übergänge, denn neben den Göttern kennt Dion auch die zwischen Göttern und Menschen stehende Klasse der „Halbgötter" (§ 78: ἡμίθεοι), von denen er mit anderen Worten auch in Or 3,54 spricht: der ideale Herrscher glaubt „nicht nur an Götter, sondern auch an gute Zwischenwesen (δαίμονας) und Heroen (ἥρωας); das sind die Seelen tüchtiger Männer, die die sterbliche Natur abgestreift haben".

Eine stärkere Strukturierung im Sinne eines geordneten Pantheons trägt in die Götterwelt vor allem die Vorrangstellung hinein, die Zeus zugebilligt wird. Er ist – mit dem traditionellen Attribut – der König und Vater von Göttern und Menschen (§ 21; § 75). Diese Sonderrolle baut Dion noch dahingehend aus, dass nur Zeus etwas vermag, was die Kräfte der anderen Göttern übersteigt, nämlich aus den vier Elementen diese Welt zu erschaffen (§ 81). Die Mythologie wird hier besonders durchlässig für die Kosmologie, wenn man hinter Zeus als Schöpfer das schaffende Feuer erkennt. Mit Zeus hängt zur Hauptsache auch der Übergang vom Plural „Götter“ zum Singular „Gott“ zusammen. Entscheidend ist dafür bereits die Schlüsselstelle in § 27: die früheste Gottesvorstellung der gesamten Menschheit hat zum Inhalt das „Wesen der Götter im Allgemeinen und das des Lenkers des Alls im Besonderen“, was das Resümee in § 84 reduziert auf „die erste Vorstellung von Gott überhaupt“.

– θεός, „Gott“

Für den Singular θεός sind in Or 12 ca. 25 Belege zu verzeichnen. Einmal wird ἡ θεός für die Göttin Athena verwendet (§ 6) und einmal für die Göttin „Lust“ der Epikureer (§ 37). Generisch könnte θεοῦ τινος in § 20 verstanden werden, falls man es nicht im Anschluss an die Iliasstelle, auf die angespielt wird, auf Apollon bezieht. In § 35 (auch die Tiere „erkennen Gott und ehren ihn“) und § 59 („Wir schreiben Gott also einen menschlichen Leib zu“) kann man darüber streiten, ob das eine allgemeine Aussage ist oder sich im Kontext (vgl. in § 35 den Schluss-Satz!) gezielt auf Zeus richtet. Von den homerischen Göttern wird Hephaistos noch als solcher bezeichnet (in § 83, vgl. § 53), während Thetis (§ 62) und die personifizierte Eris (§ 72) lediglich Erwähnung finden. Von den Kühnheiten Homers, der manchen selbst „göttergleich“ erscheint (§ 63: ἰσόθεος), notiert Dion noch den Vergleich des Agamemnon mit Zeus (§ 62); beides bewegt sich in Richtung auf die oben schon angesprochene Heroisierung hin.

In den weitaus meisten Fällen ist der Singular für Zeus, den „Stammvatergott“ (§ 29: τοῦ προπάτορος θεοῦ) von Welt und Mensch, reserviert, dem auch ein beträchtlicher Teil der Homerreminiszenzen gilt (vgl. für θεός § 36, § 62). Einen Grund dafür gibt die Situation der Rede ab: das Zeusfest (§ 49, 51, 54), der Zeustempel und die Zeusstatue (vgl. τοῦδε τοῦ θεοῦ in § 12, 21, 35, ferner § 59, 75, 80) in Olympia, einen zweiten, mindestens ebenso wichtigen seine Position als „erster und größter“ (§ 52),

„alles beherrschender“ (§ 55) Gott, dessen Wesen (φύσις in § 21, 52, 70) und Kraft (δύναμις in § 21, 35, 70) die Epiklesenreihe von § 75f. in hymnischer Sprache entfaltet. Die bewusst gesetzten Begriffe Physis und Dynamis sind besonders zu beachten, da sie eine philosophische Reduktion und Konzentration ermöglichen: Die Frage nach dem einen, höchsten Gott fällt zusammen mit der Frage nach dem innersten Wesen der Natur, und die vielfältigen Kräfte, die in ihr wirken, können als Entfaltung der einen, anfänglichen Urkraft interpretiert werden.

– τὸ θεῖον, τὰ θεῖα, das „Göttliche“

Neben θεός im Singular und Plural stehen Dion noch zwei weitere, abstraktere Termini zur Verfügung, die auch als Adjektive vorkommen. Der eine davon ist τὸ θεῖον bzw. im Plural τὰ θεῖα, das „Göttliche“, der andere τὸ δαιμόνιον. Zunächst einige Beispiele zu θεῖον: Weil Dion das Göttliche (τὰ θεῖα) höher schätzt als menschliche Angelegenheiten, kommt er nach Olympia (§ 20); die Epikureer hingegen verachten das Göttliche (§ 36: τὰ θεῖα). Die ersten Menschen wuchsen nach § 28f. in engstem Kontakt mit dem Göttlichen (τοῦ θείου) auf, umstrahlt von göttlichen Erscheinungen (θείοις φάσμασιν, den Gestirnen, vgl. § 58), erfüllt von der göttlichen Natur (τῆς θείας φύσεως). Die Dichter sprechen vom Göttlichen (§ 57, 84), die Künstler stellen es dar (§ 44, 46, 59), und zwar richtig, im Unterschied zu den Barbaren (§ 59).

Die Bedeutung dieses Begriffs wird dadurch unterstrichen, dass auch die erste Gotteserkenntnis mit seiner Hilfe ausgedrückt werden kann (§ 39): „Die erste Quelle für die Vorstellung über das Göttliche (περὶ τὸ θεῖον) und für seine Wahrnehmung ist die allen Menschen angeborene Idee ...“. Zusammen finden sich die beiden „abstrakteren“ Vokabeln an gleichfalls zentraler Stelle in § 60: „Auf Grund des inneren Drangs auf das Göttliche hin (πρὸς τὸ δαιμόνιον) beseelt alle Menschen aber das heftige Verlangen, die Gottheit (τὸ θεῖον) aus der Nähe zu ehren und ihr zu dienen“.

– τὸ δαιμόνιον, das „Numinose“

Wir kommen damit zum Wortstamm δαιμ-. Das in der älteren Gräzität bevorzugte Substantiv δαίμων hat Dion nur einmal mit negativer Konnotation in § 36: die Epikureer „verachten das Göttliche (τὰ θεῖα) und haben an seiner statt eine numinose Größe eingesetzt, die sittlich schlecht und fehl am Platz ist (δαίμονα πονηρὰν καὶ ἄτοπον)". Dion bevorzugt stattdessen die substantivierte Singularform τὸ δαιμόνιον des Adjektivs, das er gleichfalls verwendet (vgl. § 6, 49, bes. 44: τῆς δαιμονίας φύσεως).

Es lohnt sich, die Belege für τὸ δαιμόνιον näher zu betrachten. Das Wort kommt vor in § 26: was „der menschlichen Vorstellung über das Göttliche (περὶ τοῦ δαιμονίου)" Form verleiht, in § 32: die Menschen „müssen das Göttliche (τὸ δαιμόνιον) bewundern und lieben", in § 44: die Entstehungsfaktoren „für die Wahrnehmung des Göttlichen bei den Menschen (τῆς δαιμονίου παρ' ἀνθρώποις ὑπολήψεως)" werden aufgelistet, in § 45: die Künstler arbeiten an „mannigfachen Sinnbildern des Göttlichen (ὑπονοίας καὶ ποικίλης περὶ τοῦ δαιμονίου)", in § 46: ihr Bemühen reiht sich in die Zahl der Versuche ein, „die gleichsam zur Verehrung des Göttlichen und zur Abstattung von Dank ihm gegenüber unternommen wurden (ὡς ἐπὶ τιμῇ καὶ χάριτι ποιούμενα τοῦ δαιμονίου)", in § 55: Pheidias fragt sich, ob er alles getan habe, „was bei der Nachbildung des Göttlichen menschenmöglich ist (τῆς δυνατῆς πρὸς τὸ δαιμόνιον ἀνθρώποις ἀπεικασίας)", sowie, oben schon zitiert, neben τὸ θεῖον in § 60: „Auf Grund des inneren Drangs auf das Göttliche hin (πρὸς τὸ δαιμόνιον) ...".

Wir sagten eingangs, eine Systematisierung des Sprachgebrauchs bei Dion sei nicht möglich, zumal sich θεός im Singular und Plural durch die ganze Rede hindurchzieht. Eine Beobachtung zumindest drängt sich dennoch auf: Den Abstraktbegriff τὸ δαιμόνιον verwendet Dion fast ausschließlich da, wo er „philosophisch" wird, d.h. in der Argumentation hinsichtlich der verschiedenen Quellen der Gottesvorstellung im Mittelteil der Rede. In Grenzen wird auch τὸ θεῖον in diese Gewichtsverlagerung mit einbezogen. Wo es um die homerische Götterwelt geht, um Mythos und Ritus, scheint sich für Dions Sprachempfinden vor allem τὸ δαιμόνιον nicht so gut zu eignen, und auch τὸ θεῖον tritt dann gegenüber den üblicheren Termini θεός und θεοί zurück. Die Indienstnahme der homerischen Götterwelt (θεός und θεοί) für die philosophische Reflexion (durchgeführt mit Hilfe von τὸ δαιμόνιον und τὸ θεῖον) wird so auch sprachlich fassbar.

– Termini technici

Diese These mag zunächst recht kühn erscheinen, sie wird aber abgestützt durch weitere Spuren eines philosophisch eingefärbten Vokabulars, dass Dion an den argumentativ entscheidenden Stellen offenbar bewusst einsetzt. Die erste Gottesvorstellung bezeichnet er in § 27 als ἐπίνοια κοινή, was unverkennbar anklingt an die κοιναὶ ἔννοιαι, einen Fachbegriff für allgemeine Axiome, z.B. in der Mathematik. In diesem Zusammenhang gebraucht Dion ἐπίνοια auch in § 39 und 84 (im Resümee), in etwas anderem Kontext außerdem in § 28 und 57. Aber auch den engeren Fachausdruck ἔννοια sucht Dion keinesfalls zu vermeiden, sondern verwendet ihn im Austausch mit ἐπίνοια für die älteste(n) Idee(n) hinsichtlich des Göttlichen in § 40 und 47 (dazu noch in § 35 für das fehlende Vorstellungsvermögen der Pflanzen).

In § 39 tritt neben ἐπίνοια noch ὑπόληψις: „Die erste Quelle für die Vorstellung über das Göttliche und für seine Wahrnehmung (περὶ τὸ θεῖον δόξης καὶ ὑπολήψεως) ist die allen Menschen angeborene Idee (τὴν ἔμφυτον ἅπασιν ἀνθρώποις ἐπίνοιαν)". ὑπόληψις kehrt in diesem Sinn in § 40 und § 44 wieder. Die terminologische Nähe zu den προλήψεις, womit die Philosophie die Vorbegriffe benennt, mit denen wir an die Wirklichkeit herantreten und sie in unserer Wahrnehmung strukturieren, ist alles andere als ein Zufall.

Halten wir außerdem noch fest, dass zweimal ὑπόνοια verwendet wird: „Wie also hätten sie da unwissend bleiben und keine Spur (μηδεμίαν ... ὑπόνοιαν) von dem entdeckt haben sollen, der sie säte und pflanzte ..." (§ 29); die Künstler füllen die Städte an „mit mannigfachen Sinnbildern (πολλῆς ... ὑπονοίας) des Göttlichen" (§ 45). Zwar rückt ὑπόνοια hier in die Nähe des Symbolbegriffs, den wir gleichfalls antreffen (vgl. § 18, § 77 und vor allem § 59: „... wobei wir uns der Evokationskraft des Symbols [συμβόλου δυνάμει] bedienen"). Aber es darf dennoch daran erinnert werden, dass ὑπόνοια ganz wörtlich „Untersinn", „Tiefensinn" bedeutete und bis weit ins 1. Jh.v.Chr. hinein allein für ein Phänomen einstand, das im späteren Sprachgebrauch ἀλληγορία heißt[27], für die Kunst also, die Mythen der Dichter durch Interpre-

---

[27] Detaillierte Einzelnachweise bei H.J. KLAUCK, Allegorie und Allegorese in synoptischen Gleichnistexten (NTA NF 13), Münster ²1986, 32-62.

tation auf ein kosmologisches System zurückzuführen. Dass Dion die allegorische Exegese, wie sie besonders in der Stoa gepflegt wurde, kannte und beherrschte, steht außer Frage.

– „Gottesbeweise"

Auch die Beweise, die Dion bei der Entfaltung der ersten Quelle der Gottesvorstellung für die Existenz von Göttern vorträgt, sind primär im stoischen Denken beheimatet, selbst wenn sie – wie z.B. den Rückschluss von den geschaffenen Dingen auf den Werkmeister, der sie hergestellt hat – ähnlich auch der Mittelplatonismus kennt. Beweiskräftig ist hier die Parallele zu den Ausführungen des Stoikers Balbus, dem Cicero im 2. Buch von *De Natura Deorum* einen langen Monolog anvertraut (s. Boyancé). Die beiden wichtigsten Argumente bringt Balbus gleich zu Beginn. Es ist erstens der Rückschluss aus dem geordneten Ablauf des Weltgeschehens[28]: „Denn was kann, wenn wir zum Himmel aufblicken und die Erscheinungen an ihm betrachten, so offenbar und so einleuchtend sein, wie dass es ein waltendes Wesen von hervorragender Geisteskraft gibt, von dem dies alles gelenkt wird?" (Nat Deor 2,4), und es ist zweitens der *consensus omnium* in der Grundsatzfrage: „Daher steht bei allen Menschen auf der ganzen Welt die Hauptsache fest; allen ist ja angeboren und gleichsam in die Seele eingemeißelt: es gibt Götter. Über ihr Wesen gehen die Meinungen auseinander; ihre Existenz wird von niemandem geleugnet" (Nat Deor 2,12f.). Das sind im Kern auch Dions Beweisgründe, nur dass er sie in umgekehrter Reihenfolge bietet, das Konsensargument in § 27 und die Naturbeobachtung in § 28.

Die inhaltlichen Parallelen verstärken sich noch, wenn man hinzuzieht, was Balbus im weiteren Verlauf seines Referats aus den stoischen Gründervätern zitiert. So bemerkt er zu Kleanthes, dieser habe auf die Existenz einer Gottheit geschlossen u.a. „aus der zweckmäßigen Beschaffenheit des Klimas, aus der Fruchtbarkeit der Erde" (Nat Deor 2,13; vgl. bei Dion § 32) und aus „der immer gleich bleibenden Bewegung und Umdrehung des Himmels, der Sonne und des Mondes und den gesonderten Bahnen, dem Nutzen, der Schönheit und der Ordnung aller Gestirne" (Nat Deor 2,15; vgl. bei Dion § 28).

---

[28] Übers. nach W. GERLACH / K. BAYER (TuscBü).

In religionsgeschichtlicher Sicht würde man hier im Übrigen von primären religiösen Erfahrungen sprechen, die Menschen mit der sie umgebenden Welt und ihrem eigenen Leben machen. Solche primären Erfahrungen orientieren sich z.B. am Wechsel von Tag und Nacht, am Jahresrhythmus, am Lebenszyklus, an geordneten Prozessen in der Natur überhaupt. Sie bleiben schlechthin prägend für Volks- und Stammesreligionen; die großen Stifterreligionen hingegen drängen sie zurück und betrachten sie mit Misstrauen oder unverhohlener Ablehnung. Das ändert nichts daran, dass sie unterschwellig immer präsent bleiben und die religiöse Praxis begleiten. Das mag genügen als Erklärung dafür, warum uns vieles von dem, was Dion anführt, so seltsam vertraut vorkommt.

In der Stoa gewinnen die primären Erfahrungen noch einmal einen anderen Stellenwert, insofern sie auf Naturprozessen basieren, die gesteuert werden von der alles durchwaltenden göttlichen Kraft, für die eine Reihe von Namen zur Verfügung steht, darunter auch der Name „Gott“ oder „Zeus“, aber auch Logos oder Nous. Im Referat des Balbus bei Cicero wird Chrysipp herangezogen, der gesagt habe, wir müssten „gerade aus der geistigen Gewandtheit des Menschen schließen, dass es einen Weltgeist, und zwar einen schärfer denkenden und göttlichen, gibt. Denn woher hat der Mensch denn sonst diesen seinen Geist?“ (Nat Deor 2,18). Chrysipp schließlich führt auch noch die stoische Lehre von der Sympatheia, von dem geistigen Band, das alles umschlingt und verbindet, ins Feld: „Wen wird eine so gewaltige, miteinander harmonierende, zusammenwirkende und ununterbrochene Verwandtschaft der Erscheinungen nicht zwingen, meine Ausführungen für richtig zu halten?“ (Nat Deor 2,19).

– Monotheismus?

Wieweit reicht der stoische Gottesbeweis? Anders gefragt: Für wie viele Götter gilt er? Für nur einen oder für eine beliebig hohe Zahl? „Unzählige Götter anzunehmen“ hält ein anderer eklektischer Stoiker des 1. Jh.n.Chr., Plinius d.Ä., für Leichfertigkeit: „Die gebrechlichen und mühebeladenen Sterblichen haben, ihrer Schwäche bewusst, die Gottheit in Teile zerlegt, damit jeder in seinem Anteil das verehre, dessen er am meisten bedürfe ..."[29]. Wie sieht es diesbezüglich bei Dion aus?

Außer Zeus sind in der stoischen Theologie die anderen Götter, um mit dem Grundsätzlichen zu beginnen, zwar unsterblich – das zeichnet sie gegenüber den Menschen aus –, aber sie sind nicht ewig. Das klingt paradox, will jedoch besagen, dass nur Zeus die Größe verkörpert, die den Weltbrand überdauert und den Neuanfang in Gang setzt, alle anderen Götter aber mit Welt und Menschheit in dem Feuer gleichsam ein- und umgeschmolzen werden. Das steht der Sache nach hinter der Vorrangstellung, die Zeus, dem mythischen „Vater der Götter und Menschen", auch im philosophischen Denken der Stoa eingeräumt wird. Streng genommen sollte das in die These einmünden, dass es nur einen Gott gibt. Denkt die Stoa, denkt Dion also monotheistisch (zur Fragestellung vgl. bes. Frede, der u.a. schreibt: „this clearly means that only Zeus satisfies the criterion for being a god fully ... It is only in this diminished sense that things other than Zeus can be called ‚god'" [52])?

Kritisch kann man dagegen sofort einwenden: Dion benutzt recht sorglos auch den Plural „Götter", und er erwähnt andere Gottheiten neben Zeus. Aber er geht aller Wahrscheinlichkeit nach mit dem überlieferten Götterhimmel so um, wie die Stoa sich das zu tun überhaupt angewöhnt hatte: Die ganze Götterwelt kann mit Hilfe allegorischer Exegese in kosmologische Entsprechungen überführt werden. Wie Zeus für das schaffende Feuer, so steht Hera dann für die Luft und Poseidon für das Wasser. Die anderen Gottheiten lassen sich verstehen als Entfaltungen der einen Ursprungskraft, die bestimmte Funktionen übernehmen, damit die Welt sich in ihrer ganzen Vielfältigkeit ausdifferenzieren kann; sie widersprechen aber nicht dem prinzipiellen Monismus des Weltentwurfs. Nebenbei gesagt hatte die Stoa damit auch den Weg gefunden, sich ohne große Schwierigkeiten mit dem traditionellen Götterglauben zu arrangieren. „Bilderstürmerei" war nicht ihr Ziel – was bereits zum nächsten Punkt überleitet.

---

[29] Nat Hist 2,14f.; Übers. G. WINKLER / R. KÖNIG (TuscBü); aufschlussreich ist aber die Ausnahme, die Plinius d.Ä. in 2,18f. für den Kaiserkult vorsieht, wohl weniger eine politische Konzession, sondern eine Auswirkung des Wohltäterkults, s.u.

Im religiösen Denken der frühen Kaiserzeit lässt sich eine unverkennbare Tendenz zu einem Eingottglauben feststellen, für den man das Kunstwort „Henotheismus" erfunden hat. Das will sagen, dass sich der Blick mehr und mehr auf einen einzigen, überlegenen Gott konzentriert, ohne dass deswegen die Existenz zahlreicher weiterer Götter, die an Stellenwert deutlich verlieren, geleugnet würde. Auch der Befund bei Dion ordnet sich hier ein. Im Übrigen ist auch „Monotheismus" ein neuzeitlicher Begriff, der im Ansatz schon die Überlegenheit der drei großen monotheistischen Religionen Judentum, Christentum und Islam gegenüber dem heidnischen „Polytheismus" demonstrieren will. Diese apologetisch motivierte Kontrastierung ist zu simpel, nicht nur deshalb, weil auch die monotheistischen Religionen transhumane, göttliche Zwischenwesen kennen (und ein Denker wie Philo von Alexandrien, der sich strikt auf dem Boden des Judentums bewegen will, es zulässt, dass sich Kräfte Gottes als Personifikationen verselbständigen). Nicht einmal der Sachverhalt, der sich in dieser Hinsicht bei Dion z.B. abzeichnet, kann mit dieser Dichotomie von Monotheismus und Polytheismus in seiner ganzen Komplexität erfasst werden.

c) Die kultischen Götterbilder

Literatur: A. Billaut, Dion Chrysostome avait-il une théorie de la sculpture? – C. Clerc, Les théories relatives au culte des images. – P. Desideri, Tipologia e varietà di funzione 3941-3948. – E.I. Faulstich, Hellenistische Kultstatuen. – V. Fazzo, La giustificazione delle immagini religiose. – H. Funke, Art. Götterbild, in: RAC 11 (1981) 659-828. – J. Geffken, Der Bilderstreit des heidnischen Altertums, in: ARW 19 (1916/19) 286-315. – B. Gladigow, Art. Kultbild, in: HRWG 4 (1998) 9-14 (weitere Lit.). – C. Koch, Vom Wirkungsgeheimnis des menschengestaltigen Gottes, in: Ders., Religio. Studien zu Kult und Glauben der Römer (Erlanger Beiträge zur Sprach- und Kunstwissenschaft 7), Nürnberg 1960, 205-252.

Wir brauchen in einem letzten Schritt jetzt nur noch zu entfalten, was das bisher Gesagte für die Bewertung der Kultbilder bedeutet. Dion liefert in seiner Rede, so scheint es, ein überzeugtes Plädoyer für die Berechtigung von Götterbildern im Allgemeinen und für die anthropomorphe Zeusstatue zu Olympia im Besonderen. Niemand wird ernsthaft behaupten wollen, so lässt er Pheidias in § 60 ausführen, „es wäre besser gewesen, überhaupt kein Standbild und kein Gemälde von Göttern bei den Menschen in Umlauf zu bringen". Das ist so selbstverständlich, wie es klingt, nicht. Wir haben noch die Kritik des Plinius am Vielgötterglauben im Ohr. Diese Passage wird eingeleitet mit dem Satz: „Ich halte es deshalb für ein Zeichen menschlicher Schwäche, nach dem Bild und der Gestalt der Gottheit zu suchen" (Nat Hist 2,13). Als Beispiel für einen bildlosen Kult, der dennoch echter Kult mit Tempel, Opfern und sonstigen Riten blieb, wurde gerade in der hellenistisch-römischen Welt das Judentum kontrovers diskutiert[30]. Auch Varro macht sich bei der Besprechung der *theologia tripertita* (s.o.) im ersten Buch seiner *Antiquitates Rerum Divinarum* zunächst die Ablehnung der Götterbilder zu eigen, ehe er sie an späterer Stelle gelten lässt, aber nur, sofern sie für Eingeweihte einen tieferen Sinn entbergen und auf die Weltseele und ihre Teile bezogen werden (vgl. Frag. 225 Cardauns, aus Augustinus, Civ 7,5).

Dion selbst macht im Übrigen erhebliche Vorbehalte geltend, wenn er im unmittelbaren Kontext dieser Aussage, wieder durch Pheidias, die Darstellung des Göttlichen in der Gestalt von Tieren (§ 59) oder seine Repräsentation durch Berge, Bäume und unbehauene Steine (§ 61) kritisiert. Es bleibt das menschengestaltige Götterbild übrig, das Dion anscheinend als eine Vorzugsleistung der Griechen im Vergleich zu den „barbarischen" Nachbarvölkern herausstellen will (vgl. § 53: Pheidias hat „als Erstes die Griechen, dann alle anderen Menschen um dieses Wunderbild geschart" und § 56; dazu Fazzo 42f.). Damit schmeichelt er zwar dem Nationalstolz seiner Zuhörer, an den er mit der Wendung „wir, die wir gemeinsam teilhaben an Griechenlands Erbe" in § 42 direkt appelliert. Aber innerhalb dieser Tradition hatte bereits der Vorsokratiker Xenophanes beißende Kritik an anthropomorphen Vorstellungen von Gott geübt[31]. Bei Cicero wird die Menschengestalt der

---

[30] Vgl. Tacitus, Hist 2,78,3; 5,5,4; diese und weitere Belege werden dargeboten und besprochen in dem Werk von M. STERN, Greek and Latin Authors on Jews and Judaism (Publications of the Israel Academy of Sciences and Humanities). Bd. 1-3, Jerusalem 1974-1984 (zu Tacitus II, 1-93).

[31] VS 21 B 25-29; vgl. bes. 27: „Die Äthiopier behaupten, ihre Götter seien stumpfnasig und schwarz, die Thraker, sie seien blauäugig und blond", und 29: „Wenn aber die Rinder und Pferde und Löwen Hände hätten und mit diesen Händen malen könnten und Bildwerke schaffen wie Menschen, so würden die Pferde die Götter abbilden und malen in der Gestalt von Pferden, die Rinder in der von Rindern, und sie würden solche Statuen meißeln, die

Götter als epikureische Lehre vorgestellt (Nat Deor 1,46f.) und durch Cotta akademischer Kritik unterzogen (1,74-77). Auf diese Bundesgenossenschaft dürfte Dion kaum Wert gelegt haben. Außerdem überliefert Diogenes Laertios in seiner Chrysipp-Vita ein stoisches Zeugnis, das besagt, „Gott sei ein Lebewesen, unsterblich, vernunftbegabt, vollkommen ..., aber er besitze keine menschenähnliche Gestalt (μὴ εἶναι μέντοι ἀνθρωπόμορφον)“[32].

Offenbar liegt Dions eigene Meinung nicht ganz so nah an der Oberfläche des Textes, wie man meinen möchte. Gehen wir, um sie präziser zu bestimmen, den sicheren Weg über seinen Sprachgebrauch, und überprüfen wir in der gebotenen Kürze seinen Umgang mit den einschlägigen Termini innerhalb von Or 12 und im gesamten Redekorpus.

– ἀνδριάς, das „Standbild“

Ein gängiges Wort für Standbild, ἀνδριάς, hängt mit ἀνήρ zusammen und bedeutet daher genauer „Standbild eines Menschen“. Für das Thema der Olympischen Rede eignet sich dieser Begriff streng genommen nicht, und er kommt in Or 12 auch nicht vor, außer in dem zusammengesetzten Wort ἀνδριαντοποιῶν in § 44, das die „Bildhauer“ oder, da sie neben den Malern und Steinmetzen stehen, vielleicht präziser die „Erzgießer“ meint, die immerhin auch zuständig sind für die Herstellung von „Weihestatuen und Abbildern von Gottheiten (περὶ τὰ θεῖα ἀγάλματα καὶ τὰς εἰκόνας)“. Eine Assoziation von ἀνδριάς mit Statuen von Heroen (darunter Herakles) und Gottheiten liegt auch in Or 7,39 vor.

Über 30mal begegnet ἀνδριάς in Dions überlanger, aber streckenweise durchaus amüsanter Rede an die Bewohner von Rhodos (Or 31), die uns noch mehrfach beschäftigen wird, weil sie das Standbild zum Thema hat. Die Rhodier waren auf den Einfall gekommen, Ehrenstatuen für Wohltäter einfach zu „recyclen“. Sie entfernten die alte Namensinschrift und brachten eine neue an, was Geld und Zeit sparte. Gegen diese (Un-)Sitte läuft Dion förmlich Sturm und sammelt Gegenargumente jeglicher Art. Wir erfahren hier auch einiges über den Unterschied zwischen Menschen- und

---

ihrer eigenen Körpergestalt entsprechen“; vgl. J. MANSFELD, Die Vorsokratiker (RecUB 10344), Stuttgart 1987, 220-225.

[32] SVF II 1021 = Diogenes Laert. 7,147.

Götterstatuen. Die Standbilder von Menschen wurden meist aus Bronze gefertigt, nicht aus Gold und Elfenbein; deshalb kann χαλκός, „Bronze“, metonymisch für sie eintreten (vgl. 31,9.82 u.ö., aber auch 28,3!). Bronze konnte verwendet werden, weil diese Statuen „nur“ lebensgroß waren, also bei weitem nicht die kolossalen Ausmaße der Zeusstatue des Pheidias erreichten (woraus „Pheidias“ in 12,63 ein Argument zu seinen Gunsten gewinnt). Die Götterbilder wiederum tragen normalerweise keine Namensaufschrift (31,91). Dennoch gewinnt das Standbild eines Menschen (ἀνδριάς), wenn es, was häufig vorkam, in einem Heiligtum aufgestellt war, den Charakter eines Weihegeschenks (ἀνάθημα), das zu beschädigen – etwa durch Entfernen der Inschrift – ein Frevel wäre (31,87-89; vgl. 44,2).

Von Interesse ist für uns auch noch ein anderer Fall, den Dion erörtert. Die Rhodier versuchten sich damit herauszureden, dass sie bevorzugt alte Statuen ohne Inschrift wieder verwenden würden. Gerade dabei aber kann es sich nach Dion um Statuen von Heroen oder gar von Gottheiten handeln, deren sakrale Herkunft in Vergessenheit geraten war (31,90-93). Auf diese Verteidigungslinie sollten die Rhodier also besser verzichten, was Dion noch mit einem historischen Exempel untermauert (31,95-98).

– ξόανον, das „Schnitzwerk“

Mit ξόανον, das möglicherweise von ξέω, „schaben“, „glätten“, abzuleiten ist, werden holzgeschnitzte Kultobjekte bezeichnet, meist kleinformatig und hohen Alters. Ein wenig schimmert noch der Fetisch-Charakter durch. Obwohl Strabo – wohl wegen des hohen Holzanteils im Inneren – auch die Zeusstatue des Pheidias als ξόανον bezeichnet hat (7,3,30; s. Faulstich 72f.), passt der Ausdruck darauf nicht und wird bei Dion auch vermieden. Der einzige Beleg für die Vokabel in seinem gesamten Werk steht in der allgemein gehaltenen Liste in § 44 der Olympischen Rede, wo auch das „Bearbeiten von Holzschnitzereien (ξοάνων ἐργασίαις)“ aufgezählt wird, immerhin als eine der Möglichkeiten, „als nachahmender Gestalter göttlichen Wesens mit Hilfe der Kunst hervorzutreten“.

– ἄγαλμα, die „Weihestatue“

Eine Zeit lang hatte ἄγαλμα die Sonderbedeutung „Weihestatue“, „Weihegabe“ (dafür sonst ἀνάθημα) angenommen, umfasst später aber in weiterem Sinn alle Kult- und Götterbilder. Für Abbildungen von Menschen wird es nicht verwendet, wie Or 72,5 zeigt, wo Götterstatuen (dreimal ἄγαλματα) und Standbilder (εἰκόνας) von Feldherrn und Königen nebeneinander erwähnt werden. Die Pointe besteht allerdings darin, dass sie bei den Griechen, anders als bei fremden Völkern, alle gleich aussehen, weil sie alle „wallende Bärte“ tragen.

Auch in der Rede an die Rhodier, die Statuen menschlicher Wohltäter zum Thema hat, kommt ἄγαλμα entsprechend nur dreimal vor (in 31,10.15.37). Hervorzuheben sind wegen ihrer leicht kultkritischen und ethisierenden Tendenz (vgl. auch Or 33,28) die beiden erstgenannten Stellen. In 31,10 gibt Dion zu bedenken, dass man „mit Leichtigkeit ein und dasselbe Opfertier ringsum zu allen Götterbildern führen“ und sich dann einbilden könne, „man habe allen Göttern geopfert“, und in 31,15 setzt er hinzu: Auch Trankspende, Räucherwerk und Berührung anstelle von Opfern reichen aus, wenn sie in der rechten Gesinnung geschehen, „denn der Gott ist auf Weihebilder, Opfer und dergleichen vielleicht überhaupt nicht angewiesen. Im Übrigen haben diese Dinge natürlich auch ihren Wert, da sie unsere Bereitwilligkeit und unsere Einstellung zu den Göttern zeigen.“

In der Olympischen Rede stellt ἄγαλμα eine der beiden Möglichkeiten dar, von der Zeusstatue (§ 25, 49, 54, 84) und von anderen Götterbildern (§ 25, 44, 48, 59, 84) zu sprechen, und Pheidias heißt an anderer Stelle denn auch ἀγαλματοποιός, „Verfertiger von Weihestatuen“ (Or 55,1).

– εἴδωλον, das „Abbild“

In platonischer Tradition hat εἴδωλον, das mit εἶδος und ἰδεῖν zusammenhängt, die negative Konnotation von „Schattenbild“, „Trugbild“ angenommen (und die Septuaginta benutzt es für heidnische Gottheiten im pejorativen Sinn von „Götzen“, woraus das englische Wort „idol“ und unsere „Idolatrie“ entstanden sind). Die wenigen Belege bei Dion lassen teils noch etwas von dieser platonischen Sprachtradition erkennen, so der textkritisch zweifelhafte Zusatz in Or 11,135: es war nur Helenas εἴδωλον, das nach Troja gelangte, nicht Helena selbst, oder die Zivilisationskritik in Or 7,117: mit kosmetischen Mitteln wird ein Persönlichkeitsbild vorgetäuscht (νόθα εἴδωλα). In der Rede an die Rhodier trägt die unnatürliche Gestalt von Mischwesen, die Dichter und Künstler aus verschiedenen Wesen zusammenstellen, diesen Namen (31,28).

Eine Assoziation von εἴδωλον mit der Sprache wird deutlicher fassbar in Or 4,86: die Dichter können ihren Bildern (τοῖς εἰδώλοις) keine Stimmen verleihen, können sie aber mit „charakteristischen Zügen und entsprechenden Zeichen" ausstatten, „wie zum Beispiel die Flussgötter meist in zurückgelehnter Haltung, nackt, mit lang herabwallendem Bart und mit Schilf bekränzt dargestellt werden", im dichterischen Werk, wohlgemerkt. Von einem eigenen kühnen Bild (εἰκών) meint Dion in Or 80,14, er wolle sich davon nicht „fortreißen lassen und dem Phantom eines Wortes (εἰδώλῳ τινὶ λόγου) nachjagen", wie Achill bei Homer dem Trugbild Agenors (vgl. Il 21,595-607).

In der Olympischen Rede spielt εἴδωλον keine besondere Rolle. Wir können nur auf § 79 verweisen: eine Wiedergabe des Donners (βροντῆς γὰρ εἴδωλον) ist dem bildenden Künstler anders als dem Dichter nicht möglich, sowie auf das zusammengesetzte Wort εἰδωλοποιία, „Produktion von Bildern" in § 45, dort wiederum von den Dichtern gesagt.

– εἰκών, das „Bild"

Mehrfach war uns inzwischen schon εἰκών begegnet, der umfassendere Begriff für „Bild" überhaupt, der ἀνδριάς und ἄγαλμα ersetzen kann und darüber hinaus auch das Gemälde einschließt (vgl. Or 63,5f.). In der Rede an die Rhodier wird εἰκών ca. 50-mal gebraucht, noch öfter also als ἄγαλμα. Die Austauschbarkeit tritt besonders schön in 31,152 im Schlussteil zutage. Dort verspottet Dion die Rhodier, bei ihnen seien aufgrund ihrer Umwidmungstechnik die bronzenen Statuen weniger dauerhaft als andernorts Bilder (εἰκόνας) aus Ton oder Standbilder (ἀνδριάντας) aus Wachs. In der Olympischen Rede kommt εἰκών genauso oft vor wie ἄγαλμα, für die Zeusstatue (§ 25, 75) und für die Götterbilder (§ 45, 60), aber auch für Bilder allgemein (§ 44: περὶ τὰ θεῖα ἀγάλματα καὶ τὰς εἰκόνας [hier ist εἰκόνας der offenere Begriff, weil „göttlich" nicht wiederholt wird], § 70f.) und für die nur dichterisch realisierte Gottesvorstellung (§ 73).

Die Spur in die Sprache hinein, die sich hier abzeichnet, ist nicht unwichtig. Auch in anderen Reden verwendet Dion εἰκών für das Sprachbild und den Analogieschluss (vgl. Or 2,68; 3,50; 4,89; 26,2: „Um dem Gedanken besser folgen zu können, wollen wir ihn durch ein Bild verdeutlichen"; 30,32). Auch der lange Schlussmythos von dem vierspännigen Wagen in der Borysthenitischen Rede wird ein „Bild" genannt (Or 36,43; vgl. 36,46.51). Wir nähern uns dem letzten Begriff in unserer Liste, dem Symbol.

– σύμβολον, das „Sinnbild"

Aufgrund seiner Herkunft vom Zusammenfügen (συμβάλλειν) der zerbrochenen Teile des Gastgeschenks, das als Erkennungszeichen diente, ist der Symbolbegriff besonders geeignet für die Vermittlung zwischen materiellen Gegebenheiten und denkerischen Konzepten. Nur einige Beispiele: In der Rede an die Rhodier sind die Statuen letztlich ein Zeichen (σύμβολον) für die Vortrefflichkeit des dadurch Geehrten (31,83; vgl. 31,22). In Or 4,68 interpretiert Dion ein Fest bei den Persern als ein Symbol, dem eine moralische Botschaft entnommen werden kann. Die Vernunft des Menschen und sein Wissen um Gut und Böse sind von der Gottheit eingepflanzte Zeichen und Merkmale (σημεῖα καὶ σύμβολα) für seinen Anspruch auf Achtung und Gleichberechtigung (Or 7,138). Wir brauchen ein Symbol der Freiheit vergleichbar dem Filzhut der freigelassenen Sklaven (Or 14,24).

Den ersten der drei Belege für σύμβολον in der Olympischen Rede finden wir im Zusammenhang mit Dions Theorie über die Sprachentstehung in § 28: die Menschen belegten mit einem *Zeichen*, was immer in ihre Sinneswahrnehmung Eingang fand, und konnten sich so später verständigen. In § 59 rechtfertigt Dion mit Hilfe des Symbolbegriffs die anthropomorphen Götterbilder: „Aus purer Not und in Ermangelung eines besseren Beispiels versuchen wir so, mit Hilfe des Sichtbaren und Darstellbaren das Nichtdarstellbare und Unsichtbare zu gestalten, wobei wir uns der Evokationskraft des Symbols bedienen (συμβόλου δυνάμει χρώμενοι)". Und in § 77 wird damit die philosophische Interpretation der Zeusstatue gedeckt: So weit das ohne Sprache möglich ist, auf symbolische Weise (ἐν εἴδει συμβόλου) eben, bringt die Zeusstatue des

Pheidias durch ihre Menschengestalt die Verwandtschaft von Göttern und Menschen zum Aufleuchten. Eigentlich ist damit schon alles gesagt, was wir in der Auswertung noch etwas entfalten müssen.

– Zur Auswertung

Davon, dass Dion das Göttliche mit der Statue identifiziere oder darin aufgehen ließe, kann keine Rede sein, ebenso wenig davon, er wolle aus prinzipiellen Gründen die Berechtigung anthropomorpher Götterstatuen verteidigen. Damit wird sein eigentliches Anliegen nicht getroffen. Was er tut, ist etwas anderes. Er treibt die stoische Akkommodation an den überlieferten Volksglauben, die durch philosophische Lektüre der zugrundeliegenden Mythen ermöglicht wurde, ein Stück weiter voran und bezieht klarer noch, als sonst geschehen, die sakralen Erzeugnisse der bildenden Kunst mit ein. Aber er geht damit so um wie die stoische Allegorese mit dem Mythos: Er fasst die Kunst als eine Art Sprache auf, die Sachverhalte *symbolisch* zur Darstellung bringt und daher wie ein Dichtwerk interpretiert werden kann.

Durch den anrührenden Vergleich mit den kleinen Kindern in § 61 lässt Dion durchblicken, dass die Bilder im Grunde Kompromisse sind, ein Tribut an die mangelnde Aufnahmefähigkeit der Menge, die so etwas braucht. Dass die Bilder den Charakter einer Notlösung nicht ganz verleugnen können, haben wir soeben aus § 59 erfahren („aus purer Not und in Ermangelung eines besseren Beispiels ...“). Dass sie eben deswegen auch zu akzeptieren und nicht zu kritisieren sind, ist damit ebenfalls gesagt. Dass allein die Menschengestalt für die Darstellung des Göttlichen zulässig ist, kann Dion stoisch damit begründen, dass der Mensch allein durch seine Vernunft in ausreichendem Maß am weltumspannenden Logos partizipiert (vgl. in § 59 die Definition des menschlichen Leibs, den wir der Gottheit zuschreiben, als „Gefäß für Denkvermögen und Vernunft“).

Die soeben zitierten Aussagen aus § 59 und § 61 sind Pheidias in den Mund gelegt, dessen Auftreten im Rückblick noch einmal eine besondere Funktion gewinnt. Dion gesteht mit diesem Kunstgriff sein Wissen um eine historische Differenz ein (s. Fazzo 36): Sowohl die mythische Festschreibung der Gottesvorstellung im Epos wie auch ihre künstlerische Realisierung im Kultbild sind älter als die stoische Philosophie. Diese kommt zwar später, hat aber zur *Deutung* der religiösen Phänomene Entscheidendes beizutragen. Auch dafür muss Pheidias als Kronzeuge herhalten, wenn er alle mythischen Schroffheiten aus der Selbstinterpretation seines Kunstwerks ausblendet (§ 78) und allein philosophisch kompatible, sozial nützliche Attribute übrig lässt: Fürsorglichkeit und Sanftmut, Gesetz und Gemeinwohl, Verwandtschaft zwischen Göttern und Menschen, Gastfreundschaft, Menschenliebe und Güte (§ 75f.).

Hier trifft sich Dion im Übrigen wieder mit Plutarch, was eine zeittypische Konvergenz in diesen Fragen über die Schulgrenzen hinweg signalisiert. In seiner frühen Schrift *De superstitione* schreibt Plutarch über die Abergläubischen, die von neurotischer Angst vor dem Numinosen beseelt sind, sie würden sich „von Kupferschmieden und Steinmetzen und Wachsbildnerinnen, welche den Götter ein *menschengestaltiges* Aussehen geben", überzeugen lassen und solche Bildnisse umsorgen und verehren, anstatt auf die *Philosophen* und Staatsmänner zu hören, die ihnen erklären könnten, „dass Gottes Erhabenheit sehr wohl zusammengeht mit *Güte*, *Großmut*, *Milde* und *Fürsorge*"[33].

Von hier aus fällt dann auch noch einmal neues Licht auf die Wahl des epideiktischen Redegenus bei Dion. Er beherrscht alle rhetorischen Kunstgriffe, die dazu gehören, aber ein Stück weit spielt er auch mit ihnen[34]. Er setzt sie um seines philosophischen Ziels willen ein. Mit einem rein philosophischen Vortrag hätte er das Ohr der Menge in Olympia nicht gefunden. Also wählt er die Verkleidung als Prunkrede, als Götterlob, aber die Lumpen des Philosophen, die er selbst trägt, schimmern durch das Prachtgewand der Rede (und der Gottheit) immer wieder durch. Vermutlich hat er die Gebildeten unter seinen Zuhörern, seine impliziten, idealen Hörer, an die er sich in § 43b direkt wendet, auch gar nicht hinters Licht geführt, sondern sie haben diese kunstvoll gestaltete Diskrepanz zwischen Verpackung und Inhalt als besonderes intellektuelles Vergnügen empfunden.

---

[33] Superst 6 (167D/E); vgl. H.J. KLAUCK, Plutarch von Chaironeia: Moralphilosophische Schriften (RecUB 2976), Stuttgart 1997, 69f. (mit der Einführung und den Erläuterungen).

[34] Vgl. die treffende Analyse der Rede bei L. PERNOT, La rhétorique de l'éloge 588-591.

3. Der „göttliche" Wohltäter

Literatur: A. CHARLES-SAGET, Un miroir du prince. – M. CUVIGNY, Discours Bithyniens 151-162. – R. HÖISTAD, Cynic Hero and Cynic King 150-220.– J.L. MOLES, The Kingship Orations of Dio Chrysostom 305-337. – P. VEYNE, Brot und Spiele.

Dion kennt nicht nur eine „physiomorphe", d.h. auf Naturerfahrung gegründete Herausbildung der Gottesidee, sondern auch eine „soziomorphe", d.h. auf sozialen Gegebenheiten aufruhende, auch wenn er letztere nicht in gleicher Weise programmatisch herausstellt, sondern nur gelegentlich andeutet. In Or 12,61 führt er die Liebe der Menschen zu den Göttern auf deren Wohltaten zurück. Das Analogon dazu, die Wohltaten, die Kinder von ihren Eltern erfahren, hatte er bereits in § 42f. angesprochen. Statuen für menschliche Wohltäter waren das Thema in Or 31, wobei die Eltern und die Götter als Beispiele dienen (Or 31,15f.37). In Or 48,10 führt Dion aus, dass menschliche Wohltäter, zu denen die römischen Prokonsuln, aber auch Dion und seine Familie (vgl. Or 44,3f.) gehören, mit Akklamationen bedacht werden, die eigentlich nur Göttern zustehen:

> Diese Männer sind großzügig, oft haben sie euch aus ihrem eigenen Vermögen gestiftet. Versucht, sie zu überzeugen, redet ihnen zu, und sollten sie sich sperren, weist sie auf eure Rechte hin, wenn ihr allein seid und kein Fremder zugegen ist. Seid nicht ihr es, die uns (!) oft ganze Tage lang preisen, bald Fürsten, bald Olympier (Ὀλυμπίους), bald Retter (σωτῆρας), bald Pflegeeltern[35] nennen? Bei Zeus und den Göttern, wollt ihr euch denn vor euch selbst bei einem falschen Zeugnis ertappen lassen? ... Ich vermag mit Hilfe der Götter noch viel Gutes zu tun, wenn ich diese Männer hier zu Helfern habe.

In einer schon erwähnten religionskritischen Passage sah sich Plinius d.Ä. zu der Konzession veranlasst: „Gott zu sein bedeutet für den Sterblichen, dem Sterblichen zu helfen" (Nat Hist 2,18). Angewandt wissen wollte er das auf die römischen Kaiser, namentlich auf Vespasian, den „größten Herrscher aller Zeiten", und er zog daraus den verallgemeinernden Schluss, dass „auch anderer

---

[35] Zu τροφεύς bietet L. ROBERT, Sur une monnaie de Synnada, in: Ders., Hellenica. Recueil d'épigraphie, de numismatique et d'antiquités grecques. Bd. 7, Paris 1949, 74-81, der auch auf die Dion-Stelle eingeht, inschriftliche Belege aus Ehrendekreten für Wohltäter.

Götter Namen ... aus den verdienstvollen Taten von Menschen entstanden" sind (2,19).

Die bei Plinius erkennbare Neigung zum Euhemerismus wollen wir Dion nicht nachsagen, aber der Wohltäterkult[36] als gemeinsamer Hintergrund erklärt zum Teil die zahlreichen Berührungen formaler und inhaltlicher Art, die sich zwischen der Olympischen Rede und der ersten Königsrede (Or 1) ergeben. Nur das Wichtigste kann dazu festgehalten werden.

Zur Form: Den Eingang in Or 1,1-8 mit der Anekdote über den Flötenspieler Timotheos und Alexander den Großen, die Dion dann auf sich und Trajan überträgt, kann man wieder als Prolalia ansehen[37]. Das *exordium* mit der *propositio* findet sich in 1,9-10 oder 1,9-14, und als erneut sehr kurze *peroratio* steht lediglich der letzte Satz von 1,84 zur Verfügung. Gerahmt werden davon zwei Hauptteile: der Logos mit der diskursiven Erörterung des Königsideals in 1,15-49 und der Mythos von Herakles als gutem König in 1,50-84. Für uns ist nicht nur die autobiographische und narrative Verankerung des Mythos aufschlussreich (auf Wanderschaft während seines Exils verirrt sich Dion und stößt auf ein ländliches Heiligtum mit einer Prophetin, die den Mythos erzählt), sondern mehr noch die geschickte Anwendung der Prosopopoiie. Von 1,56 bis 1,84 redet die Prophetin, und sie wiederum lässt Herakles und Hermes mehrfach in direkter Rede zu Wort kommen.

Zum Inhalt: Dion stellt sich selbst als „Vagabund und philosophischer Autodidakt" (1,9) vor, der die Musen um ihren Beistand anrufen muss (1,10). Er greift an entscheidender Stelle auf Homer zurück (1,11-15; vgl. 1,47) und orientiert sich an dessen Beschreibung des wahren Königs, der „Zepter und Macht von Zeus verliehen bekommen" hat (1,12). Sein Hauptvergnügen besteht darin, als Wohltäter aktiv zu werden (1,23: καὶ τοίνυν εὐεργετῶν ἥδεται πλείω τῶν εὐεργετουμένων). Menschen wünschen diesen König deshalb zu sehen, „noch heftiger, als Kinder den unbekannten Vater ausfindig machen wollen" (1,24; vgl. 12,61). Der Zwischengedanke, dass echte Könige Schüler und Nacheiferer, ja Gefährten des höchsten Gottes sind (1,37f.), erlaubt es Dion, in

---

[36] Weitere Informationen dazu bei H.J. KLAUCK, Die religiöse Umwelt des Urchristentums II: Herrscher- und Kaiserkult, Philosophie, Gnosis (KThSt 9,2), Stuttgart 1996, 26-28.

[37] Mit L. PERNOT, La rhétorique de l'éloge 586.

1,39-41 eine Litanei mit Zeusepiklesen anzubringen, die weithin wörtlich mit derjenigen in 12,75f. parallel verläuft. Auch der stoische Gedanke des harmonischen Ablaufs aller Geschehnisse im Kosmos kommt zu Ehren (1,42f.). Am liebsten möchte Dion „über dieses Thema sprechen, über Zeus und die Natur des Alls“ (1,48), nimmt aber notgedrungen auf die Situation Rücksicht und stellt dem Kaiser im Mythos Herakles als Vorbild vor Augen.

Die Variante der Zwei-Wege-Lehre, die Dion im Mythos entwickelt (als Wahl zwischen der guten Herrschaft und der Tyrannis), können wir hier nicht weiter verfolgen. Halten wir nur noch fest, welche Rolle Dion in der Prosopopoiie indirekt für sich selbst reserviert. Sie fällt nämlich nicht weniger ehrgeizig aus als ihr Pendant in Or 12, wo Dion Pheidias und zuletzt sogar Zeus für sich sprechen ließ. Im Schlussmythos der ersten Königsrede stilisiert sich Dion zum Götterboten Hermes empor, der dem Gottessohn Herakles (vgl. 1,59: „er war, wie alle sagen, der Sohn von Zeus und Alkmene“) gegenüber, an dem sich Trajan ein Beispiel nehmen soll, die Stimme des Weltgesetzes zur Geltung bringt (vgl. Moles 329: „Dio as representative of the trancendental λόγος which is the ultimate external check upon imperial power“).

Wie erfolgreich diese Taktik war, wie bewusst sie eingesetzt wurde und ob der Adressat sich davon beeindruckt zeigte oder sie sogar durchschaute, müssen wir hier dahingestellt sein lassen. Lenken wir zum Schluss nur noch einmal auf die Gottesfrage zurück. Die „physiomorphe“ und die „soziomorphe“ Rückbindung der Gottesidee bestätigen die These, dass die griechischen Götter letztlich „Grundgestalten der Wirklichkeit“ sind[38], und da die Wirklichkeit vielgestaltig ist, oft auch widersprüchliche, ambivalente Botschaften aussendet, sieht die Welt der Götter entsprechend vielgestaltig, „polytheistisch“, aus. Aber damit ist noch nicht alles gesagt, denn wo die Wirklichkeit doch wieder auf ein Grundprinzip reduziert wird wie in der Stoa, greift das Attribut „polytheistisch“ nur noch vordergründig und ist eher geeignet, den einheitlichen Weltentwurf, der zugrunde liegt, zu verstellen.

---

[38] H. KLEINKNECHT, ThWNT III, 68 (im Orig. gesperrt); dort auch zum Folgenden.

F. Der Zeus von Olympia

(B. Bäbler)

Literatur (zusätzlich zu den Titeln oben unter B/IV-V): J. BOARDMAN, Griechische Plastik. Die klassische Zeit, Mainz 1987. – G. GRUBEN, Die Tempel der Griechen, Darmstadt [4]1986. – W. EKSCHMITT, Die Sieben Weltwunder. Ihre Erbauung, Zerstörung und Wiederentdeckung, Mainz [10]1996. – J. FINK, Der Thron des Zeus in Olympia. Bildwelt und Weltbild, München 1967. – H. KNELL, Architektur der Griechen, Darmstadt [2]1988. – A. MALLWITZ / W. SCHIERING, Die Werkstatt des Pheidias in Olympia (OlF V), Berlin 1964. – A. MALLWITZ, Olympia und seine Bauten, München 1972. – J. OVERBECK, Die antiken Schriftquellen zur Geschichte der bildenden Künste bei den Griechen, Leipzig 1868, Repr. Hildesheim 1959. – C. ROBERT, Archaeologische Märchen aus alter und neuer Zeit, Berlin 1886. – W. SCHIERING, Die Werkstatt des Pheidias in Olympia. 2. Teil: Werkstattfunde (OlF XVIII), Berlin 1991. – H. SCHRADER, Das Zeusbild des Pheidias in Olympia, in: JdI 56 (1941) 1-71. – U. SINN, Olympia. Kult, Sport und Fest in der Antike, München 1996.

I. Einleitung

Die Geschichte des Heiligtums im Tal des Alpheios reicht bis in das 2. Jahrtausend zurück, und wohl schon im 9. Jh. v.Chr. begannen die olympischen Spiele; die 776 v.Chr. eingeführte Aufzeichnung der Sieger in den alle 4 Jahre stattfindenden Wettläufen diente den Griechen zur allgemeinen Zeitrechnung[1]. Ein Tempel für Hera entstand schon um 600; ihr Gemahl wurde wahrscheinlich als Wettergott noch längere Zeit an dem grossen Aschenaltar im Freien verehrt[2]. Der Ausbau des Heiligtums hing eng mit dem politischen Aufschwung von Elis zusammen: 476 v.Chr. wurde das gesamtgriechische Schiedsgericht an Olympia übertragen, vier Jahre später gab sich Elis eine neue Verfassung, ordnete die olympischen Spiele neu und dehnte sie über fünf Tage aus.

---

[1] U. SINN, Olympia 14-21; G. GRUBEN, Tempel 45-66; W. EKSCHMITT, Weltwunder 124-145; H. KNELL, Architektur 176-192; A. MALLWITZ, Olympia 77-93.

[2] A. MALLWITZ, Olympia 19f. 82f.; W. EKSCHMITT, Weltwunder 124, s. aber 279f.

Etwa um 470 v.Chr.[3] begann der Bau des dorischen Zeustempels, laut Pausanias (5,10,2) nach einem lokalen Krieg, in dem die Eleer reiche Beute gemacht hatten[4]. Für diesen Bau wurde der Südteil des heiligen Haines gelichtet und ein künstlicher Hügel angeschüttet, so dass seine Fundamente drei Meter über dem Grund liegen. Der damals größte Tempel auf dem griechischen Festland, entworfen von dem ansonsten unbekannten Architekten Libon von Elis, bestand aus porösem, einheimischem Muschelkalk, der mit einer Stuckschicht überzogen wurde. Auf der obersten Stufe (Stylobat) des dreistufigen Unterbaus, die 27,7 x 64,1m maß, standen die kanonischen 6 x 13 Säulen; sie errreichten eine Höhe von 10,53m, was ungefähr einem modernen vierstöckigen Wohnhaus entspricht. Auf den massiven Architravbalken ruhte ein Dach aus Marmor; Löwenkopfwasserspeier ließen den Regen abtropfen. Eine vergoldete Nikestatue bildete den Mittelakroter, vergoldete Kessel die Eckakrotere.

Die 13,05 x 28,75m messende Cella wurde durch 2 x 7 Säulen in drei Schiffe geteilt, wobei das Mittelschiff doppelt so lang war wie die beiden Seitenschiffe; an beiden Enden befand sich eine 10m tiefe Vorhalle, von denen die an der Eingangsseite liegende eine Tür zum Innern der Cella besaß. An den beiden Stirnseiten der Cella zeigten je sechs Metopen die Abenteuer des Herakles[5]; diese Darstellungen trugen dazu bei festzulegen, welche Taten des Zeussohnes und Begründers der olympischen Spiele künftig als kanonisch angesehen wurden.

Skulpturen von etwa anderthalbfacher Lebensgrösse aus Inselmarmor schmückten die Giebel[6]; sie waren rundplastisch, hinten aber nicht ausgearbeitet und mit Dübeln an der Rückwand be-

---

[3] Nach der Schlacht von Tanagra 457 v.Chr. stifteten die Spartaner zum Dank für ihren Sieg über die Athener einen goldenen Schild an den First des neuerbauten Tempels; die Weihinschrift wurde von Paus. 5,10,4 aufgezeichnet; für die Bauzeit des Tempels wird mit etwa 15 Jahren gerechnet. Vgl. W. EKSCHMITT, Weltwunder 124.

[4] Um welchen Krieg es sich genau handelt, ist unsicher; vgl. E. MEYER zur Stelle (Pausanias: Beschreibung Griechenlands. Übersetzt und herausgegeben von E. MEYER, Bd. 2, München ^{2}1975, 607 Anm. 5), der auf Hdt. 4,148,4 als mögliches Zeugnis für diesen Krieg hinweist.

[5] J. BOARDMAN, Plastik 54, Abb. 22-23.6.

[6] R. LULLIES, Griechische Plastik, München 1979, 71-74, Taf. 90-107; J. BOARDMAN, Plastik 53-59, Abb. 18-21.8. Die Platzierung und Benennung der herabgestürzten Figuren ist nicht immer gesichert.

festigt. Die von Pausanias 5,10,8 genannten Bildhauernamen können aus chronologischen Gründen nicht stimmen; wir wissen also nichts über den oder die Schöpfer dieser Meisterwerke. Der Ostgiebel zeigt die Vorbereitungen zum Wagenrennen zwischen Pelops und Oinomaos, also eine Lokalsage, die einen Sieg über Pisa darstellt wie der militärische Sieg, der wahrscheinlich Anlass für den Tempelbau gewesen war. Zeus, der Vater der Götter und Menschen, steht in der Mitte, um ihn herum die Protagonisten: Oinomaos, mit seiner in Nachdenken versunkenen Frau Sterope; Pelops mit seiner Braut Hippodameia, die mit bräutlichem Gestus ihren gegürteten Peplos an den Schultern ergreift; dahinter jeweils die Gespanne mit den Pferdeknechten und weitere Teilnehmer; die liegenden Männer in den Giebelecken stellen wohl die Flüsse Alpheios und Kladeos dar.

Die Darstellung im Westgiebel spielt in Thessalien: Der Kampf zwischen Lapithen und Kentauren war ein beliebtes Thema in der Kunst des 5. Jh.s v.Chr. Die halbtierischen Kentauren, die sich an der Hochzeit des Lapithenkönigs Peirithoos betrinken, an dessen Braut Hippodameia und den übrigen Mädchen der Hochzeitsgesellschaft vergreifen und im anschliessenden Kampf von den Lapithen besiegt werden, liefern ein eingängiges Symbol für das rohe, unkultivierte Barbarentum, dessen Hybris von den Griechen überwunden wird. In der Giebelmitte steht in strahlender jugendlicher Schönheit Apollon, der Sohn des Zeus und Hüter von Recht und Ordnung, der seinen rechten Arm über das Getümmel ausstreckt; in der herabhängenden linken Hand waren Reste des Bogens zu erkennen.

II. Die Statue des Zeus

Erst über zwanzig Jahre nach Vollendung des Tempels wurde um 435 v.Chr. (s.u. 229) der berühmte athenische Bildhauer Pheidias berufen, die Statue des Zeus zu schaffen. Bis heute ist umstritten, ob der Tempel so lange leer stand, ein älteres Kultbild beherbergte oder vielleicht ein älteres Bild noch nicht vollendet war[7]. Fest steht nur, dass die Cella ursprünglich für ein kleineres, leichteres Kultbild konstruiert worden war und das kolossale Werk des

---

[7] A. MALLWITZ, Olympia 229.

Pheidias Umbauten nötig machte: Die Basis, die mit 6,54 x 9,82m die ganze Breite des Mittelschiffs einnahm (und ganz im Westen der Cella stand) wurde mit schwarzen Kalksteinplatten ausgelegt, nachdem der ältere, aus Porosplatten auf Schwellrosten bestehende Boden abgearbeitet und verstärkt worden war; die Stelle des Kultbildes und der davor gelegene quadratische Platz mit dem Ölteich (s.u. 229) wurden von weissen Marmorplatten eingegrenzt.

1. Die Schranken

Betrat der Besucher die Cella, so sah er hinten das monumentale Sitzbild, flankiert von den doppelstöckigen inneren Säulen; die Galerie im Obergeschoss war zugänglich, hingegen verhinderten Schranken unten, dass der Besucher unter den Thron gelangen konnte. Die Absperrungen gegenüber der Tür waren blau gestrichen, die seitlichen von Panainos (der auch in der Stoa Poikile in Athen die Marathonschlacht gemalt hatte), dem Bruder oder Neffen des Pheidias, mit Tafelgemälden verziert: die Bilder zeigten Atlas, der Himmel und Erde trägt, neben ihm Herakles, der sich anschickt, ihm die Last abzunehmen; Theseus und Peirithoos; Personifikationen von Hellas und Salamis mit der „Schiffszier“[8] in den Händen; Herakles im Kampf mit dem nemeischen Löwen; Aias' Vergewaltigung der Kassandra; Hippodameia mit ihrer Mutter Sterope (ein Thema, das schon im Ostgiebel erschien); der gefesselte Prometheus mit Herakles, der mit dem Bogen auf den Adler zielt; die sterbende Penthesilea in den Armen des Achill sowie zwei Hesperiden mit den ihnen anvertrauten Äpfeln. Die zweifigurigen Gruppen zeigen also Heldenkämpfe und Freundestreue, haben durch Hellas und Salamis aber auch Bezug zum aktuellen politischen Geschehen; schon hier sind Theseus, der attische, und Herakles, der dorische Heros dargestellt, die am Thron wieder in den Amazonenschlachten auftauchen (s.u. 221).

Vor oder am Eingang der Cella hing der von Antiochos IV. im 2. Jh. v.Chr. gestiftete, mit assyrischen Webereien und phoini-

---

[8] Wohl die Schmuckfigur, die am vorderen oder hinteren Ende des Schiffes angebracht war, vgl. Pausanias. Description de la Grèce. Tome V, livre V, texte établi par M. CASEVITZ, traduit par J. POUILLOUX, commenté par A. JACQUEMIN, Paris 1999, 161.

kischer Purpurfarbe verzierte wollene Vorhang (Paus. 5,12,4; vgl. oben H.J. KLAUCK D 115 Anm. 62).

2. Basis, Thron und Fußschemel

Die Basis des Sitzbildes war mit Reliefdarstellungen von der Geburt der Aphrodite dekoriert: Die aus dem Meere auftauchende Göttin wird von Eros in Empfang genommen und Peitho, der Göttin, die die jungen Frauen zur Einwilligung in die Ehe überredet, bekränzt. Um diese zentrale Szene waren die übrigen Olympier versammelt, um die neue Göttin willkommen zu heißen, an den Ecken eingerahmt von Helios und Selene, der aufgehenden Sonne und dem untergehenden Mond.

Auf dieser Basis erhob sich der gewaltige Thron aus Ebenholz, ein schwerer, kastenförmiger Sitz, wie man ihn oft auf griechischen Grabstelen dargestellt sieht[9]. Die Beine des Throns waren mit je sechs von Pausanias 5,11,2 als „tanzend" beschriebenen Niken geschmückt, was den massiven Säulen den Eindruck schwebender Anmut verliehen haben muss. Nike, die im 5. Jh. v.Chr. zum ersten Mal auch in Gruppen dargestellt wird, war eine geradezu symbolische Gottheit für griechische Kunst dieser Zeit und erscheint ja auch prominent auf der Hand des Zeus sowie der Athena Parthenos (im athenischen Parthenon), wo sie von der Leichtigkeit athenischer militärischer Erfolge kündet.

Das Gewicht der kolossalen Statue machte vier Querriegel (κανόνες) zwischen den Thronbeinen nötig; bei ihrer Verzierung handelte es sich vielleicht eher um rundplastische (etwa 0,75m hohe) Werke als um Reliefs, da Pausanias 5,11,3-4 die genaue Anzahl der daran bzw. darauf angebrachten ἀγάλματα angibt. Auf der vordersten, größtenteils durch Beine und Mantel des Zeus verdeckten Leiste stellten acht Figuren Ring- und Boxkämpfe dar, wie sie die Knaben in Olympia auszutragen pflegten. Je sechs bis acht Figuren auf den wohl etwa 2,30m langen Seitenleisten und fünfzehn auf der hinteren, unverdeckten und wohl über 4m langen zeigen die Amazonomachie mit Herakles und Theseus als Vorkämpfer. Auch dieses Thema, das auch den Schild der Athena Parthenos schmückte, zeigt den Sieg der zivilisierten Ordnungs-

---

[9] Zum folgenden J. FINK, Thron; W. EKSCHMITT, Weltwunder 134f.; C. HÖCKER / L. SCHNEIDER, Phidias 88-99.

macht Griechenland bzw. Athen über ein Volk, dessen „verkehrte Welt“ der Frauenherrschaft ein auf die Spitze getriebenes Barbarentum darstellt. Gemälde des Mikon in der Stoa Poikile und im Theseusheiligtum in Athen zeigten dieses Thema (Paus. 1,15,2; 1,17,2) und inspirierten vielleicht Pheidias. Obwohl das Thema in klassischer und nachklassischer Kunst sehr populär war, so lassen sich doch keine späteren Darstellungen mit Sicherheit auf die Querriegel am Zeusthron zurückführen.

Die Reliefs an den unter den Armlehnen angebrachten Seitenwangen des Thrones stellen die grausame Bestrafung menschlicher Hybris durch die beleidigte Gottheit dar: Niobe, Königin von Theben, hatte gegenüber Leto, der Mutter von Apollon und Artemis, geprahlt, mehr und schönere Kinder geboren zu haben als sie; darauf tötete Apollon ihre sieben Söhne, Artemis ihre sieben Töchter, Niobe selbst verwandelte sich vor Schmerz in einen unaufhörlich weinenden Felsen am Sipylosgebirge. Von dieser Darstellung, an der wohl Pheidias' Gehilfe Kolotes mitarbeitete, existieren zahlreich Kopien römischer Zeit, die eine Vorstellung der Komposition ermöglichen, auch wenn keine vollständige Seite überliefert ist. Sie zeigt die unbarmherzig den Bogen spannenden Götter an den Seiten, dazwischen die hilflos fliehenden, an verschiedensten Stellen getroffenen, zusammenbrechenden Niobiden; irgendwo dazwischen die verzweifelte Niobe selbst, die ihren sterbenden jüngsten Sohn in den Armen hält, den sie nicht zu schützen vermag[10].

Die Armlehnen ruhen vorne auf Sphinxgruppen, ebenfalls ein Motiv aus dem thebanischen Sagenkreis: Die Sphinx saß auf einem Felsen vor der Stadt und tötete diejenigen, die vorbeikamen und ihre Fragen nicht beantworten konnten; erst Ödipus vermochte es, Theben zu erlösen und bekam daraufhin die verwitwete Königin Iokaste zur Gemahlin, nicht wissend, dass er damit seine eigene Mutter heiratete. Eine überzeugende Rekonstruktion gelang F. EICHLER, der in Fragmenten aus Ephesos eine Kopie der Gruppe erkannte[11]. Auf einem felsigen Gelände sitzt ein zurückgelehnter, sich mit dem einen Arm aufstützender Jüngling, über den sich liebevoll eine mädchenhafte, lockenhaarige Sphinx mit ausgebrei-

---

[10] C. HÖCKER / L. SCHNEIDER, Phidias 93-96; J. FINK, Thron 40-57.

[11] F. EICHLER, Thebanische Sphinx, in: ÖJh 30 (1937) 75-110; DERS., Nochmals zur Sphinxgruppe aus Ephesos, in: ÖJh 45 (1960) 5-22.

teten Flügeln zu beugen scheint. Erst bei näherem Herantreten bzw. bei der Seitenansicht konnte der Betrachter das Grauen der Szene erfassen: Die Sphinx hält mit ihren Hinterbeinen die Füsse des Jünglings fest und ist dabei, ihn zu zerfleischen; sie hat ihre eine Vorderpranke in seine Schulter, die andere in seine Brust geschlagen, aus der das Blut herabströmt, und schaut mit ihrem schönen, völlig unbewegten Gesicht auf ihn herab. Der Jüngling windet sich vor Schmerz, sein Kopf ist im Todeskampf zurückgesunken.

Die kunstvoll gedrechselte Rückenlehne, die vom Haupt des Gottes noch überragt wurde, war links und rechts von einer Dreiergruppe von Chariten und Horen, Göttinnen der Anmut und der Jahreszeiten, bekrönt.

Vor dem Thron befand sich ein an beiden Seiten von liegenden Löwen getragener Schemel, auf den der Gott seine Füsse stützte. An der Frontseite dieses Fußschemels, dem hinzutretenden Betrachter sogleich auffallend, war das Relief der Amazonenschlacht angebracht, diesmal in der attischen Überlieferung, also ohne Herakles. Die prominente Darstellung dieses Themas, das auch drei Querriegel schmückt (s.o. 221), zeigt, wie wichtig der sowohl gemeingriechische wie auch – durch Theseus – spezifisch attische Mythos war. Ebenfalls auf dem Fußschemel war die Signatur des Künstlers angebracht: „Pheidias aus Athen, der Sohn des Charmides, hat mich geschaffen". Ein schwacher Nachklang der Amazonomachie des Fußschemels ist möglicherweise in einer Statuenbasis aus Nikopolis zu sehen, die im 1. Jh. v.Chr. entstand und im 6. Jh. n.Chr. als Plattform eines Ambos in der Alkysonbasilika ebendort wiederverwendet wurde[12].

3. Die Statue

Auf diesem Thron saß der Göttervater, dessen Körper aus Elfenbein, und dessen Haar, Gewand und Sandalen aus Gold waren. In der linken Hand hielt Zeus das hölzerne Zepter, das mit bunten Metalleinlagen verziert und mit einem Adler bekrönt war; diesem „Wappentier" des Göttervaters entspricht die Eule der Athena, vgl. oben H.J. KLAUCK D 112 Anm. 36. In der ausgestreckten, auf der Armlehne ruhenden rechten Hand stand eine mannshohe Nike, die mit ausgebreiteten Flügeln niederzuschwe-

---

[12] C. HÖCKER / L. SCHNEIDER, Phidias 89f.; J. FINK, Thron 16-26.

ben schien und, dem Antlitz des Gottes zugewandt, ihm die mit beiden Händen gehaltene Siegerbinde darbot.

Das kolossale Sitzbild wirkte trotz seiner Größe nicht starr, sondern war von einem dynamischen Spiel feiner Bewegungen belebt: Ein aufsteigender Rhythmus durchzieht die linke Seite, wo Zeus mit erhobenen Arm das Zepter greift und so die Aktion des göttlichen Wesens zum Ausdruck bringt; gleichzeitig wird diese Seite durch die senkrechte Linie des Zepters abgeschlossen. Die rechte Körperseite ist entspannter und gelöster; der vorgehaltenen rechten Hand entspricht das locker vorgesetzte rechte Bein, und die schwebende Nike im wallenden Gewand, die vom Göttervater als Gnadenerweis dargeboten wird (vgl. auch oben H.J. KLAUCK D 139 Anm. 266), unterstreicht noch die Gelöstheit. Diese Dynamik ist verbunden mit der Frontalität und Unbewegtheit der mächtigen Brust und dem milden Gesichtsausdruck, die den Eindruck völliger Gelassenheit vermitteln[13].

Der goldene Mantel bedeckte den Rücken und war um Unterkörper und Beine geschlungen; das eine Ende hing über die linke Schulter und den Oberarm herab. Er war mit bunten Figuren und Lilien verziert; in der Tat wurden in der Werkstatt (s.u. 230) Tonmatrizen für Palmettenblätter, Blüten und Sterne gefunden, ein gläserner Dreistern befand sich noch in seiner Schale[14]. Zu dieser Zeit war Glas ein ausserordentlich wertvolles Material, und das in Olympia gefundene war von einer Reinheit, die damals in Griechenland nicht zu finden war; Pheidias hatte also offenbar Rohglasblöcke aus dem Orient kommen lassen.

Der Kopf des Gottes ist auf hadrianischen Münzen im Profil dargestellt; insbesondere ein qualitätvolles Stück aus der Prägung von 133 n.Chr. lässt Einzelheiten erkennen[15]: Das Stirnhaar war in einer Wellenbewegung zu den Schläfen geführt und bildete eine Schleife über dem Ohr, über der Schläfe vor dem Ohr hing eine traubenförmige Gruppe von Ringellocken. Zwei isolierte Brustlocken sind deutlich zu sehen, was an das Vorwallen der Haare in der Thetisszene denken lässt (vgl. oben H.J. KLAUCK D 145 Anm.

---

[13] J. LIEGLE, Der Zeus des Phidias 479ff.

[14] W. EKSCHMITT, Weltwunder 140-142; W. SCHIERING, OlF XVIII 1-10 (zur Technik des Glasformens. Wozu die ausgeformten Ornamente gehörten, ist bis heute unklar, da sie von ihrer Grösse her weder zum Zeus noch zur Nike wirklich passen.)

[15] Zum folgenden J. LIEGLE, Der Zeus des Phidias 38ff.; 123ff.

313.314), aber natürlich auch an den jammernden Zeus des respektlosen Lukian (Luc., Iupp Trag 25), der sich beklagt, dass Tempelräuber zwei seiner Locken gestohlen hätten, jede sechs Minen schwer. Falls diese beeindruckende Gewichtsangabe nicht pure Erfindung ist, bestätigt sie die Annahme, die Haare seien aus massivem Gold gewesen. Sie waren geschmückt mit einem metallenen, wahrscheinlich grün gestrichenen Kranz aus dem Zweig des wilden Ölbaums, dem Wahrzeichen Olympias, das den Olympioniken überrreicht wurde. Die Münzbilder zeigen einen Rundbart aus vielen Einzellöckchen. Die bei Lukian überlieferte Anekdote, Pheidias habe das Gesicht des Zeus nach der von ihm im Versteck mitgelauschten Kritik der Betrachter gemäss deren Vorstellungen überarbeitet (Luc., Pro Im 14) ist sicher eine spätere Erfindung; dieselbe Künstleranekdote wird auch von Plinius für den Maler Apelles überliefert (Plinius, Nat Hist 35, 84-85).

4. Die Maße

Als erster hat offenbar Kallimachos von Kyrene (ca. 300-240 v.Chr.), einer der bedeutendsten Repräsentanten alexandrinischer Dichtung, in seinem 6. Iambus Angaben über die Maße der Zeusstatue gemacht. Diese Verse erwähnt Strabon 8,3,30 p.354 und vielleicht auch Pausanias 5,11,9, der „diejenigen, die die Höhe und Breite [sc. des olympischen Zeus] gemessen haben“ ziemlich missbilligend erwähnt, da solche Angaben doch weit hinter dem Eindruck des Kultbildes zurückblieben, dessen Kunstfertigkeit ja der Gott selbst gelobt habe[16]. Papyrusfragmente von dem nur bruchstückhaft erhaltenen Gedicht tauchten erst im 20. Jahrhundert auf; es handelt sich dabei um ein Propemptikon für einen Bekannten, der nach Olympia reist, um die Zeusstatue zu besichtigen; die Herausforderung und der Spaß lagen für Kallimachos offensichtlich darin, die trockenen Angaben über „Länge, Höhe, Breite der Basis, des Thrones, des Schemels, der Gottheit selber und der

[16] Eine gemeinsame Quelle für Paus. und Strabon, nämlich einen pergamenischen Kunsttheoretiker, der sich gegen Kallimachos gewandt habe, nimmt C. Robert, Archäologische Märchen 51 Anm. 2 an; dagegen glaubt U.v.Wilamowitz-Moellendorff, Kleine Schriften V 1, Berlin 1937, 515, dass für Strabon keine Quelle bzw. nur Kallimachos anzunehmen sei.

Kosten“ in Verse zu fassen[17]. Die Maße der Basis werden (v. 23-25) mit 4 x 5 Fuss angegeben; bringt man diese Angabe in Relation mit den durch die Ausgrabungen festgestellten 6,65 x 9,93m (s.o. 221), so ergibt sich ein Fußmaß von 0,33m. Der Beschreibung des Thrones (v. 29ff.) lässt sich entnehmen, dass er dreißig Fuß hoch und zwanzig Fuß breit war und von dem Gott noch um fünf Ellen überragt wurde (v. 37), ein Größenverhältnis zwischen Thron und Statue, das die Bilder auf den elischen Münzen bestätigen. Die Höhe der Horen, die auf der einen Seite auf der Lehne des Throns standen, betrug wie die der Chariten auf der anderen Seite (was sie stolz betonen), einen Klafter (1,98m). Im letzten Teil (v. 47ff.) wurden offenbar die Kosten, getrennt für Elfenbein und Gold, genannt.

Die Antwort auf die Frage, was Größe sei, wurde beim Zeus vom Olympia „mit dem Maß gleichsam begrenzt und verbunden“[18]. Der Raum der Cella bildete den architektonischen Rahmen für die Epiphanie des kolossalen Bildes; die Wirkung hatte Pheidias in der maßgleich gebauten Werkstatt vorher erproben können. Bei Strabon (8,3,30 p. 354) blieben dennoch gewisse Zweifel (vgl. oben H.J. KLAUCK D 122 Anm. 124; ausserdem 150 Anm. 363; 157 Anm. 425).

5. Zur „technischen Seite“ der Statue

Die Technik chryselephantiner (d.h. aus Gold und Elfenbein bestehender) Statuen war orientalischer Herkunft – diese Länder hatten eigenes Gold und konnten Elfenbein aus Äthiopien beziehen – und wurde von den Griechen Ioniens nach Griechenland vermittelt. Ostgriechischer Herkunft sind wohl auch die einzigen erhaltenen Reste goldelfenbeinerner Götterbilder, nämlich die aus der Mitte des 6. Jh.s v.Chr. stammende lebensgrosse Gruppe von Leto, Artemis und Apollon, die beim Brand des alten Apollontempels in Delphi zerstört und dann begraben wurde. Die nackten Partien waren aus Elfenbein, einzeln geschnitzt und zusammen-

[17] Der 1933 gefundene Pap. milan. 18, col.VII, 25-29 enthielt nicht nur die vollständige erste Zeile, sondern auch eine Diegesis des ganzen Gedichts. Vgl. R. PFEIFFER, Callimachus, Oxford 1949, 188-191; DERS., The measurements of the Zeus at Olympia, in: JHS 61 (1941) 1-5.

[18] J. LIEGLE, Der Zeus des Phidias 201-210, v. a. 206; vgl. auch oben H.J. KLAUCK D 146 Anm. 320.

gesetzt, Gewänder, Haare und Schmuck aus getriebenem Goldblech[19].

Für chryselephantine Kolossalstatuen gab es aber keine Vorgänger; ein Bildnis dieses Formats erforderte eine spezielle und angepasste Technik. Die beste Quelle, die uns einen Einblick in die Bauweise des olympischen Zeus ermöglicht, ist der unverbesserliche Spötter Lukian (Gallus 24, zitiert oben bei H.J. KLAUCK D 138 Anm. 257). Natürlich macht Lukians ironische Kontrastierung zwischen Sein und Schein noch nicht alle technischen Details klar, wohl aber Grundelemente der Konstruktion, die auf ein innen hohles Gerüst schliessen lassen, dem Gerippe eines Schiffs nicht unähnlich. Ein lebensgrosses Modell diente bei der Arbeit als ständige Vorlage; wahrscheinlich wurde ein Holzkern blockweise von der Werkstatt in die Cella transportiert, wo man das Rippensystem verstärkte[20]. Unklar bleibt, ob anschließend die Gold- und Elfenbeinplatten direkt auf das Holz montiert wurden oder auf eine Zwischenschicht aus Ton und Gips oder Wachs[21].

Das immense Gewicht und den ungeheuren Materialwert der Goldpartien kann man erahnen, wenn man sich vor Augen hält, dass eine Platte von 1m^2 Fläche und 1mm Dicke 19,3kg wog. Die am Zeus verwendete Masse Goldes ist vermutlich mit der für die Athena Parthenos gebrauchte vergleichbar, für die Gewichte zwischen 44 und 50 Talenten überliefert sind; somit befand sich am Zeus über eine Tonne Gold (angenommen, es handle sich um solonische Talente von je etwas über 26kg).

Ein Problem dürfte die Anbringung des Elfenbeins gewesen sein: Die Größe der nackten Brust lässt ein kleinteiliges Mosaik aus geschnitzten Klötzchen, wie früher oft angenommen, unwahr-

---

[19] W. FUCHS / J. FLOREN, Griechische Plastik I, München 1987, 21f. 394; P. AMANDRY, Rapport préliminaire sur les statues chryséléphantines de Delphes, in: BCH 63 (1939) 86-119.

[20] A. MALLWITZ /W. SCHIERING, OlF V 94-101. Ausführliche Überlegungen zur Technik wurden schon von G.P. STEVENS gemacht: Remarks upon the Chryselephantine Statue of Athena, in: Hesperia 24 (1955) 240-276, und DERS., How the Parthenos was made, in: Hesperia 26 (1957) 350-61; aber sein Vorschlag eines zentralen hölzernen Mastes, um den herum verklammerte Holzblöcke wie ein Mauerwerk aufgebaut worden seien, wirkt nicht überzeugend und lässt sich auch nicht mit den antiken Quellen in Übereinstimmung bringen.

[21] Die verschiedenen Vorschläge sind dargelegt OlF V 97.

scheinlich erscheinen. Nun war die Technik, Stoßzähne zu sehr dünnen Blättern abzurollen, schon seit früher Zeit bekannt, wie ägyptische Stühle aus der 18. Dynastie (1750-1314 v.Chr.), aber auch hauchdünne Elfenbeinplatten aus dem Kurgan von Kul-Oba (bei Pantikapaion, dem heutigen Kertsch) zeigen, die aus attischen Werkstätten des 5. und 4. Jh.s v.Chr. stammen[22]. Die technische Hauptschwierigkeit bestand darin, die Elfenbeinblätter zu formen und zu biegen; die Erwähnung von μαλακτηρες ἐλέφαντος beim perikleischen Bauprogramm auf der Akropolis (Plut., Pericl 12,6) lässt darauf schließen, dass es Spezialisten für diese Arbeit gab. Mehrere antike Texte geben Rezepte zum Weichmachen von Elfenbein an; die erfolgreichste Methode war offenbar das Einlegen in Bier (Plut., Mor 499E [*An vitiositas ad infelicitatem sufficiat* 4]); ebenso Dioskurides *De materia medica* 2,87)[23]. Das so vorbehandelte Elfenbein hat die Konsistenz von Gummi und konnte am Gerüst festgebunden oder -gedübelt werden; womöglich wurde auch geleimt, immerhin erwähnt Aelian (Nat An 17,32) den Fischleim, ἰχθυοκόλλα, der Elfenbeinarbeiter. Die meisten der hier erwähnten Methoden der Elfenbeinbearbeitung wurden erst im 20. Jahrhundert wiederentdeckt und patentiert.

Die Elfenbeinpartien des Zeus wurden zur Pflege regelmäßig mit Öl eingerieben; diese Aufgabe oblag den Phaidyntai oder Phaidryntai, den Nachkommen des Pheidias. Allerdings wirft der Umstand, dass der Künstler gebürtiger Athener war, das Problem auf, ob in klassischer Zeit ein erbliches Ehrenamt in Olympia einem athenischen Geschlecht übertragen werden konnte, zumal alle Belege für die Institution der Phaidyntai aus hadrianischer bis severischer Zeit stammen[24]. W. JUDEICH glaubte allerdings, der rasche Verfall der Elfenbeinpartien sei eben dieser gleich nach

[22] K.D.S. LAPATIN, Pheidias ἐλεφαντουργός, in: AJA 101 (1997) 663-682, hier bes. 672f.

[23] H. BLÜMNER, Technologie und Terminologie der Gewerbe und Künste bei Griechen und Römern II, Leipzig 1879, Repr. Hildesheim 1969, 367-369; LAPATIN (o. Anm. 22) 677f. berichtet von eigenen Experimenten, die diese antiken Anweisungen bestätigen.

[24] Paus. 5,14,5. Zweifel daran, dass diese Institution tatsächlich auf klassische Zeit zurückgeht, äußerte G. DONNAY, Damophon de Messène et les ΦΑΙΔΥΝΤΑΙ d'Olympie, in: BCH 91 (1967) 546-551. K. HANELL, RE XIX 2 (1938) 1559f. datiert die Institution ebenfalls erst in die „Zeit der archaisierenden Neubelebung Griechenlands (sc. durch Hadrian)".

Vollendung der Statue einsetzenden „Überreinigung" zuzuschreiben, während A. FRICKENHAUS die Tätigkeit der Phaidyntai mit der bald nötig gewordenen Restauration durch Damophon (s.u. 236) in Verbindung bringt[25]. Wirklich gesichert ist nur, dass zur Zeit Hadrians der Phaidryntes des olympischen Zeus im Athener Dionysostheater einen eigenen, mit seinem Titel bezeichneten Ehrensitz hatte[26].

Das Öl sammelte sich in dem um 12cm vertieften Quadrat aus dunklem Kalkstein vor der Statue (s.o. 220), wo es laut Pausanias 5,11,10-11 dazu diente, die Luftfeuchtigkeit zu regulieren, wozu auf der viel trockeneren Akropolis für die Athena Parthenos ein Wasserbecken installiert worden sei[27]. Tatsächlich hat aber Öl (im Gegensatz zu verdunstendem Wasser) keinen Einfluss auf Luftfeuchtigkeit oder Temperatur[28]; das grosse Ölbecken dürfte demnach vor allem ästhetische Funktion gehabt haben: Eine glänzende schwarze Fläche, in der sich die ganze kolossale Sitzstatue eindrucksvoll spiegelte.

6. Datierung

Lange Zeit war es heftig umstritten, ob Pheidias das Bild des Zeus vor oder – als letztes, grosses Alterswerk – nach der Athena Parthenos geschaffen habe[29]. Die Arbeiten am Parthenon sind durch die inschriftlich erhaltenen Abrechnungen für die einzelnen Teile genau datiert: Die zuletzt geschaffenen Giebel, an denen Pheidias ein entscheidender Anteil zugeschrieben wird, entstanden von 438-432. Es ist kaum vorstellbar, dass der Bildhauer gleich-

---

[25] A. FRICKENHAUS, Phidias und Kolotes, in: JdI 28 (1913) 341-369, v.a. 344 Anm. 2; W. JUDEICH, Zum ‚Pheidias-Papyrus', in: Hermes 60 (1925) 50-58; abzulehnen ist aber JUDEICHS Ansicht, das eigens eingerichtete Ehrenamt für die sonst selbstverständlich den Tempeldienern obliegende Wartung und Pflege des Kultbilds sei als Sühne für die harte und ungerechte Behandlung des Künstlers anzusehen, vgl. oben H.J. KLAUCK D 138 Anm. 255.

[26] IG II/III^2 5064; J. LIEGLE, Der Zeus des Phidias 116f. Im 3. Jh. n.Chr. ist ein vornehmer Athener aus dem Demos Lamptrai als Inhaber des Amtes inschriftlich überliefert (IG II/III^2 1828).

[27] So auch W. EKSCHMITT, Weltwunder 135f.

[28] W.M. GAUGLER / P. HAMILL, Possible Effects of Open Pools of Oil and Water on Chryselephantine Statues, in: AJA 93 (1989) 251.

[29] Einen Überblick über die verschiedenen Positionen bei E.I. FAULSTICH, Hellenistische Kultstatuen 76-78.

zeitig in Olympia tätig war; die Annahme, er sei erst nach den Arbeiten am Parthenon nach Olympia gegangen, führt aber zu der noch immer ungelösten Frage, warum die Eleer für ihren Zeustempel nicht schon bei seiner Fertigstellung 456 v.Chr. einen renommierten Künstler mit der Schaffung einer Statue beauftragten (s.o. 219).

Einen definitiven Ausweg aus der Aporie schuf erst die Untersuchung der Werkstatt des Pheidias[30], die 1954-58 freigelegt wurde. Die Existenz und Lage dieses Gebäudes war durch die Erwähnung bei Paus. 5,15,1 bekannt, aber auch dadurch, dass es sich dabei um die besterhaltene Ruine in Olympia handelt, wurde sie doch im 5. Jh. n.Chr. in eine christliche Basilika umgebaut, wobei der östliche Eingang durch eine heute noch gut sichtbare Apsis verschlossen wurde. Die Ausgrabungen zeigten, dass die Werkstatt in ihren Dimensionen genau der Tempelcella entsprach; sie war zweistöckig und die Gerüste an den Langseiten, an denen sich die Arbeitsbühnen befunden hatten, konnten rekonstruiert werden[31].

In der Anschüttung südlich und südwestlich des Gebäudes wurden Werkstattabfälle gefunden, die offenbar vom Eingang dorthin gekehrt worden waren; von den Tonmodeln und Glasstücken war schon die Rede (s.o. 224); aber auch verschiedenste Keramik, Elfenbeinabfälle, Obsidianbruchstücke, Bronze- und Bleistücke, teilweise in Schablonenform sowie Werkzeuge, darunter beinerne Griffel und ein kleiner Goldschmiedehammer aus Bronze, wurden gefunden. Der sensationellste Fund aber war ein kleines, mit schwarzem Glanzton überzogenes, geriefeltes Tonkännchen, auf dessen Boden die Inschrift ΦΕΙΔΙΟ ΕΙΜΙ – „Ich gehöre dem Pheidias“ – eingeritzt ist. Das Kännchen, das zum Gießen wie zum Trinken benutzt werden konnte, war mit einem Henkel und einer kleinen, nach außen geschweiften Mündung versehen; es ist das einzige erhaltene persönliche Besitztum des Pheidias[32]. Die Keramikfunde datieren den Werkstattbau in die Jahre nach 435 v.Chr.: Dies ist der Beweis für die Spätdatierung

---

[30] A. Mallwitz / W. Schiering, OlF V; A. Mallwitz, Olympia 255-266; W. Ekschmitt, Weltwunder 136-144; W. Schiering, OlF XVIII.

[31] Rekonstruktion der Werkstatt: A. Mallwitz, Olympia 257 Abb. 204; zur Arbeitsweise vgl. oben H.J. Klauck D 139 Anm. 258.

[32] A. Mallwitz / H.-V. Herrmann, Die Funde aus Olympia. Ergebnisse hundertjähriger Ausgrabungstätigkeit, Athen 1980, 185f. Nr. 133.

des olympischen Zeus, für seine Erschaffung nach der Athena Parthenos. Die Statue wurde vermutlich um 430 v.Chr. oder bald danach fertiggestellt.

Damit wird aber auch der oft gegen die Spätdatierung vorgebrachte Hinweis hinfällig[33], die pointierte Hervorhebung Athens auf den Schranken (durch die Personifikation von Salamis mit der „Schiffszier"), den Querriegeln und der Fußbank des Thrones (durch die attische Amazonomachie) sei undenkbar zu einer Zeit, in der Elis mit Athen verfeindet war. Entweder war die olympische Priesterschaft unabhängig genug, um ihre eigene „Kulturpolitik" zu verfolgen, oder vielleicht wurden die Darstellungen inmitten der überwältigenden Bilderfülle doch als nicht übermäßig hervorstechend und provozierend empfunden.

Die Frage der Datierung hat aber auch deutlich gemacht, wie wenig wirklich gesicherte historische Zeugnisse wir über Pheidias besitzen: Zeitgenössische Erwähnungen sind nur bei Platon (Menon 91d; Protagoras 311c) und Aristophanes (Pax 605-18) zu finden; die Basisinschrift von Olympia nennt seine athenische Herkunft und den Namen seines Vaters Charmides. Sicher war er der prominenteste Künstler Athens in der Zeit von der radikalen Demokratie bis zum Peloponnesischen Krieg, also etwa von 461-31, was auf ein Geburtsdatum um 490 v.Chr. schliessen lässt. Er bekam schon in jungen Jahren Staatsaufträge: Eine Bronzegruppe in Delphi, die den Marathonsieger Miltiades umgeben von Göttern und Heroen zeigte (Paus. 10,10,1), die 3m hohe Statue der Athena Areia für einen neuen Tempel in Plataiai (Paus. 9,4,1); die 9m hohe Bronzestatue der Athena Promachos auf der Akropolis (Paus. 1,28,2) - alles vermutlich in den 60er Jahren geschaffene Werke, als Athen aus außenpolitischen Gründen seine Führungsrolle in den Perserkriegen betonen wollte. Um 448 v.Chr. war Pheidias prominent genug, um von Perikles zum ἐπίσκοπος (Plutarch, Pericl 13,6) über den Parthenon-Neubau gemacht zu werden; zu dem damit zusammenhängenden Prozess und anschließenden Exil vgl. oben H.J. KLAUCK D 112 Anm. 35 und v.a. 138 Anm. 255. Um 420 v.Chr. verlieren sich alle Spuren des Pheidias.

Eines der Probleme der literarischen Quellen ist, dass Philosophen wie Platon und Aristoteles Künstler als βάναυσοι, die von ihrer Hände Arbeit lebten, verachteten, auf der anderen Seite aber

[33] H. SCHRADER, Zeusbild 1-71, bes. 2f.

Künstlerlegenden und fast eine Art „Geniekult" bereits im 4. Jh. v.Chr.begannen. Beides wurde Ende des 19. und anfangs des 20. Jh.s, nicht zuletzt in der Archäologie, aufgenommen, und Pheidias wurde bald zum einsamen, unverstandenen Giganten, vergleichbar etwa mit Beethoven. Die Bewertung der Rolle des Künstlers im klassischen Athen ist schwierig geblieben, auch wenn heute in der Forschung ein pragmatischerer Ansatz überwiegt, der die Wahrheit etwa in der Mitte sieht: Zwar machte die griechische Gesellschaft keinen grundsätzlichen Unterschied zwischen Handwerkern und Künstlern, und ein Tragödienautor stand auf derselben Ebene wie der Erbauer einer Belagerungsmaschine, doch sowohl Künstler wie Handwerker konnten angesehen, respektiert, und, nicht zuletzt, gut bezahlt für ihre Talente sein. Dies war zweifellos bei Pheidias der Fall, dessen Schwierigkeiten in Athen vielleicht damit zusammenhingen, dass er in den innersten Kreisen der politischen Macht verkehrte[34].

III. Rezeption

1. Der thronende Gott[35]

Zeusbilder gab es in Olympia seit dem 8. Jh. v. Chr; in archaischer und frühklassischer Zeit dominiert das Bild des Kriegers und Blitzeschleuderers, später sind Zeusmythen, nicht zuletzt Liebesabenteuer des Gottes, beliebt, doch das Bild des thronenden Gottes war der Plastik in Olympia bis zur Mitte des 5. Jh.s v.Chr. fremd[36]. Erst Pheidias scheint Wirkung und Ausstrahlung der thronenden Herrschergestalt in reifem Alter erkannt zu haben, deren Aufbau und Proportionen weit mehr den Blick auf das Haupt lenken als

---

[34] H. PHILIPP, Handwerker und bildende Künstler in der griechischen Gesellschaft, in: Polyklet. Der Bildhauer der griechischen Klassik, Ausstellung im Liebieghaus, Frankfurt 1990, 79-110 (mit Lit.); C. HÖCKER / L. SCHNEIDER, Phidias 130-139; J. TANNER, Culture, Social Structure and the Visual Arts in Classical Greece, in: PCPS 45 (1999) 164-175.

[35] Allg. zu dem Motiv und seiner späteren Tradierung S. VLIZOS, Der thronende Zeus: Eine Untersuchung zur statuarischen Ikonographie des Gottes in der spätklassischen und hellenistischen Kunst, Rahden / Westf. 1999.

[36] E. KUNZE, Zeusbilder in Olympia, in: AuA 2 (1946) 95-113; vgl. oben H.J. KLAUCK D 141 Anm. 279.

die einer stehenden Figur[37]. In gewisser Weise ist daher Dions „Deutung vom Kopf her“, die ausschließliche Betonung der milden, väterlichen, gütigen und beschützenden Züge, durchaus folgerichtig; zu den Epiklesen s.o. H.J. KLAUCK E I. 1 (161); E II. 2a (192-196) und bes. D 151 Anm. 375-390.

Doch beinahe befremdlich gegenüber dieser väterlichen Milde wirkt die Mitleidlosigkeit der am Thron dargestellten Niobe- und Sphinxsage (s.o. 222). Sowohl die Jünglinge wie die Niobiden sind Thebaner, und die Grausamkeiten, die sie erleiden, können als symbolische Strafe für den Verrat Thebens in den Perserkriegen verstanden werden[38]. Beides sind aber auch allgemeingriechische Mythen: Sie zeigen die Züge des Gottes, die Pheidias (bzw. Dion) bewusst auslässt, vgl. oben H.J. KLAUCK E II. 2c (204f.) und D 120 Anm. 101; 150 Anm. 369; 154 Anm. 401. Die Darstellungen sind eine Art „mahnendes Attribut“, die die ungeheure Vernichtungsgewalt des strafenden und rächenden Göttervaters zeigen, eine beklemmende Warnung vor menschlicher Hybris.

Ein „Kultbild“ war die kolossale Statue wohl nicht; kultischer Mittelpunkt des Heiligtums blieb der grosse Aschenaltar, auf dem Zeus Brandopfer dargebracht wurde[39].

2. Das exemplum

Die Allgemeingültigkeit der Darstellung des thronenden Gottvaters erklärt wohl auch, warum der Zeus, und nicht die allzu athenische und zu sehr den athenischen Hegemonieanspruch symbolisierende Athena Parthenos zum Weltwunder wurde[40]; die philosophischen und theologischen Interpretationen, die das Werk ermöglichte, überdauerten die stärker historisch und politisch motivierten Mythen-Darstellungen, die die Parthenos schmückten.

Der Zeus von Olympia war aber nicht nur eines der sieben Weltwunder, sondern steht schon früh als „Referenzgröße“, als

---

[37] J. LIEGLE, Der Zeus des Phidias 220-22.

[38] C. HÖCKER / L. SCHNEIDER, Phidias 93.

[39] Vgl. oben H.J. KLAUCK D 122 Anm. 121; zudem U. SINN, Olympia 50; C. HÖCKER / L. SCHNEIDER, Phidias 61.

[40] Der älteste schriftliche Beleg für die sieben Weltwunder ist Antipatros von Sidon (AP 9,58); die Liste geht auf hellenistische Zeit zurück. Der Zeus des Pheidias ist auch in allen späteren Fassungen erwähnt; vgl. W. EKSCHMITT, Weltwunder 9,144.

exemplum der Vollkommenheit. Schon bei Cicero, Orat 2,8 (J. OVERBECK, Schriftquellen 717; vgl. oben H.J. KLAUCK D 149 Anm. 358) erscheint der für diese Auffassung entscheidende Gedanke: Pheidias hat nach keinem plastischen Vorbild gearbeitet, sondern dem Gott selbst eine menschengestaltige Erscheinungsform verliehen. Diese Absolutheit durch eine originale, zum ersten Mal festgeschriebene Ikonographie wird auch in einem Epigramm des 1. Jh.s n.Chr. (AP 16,81 = J. OVERBECK, Schriftquellen 715) und bei Plotin (Enn 5,8,1 = J. OVERBECK, Schriftquellen 716) zum Ausdruck gebracht (vgl. auch oben H.J. KLAUCK D 122 Anm. 121.122)

Dion gibt keine Ekphrasis der Statue. Bemerkbar macht sich bei seiner Interpretation nicht nur stoischer Einfluss, sondern auch die klassizistische Kunsttheorie der zweiten Hälfte des 2. Jh.s v.Chr., die bei Cicero, Brut 70, Quintilian, Inst 12,10,7-9 und Plinius, Nat Hist 43,51f. überliefert ist und die sich weniger auf ein Entwicklungsschema als auf die Kanonisierung verpflichtender Exempla in den einzelnen Gattungen konzentrierte[41]. In diesem sog. Pergamenischen Kanon begann man wahrscheinlich damit, die Klassiker der griechischen Prosa mit den Meisterwerken der Plastik und Malerei zu vergleichen[42]. Als erste Meister erscheinen Pheidias und Alkamenes, die attischen Künstler des 5. Jh.s v.Chr., die in der römischen Rhetorik als Referenzgröße für den guten Redner dienten[43]. Schon in dieser antiken Kunsttheorie wurde die Kunst nach „moralphilosophischen" Kriterien bewertet und mit entsprechenden Begriffen - μέγεθος (Strabon 8,6,10 p. 372), σοφία (Paus. 5,10,8) - belegt; eine entscheidende Frage für „Pheidias" ist denn auch, ob sein Werk ἄξιος sei[44].

Mit diesen Reflexionen über das Wesen der Kunst und des Künstlers und das Verhältnis von Kunst und Dichtung tritt Pheidias in einer Weise vor uns, die mit dem historischen Men-

---

[41] B. BÄBLER, Art. Epochenbegriffe. II. Archäologie, in: DNP 13 (1999) 1001-1008, v.a. 1001.

[42] C. ROBERT, Archaeologische Märchen 47. 51f; M. VALGIMIGLI, La critica letteraria 78-83.

[43] J. PÉPIN, L'art de Phidias comme paradigme de l'ésthétique du modèle intelligible, in: L. BRISSON et al. (Ed.), Porphyre. La vie de Plotin, Paris 1992, 331-334.

[44] H. SCHRADE, Dio Chrysostomos 206f.; A. BILLAUT, Dion Chrysostome 215f.

schen Pheidias wahrscheinlich nicht viel zu tun hat. Der fragende, philosophierende, sich rechtfertigende Künstler ist dem selbstbewussten, aber einem Handwerker gleich angesehenen δημιουργός der klassischen Polis sehr fern; darüber hinaus vertritt er natürlich eine für den historischen Kontext von Dions Werk zeittypische, trotz älterer Einflüsse für den realen Pheidias des 5. Jh.s zu „moderne" Philosophie, vgl. o. H.J. KLAUCK E. II. 2c (v.a. 204f.) sowie D 137ff. Anm. 248.303.323.421.

Dion hat damit aber auch eine Diskussion begonnen, die Lessing und Winckelmann wieder aufnehmen sollten: In der ‚Apologie' des Pheidias (§ 69b-72) werden zum ersten Mal Möglichkeiten und Grenzen der Skulptur sowie Grenzen und Unterschiede zwischen Dichtung und bildender Kunst ausführlich dargelegt[45]. In dem „Rangstreit der Künste" spielte auch Horaz' Schrift *De Arte Poetica* eine wichtige Rolle; das meist verkürzt zitierte Schlagwort ‚ut pictura poesis' (s. oben H.J. KLAUCK D 136 Anm. 238) wurde für die meisten Malertheoretiker zum Beweis der Gleichrangigkeit der Malerei mit der Dichtung. Lessing handelt das Thema im „Laokoon" ab, wo er aber der direkten Ausandersetzung mit Winckelmann ausweicht. Für Winckelmann hat wahrscheinlich Dions *Olympikos* die Grundlage geliefert für seine damals bahnbrechende neue Erkenntnis, die Interpretation antiker Kunstwerke aus der antiken, vor allem griechischen Mythologie zu gewinnen[46].

Von der weltberühmten Kolossalstatue des olympischen Zeus gab es keine verkleinerten Nachbildungen wie von der Athena Parthenos; nur einiges von den Verzierungen des Throns wurde später kopiert (s.o. 222). Auch wenn man es für ein Unglück hielt zu sterben, ohne den Zeus von Olympia gesehen zu haben (Epiktet, Diss 1,6,23; 2,8,26), so gab es offensichtlich doch keine „Souvenirindustrie" wie bei einem anderen Weltwunder, der Artemis von Ephesos[47]. Pheidias' ‚Apologie' bei Dion hat wahr-

---

[45] M. MORTENTHALER, Olympikos 120-125.

[46] Noch bis in jüngste Zeit wurde Winckelmanns Hermeneutik (unter Missachtung seiner ausgedehnten und intensiven Studien griechischer Literatur) jegliches theoretische und philosophische Fundament abgesprochen, so z.B. N. HIMMELMANN, Winckelmanns Hermeneutik, Abh. Akad. Mainz 12, 1971, dagegen und mit Hinweis auf Dion M. KÄFER, Winckelmanns hermeneutische Prinzipien, Heidelberg 1986, 69-74.

[47] W. EKSCHMITT, Weltwunder 85; vgl. Apg 19,23-29.

scheinlich den Grund dafür erklärt: Die Konnotationen, die der spätere, philosophisch gebildete Betrachter mit dem Haupt des Göttervaters verband, konnten nicht anders umgesetzt werden, als Pheidias es getan hatte. Die Wirkung auf den Betrachter und die philosophische Rezeption (dazu oben H.J. KLAUCK E., II. 2a (192f.); E. II. 2b (196f.) erklären, warum (das Haupt des) Zeus zwar nicht in der paganen Kunst, wohl aber sehr viel später in theologischem Kontext rezipiert werden konnte.

IV. (Späteres) Schicksal der Statue

Was aber wurde eigentlich aus dem Weltwunder selbst, das bis heute eine solche Ausstrahlung hat? Schon nach relativ kurzer Zeit hatten sich offenbar Elfenbeinplatten gelöst; wahrscheinlich Anfangs des 2. Jh.s v.Chr. riefen die Eleer für die Reparatur den Bildhauer Damophon von Messene, den sie für die Qualität seiner Arbeit ehrten (Paus. 4,31,6; s.o. 229).

Der Römer Aemilius Paullus war auf seiner Griechenlandreise 168 v.Chr. überwältigt vom Anblick der Statue und maß sie offensichtlich an dem absoluten Vorbild, das Homer der Vorstellungskraft geliefert hatte („mir scheint, Pheidias allein hat den Zeus Homers nachgebildet“, Polyb. 30,15,3; Plutarch, Aem Paul 28,5; J. OVERBECK, Schriftquellen 725. 726); der Feldherr ordnete Opfer an „wie jene für Jupiter auf dem Kapitol in Rom“ (Liv. 45,28,5; J. OVERBECK, Schriftquellen 724).

Nicht unbedingt überraschend ist der mehrfach überlieferte Versuch des wahnsinnigen Kaisers Caligula, die Statue nach Rom zu transportieren, um sie im Tempel des Palatin aufzustellen; Zeus reagierte entsprechend und brach in dröhnendes Gelächter aus, das die bereits angebrachten Gerüste in sich zusammenstürzen liess und die Handwerker in die Flucht schlug (Sueton, Cal 22; Cass. Dio 59,28,3; Iosephus, Ant Iud 19,1; J. OVERBECK, Schriftquellen 747-749).

Die hadrianischen Münzprägungen, die Kopf und Sitzbild überliefern, sind Zeichen der vom Kaiser geförderten „Renaissance“ der hellenischen Kultur und bilden zusammen mit der Beschreibung des Pausanias (170/80 n.Chr.) ein unschätzbares Zeugnis für die Rekonstruktion des Werks.

Der Besucherstrom nach Olympia hielt bis in die Spätantike an, und noch zu Beginn des 4. Jh.s n.Chr. entstand eine neue Badeanlage mit moderner Heizung; auch die durch das Erdbeben von 290 n.Chr. entstandenen Schäden wurden repariert. 426 n.Chr. wurden jedoch durch das Edikt des Theodosius II. die heidnischen Tempel geschlossen. Zu dieser Zeit befand sich die Zeusstatue des Pheidias höchstwahrscheinlich bereits in Konstantinopel[48], in der Skulpturensammlung im Lausospalast; jedenfalls erwähnt Georgios Kedrenos, Kompilator einer byzantinischen Chronik von der Erschaffung der Welt bis 1057 den „elfenbeinernern Zeus des Pheidias, den Perikles im Schrein von Olympia aufgestellt hat" (Cedr. ed. Bekker 1,546; vgl. J. OVERBECK, Schriftquellen 754). M. VICKERS hat überzeugend dargelegt, dass Kedrenos, dessen Quelle Konstantinos von Rhodos (886-912) war (der seinerseits die Informationen über den Lausospalast von Malchos hatte) trotz verständlicher Fehler nicht als Phantast abgetan werden kann, der einfach möglichst viele berühmte Namen nennt, lässt doch seine Aufzählung auf ein nach gelehrten Prinzipien arrangiertes Skulpturenprogramm schließen[49]. Lausos, in den Quellen 391 zum ersten Mal erwähnt, war 420 *praepositus sacri cubiculi* und in dieser Stellung der einzige außer dem Kaiser selbst, der die Mittel besaß, eine solche Sammlung aufzubauen. Der große Brand, dem sein Palast und somit auch die Zeusstatue 475 zum Opfer fielen, ist sowohl bei Kedrenos (Cedr. ed. Bekker 1,616) wie auch bei anderen byzantinischen Autoren übeliefert.

Doch die fünfzig bis siebzig Jahre, die der Zeus des Pheidias in Konstantinopel gewesen war, reichten aus, um das byzantinische Bild des Christus Pantokrator entscheidend zu beeinflussen: Der in den ersten nachchristlichen Jahrhunderten in der westlichen Ikono-

---

[48] U.v. WILAMOWITZ-MOELLENDORFF, Der Zeus von Olympia, in: Reden und Vorträge, Berlin ^{3}1913, 213 hielt dies für unglaubwürdig, da die Kolossalstatue für jene Zeit „nicht transportabel" gewesen sei. Doch die Bauweise ermöglichte die Zerlegung und den Transport in Einzelteilen.

[49] M. VICKERS, Phidias' Olympian Zeus and its Fortuna, in: J. LESLEY FITTON (Ed.), Ivory in Greece and the Eastern Mediterranean from the Bronze Age to the Hellenistic Period (Brit. Mus. Occasional Papers 85) London 1992, 217-225. Die Verbindung mit Perikles lässt sich vielleicht aus dessen „olympischem" Spitznamen (Plutarch, Pericl 8,3) erklären, aber auch aus der durch die literarische Überlieferung bekannten Verbindung zwischen Perikles und Pheidias.

graphie vorherrschende Typus des jugendlichen, bartlosen, lockigen Christustypus wird später von dem von Byzanz her kommenden bärtigen Christus mit schulterlangem, schlicht gewellten und über der Stirn gescheiteltem Haar verdrängt[50]. Die erste momumentale Darstellung des bärtigen Christus findet sich im großen Apsismosaik des Chrysotricliniums in der Hagia Sophia; später erscheint er in dieser Ikonographie auf den *solidi* Justinians II.[51]. Dazu fügt sich auch die Anekdote von dem Künstler, der zum ersten Mal eine Ikone nach dem Bild des Zeus gemalt habe und dessen daraufhin verdorrter Arm von Erzbischof Gennadios, dem Patriarchen von Konstantinopel 458-71, geheilt worden sei. Die pagane Religion wurde nicht mehr als Bedrohung empfunden, und die christliche Kunst konnte nun von dieser wirkungsmächtigen Physiognomie borgen, um das Gleichnis der Menschwerdung darzustellen. So wurde das Meisterwerk des Pheidias fast tausend Jahre nach seiner Erschaffung zum Symbol des Reiches Gottes und der Herrschaft Christi, stellvertretend wahrgenommen durch den byzantinischen Kaiser.

---

50 S. dazu auch A. FURTWÄNGLER, Vom Zeus des Phidias, in: Mélanges Perrot, Paris 1909, 109-120, v.a. 119f.

51 VICKERS a. O. 219.

G. Register

I. Stellen (in Auswahl)

Achilleus Tatios
1,16,2f.: *110*

Aelian
Nat An 1,29: *109*
5,21: *109f.*
5,34: *111*
7,44: *129*
11,1: *111*
17,32: *228*
Var Hist
12,20: *110*

Aesop
CFA 39: *113*

Aëtios
SVF II 1009: *187*

Aischylos
Prometheus
209f.: *151*
Frag. 139: *113*

Aratos
Phainomena 5:
124

Ailios Aristeides
Or 37,28: *163*
43,2: *120*, *162*
45,4-13: *162*

Aristophanes
Eq 1092f.: *112*

Aristoteles
Hist An
9,1: *109*, *116*
Poet 21: *147*
Rhet 1,2,3-6: *173*
1,5,15: *111*
1,19,38f.: *166*
3,11,5: *147*
Frag. 15: *128*

Ps.-Aristoteles
De mundo
6: *129*
7: *129*, *152*

Athenaios
157B: *166*
451D: *113*

Augustinus
Civ
6,5: *188f.*
7,5: *206*

Cicero
Divin 2,40: *131*
2,48: *135*
Inv 1,52,98: *156f.*
Leg 1,24: *124*
Nat Deor 1,43: *132*
1,44: *124*
1,121: *131*
2,4: *202*
2,12: *131*, *202*
2,13: *124*, *202*
2,15: *202*
2,18f.: *203*
2,64: *121*
2,86: *125*
Orator 2,8f.: *149*,
234
Tusc
1,52: *142*
5,5f.: *162*

Demetrios
De elocutione
265f.: *172*

Diogenes Laert.
4,42: *109*
7,147: *207*

Dion von Prusa
Or
1: *215f.*
1,39f.: *151*
1,53-84: *174*
2,6-8: *121*
3,73: *194*
4,14.35: *111f.*
4,68: *211*
4,86: *210*
4,123: *167*
6,35: *167*
7,10-63: *174*
7,117: *210*
7,129: *131*
11,23: *146*
11,135: *209*
13,1: *13*
13,9f.: *14f.*
18,13: *168*
19,4: *117*
26,2: *211*
31,10-15: *209*
31,28: *210*
31,87-98: *208*

31,122: *13*
31,126f.: *168*
31,152: *210*
32,11: *116*
32,22: *114*
32,32: *194*
34,1: *108*
36,10-13: *168*
36,17: *117*
36,29-60: *192*
36,43: *211*
39,39-60: *156*
40,35: *193f.*
42,2: *117*
42,4: *21*
44,3f.: *11f.*
47,6: *168*
47,8: *110*
47,16: *110*
48,10: *214*
48,16: *150*
49,3-14: *116*
53,7: *148*
66,11: *168*
72,2: *117*
72,5: *209*
72,13-16: *113*
72,13: *108*
80,14: *210*

Epiktet
Diss 1,14,3-5: *129*

Epikur
Menoic 128: *130*

Euripides
Hel 854: *155*

Aulus Gellius
1,9,8: *134*

Gorgias
Helena: *117*

Heraklit
FVS 22 B 101a: *149*

Herodot
1,44,2: *153*
1,131,1f.: *143*

Hesiod
Op 1-8: *121,178*
312: *115*
Theog 98-104: *139f.*
886: *121*

Homer
Il 1,11-15: *119*
1,500f.: *145*
1,529f.: *145*
1,528-530: *122, 155, 178*
1,544: *121*
2,478: *145*
2,484-493: *121*
4,75-77: *154*
4,83f.: *121*
4,443: *150*
5,126f.: *130*
8,69-72: *154*
10,5-8: *154*
11,3-12: *154*
13,4f.: *118*
14,342f.: *130*
15,153: *155*
17,547f.: *154*
18,474f.: *156*
20,56-58: *155*
20,248f.: *146*
21,50: *119*
Od 4,221: *140*
9,470f.: *153*
12,173-177: *130*
24,249f.: *157f., 177*

Horaz
Ars Poet 180-183: *150*
361: *136, 235*
Sat
2,2,26: *110*

Kleanthes
Zeushymnus
Z. 1-3: *151*
Z. 4: *124*
Z. 17-25: *194*

Ps.-Longinos
10,6: *148*
15,1: *172*
15,2: *147*
44,4: *114*

Lukian
Gallus 24: *138f., 227*
Harmonid 1: *109*
Hist Cons 29: *150*
51: *155*
Iupp Trag 25: *225*
Pro Im 14: *225*

Lukrez
Rer Nat
5,805-822: *125*
5,1169-1171: *140*

Lysias
Or 24,14: *150*

Manilius
Astronom
2,99-102: *129*
2,105-108: *127*

Maximos von Tyros
Or 2: *141-145*
4,1: *137*

Menander Rhetor
388,17-394,31: *164*
438,11-18: *163*

Novum Testamentum
Mt 8,21f.: *114*
19,21: *115*
19,29: *115*
Mk 8,33: *120*
10,21: *115*
10,29: *114*
Apg 17,27: *124, 144*
17,28: *124*
2 Kor 4,7: *142*

Ovid
Met 15,385: *110*

Papyri
POxy 32,10-12: *114*

Pausanias
5,10,2: *218*
5,10,4: *218*
5,11,2-4: *221*
5,11,9: *225*
5,11,10f.: *229*
5,12,4: *220f.*
9,40,3: *136*

Philo von Alexandrien
SacrAC 129: *114*
Spec Leg 1,66f.: *144*
1,388: *126*

Philochoros
FGH 328 F 121: *138*

Flavius Philostratos
Vit Ap 5,27-38: *12f.*
6,19: *142*
7,16: *131*
Vit Soph 1,7: *9, 15, 27*

Pindar
Pyth 6,23-25: *121*
Frag. 57: *156, 178*

Platon
Apol 24B: *136*
Crit 107C/D: *135*
Euthyd 277D: *128*
302C: *133*
Gorg 447A: *108*
Ion 534A/B: *149*
Phaed 84E-85B: *111*
Phaedr 237D: *132*
246E: *123*
Phileb 16C: *124*
Theaet 172D/E: *131*
Tim 71E/72B: *137*

Plinius d.Ä.
Nat Hist 2,13-15: *143f., 204f.*
2,18f.: *203, 214*
2,109: *129*
34,55: *135*
35,59: *136*
35,96: *155*

Plinius d.J.:
Ep 2,3,1-3: *164*
10,81,1: *12, 17*
10,81,7: *17*
10,82,1f.: *12, 17*

Plutarch
Lycurg 23,2: *141*
Nikias 19,4: *109*
Numa 8,13f.: *143*
Pericl 31,2f.: *138*
31,3f.: *112*
Superst 167D/E: *213*
Tranq An 477C/D: *127*
Frat Am 479F: *133*
Quaest Conv 729F: *139*
Amatorius 763C/D: *187*
Stoic Repug 1052F: *126*
1048C: *153*
Frag. 178: *127f.*

Ps.-Plutarch
Vit Poes Hom 8: *146f.*

Polybios
6,56,6-12: *188*

Quintilian
3,7,7-9: *162*
3,8,49-54: *171*
5,11,36.40: *177*
6,1,51: *185*
9,2,29-58: *157, 171*
12,10,8: *135f.*
12,10,4: *135*
12,10,9: *122*

Rhetorica ad Herennium
4,39: *136*

Seneca d.Ä.
Contr 8,2: *138*

Seneca
Ep 6,5: *150*
41,1: *124*
41,3: *145*
94,38: *132*
102,26: *126*

Septuaginta
Gen 1,19f.: *125*
2,7: *126*
4 Makk 15,21: *111*
Weish 10: *167*

Sextus Empiricus
Adv Math 9,45: *140*

Strabon
1,2,8: *188*
7,3,30: *208*
8,3,30: *122f., 225f.*

Synesios von Kyrene
Dion 1,2: *10*
1,5: *10*
1,9: *13*
1,12: *10*
3,2: *19*
3,3: *110*

Tacitus
Hist 5,5,4: *205*

Themistios
Or 27: *111*

Aelius Theon:
115,11-20: *172*
117,34f.: *172*

Theophrast
Hist Plant
5,3,7: *138*

Thukydides
3,17,3: *119*

Valerius Maximus
3,7, ext. 4: *122*

Xenophanes
FVS 21 B 25-29: *206*

Xenophon
An 6,1,8: *119*
Cyneg 13,9: *116*
Mem 3,10,1-5: *142*
4,3,8f.: *126f.*

Zenon
SVF I 146: *143*

II. Namen und Sachen

Achilles 119. 145. 154. 156. 171. 178. 210. 220
Ägypten 142
- Ägypter 167
Aelian 109. 110. 228
Äolischer Dialekt 146
Aesop 108. 165. 176
ἄγαλμα 207. 209. 210
Agamemnon 146. 178. 198
Agon 139. 169
- Redeagon 172. 175
Aischylos 167. 168
Akademie 109
Akropolis 112. 138. 228. 229. 231
Aldina 24
Alexander der Große 18. 121. 174. 215
Alexandrien 12. 168
- alexandrinisch 225
Alkamenes 155. 234.
Allegorese 212
- allegorisch, Allegorie 201. 204
Altar 11. 143. 153. 217. 233
Amazonenkampf 112. 220. 221. 223. 231
amplificatio 166
Anapher 119
- anaphorisch 182
ἀνδριάς 207. 210
anikonisch 143
Anthropomorphismus 29.212
- anthropomorph 141. 142. 157. 186. 205f. 211. 234
Antisthenes 167
Apameia (Stadt) 11
Apelles (Maler) 155. 225
Aphrodite 221
Apollon 120. 133. 148. 163. 198. 219. 222. 226
Apollonius von Tyana 12
Apostrophe 175. 184
archaisch 135. 232
Argos 135. 153
argumentatio 28. 164
Aristophanes 167. 231
Aristoteles 147. 160. 166. 173. 231
Arrecinus (Clemens) 14
Astralreligion 144
Atemluft als Nahrung 125f.
Athen 128. 133. 135. 136. 138. 141. 153. 220. 231
- Athener 168. 228
- Athena 112. 149. 162f. 165. 197. 198. 223
- Statue der A. Parthenos 112. 122. 138. 221. 227. 229. 231. 233. 235
Attischer Dialekt 146
Attische Mythenüberlieferung 223
Augustinus 188f.
Autopsie 18. 149
Babylon 114
Baktrien 114
Bart 15. 117f. 209f.
Bauhütte 139. 149
Bild s. Gemälde. Bilderkritik 143
Bildhauer 112. 169. 192. 207. 229. 236
- Bildhauernamen 219
Bithynien 11. 12. 16. 17
Blitz 121. 154. 155. 232
Brahmanen 19
Briefe 19f.
Bronze 208. 230
- bronzen 210
Bürgerrecht (römisches) 11. 12
Caligula (Kaiser) 236
Cassius Dio (Historiker) 12. 18
Cella 157. 218f. 220. 226f.
Chariten 223. 226
Christus 237f.
- christlich 126. 195
chryselephantin 135. 226
Chrysipp 203. 207

Cicero 108. 124. 157. 162. 167. 171. 202f. 206
Claudius (Kaiser) 11
Claudius Eumolpus 17
comparatio 166
Daidalos 136
δαιμόνιον 126. 199f.
Daker 18. 25. 26. 27. 118. 120
- Dakerkrieg (-feldzug) 27. 118. 119. 154
Decebalus 26. 27. 119
Delphi (s.a. Orakel) 25. 117. 226
Demeter 125
Demetrios 172. 185
Demosthenes 15. 167
Dichter 121. 132. 134. 136. 141. 147. 161. 162. 168. 177. 187f. 190f. 193. 196. 210
Dichtung (Dichtkunst) 29. 123. 132. 133. 137f. 139. 157. 165. 169. 234f.
dikanisch s. Gerichts(rede)
Diogenes (der Kyniker) 10. 14. 15. 108. 111. 174f.
Dion von Prusa
- Bautätigkeit 17
- "Euboikos" 19. 22. 108. 174
- Exil 10. **13-15.** 18. 26. 120. 215
- Geburtsort 11
- "Getica" 12. **18**. 27. 118. 121
- Königsreden 21. 22. 174. 186. 215
- Leben (und Werk) 9
- "Lob des Haares" 19
- Name 10f.
- Prozess 16f.
Domitian (Kaiser) 12. 13. 14. 15. 16. 26f.
Donau(-gebiet) (-raum) 15. 18. 26. 27. 28. 118
Ehrenstatuen 11
εἴδωλον 209
Eiche 113
εἴκων 210f.
eklektisch 10. 203
- Eklektizismus 152
Ekphrasis 109. 156. 163. 234
Ekpyrosis s. Weltenbrand
Eleer 218. 230. 236
- Elis 26. 122. 138. 141. 184. 217. 231
Elfenbein 122. 138. 148. 155. 208. 223. **226-228.** 230. 236
elocutio 160. **179-186**
Eltern 29. 133. 176. 214
Enkomion 162. 164
Epideiktisch (Epideixis) 109. 120. 131. 160f. 162. 163. 176f. 186. 213
Epiklese 161. 163. 178. 185. 216. 233
Epiktet 10. 13. 195
Epikur 132. 146. 189
- Epikureer 29. 130. 163. 176. 197. 198f.
- epikureisch 124. 130. 131. 207. (antiepikureisch 130. 131)
Epiphanie 157. 226
Epitheta 121. 162. 182f.
Epos, Epen 145. 212
Erde 125. 126
Erkenntnistheorie 125
Erzgießer 135
Essener 19
Ethnographie 28
Ethopoiie 169f. 171. 173
Ethos 132. 172. 176. 190
- ethisierend 209
Euhemerismus 215
Eule 28. 108. 109. 111. 112. 113. 159. 165. 169. 176. 223
Euphrates 12
Euripides 167. 168
Exempel/exemplum 29. 233f.
exordium 27f. 164. 185. 215
Fabel 112. 113
Favorinus 20
Fest 108. 137. 159. 188. 198. 211
- Festgesandtschaft 119
- Festversammlung 25. 160f
- Festtagstreiben 185
Feuer 189. 193-195. 197. 204
Fink 109

Flavius Archippus 17
Flavius Clemens 13
Flavius Sabinus 13
Forensisch 161. 166. 169. 176. 177
Gemälde 210
- Tafelgemälde 220
Genus, Genera 160f. 163. 185. 213
Gelübde 120
Gericht(srede) 131. 160f. 173
Gesetz(geber) 133. 187f. 190f. 193
- Gesetzgebung 132
Geten 15. 18. 26. 118
Gewand 109. 117. 224. 227
- grobes/ schäbiges 15. 114
- Prachtgewand 213
Glas 224. 230
Gold 110. 138. 155. 208. 223. 225-227
- golden 224
Goldelfenbein s. chryselephantin
Gorgias 26. 116. 117
Gottesbeweis 129. 202. 203
Gotteserkenntnis 130f. 137. 139. 191
Gottesidee (-begriff /-vorstellung/ -bild, -idee) 28f. 123. 140. 141. 154. 161. 169. 186. 190f. **192-213**. 216
Götterbild s. Standbild
Götternamen 144
- Götterüberlieferung 188
Griechen 109. 128. 142. 145. 159. 184. 209. 217. 219
Griechenland 16. 133. 151. 158f. 172. 206. 224
Gyara (Insel) 131
Gylippos 109
Haar (langes) 15. 109. 117f. 223. 224f. 227
Hadrian 17. hadrianisch 224. 229. 236
Halbgott s. Heros
Handschrift s. Manuskript
Handwerker, Handwerksmeister 140. 232. 235. 236
Heerlager (römisches) 16. 26. 28. 120. 154
Heiligtum 25. 143. 197. 208. 215. 217. 233
Helena 117. 209
Hellanodikai 26
Hellas 220
"Henotheismus" 205
Hephaistos 140. 156. 178. 198
Hera 135. 178. 193. 204. 217
Herakles 10. 18. 162. 174. 207. 215f. 218. 220. 221. 223
Heraklit 189
Hermes 174. 216
Heroisierung 11. 198
Heros 197. 208
Herrscher 13. 193. 197
- Herrscher(bild), ideales 16. 214
Hesiod 115. 121. 125. 132f. 139. 163. 167. 177. 184. 187. 193
Historiker 18. 149. 167
Hörer s. Zuhörer
Holz 148. 208. 227
- Holzkonstruktion 138
Homer 18. 28. 30. 118. 120. 121. 132. 137. 143. 145f. 147f. 155. 157. 162f. 167f. 169. 175-177. 180f. 184f. 191. 193. 197f. 210. 215. 236
Homonoia 150f.
Hymnisch, Hymnus 28. 120. 121. 162. 194
- Prosahymnus 160. 161. 163. 186
Hyperbaton 108
Idylle 19. 175
Immanenz 195
- immanent 196
Improvisieren (von Reden) 21
Indien 115
Invektive 13. 29. 161. 163
Iphitos 141
Ironie 113. 115. 116. 227
Isokrates 26. 161
Israel 133. 167

Istros 26. 120
Italien 14
Iunius Rufus 13
Ixion 167
Judentum 114. 142. 143. 144. 204. 205f.
- biblisch-jüdisch 125. 126
- jüdisch-hellenistisch 167
Jupiter 122. 139. 236
Kaiser 13. 16. 216
Kallimachos 225f.
Kentauren (und Lapithen) 219
Kinder, Kindheit 125. 144. 176. 212. 214. 215. 222
Kleidung s. Gewand
Kleinasien 11. 16. 118
- kleinasiatisch 150
Kodex (Pergament-) 22f. 24
König, königlich 141. 151f. 167. 209. 215
Kolossal 157. 208. 221. 224. 226. 229
Kolotes 222
Konstantinopel 237
Kopie 222
Kosmos 18 29. 194 215f.
- Kosmologie 198
- kosmologisch 193f. 195. 202. 204
Kreta 136
Krieg 28. 120. 121. 154. 232
- Peloponnesischer 151. 231
Kult 206
- Kultbild (-statue) 122. 127. 157. **204-213.** 219. 225
- Kultfunktionäre 124
- Kultpersonal 128. 193
Kunst (bildende) 29. 135. 136f. 138. 149. 159. 165. 191. 208. 212. 221. 234
- Kunsttheorie 150. 234
- Kunstkritik 153
Künstler 30. 135. 137. 138. 139. 142. 143. 149. 155. 191. 197. 199. 210. 231f. 234f.
Kyniker 14. 25. 111. 113. 114
- kynisch 9. 15. 108. 109. 113. 176
Laertes 158. 159. 177
Lalia 164
Laureion 155
Lausos(palast) 237
Lehrer (Lehrmeister) 13. 109. 125. 131. 135. 187. 191
Lehre 22
Lessing 235
Libanios 109
Libon 218
Literatur s. Dichtung. Literaturkritik 167
Löwe 223
Logos 129. 132. 172f. 176. 187. 190. 193. 195. 197. 203. 212. 215f.
Lykaon 119. 178
Lykurgos 141
Lyrik 125. 177
Lysias 26
Magier 193
Maler 142. 155. 207
- Malerei 235
Mantel s. Gewand
Manuskript 22. 24. 25. 118. 124. 126. 127. 132. 133. 139. 148f. 150. 153. 156. 157
Marathonschlacht 220
Marmor 218
Material 29f. 135. 155f. 224
Materialismus 195
Maximos von Tyros 137. 140. 142
Megasthenes 115
Meermannianus Lugdunensis (Kodex) 24
Meleagros von Gadara 166
menschengestaltig s. anthropomorph
Menander (Komödiendichter) 167
Menander Rhetor 105. 162f. 164
Metapher 147. 183
- Metaphorik 187
- metaphorisch 196

Metopen 218
Mimesis 142. 171.
Mistel 113
Moesien (-ier) 26. 118. 119
Monarchie 22
Mond 124. 129. 221
Monismus 195. 204
Monobiblos 22
Monotheismus, monotheistisch 203. 204
Mose 133
Mosquensis (Kodex) 24
Musonius Rufus 13. 19. 117. 131. 152
Musen 28. 121. 140. 162f. 178. 215
Myron (Bildhauer) 138
Myser 26. 118
Mystagoge 124
Mysterien (-spiel, -vergleich, -metaphorik) 29. 124. 127. 132. 193
- von Eleusis 127f.
- der Korybanten 128
- Mysterienverein 131
Mythos 125. 132. 134. 136. 150. 157. 187. 188. 190. 193. 198. 200f. 211f. 215f. 233
Nachfolge (Jesus- 114.) 115
Nachtigall 28. 110. 111. 165
Namensschild (-inschrift) 12. 207. 223
narratio 28. 120. 123. 164. 178
Nero (Kaiser) 131
Nerva (Kaiser) 12. 14. 16
Nestor 165. 177
Neues Testament 20. 25. 115. 121
Neuplatoniker 10. 142
Neuplatonisch 129f
- Neuplatoniker 137
Nikaia (Stadt) 12. 194. 197
Nike 221. 223f. 233
Niobe 222
Ninive 114
Nous 143. 193. 195. 197. 203
Numa (König) 143
Numinoses 145. 199. 213
Odyssee 118. 177
- Odysseus 14. 16. 158. 159. 177
Öl(teich) 220. 229
Olbia (am Schwarzen Meer) 118
Olympia 25. 26. 28. 108. 117. 120. 122. 139. 141. 156. 161. 198. 205. 213. 217. 221. 225. 228. 230. 235. 237
Opfer 122. 139. 159. 187. 189. 206. 209
- Opferkult 144
- Opfertier 139. 209
Orakel 137
- des Apollon in Delphi 14. 111
- des Zeus in Dodona 156
Ornithologie 28
Ostgiebel (des olymp. Zeustempels) 219. 220
Otho (Kaiser) 14.
Otho Cocceianus (L. Salvius) 14
Palästina 19
Palatinus (Kodex) 24
Panainos (Maler) 122. 220
Panaitios (v. Rhodos) 123. 189
Pantheismus, pantheistisch 129. 195
- Pantheon 196f.
Papyrusfragmente 25. 225
- Papyrusrollen 21f. 23f.
Parisinus (Kodex) 24
Parthenon 230
Parrhasios (Maler) 135
παρρησία 114
Pathos 172f. 176
Patmos 25
Perikles 112. 138. 231
peripatetisch 152
peroratio 28. 156. 158. 164. 166. 185. 215
Perser 114. 193. 211
- Perserkönig 153. 167. 172
- Perserkriege 231
persona 15. 176.
Pfau 28. 109. 110. 111. 119. 163. 165. 169
Pfeil 113

Phaid(r)yntai 228f.
Phantasia 143
Pheidias 28. 30. 120. 122f. 135. 137f. 139f. 141. 142. 144. 149f. 151. 154f. 156f. 161. 165. 169. 176. 178. 180. 184. 191f. 200. 205f. 209. 212f. 216. 219. 222. 225. 228. 232. 234
- Exil 231
- Kännchen des 230
- Prozess des:
fiktiver bei Dion 28f. 138. 161. 169.175
historischer in Athen 112. 138. 232
Philipp (Makedonenkönig) 174
Philo v. Alexandrien 114. 125. 126. 142. 144. 150. 205
Philosoph 13. 25. 28. 109. 113. 116. 117f. 134. 165. 168. 176f. 187f. 191. 213
- Philosophie 9. 10. 29. 114. 126. 127. 130. 132. 136f. 137f. 162. 188. 193. 212
- philosophisch 19. 115. 123. 132. 137. 152. 165. 169. 189f. 192. 200. 204. 211f.
Philostratos (Flavius) 9. 12. 15f.. 27
Phokylides 168
Photios 23f. 108
Physis 195
Planeten 144
Platon 15. 18. 108. 115. 124. 128. 148. 153. 187. 193. 231
- platonisch 140
Plutarch 18. 109. 111. 112. 127. 167. 187. 189. 213
Pneuma 126. 129. 195
Poesie s. Dichtung
Polis 136. 141. 191. 235
- Polisreligion 187
Polos von Akragas 117
Polygnotos (Maler) 135
Polykleitos (Bildhauer) 135
Polytheismus, polytheistisch 205. 216
Porphyrios 142
Poseidon 162. 204
Poseidonios von Apameia 123. 132. 189
praefatio 164
Praxiteles (Bildhauer) 138. 155
Progymnasmata 166. 170. 172
Prokne (und Philomela) 111
Prokonsul 17. 214
Prolalia 27f. 108. 160. **163-165.** 169. 186. 215
Pronoia 194
Proömium 120
propositio 28. 123. 169. 215
Prosa 162
Prosopopoiie 141. 156. 157. 160. 167. **169-176.** 186. 215f.
Prusa 11. 14. 16. 17. 22. 193
Ps.-Longinos 20. 114
Publikum s. Zuhörer
Pythagoras 168. 189
Querriegel 221f. 231
Quintus Mucius Scaevola 188
Qumran 19
Redaktor (End-) 20. 21. 108
Redekunst s. Rhetorik
Redner 15. 124. 136. 162. 164. 166f. 168. 173. 184. 192f.
relegatio 14
Religion 124. 203
Rhetorik (Rhetor, rhetorisch) 9. 10. 110. 111. 117. 123. 130. 135. 149f. 153. 160. 165f. 173. 176. 213
- Rhetorenschulen 122
- Rhetoriktheorie 177
Rhodier 168. 207. 210
- Rhodos 11. 207
Ritus, Riten 29. 122. 189. 200. 206
- rituell 127
Rom 12. 13. 14. 16. 17. 119. 159. 236
- Römer 120. 128. 143. 188. 236

- römisch 12. 14. 16. 151. 157. 158. 189. 214. 222
- pax Romana 151.
Säule 218. 220. 221
Salamis 220. 231
Sarapis 162.
Schiedsrichter 26
Schiffskatalog 121
Schild 110. 112. 156. 178
Schwalbe 111. 113
Schwan 28. 111. 165
Seele 126. 142. 143. 145. 197
- Weltseele 206
'Sehen und Hören' 111. 118. 125. 127. 130. 136. 165
Seidenstraße 114
Semiramis 114
Seneca 195
sermocinatio 170
Sizilien 109
Skiagraphie 134
Sodom 19
Sokrates (sokratisch) 9. 10. 14. 108. 112. 116. 117. 118. 136. 142. 168. 174. 176
Solon 133. 187
Sophistik (Zweite) 9. 10
- sophistisch 19. 110. 111. 117
- Sophisten 28. 110. 111f. 114. 116. 117. 164f. 169. 197
Sophokles 168
Spartaner 109. 141. 168
Sphinx 222. 233
Spiele
- Olympische 25. 26. 108. 119. 121f. 139. 141. 151. 162. 217f
- Isthmische 11. 162. 175
Sprache 29. 126. 127. 133. 146. 150. 210f.
- Sprachentstehung 211
- Sprachkunst 136. 183
- Sprachphilosophie 146
Stab 109
Stammvater (-gott) 133. 198
Standbild (Statue) 11. 122. 135. 139. 153. 169. **207f.** 210f.
- Götterstatuen 136. 142. 144. 156. 212
- aus Holz 136. 145. **208**
Stil(lage/ -ebene) 160. **184-186**
Stoa 10. 113. 123. 124. 130. 146. 148. 189. 192. 195f. 202-204. 216
- stoisch 124. 125. 126. 129. 143. 146. 163. 169. 186. 189. 192. 193f. 196f. 203. 207. 212f. 216. 234
- Stoa Poikile (in Athen) 136. 220. 222
Stobaios (Florilegium des) 18
Suda 18
Sulla 171
σύμβολον, symbolisch **211f.** 221
symbuleutisch 177
Synesios von Kyrene 10. 13. 15. 19. 110
Synkrisis 28f. 123. 137. 138. 160. **165-169.** 172. 175. 186. 191
Synonymie 146
Tachygraphie 21
Technik 29.135. 227
- technisch 137. 154. 226
Telesterion 127. 128. 129 (s.a. Mysterien v. Eleusis)
Tempel 143. 153. 188. 206. 237. 144
- des Zeus in Olbia 118. 120
- des Zeus in Olympia 115. 122f. 150. 198. **217-219**
Tertullian 189
Theater 110
Thebanisch 125
- Theben 222
Theismus, theistisch 195
Themistios 111. 141
θεοί **197f.**
theologia tripertita 28. 132. 137. 161. 176. **186-192.** 206
Theologie 195. 204
- theologisch 123. 186. 195
Theon (Aelius) 171f.
Theophrast 111
Theseus 112. 220. 221. 223

Thetis 145. 198. 224
Thronismos 128. 129
Tierkult 142
- Tiervergleich 108
Timaios v. Tauromenion 109
Timon von Phleius 109
Titus (Kaiser) 13. 14
Topos 12. 20
Tragiker 167. 168. 232
Trajan (Kaiser) 16. 17. 27. 118. 154. 215f.
Transkription 24
Transzendens 195
- transzendent 196
Troja 209
- Trojaner 145
- trojanischer Krieg 175
Urbinas (Kodex) 24
Varro (Marcus Terentius) 108. 188f. 206
Vaticanus (Kodex) 24
Veneto-Marcianus (Kodex) 24
Verfallstheorie 113
Vespasian 12. 13. 214
Vogel 28. 108. 109. 110. 111. 142
- Vogelfang (-netz) 28. 113. 116
Wachs 179. 210. 227
- Wachsbildnerin 213
Waffen 148
Wanderleben (-schaft, -existenz) 14. 15. 158. 215
Wanderprediger (-philosoph) 15. 114. 169. 176. 185
Wasserträger 15
Wasseruhr 131
Wegmetaphorik 131. 134
Weltenbrand 193. 204
Werkstatt 224. 226f. **230**
Westgiebel (des olymp. Zeustempels) 219
Wettergott 30. 152. 217
Wettkampf (-streit) 123. 139. 169. 192
- Wettkämpfer 26
- Wettläufe 217
Winckelmann 235
Wohltäter 214-216
Xenophon 14. 164
ξόανον 208
Zenon 143. 168
Zeus 130. 133. 144. 145. 149. 151-154. 157. 161f. 163. 169. 175. 193. 196. 197f. 203f. 215. 219. 225
- Statue des 26. 28f. 120. 122. 138. 145. 159. 169. 176. 178. 198. 205. 207. 210f. 237f.
  Basis der 150. 221
  (Preis der 29) 115.
  Größe der 123. 146. 150
  Haupt der 145. 224f. 236
  Thron der 150. 220f. 223. 225f. 231. **232f.** 235
- Zeusstatuen (andere) 141. 232
Zeuxis (Maler) 135
Zepter 223f.
Zitat 115. 118. 120. 121. 125. **176-179.** 186
Zuhörer 15. 26. 28. 108. 115. 117. 134. 138. 150. 161. 164. 176. 213